Advertising Management

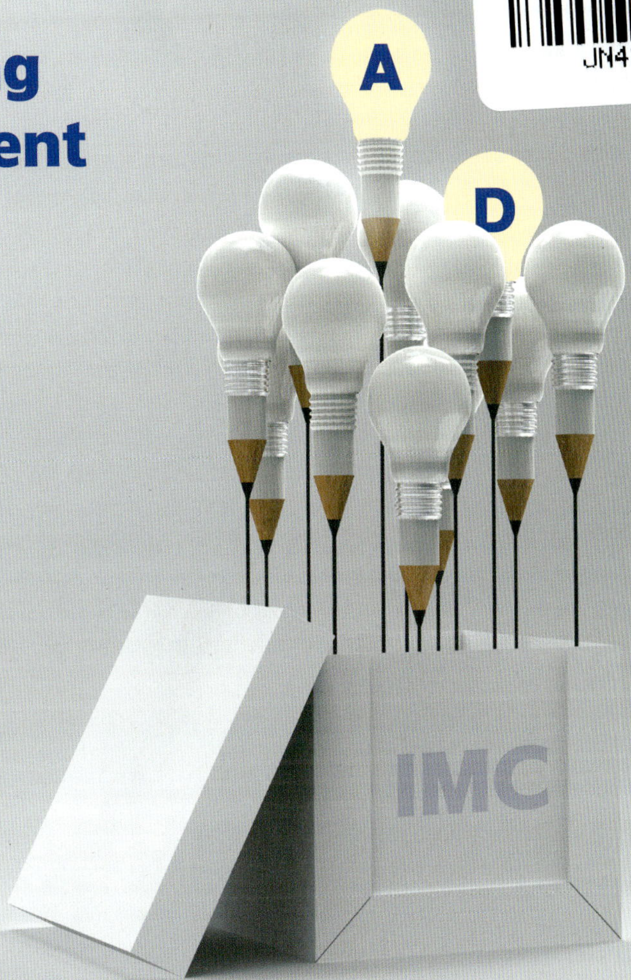

광고론 2판

김종배 지음

한빛아카데미
Hanbit Academy, Inc.

지은이 김종배

성신여자대학교 경영학과에 재직 중이다. 박사 학위를 취득한 후 종합광고대행사 삼희기획(한화그룹)에서 마케팅 전략을 담당(1991~1994)하면서 다수의 경쟁 및 연간 프레젠테이션에 참여했다. 신제품 개발 관리가 주요 연구분야이지만 광고에 대한 관심을 놓지 않았다.

연구성과는 [국내학술지: 경영학연구, KBR(Korea Business Review), 마케팅연구, Asia Marketing Journal, 마케팅관리연구, 광고학연구, 관광학연구, 서비스마케팅저널, 신용카드리뷰 등], [해외학술지: European Journal of Innovation Management, R&D Management, Technology Analysis and Strategic Management, International Journal of Technology Marketing, International Journal of Revenue Management, Creativity and Innovation Management, International Journal of Engineering Management and Economics, International Journal of Innovation Management, International Journal of Technology Intelligence and Planning, International Journal of Innovation and Technology Management] 등이 있다.

수상 실적은 [논문상: European Journal of Innovation Management(2003년), 한국서비스경영학회(2007년), 한국경영학회(2018년)], [심사위원상: 한국마케팅관리학회(2005년)], [강의상: 한국마케팅관리학회(2014년)], [학술대회발표상: 서비스마케팅학회(2014년)]이 있다.

저서로는『생활 속에서 발견하는 마케팅』(2004),『마케팅노트 5판』(2009),『마케팅 노변담화』(2011),『마케팅』(2016), 세종도서 학술부문 선정도서로 선정된『2030 젊은이에게 전하고픈 삶의 법칙』(2018년),『처음 배우는 통계학』(공저, 2020),『신제품 개발 관리』(2022)가 있다. 편역서로는『고객을 행복하게 하는 50가지 법칙』(1992),『마케팅에서의 리스렐』(1997) 등이 있다. 학술지 편집위원으로 [국내학술지: 한국서비스경영학회, 한국광고학회, 대한경영학회, 서비스마케팅학회, 한국윤리경영학회], [해외학술지: European Journal of Innovation Management, International Journal of Technology Marketing, International Journal of Mobile Learning and Organization, International Journal of Revenue Management, International Journal of Mobile and Blended Learning] 등을 검토했다. 서비스마케팅학회(2012년), 한국마케팅관리학회(2018년), 한국신용카드학회(2019~21년) 등의 학회장을 역임했다.

광고론 통합적 마케팅 커뮤니케이션 IMC의 이해 2판

초판발행 2022년 08월 29일

지은이 김종배 / **펴낸이** 전태호
펴낸곳 한빛아카데미(주) / **주소** 서울시 서대문구 연희로2길 62 한빛아카데미(주) 2층
전화 02-336-7112 / **팩스** 02-336-7199
등록 2013년 1월 14일 제2017-000063호 / **ISBN** 979-11-5664-625-9 93320

책임편집 김현용 / **기획** 정서린 / **편집** 정서린, 이수희
디자인 표지 이아란, **내지** 윤혜원 / **전산편집** 박지실 / **제작** 박성우, 김정우
영업 김태진, 김성삼, 이정훈, 임현기, 이성훈, 김주성 / **마케팅** 길진철, 김호철, 주희

이 책에 대한 의견이나 오탈자 및 잘못된 내용에 대한 수정 정보는 아래 이메일로 알려주십시오.
잘못된 책은 구입하신 서점에서 교환해 드립니다. 책값은 뒤표지에 표시되어 있습니다.
홈페이지 www.hanbit.co.kr / 이메일 question@hanbit.co.kr

지은이 머리말

3년 만에 『광고론 2판』을 출간하게 되었다. 초판에서의 집필 의도와 책의 특성은 2판에도 변함없기에 여기서는 달라진 점만 언급하려고 한다.

첫째, 설명을 쉽게 하고 문장을 명료하게 다듬었다. 또한 이해에 도움 되는 사진, 그림, 도표 등을 추가했다. 결과적으로 [초판]에 비해 분량 차이는 크지 않지만 내용은 질적으로 향상되었다.

둘째, 새롭게 등장한 이론, 기법, 사례 등을 추가했다. 지난 3년간 크고 작은 일들(예: 코로나 19, 메타버스 등)이 있었고 또한 마케팅 커뮤니케이션과 관련된 기술, 매체, 법규, 윤리의식 등이 새롭게 등장했다. 민감하게 현실을 반영하는 기업 역시 많은 변화를 겪고 있고 이에 발맞춰 마케팅 커뮤니케이션의 내용과 형식도 바뀌고 있다. 물론 커뮤니케이션의 근본적 의미와 기본 속성은 예나 지금이나 크게 달라진 것은 없다. 그러나 시대적 배경, 문화, 기술에 따라 커뮤니케이션의 운영과 구현 방식은 항상 달라졌고, 지금의 순간 역시도 과거와 마찬가지로 변화는 진행형이다.

셋째, 직관적으로 이해하기 쉽도록 그림과 표를 업데이트했다. 본문과 대조하며 읽으면 한층 더 이해하기 쉬울 것이다.

책은 현실과 이론의 극히 일부만을 소개할 뿐이다. 처음 책을 집필할 때는 그동안 누적된 지식, 새롭게 등장한 최첨단 지식을 모두 소개하겠다는 욕심이 생기지만, 그런 욕심은 부질없다는 것을 깨닫게 된다. 책에서 다루지 못한 부분, 설명이 미흡한 부분은 현명하고 부지런한 독자들이 스스로 채워 주기를 부탁드린다. 이 책이 독자들의 마케팅 커뮤니케이션 이해에 조금이나마 도움이 되고 이 분야의 흥미와 관심을 갖는 데 작은 역할이나마 하기를 바란다.

2022년 여름

저자 드림

차례

PART 01 마케팅 커뮤니케이션에 대한 개관

PART 02 광고의 상위(선행) 관리 과정에 대한 이해

PART 03

광고의 관리 과정

PART 05 IMC에 활용되는 커뮤니케이션 도구

PART 1

마케팅 커뮤니케이션에 대한 개관

1 | 마케팅 커뮤니케이션의 이해

2 | 커뮤니케이션의 개요

기업의 마케팅은 소비자, 파트너, 사회 등에 '가치 있는 무언가'를 제공하는 활동을 중심으로 일어난다. '시장에서의 교환 가치 있는 제공물'로는 제품, 서비스, 조직, 사람, 정보, 아이디어 등 가치가 인정되는 모든 것이 대상이 된다. 기업이 존속하고 성장하려면 무엇보다도 경쟁력 있는 가치를 시장에 제공해야 한다. 신제품, 신시장, 혁신, 브랜드, 디자인, 라이선스, 전략적 제휴 등의 활동은 이러한 가치 창출 및 확보와 연관된다.

그렇지만 '경쟁력 있는 가치의 창출 및 확보'만이 시장에서의 성공을 담보하는 것은 아니다. 이것 외에도 성공을 위해 필요한 일들은 많다(예: 유통경로의 확보, 가격 관리, 사회적 책임, 광고 및 판매촉진 등). 특히 광고를 비롯한 마케팅 커뮤니케이션은 제품 중심의 가치 창출에 못지않게 중요하다. 따라서 기업은 제품의 존재를 알리고 이의 우월성을 설득해야 한다. 이러한 일은 시장(market)을 향한 커뮤니케이션(communication), 즉 마케팅 커뮤니케이션(marketing communication)을 통해 이뤄진다.

- 우연히 맛있는 찹쌀떡을 먹었다. 전남 순천에서 만든 것으로 먼 거리는 택배로도 배달된다고 한다. 재료가 신선하고 맛이 좋으며 가격도 적절하고 유통 또한 편리한 편이다. 그런데 이렇게 좋은 점을 사람들이 모른다면 이 제품은 그리 많이 팔리지 못할 것이다.

새로운 것이 시장에 도입될 때만 마케팅 커뮤니케이션이 필요한 것은 아니다. 사실상 기업의 모든 활동에는 커뮤니케이션이 필요하다(예: 첨단 생산시설의 도입, 세계적 유명 디자이너의 영입, 신입 및 경력 직원의 선발, 신규 대리점주의 물색, 사회적 책임 활동의 홍보, 제품 하자 및 경영자의 불미스러운 행동에 대한 사과 등). 또한 경쟁회사의 공격적 마케팅(예: 판매촉진, 가격할인, 유통망 확장, 신기술 및 신제품 개발 등)에 방어적 대응을 하는 경우에도 필요하다. 이처럼 기업은 마케팅의 여러 장면에서 시장과 커뮤니케이션해야 하고 더 나아가 잘해야 한다.

- 사람은 태어나면서부터 죽을 때까지 매 순간 세상과 커뮤니케이션한다. 갓 태어난 아기는 배고플 때 울고, 기분 좋으면 미소를 짓는 등의 커뮤니케이션을 한다. 사람들은 자신이 원하는 바를 표현하거나, 다른 사람들과의 교감을 위해서 커뮤니케이션한다. 기업도 마찬가지이다. 시장에 등장하는 순간부터 커뮤니케이션을 시작하고 시장에서 완전히 사라지고 난 다음에도 커뮤니케이션을 한다.

1부에서는 마케팅 커뮤니케이션에 대한 전반적인 내용을 살펴본다. 1장에서는 기업 경영에서 마케팅 커뮤니케이션의 중요성, 역할, 영향력 그리고 책의 구조에 대해 소개한다. 2장에서는 커뮤니케이션 모델에 대해 살펴본다.1부의 기본적이면서도 개괄적인 내용은 추후 전개되는 내용의 이해에 도움이 될 것이다.

CHAPTER 1

마케팅 커뮤니케이션의 이해

Ⅰ. 마케팅 커뮤니케이션의 중요성

Ⅱ. 마케팅 커뮤니케이션을 보는 관점

Ⅲ. 책의 구조: 광고를 중심으로 한 흐름

들어가기 전에

마케팅 커뮤니케이션이란 무엇이고, 그러한 활동이 기업 경영에서 어떠한 위치를 차지하는지, 그리고 역할은 무엇인지 등에 대해 살펴본다.

I 마케팅 커뮤니케이션의 중요성

1. 마케팅과 커뮤니케이션의 의미와 역할

경쟁이 심해질수록 시장을 대상으로 하는 활동, 즉 마케팅(marketing)이 중요시된다. 마케팅의 개념은 다양하게 규정될 수 있고 또한 시간이 흐르면서 변하기도 한다. 그렇지만 '시장을 새롭게 창출하고 기존의 정체된 시장을 활성화하는 제반 활동'이란 의미에서 크게 벗어나지 않는다. 마케팅(marketing)이란 단어 그대로 '시장의 조성 및 활성화'(market + ~ing)를 의미한다. 전에 없던 혁신을 통해 새로운 시장을 조성하는 것(예: 스마트폰 시장을 새롭게 창출한 애플의 아이폰과 IT 기술을 통해 새로운 시장을 창출한 아마존, 넷플릭스, 유튜브, 틱톡 등), 기존 제품을 개선해 정체된 시장을 활기차게 하는 것(예: 허니버터칩, 꼬북칩 등의 제과, 포켓몬 고 게임 등)이 이에 해당한다. 물론 제품 이외의 노력으로도 시장은 활성화된다(예: 새로운 가격전략, 유통정책 등을 통한 정체된 매출의 활성화. 맥도날드의 세트 메뉴의 가격, 정수기나 안마기의 렌털 판매방식, 드론을 이용한 택배, AI 로봇의 무인점포 등).

이러한 마케팅 활동에 반드시 수반되어야 하는 것이 바로 시장과의 커뮤니케이션이다. 커뮤니케이션이 없다면 기업의 제반 마케팅 노력(신제품, 가격 변경, 유통혁신 등)을 시장은 알기 어렵다. 따라서 기업은 시장의 다양한 주체들(소비자, 경쟁자, 중간상, 공급상, 일반 대중, 정부 등)을 대상으로 활발히 의사소통(marketing communication)을 해야 한다.

마케팅의 실질적 내용이 좋더라도 이를 지원하고 촉진하는 커뮤니케이션이 부족하다면 시장이 활성화되는 데는 한계가 있다. '경쟁력 있는 제품을 개발하고, 적절한 값을 매기고, 표적 고객들이 쉽게 접근할 수 있도록 유통을 구축하는 노력'은 물론 중요하다. 그렇지만 그것만으로는 미흡하다. 자사의 시장제공물이 경쟁사의 것에 비해 더 많은 혜택(benefit)을 제공한다는 사실을 사람들에게 알리고, 설득해야 한다. 이러한 커뮤니케이션 노력이 부족하면 기업 시장제공물의 존재 및 가치에 대해 소비자는 제대로 인식하지 못하기에 결국 그 제품을 선택하지 않는다. 사실 세상에는 품질 좋고 값도 좋은 제품들이 손만 뻗으면 편히 닿을 수 있는 곳에 있지만, 그러한 사실을 모르기에 이를 선택하지 못하는 경우가 많다.

- 실력과 재능은 갖췄지만, 세상에 덜 알려졌기에 오랜 세월 무명으로 있는 연기자, 가수, 개그맨.
- 감동을 주는 명작이지만 세상에 덜 알려졌기에 서점 뒤켠에서 먼지만 쌓인 책.
- 사람들에게 알려지지 않은 숨은 맛집 등.

때로는 무명의 존재(물론 실체적 가치와 경쟁력은 보유)가 어떤 계기(예: 특정 제품에 대한 유명인의 언급 또는 사건, 사고, 이벤트)를 통해 세상에 알려지는 경우가 간혹 있다.

- 1997년부터 자체 브랜드로 미국 시장을 공략하던 우리나라 공구업체 코메론은 절망적 상황이었다. 그러던 중 1998년 미국 위스콘신에 토네이도가 몰아쳤고, 그곳의 코메론 물류센터 건물도 송두리째 날아갔기에 보관 중이던 수천 개의 줄자가 주변에 흩어졌다. 때마침 CNN 방송국 헬기가 피해 상황 보도를 위해 주변을 지났다. 연두, 노랑 등 형형색색의 줄자는 마치 폐허 속에 핀 꽃과 같은 모습으로 미국 전역에 생중계됐다. 이 장면을 대형 할인점 '월마트'의 구매 담당자가 보았다. 당시 미국에서 팔리던 줄자는 대부분 검정 또는 회색이었다. 월마트는 천연색의 줄자가 여성의 기호에 잘 맞을 것으로 판단하고, 즉시 코메론에 전화를 걸어 납품 계약을 맺었다. – 출처: 〈줄자 하나로 세계를 쟀소〉, 이성훈, 조선일보, 2007년 11월 14일

그렇지만 기업은 한가로이 행운을 기다릴 여유가 없다.

- 어떤 것도 자신의 가치를 영구하게 보유하는 것은 아니다. 가치는 채소, 생선, 젊음, 운동선수 등과 같이 유통기한이 있다(花無十日紅). 따라서 가치가 가장 높을 때 시장에 팔아야 한다.

기업은 선제적, 적극적 그리고 창의적으로 시장과 의사소통을 해야 한다. '가만히 있어도 누군가 언젠가는 알아주겠지'라는 안이한 자세로는 절대로 시장에서 성공하지 못한다.

- 소설가 서머셋 모음이 무명 시절 한 권의 책을 출간했다. 출판사에서는 무명 작가의 작품을 위해 많은 비용이 드는 광고를 해줄 리가 없었다. "어떻게 하면 사람들에게 나의 소설을 알릴 수 있을까?" 며칠을 궁리하던 끝에 서머셋 모음은 기발한 아이디어를 생각해내고, 곧장 신문사로 달려갔다. 그리고 광고 담당 기자에게 다음과 같은 카피를 건네주었다. '마음씨 착하고 아름다운 여성을 찾습니다. 나는 스포츠와 음악을 좋아하고 성격이 비교적 온화한 젊은이입니다. 내가 바라는 여성은 모든 점에서 최근 서머셋 모음이 쓴 소설의 주인공과 닮은 분입니다. 착한 마음, 지혜의 아름다움을 간직하고 있는 바로 그런 여성이지요. 자신이 그 주인공과 닮았다고 생각되시는 여성분이 있다면 즉시 연락해주십시오. 꼭 그러한 여성과 결혼하고 싶습니다.' 모음이 의뢰한 광고가 신문에 나오자마자, 그의 작품은 날개 돋친 듯 팔려나갔다. 결국 광고가 실린 지 일주일도 채 못되어 그의 소설책은 어느 서점에 가도 구할 수 없을 정도가 되었다. 이 일을 계기로 모음은 차츰 유명해지기 시

작했다. – 출처: 『우리시대의 동화』, 최명길 엮음, 앞선책(1995)

- 피아니스트 조성진은 2015년 쇼팽콩쿠르에서 한국인 최초로 우승을 한 다음부터, 연주회에 엄청나게 많은 사람이 몰렸다. 연주자 중에는 콩쿠르에 일부러 나가지 않는 사람도 있지만, 콩쿠르를 통해 자신의 연주를 세상에 적극적으로 알리는 사람도 있다.

때로는 객관적 사실 그 자체보다는 소비자가 생각하는 주관적 인식이 소비자 행동에 더 큰 영향력을 행사한다.

- 시장의 첫째가 되기보다는 소비자 마음속 점유(mindshare)에서 첫째가 되는 것이 더욱 중요하다(Being first to mindshare rather than being first to market).

2. 실체와 이미지의 균형(또는 겸비)

전통적인 마케팅 믹스(marketing mix)는 제품, 가격, 유통경로, 촉진(커뮤니케이션)으로 구성된다(4Ps = Product + Price + Place + Promotion). 이는 소비자와의 교환(exchange)을 창출하고 지속하는 데 활용되는 도구들이다. 마케팅 믹스는 제품의 가치 향상과도 연관이 있는데, 특히 제품, 가격, 유통은 주로 시장제공물의 실질적 가치 향상과 연관된다. 반면에 촉진(커뮤니케이션)은 이미지적 가치 창출과 연관된다.

아무리 좋은 실체도 이미지적 뒷받침이 미흡하다면 그 힘을 제대로 발휘하지 못한다. 물론 실체의 기반이 없는 이미지만의 노력은 허공에 집을 짓는 것과 같아서 실체의 미약함이 밝혀지는 순간 거품처럼 사라진다. 다시 말해 실력이 부족한 상태에서 세상에 이름을 알리게 되면 더 빨리 망한다. “좋지 않은 제품을 빠르게 망하게 하는 지름길은 이에 대한 최고의 광고를 만드는 것”이라는 농담도 있다. 결론적으로 실체, 이미지 모두가 좋을 때 기업의 시장 성과는 최대치가 된다.

표 1-1 제품과 광고의 다양한 조합과 그에 따른 시장 성과

	임팩트 있는 광고	임팩트가 부족한 광고
경쟁력이 강한 제품	최고의 시장성과 산출	시장에 알려지는 데 오래 걸림
경쟁력이 열악한 제품	시장에서 더 빠르게 퇴출	아무도 제품의 존재를 모름

- A good novel tells us the truth about its hero; but a bad novel tells us the truth about its author. – G. K. Chesterton
- 현대자동차(소나타)는 2005년 일본에 진출하였다. 광고모델은 당시 일본에서 최고 인기를 누리던

배우 배용준이었고, 광고카피는 당시 크게 히트한 영화 제목과 동일한 '지금 만나러 갑니다'였다. 광고는 성공적이었지만 매출은 그렇지 못했다. 이것은 커뮤니케이션의 잘못이 아니라, 일본의 자동차 사용 행태를 이해하지 못한 제품전략의 잘못이 컸다.

- 실체와 형상: 사물 속에 있는 본질(실체)만으로는 충분하지 못하다. 그에 부수적으로 따르는 형상도 필요하다. 아름다운 행동, 태도는 삶의 장식(형상)이며 모든 즐거운 표현은 그것의 훌륭한 보조 역할을 한다. – 출처: 『세상을 보는 지혜』, 발타자르 그라시안 저, 두행숙 역, 둥지(1992)
- 가창 능력이 뛰어나다고 해서 모두 유명 가수로 성공하는 것은 아니다. 그러한 능력이 있음을 여러 사람이 알고 인정해줄 때 비로소 유명 가수가 되는 것이다. 반면에 유명세는 있지만 실제 가창력의 미흡함이 드러날 경우 팬들이 실망하는 경우가 종종 있다. 이와 마찬가지로 능력이 부족한 사람이 때로는 높은 자리(예: 장관, 사장, 원장 등)를 차지하는 경우가 있다. 그러나 그 결말은 항상 좋지 않았다.

매출이 떨어지는 경우, 보통 기업은 광고비를 늘리거나 판촉 행사를 시도한다. 그렇지만 매출 하락의 원인이 경쟁제품에 비한 열세, 품질 불량, 높은 가격 등이라면, 이러한 커뮤니케이션의 노력은 근원적 처방이 되지 못한다. 비록 눈앞에선 문제가 잠시 해결되는 것처럼 보일지라도 잠재된 근원적 문제가 남아 있기에 언젠가 문제는 또다시 발생한다.

현재 시점에서 대증요법 이외의 최선책이 없기에 어쩔 수 없이 이를 취하는 경우도 있고, 또한 근원적 요법은 알고 있지만 그 방법을 쓰기에 아직 준비가 미흡해 시간을 벌기 위한 목적으로 잠시 대증요법을 쓰는 경우도 있다. 그렇지만 대증요법은 말 그대로 현재의 표출 증세를 잠깐 누그러뜨리기 위한 방책이지 결코 문제의 근원적 해결 방법은 아니다. 문제의 진정한 원인변수를 제대로 파악하지 못하거나 또는 제대로 파악했더라도 그 원인변수에 근원적 처방을 내리지 못한다면 '언 발에 오줌을 누는 것'과 같이 단기적으로 반짝 효과를 거둘지 모르지만 단발적 효과가 떨어지면 상태는 더욱 악화된다.

- 대증요법(對症療法): 원인 치료는 하지 않고 그때그때의 증상에 맞는 치료만 하는 것으로, 이는 배가 고파서 울고 있는 아기에게 먹을 것은 주지 않고 기저귀를 갈아주거나 노래를 불러주면서 울음만 달래는 것과 같다. 마찬가지로 해열제는 열을 잠시 내리는 데는 효과적이지만 열이 나게 하는 원인의 치료는 하지 못한다.

일반적으로 제품, 가격, 유통 그리고 커뮤니케이션 등 모두를 성공적으로 수행해야 시장에서 최대 성과를 거두게 된다. 자사 제품/서비스에 대한 근본적 변화 없이 광고의 노력만으로는 기대만큼의 성과를 거두기 어렵다. 또한 자사 제품/서비스에 대한 근본적 변화를 취했더라도 광고가 뒷받침되지 않으면 기대만큼의 성과를 거두기 어렵다.

그림 1-1 기업의 실체적 활동과 마케팅 커뮤니케이션

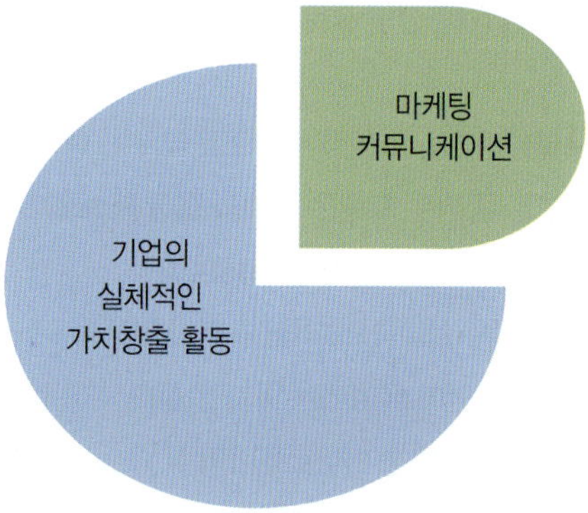

* 두 가지 활동이 조화(調和)로울 때 최선의 결과를 산출한다.

Ⅱ 마케팅 커뮤니케이션을 보는 관점

마케팅 커뮤니케이션은 마케팅(marketing)과 커뮤니케이션(communication)이 합쳐진 용어이다. 이 중에서 어떤 용어를 우선시하는지(또는 비중 있게 다루는지)에 따라 접근 방식이 다르다. marketing(또는 경영)의 관점에서 '마케팅을 위한 보조(하위) 활동으로서의 커뮤니케이션'으로 다뤄질 수도 있고, communication의 관점(틀)에서 '마케팅의 속성을 반영하는 세부 커뮤니케이션'으로 다뤄질 수도 있다.

그림 1-2 마케팅 커뮤니케이션을 보는 관점(마케팅 중심 vs 커뮤니케이션 중심)

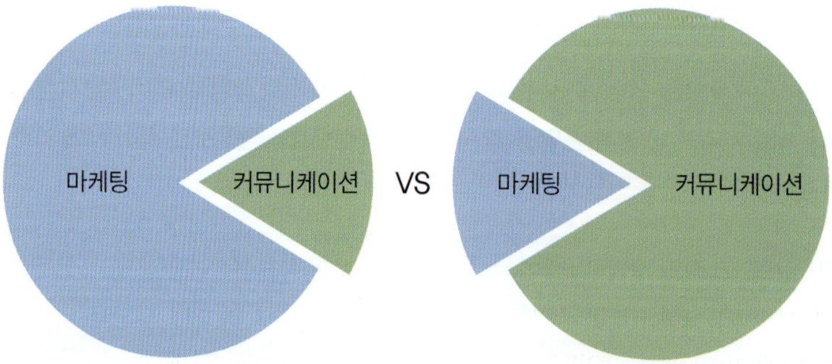

* 본서는 마케팅 중심으로 접근한다.

이 책에서는 마케팅의 관점을 따르고 있다. 마케팅의 일환인 커뮤니케이션을 어떻게 관리할 것인지, 즉 커뮤니케이션이 어떻게 마케팅에 도움이 되게 할지를 중심으로 논리를 전개한다.

1. 기업 경영의 일환으로의 마케팅 커뮤니케이션(광고)

기업 경영에는 마케팅, 생산, 인사조직, 재무, 회계 등과 같은 여러 기능이 존재한다. 마케팅은 이처럼 경영의 한 영역이다.

- 라면 회사를 운영하려면 다음과 같은 일들을 해야 한다: 라면을 제조한다(생산). 라면 공장을 운영하는 데 필요한 사람을 고용하고 이들을 관리한다(인사 및 조직). 라면 회사의 운영에 필요한 자금을 마련하고 이를 운용한다(재무). 라면을 소비자에게 판매한다(마케팅).

한편 마케팅에는 여러 하위 활동이 포함되는데, 마케팅 믹스가 대표적이다. 마케팅 믹스(marketing mix, 4Ps)란 기업이 시장에서 마케팅목표의 달성에 사용하는 마케팅 도구들의 집합이다. 집을 짓는 목수가 망치, 톱, 대패 등의 도구(tools)를 사용하는 것처럼 마케팅 관리자도 표적시장의 고객들로부터 기업이 원하는 반응을 얻기 위해 사용하는 도구들이 있다. 마케팅 믹스는 통제할 수 있는 마케팅 변수들의 집합이다.

1. **제품(product)**: 소비자가 제품으로부터 향유하는 제품의 모든 측면을 다룸
2. **가격(price)**: 소비자가 제품을 구매하는 데 부담하는 비용, 또는 제품을 판매하는 도매상/소매상에게 부과하는 가격을 다룸
3. **유통경로(place)**: 도매상, 소매상, 물적유통 등 기업과 최종소비자를 연결하는 중간 매개업체에 대한 정책 및 관리를 다룸
4. **촉진(promotion)**: 기업이 이해관계자와의 의사소통에 대해 다룸

이 중 촉진이 바로 마케팅 커뮤니케이션을 의미한다. 촉진은 시장의 활성화 반응을 조금 더 신속하게, 그리고 더 많이 일어나게끔 하는 활동이다.

- 말을 타는 사람들은 신발에 박차(拍車, 톱니바퀴 모양의 쇠)를 단다. 이걸로 말의 옆구리를 자극하면 말은 더욱 빠르게 달린다. 촉진은 이러한 박차를 의미한다. 박차를 가하면 시장 반응은 더욱 빠르게 활성화된다.

마케팅 커뮤니케이션은 기업 경영의 일환이다. 따라서 마케팅 커뮤니케이션의 기획과 실천은 기업 경영에서 도출된 마케팅이 배경이 된다. 즉 '기업 경영 → 마케팅(마케팅 믹스) → 마케팅 커뮤니케이션'의 흐름을 가진다. 이러한 흐름에 대한 이해는 유기적으로 광고를 관리하는 데

도움이 된다.

일상생활에서 우리는 흔히 광고물을 접한다. 눈에 보이는 광고물의 저변에는 깊은 뿌리와 연결 가지들이 있다. 우선 경영 및 마케팅이라는 거대한 뿌리가 자리 잡고 있다. 이는 다시 IMC라는 큰 줄기로 연결된다. IMC의 거대 줄기로부터 광고라는 작은 줄기가 뻗어 나오고, 여기서 최종 광고물이라는 열매가 맺힌다. 이처럼 광고는 유기적으로 서로 연관된다. 이러한 흐름을 알아야 기업 전략 및 마케팅 흐름에 어긋나지 않는 광고물을 만들 수 있다.

숲을 먼저 보고 나무를 봐야 한다. 광고의 배경(숲)이 되는 마케팅 그리고 통합적 마케팅 커뮤니케이션(IMC)에 대해서는 2부에서 좀 더 살펴본다.

그림 1-3 마케팅 관점에서의 커뮤니케이션(위계 관계에 대한 개념도)

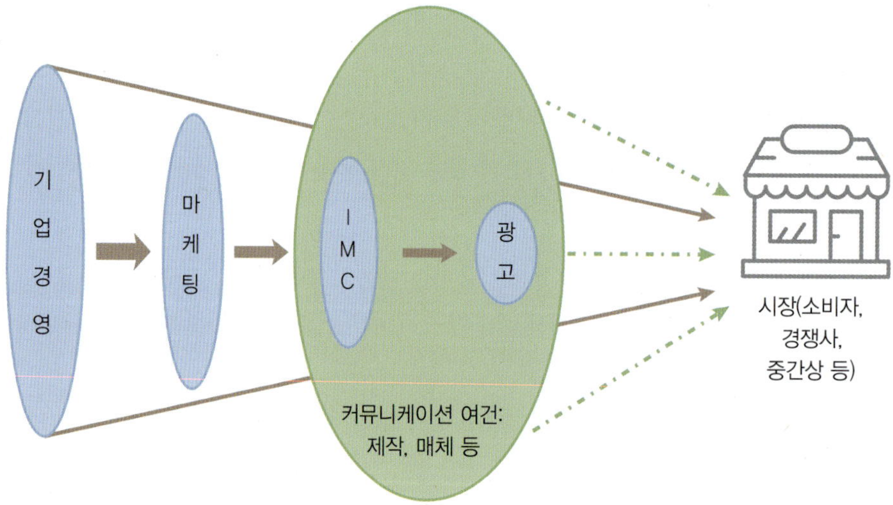

* 경영이란 틀에서 마케팅이 결정되고, 다시 마케팅이란 틀에서 IMC는 기획되고 집행된다. 한편 이러한 IMC의 틀 속에서 광고는 기획되고 집행된다.

2. 커뮤니케이션 관점에서의 마케팅 커뮤니케이션(또는 광고)

마케팅 커뮤니케이션은 기업 경영의 관점에서만 볼 수 있는 것은 아니다. 사실 기업의 커뮤니케이션(예: 브랜드 커뮤니케이션, 설득 커뮤니케이션, 위기관리 커뮤니케이션 등)은 인간 사회의 수많은 커뮤니케이션 중의 특정 영역에 해당한다. 커뮤니케이션 영역은 실로 방대하다(예: 비언어 커뮤니케이션, 영상 커뮤니케이션, 정치 커뮤니케이션, 공공 커뮤니케이션, 가족 커뮤니케이션, 아동 커뮤니케이션, 애니멀 커뮤니케이션 등).

커뮤니케이션을 중심으로 광고를 이해하는 것은 커뮤니케이션 맥락에서 마케팅의 특수성을 반영해서 살펴보는 것이다. '마케팅 관점에서의 광고'가 기업 경영의 목표달성과 연관하여 커뮤니케이션을 살펴보는 것이라면 '커뮤니케이션 관점에서의 광고'는 커뮤니케이션 자체의 과정, 효과, 현상 등에 좀 더 관심을 가지는 것이다.

이 책에서는 '마케팅 관점의 광고', 즉 마케팅 목적 달성과 연계되는 광고에 대해 주로 언급하지만, 커뮤니케이션 자체의 이해 역시 중요하다. 그래서 커뮤니케이션 이론에 대한 내용도 소개하고 있다. 2장, 17장에서 커뮤니케이션 모델 및 이론을 다루고 있다.

마케팅 커뮤니케이션(광고)을 마케팅 관점에서 바라볼 것인가, 아니면 커뮤니케이션 관점에서 바라볼 것인가에 대한 선택은 사실 그다지 중요하지 않다. 마케팅 커뮤니케이션을 잘하기 위해서는 다양한 관점에서 발견된 지식 모두를 고루 이해해야 한다. 특정 관점의 시각만을 고집한다면 편협한 시각만 가지게 될 것이다. 열린 마음으로 그리고 입체적이고도 총괄적 관점에서 마케팅 커뮤니케이션을 보는 것이 중요하다. 또한 마케팅 커뮤니케이션과 연관된 여러 분야 즉 경영학, 마케팅, 커뮤니케이션, 심리학, 정치학, 경제학, 사회학, 인류학, 종교학, 매체, 문화, 정보, 기술 등에 대한 관심을 두루 가지길 권한다.

- 인간의 행동을 예측하기 위해서 광고인은 여러 학문의 집합체인 인류학을 공부해야 한다.
  – James Web Young

그림 1-4 마케팅 커뮤니케이션의 이해

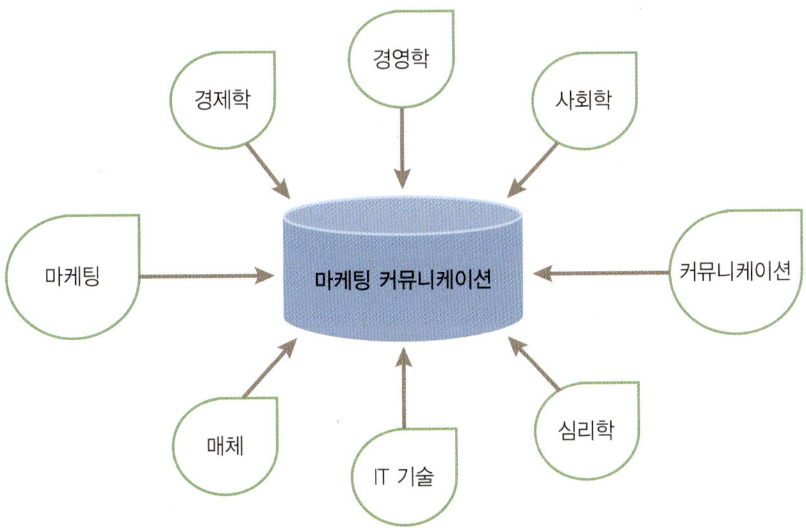

* 핵심은 마케팅 및 커뮤니케이션이지만 그 밖의 분야에 대해서도 알아야 한다.

3. 마케팅 커뮤니케이션(광고)의 기본 원칙

마케팅 커뮤니케이션에는 일반적이면서도 보편적 사항이 몇 가지 있다. 이들 내용은 마케팅 커뮤니케이션을 이해하고 실천하는 데 도움이 된다. 그래서 책의 초반부에 기본 원칙이란 제목으로 이를 소개한다.

첫째, 전체 맥락을 보면서 모든 커뮤니케이션을 '통합적으로 기획하고 집행'해야 한다. 기업이 커뮤니케이션하는 방법은 실로 다양하다. 만약 통합적으로 관리하지 않고 개별 독립적으로 관리한다면 전체적 조화를 손상시키는 커뮤니케이션 활동이 발생할 수 있다. 통합적으로 관리될 때, 비로소 개별 활동들은 일관성과 보완성을 가지게 된다. 통합적 마케팅 커뮤니케이션(IMC)에 대해서는 4장에서 살펴본다.

둘째, '고객이 모든 커뮤니케이션 활동의 시작점'이어야 한다. 즉 마케팅 커뮤니케이션은 고객을 이해하는 것으로부터 시작해야 한다. 의미 공유, 공감을 많이 얻으려면 고객을 정확히 이해하고 그들의 반응을 예측하고 그들에게 적합한 표현 아이디어를 찾아서 이를 적재적소에 전달해야 한다. 책상에서 소비자를 이해하려 해서는 안 된다. 현장에서 직접 부딪치면서 이해해야 한다. 고객에 대한 이해가 커뮤니케이션에서 최우선으로 중요시되는 과업이다.

- 투우사가 되려면 먼저 황소가 되는 법을 익혀야 한다. – 스페인 속담
- 마케팅은 소비자를 만족시키는 과정이다. – T. Levitt
- 소비자는 바로 옆에 있는 가족, 형제, 친구들이고, 그들이야말로 소비자 인사이트를 제공하는 소중한 자원이다. 또한 자신의 소비 체험이야말로 중요한 것이다. 손해보험 광고를 담당할 때 무엇보다도 유용했던 자료는 책상에 수북이 쌓여있던 소비자 조사보고서가 아닌 내 가족이 직접 경험했던 교통사고였다. – 출처: 『광고대행사 AE가 알아야 할 50계명』, 조건희 저, 늘봄출판사(2008)

한편 시장을 선도하려면 고객과 호흡하되 고객보다 '한발 앞서' 나가는 것이 필요하다. 마케팅 커뮤니케이션의 이해에 도움이 되는 소비자 행동 이론은 4부에서 자세히 살펴본다. 표적청중(수신자)은 모든 커뮤니케이션 활동의 출발점이자 종착점이다.

이 책에서는 시장의 여러 주체 중 소비자를 대상으로 하는 커뮤니케이션을 다루고 있다. 그러나 소비자 이외에도 시장에는 중요한 주체들이 많다(예: 경쟁사, 유통업체, 공급업자, 정부, 일반 대중 등). 마케팅 커뮤니케이션을 잘하기 위해서는 이들에 대한 이해가 필요하다. 더 나아가 이 주체들 사이의 유기적 관계를 이해하는 것도 중요하다. 이러한 이해는 시장에 대한 마케팅 커뮤니케이션 활동을 갈등 유발 없이 효과적으로 기획 및 실현하는 데 발판이 된다.

셋째, '경쟁사의 커뮤니케이션에 대한 이해와 예측'이 필요하다. 기업의 마케팅 커뮤니케이션

은 한 기업만 독자적으로 수행하는 활동은 아니다. 다른 경쟁기업들도 동시에 하고 있다. 자사의 커뮤니케이션이 성공하려면 다른 기업의 커뮤니케이션을 이해하는 것을 전제로 해야 한다.

- 청군, 백군으로 나뉘어 시합을 응원하고 있다. "잘한다, 백군! 용감하고 씩씩하다, 백군!" 한동안 목청껏 응원하였기에 목이 아픈 청군 응원단에서는 백군의 응원 구호를 가만히 듣고 있다가 "백군!" 하는 타이밍에 "청군!"하고 목청껏 소리친다.

경쟁사를 의식한 커뮤니케이션은 중요하다. 그러나 간혹 경쟁사에만 집중하다 보면 시장 전반의 맥락(context)과 변화를 놓칠 수도 있으니 이를 주의할 필요가 있다.

넷째, '새롭게 변하는 커뮤니케이션 환경을 이해하고 예측'해야 한다. 특히 제작, 매체와 관련된 기법은 빠르게 변하고 있다. 경쟁사보다 먼저 이를 간파하고 이에 대응하는 능력을 갖출 필요가 있다(감지능력과 대응능력).

- 농경시대에 수백 년 걸리던 과학 기술 변화가 2000년에는 1년 만에 바뀌고, 2025년에는 2~3일 만에 바뀐다. – James Dator(『Advancing Futures』의 저자)

'댓글'의 영향력이 부각되고 있다. 과거와 달리 요즘에는 주로 인터넷을 통해 뉴스를 접한다. 그런데 어떤 경우(예: 다른 사람들의 판단은 어떠한지, 이 글에 대한 다수 의견은 무엇인지 등을 알고 싶은 경우)에는 댓글까지도 유심히 보게 된다. 자신의 판단이 확고하지 않은 경우에는 댓글로 인해 그 기사에 대한 생각 및 태도가 형성되거나 변화하는 경우가 종종 발생한다.

- 어떤 사람이 무대에서 열심히 공들여 주장을 피력했다. 그 자리에 있던 많은 사람은 그 연설로 인해 태도가 조금씩 변하기 시작했다. 그런데 연설이 끝나자 어떤 사람이 그 연설의 약점을 찌르는 한마디 코멘트를 하였다. 정곡을 찌르는 한마디로 인해 그 연사의 몇십 분간 노력은 수포가 되었다.

다섯째, '커뮤니케이션의 효과'는 그것의 순수효과만을 분리해서 파악하기 쉽지 않다. 커뮤니케이션 이외의 다른 외생변수들이 많이 존재하기 때문이다. 여기에 더해 시간이 흐른 다음에 나타나는 커뮤니케이션의 효과도 있다. 또한 예상 밖의 파급효과도 존재한다. 이러한 점은 광고효과의 파악이 쉽지 않다는 점을 시사한다. 광고효과를 제대로 판단하려면 단편적으로만 보지 말고 포괄적이면서도 장기적으로 살펴볼 필요가 있다. 광고효과는 13장에서 살펴본다.

- 어떤 기관장이 새로 부임하면서 국민들의 불만 건수를 지금보다 50% 줄이라고 지시했고, 이렇게 불만에 적극적으로 대처할 것이라는 점을 자랑스럽게 대중매체에 공표했다. 그 결과는 어떻게 되었을까? 불만 건수는 기존보다 2배 더 급격히 늘어났다고 한다. 그 이유는 사람들이 자신의 불만이 신속 처리될 것이라 믿고 기존에 굳이 표출하지 않았던 불만까지 민원을 넣었기 때문이다. 당시 이

러한 흐름을 제대로 예측했던 실무자들은 불만에 대한 대처 노력을 내부적으로만 좀 더 강화하면 되지 굳이 외부로까지 공표하지 말자고 말렸다고 한다.

- 금연 광고를 본 사람들이 광고를 보지 않은 사람들보다 더 많이 담배를 피운다. 이는 금연 광고가 흡연자에게 담배에 대한 생각을 환기시켜 흡연 욕구를 오히려 증폭시키기 때문이라고 한다. 그 결과 금연 광고는 원래의 의도와 달리 담배 피우는 사람들을 부추기기도 한다.

그림 1-5 금연 표지판

여섯째, 커뮤니케이션을 잘하기 위해서는 '다양한 커뮤니케이션 방법과 사례들'을 접해야 한다. 근육은 훈련해야 생기고, 감각은 자주 사용해야 발달하며, 관록은 경험을 통해 쌓여간다. 마찬가지로 실제 광고물도 자주 접해야 한다. 여행할 때도 그 지역의 광고물을 유심히 보고, TV/잡지/신문/인터넷 등을 볼 때도 광고를 즐겁게 볼 필요가 있다.
인류가 발전한 것은 동물보다 의사소통을 좀 더 명확하면서도 정확히 할 수 있기에 가능했다고 볼 수 있다. 이런 점에서 볼 때 의사소통을 원활하게 하고 이를 잘 보존하는 조직은 그렇지 않은 조직에 비해 더 오랫동안 생존하고 발전할 가능성이 크다.

- The mind is like a parachute. It doesn't work if it is not open.
- 브라질의 어떤 부족의 언어에는 숫자를 세는 단어가 '하나, 둘, 많다'가 전부라고 한다. 이러한 언어 체계에서는 정밀한 수학적 사고가 발전하기는 어려울 것이다.

Ⅲ 책의 구조: 광고를 중심으로 한 흐름

마케팅 커뮤니케이션(광고)은 마케팅 활동의 일부분이기에 경영 및 마케팅의 구조와 흐름의 커다란 틀 안에서 기획되고 집행되어야 한다.

- 저자의 실무경험에 비추어 볼 때, 광고회사의 실무자들은 처음부터 경영 및 마케팅이란 큰 그림을 가지고 차츰 광고물로 좁혀나가는 순차적 또는 교과서적 방식을 취하지 않는 경우가 꽤 있다. 이렇게 해도 마케팅 성과에 도움 되는 우수한 광고물을 만든다. 그렇다고 해서 기업 전체의 큰 그림에 대한 지식이 불필요한 것은 아니다. 전체적 맥락과 배경에 대한 이해는 분명 더 좋은 광고물을 만드는 데 도움이 된다. 경제학 지식이 없더라도 주식 거래를 잘할 수 있다. 그렇지만 경제를 보는 안목이 있다면 좀 더 확률적으로 승률이 높아지는 것과 마찬가지 이치이다(식품영양학 지식이 없더라도 맛있는 음식을 만들 수 있지만 이러한 지식은 좀 더 좋은 요리를 만드는 데 분명 도움이 된다).

이 책에서는 경영 의사결정의 구조 및 위계를 가지고 다음과 같은 흐름으로 전개한다: 경영 및 마케팅 → IMC → 광고 관리 → 광고와 연관된 소비자 행동이론 → 광고 이외의 여타 IMC 도구들.

책의 흐름 및 구조를 소개하면 다음과 같다. 우선 1부에서는 마케팅 커뮤니케이션에 대한 전반적 내용을 살펴본다. 마케팅 커뮤니케이션이란 무엇인지, 어떠한 관점에서 살펴볼 것인지, 커뮤니케이션의 기본 모델은 어떠한지에 대해 소개한다.

2부에서는 광고 관리의 선행 또는 상위의 내용인 마케팅, IMC에 대해 다룬다. 이들 내용은 광고 관리를 위한 배경이 된다. 우선 3장에서는 마케팅에 대한 기초 내용을 소개한다. 이 책은 일반적 커뮤니케이션이 아니라 '마케팅' 커뮤니케이션(marketing communication)을 다루고 있다. 말 그대로 마케팅 활동을 원활히 수행하기 위해, 마케팅목표 달성을 위해 커뮤니케이션을 한다는 의미이다. 마케팅의 기본 지식을 갖춘 독자들은 이 부분을 생략해도 괜찮다. 한편 4장에서는 마케팅 커뮤니케이션을 통합적(integrated)으로 운영하는 것(IMC)의 의미와 중요성에 대해 살펴본다.

1, 2부에서 다루는 내용들은 3부의 광고 관리를 이해하는 데 토대가 된다. 결론적으로 본서는 [마케팅]−[통합적 마케팅 커뮤니케이션(IMC)]−[광고]의 흐름이다. 건물로 비유하자면 3층 건물이다. 다시 말해 [광고−3층]는 [IMC−2층]를 바탕으로 올라서고, 다시 IMC는 [마케팅−1층]이란 밑바탕을 가지고 있다. 광고의 배경지식보다 광고 그 자체에 관심이 있는 독자들은 2부를 건너뛰고 바로 광고에 대한 부분(3부)을 읽어도 큰 무리는 없다.

그림 1-6 **기업 경영 – 마케팅 – 마케팅 커뮤니케이션(IMC): 광고의 층별 구조와 상호 연관성**

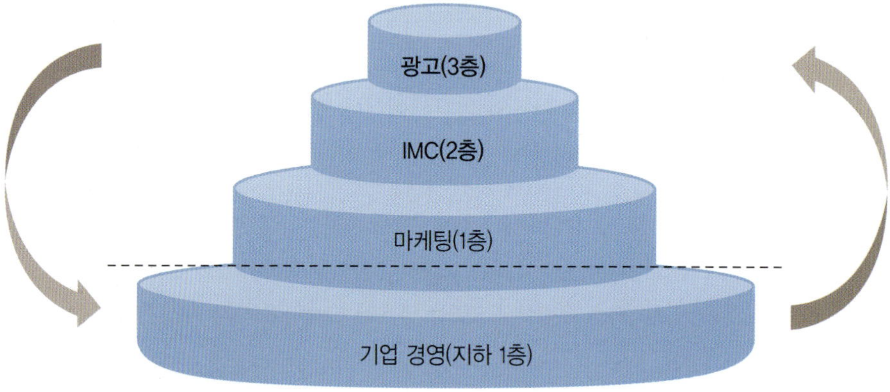

3부에서는 광고 관리를 본격적으로 다룬다. 여기서는 광고의 관리 과정을 단계별로 나누어 상세히 살펴본다. 즉 광고의 기획부터 시작하여 제작물의 실현, 매체의 집행, 그리고 광고효과 측정에 이르기까지의 주요 내용을 살펴본다.

4부에서는 마케팅 커뮤니케이션 및 광고와 연관되는 소비자 이론을 소개한다. 구체적으로 광고에 대한 정보처리 과정, 관여도, 기억 그리고 태도 형성 및 변화에 대해 살펴본다. 마케팅 커뮤니케이션을 기획하고 구현하는 광고인은 소비자들이 어떻게 정보를 처리하고(예: 어떤 정보에 좀 더 주목하고 이를 이해하는지? 관여도, 기억은 이러한 정보처리에 어떤 영향을 미치는지?), 어떻게 태도를 형성하거나 기존의 태도를 변경하는지에 대해 이해해야 한다. 이러한 정보처리 및 태도 형성에 대한 지식은 더 효과적이고 효율적인 커뮤니케이션을 기획하고 집행하

그림 1-7 **IMC에 속한 여타 마케팅 커뮤니케이션 도구들의 위치**

는 데 도움이 된다.

5부에서는 광고 이외의 IMC에 속한 여타 마케팅 커뮤니케이션 도구들(PR 및 홍보, 판매촉진, 인적판매, 옥외광고, 직접마케팅, 온라인광고, SNS, PPL 등)에 대해 살펴본다. [마케팅]–[통합적 마케팅 커뮤니케이션(IMC)]–[광고]의 흐름을 3층 건물로 비유하였는데, 여기서 다루는 내용은 [광고]와 같은 층인 3층에 속한다.

이상의 흐름을 다시 요약하면 다음과 같다: 마케팅 → IMC → 광고 → 광고와 연관된 소비자 이론 → 여타의 커뮤니케이션 도구들. 본서의 전체 흐름도는 다음과 같다.

그림 1-8 경영학 – 마케팅 – 광고의 관계, 그리고 이를 기반으로 한 책의 전체 흐름도

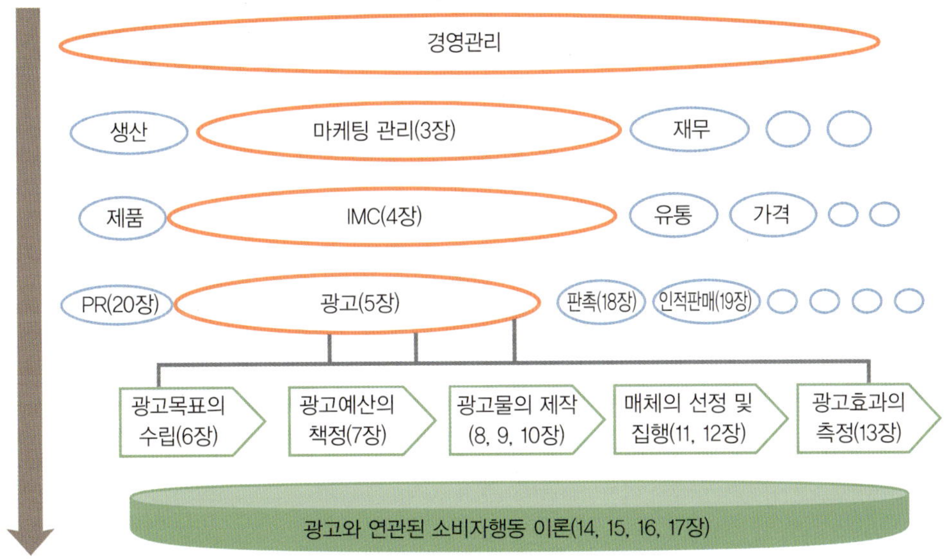

* 책의 지도(map)라고 생각하고 전체 윤곽을 잡기 바란다.

마케팅 커뮤니케이션을 처음 접하는 독자들 대부분은 1부에서의 내용을 단숨에 이해하기는 쉽지 않을 것이다. 그렇다고 해서 실망할 필요는 없다. 생소했던 개념 및 내용은 책을 읽어 나갈수록 조금씩 익숙해질 것이다. 처음에는 그저 편한 마음으로 개략적 흐름을 이해하기를 바란다. 큰 틀이 확고히 잡히면 추후 상세한 내용을 주워 담기는 용이할 것이다.

현대 사회에 있어서 마케팅 커뮤니케이션(광고)의 영향력은 지대하다. 기업이 마케팅 커뮤니케이션에 들이는 예산과 노력은 이러한 중요성에 비례해서 증대하고 있다. 또한 커뮤니케이션 환경의 변화로 인해 커뮤니케이션에서 다루는 주제들은 과거에 비해 훨씬 다양해졌다.

이제부터 독자들은 마케팅 커뮤니케이션에 관한 여러 내용을 접하게 될 것이다. 모쪼록 책의 마지막 페이지까지 읽으면서 기업뿐 아니라 일상생활에 도움이 되는 지식을 많이 흡수하기를 바란다. 지식의 주인은 따로 없다. 어떤 지식을 처음 만든 사람도 그것의 소유권을 주장하지는 않을 것이다. 널리 사람들이 유용하게 사용하기를 바라는 마음으로 만들었기 때문이다. 즐겁고 편한 마음으로 끝까지 많은 것을 배우기를 바란다.

CHAPTER 2

커뮤니케이션의 개요

Ⅰ. 커뮤니케이션의 개념

Ⅱ. 커뮤니케이션 과정 모델

Ⅲ. 마케팅 커뮤니케이션(광고)을 위한 역량:
과학(분석), 예술(직관), 경험

들어가기 전에

1장에서는 마케팅 커뮤니케이션의 기본 개념에 대해 소개했다. 이 책은 마케팅 관점에서의 커뮤니케이션, 즉 경영 및 마케팅의 일환으로의 커뮤니케이션을 다루고 있다. 그렇기에 커뮤니케이션은 마케팅목표의 달성과 밀접하게 연관된다. 그렇지만 마케팅 커뮤니케이션 역시 본질적으로 커뮤니케이션이라는 점에는 변함없다. 그래서 커뮤니케이션 본질에 대한 이해는 여전히 중요하다. 2장에서는 커뮤니케이션의 개념 및 모델을 살펴본다.

I 커뮤니케이션의 개념

커뮤니케이션(communication)이란 용어는 나누다(전달하다, 참여하다, 공유하다)란 의미의 라틴어 커뮤니카레(commnicare)에서 유래되었다. 이는 상징, 기호, 메시지를 통한 사회적 교류, 정보의 전달이나 교환을 의미한다.

커뮤니케이션은 발신자와 수신자 사이에 있어서 정보를 전달하거나, 생각을 교환하거나, 의미를 공유하는 것이다. 사람들은 커뮤니케이션을 통해 정보, 아이디어, 감정, 느낌, 의견 등을 교환 또는 공유함으로써 어떠한 공감대(공통 영역)를 구축하게 된다. 정보전달 및 의미 공유가 제대로 이뤄지고 공감이 많이 이뤄질수록 커뮤니케이션은 소기의 성과를 거두게 된다.

그림 2-1 커뮤니케이션을 통한 발신자와 수신자 간 공감 영역의 변화

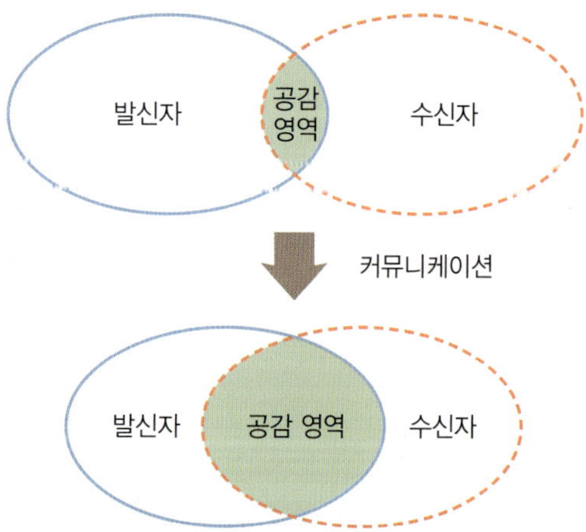

* 성공적인 커뮤니케이션일수록 공감 영역(교집합 부분)은 더 커진다.

커뮤니케이션의 성과에는 다양한 요소들이 영향을 미친다. 예를 들어 발신자의 신분, 수신자의 기존 생각 및 태도, 메시지의 성격, 전달 매체의 유형, 커뮤니케이션 발생 상황 등이 있다.

- 커뮤니케이션 당사자인 발신자와 수신자 사이에 머릿속 공통 영역이 많을수록 커뮤니케이션은 원활히 이뤄진다. 오랜 친구, 비슷한 연령대 간에는 의사소통이 쉽다. 이에 비해 세대 차이를 느낀다는 것은 당사자 간의 공통 영역이 적어 커뮤니케이션이 어렵다는 뜻이다.

한편 '커뮤니케이션 방식'이란 '의사소통 행동 과정에서 상호 공유하려는 메시지의 전달 방식'을 의미한다(Norton, 1978). 이는 커뮤니케이션 당사자 간에 오가는 (문자상의) 의미들이 어떻게 받아들여지고 해석되며 이해되는지에 관한 언어적, 비언어적 상호작용 방식을 뜻한다. 커뮤니케이션 방식은 커뮤니케이션의 내용과 규칙들을 독특하고 무한한 조합으로 합성해 나타낼 수 있다. 커뮤니케이션 방식은 개인, 기업, 사회, 국가의 독특한 의사소통 패턴이라고도 할 수 있다. 이러한 유형은 언어적, 음성적 그리고 비언어적 행동의 특징적 패턴을 통해 형성된다.

- 상대방이 직접적으로 말하지 않더라도 내가 기분이 좋아지거나 나빠지는 것은 상대방의 표정, 태도, 시선 등의 몸 전체가 나를 향해 어떠한 신호를 보냈기 때문이다. 이처럼 우리는 상대방으로부터 말뿐 아니라, 표정도 읽고 신체 기호도 읽으면서 커뮤니케이션을 한다. 물론 이러한 방식은 문화, 국가, 기업과 조직, 가족에 따라 차이가 있다.
- 미 육군 '휴먼 테레인 시스템'의 선임 사회과학자인 몽고메리 맥페이트(Montgomery McFate)는 병사에게 필요한 것은 사격술뿐 아니라 문화 공부라는 것을 입증했다. 그는 미 군사 잡지에 "민간인 사망은 상당수 문화적 오해에서 비롯한다"고 지적했다. 예를 들어 미군이 '정지'란 뜻으로 손바닥을 펴 앞으로 뻗으면 이라크인은 이를 '환영'의 뜻으로 이해한다. 그는 "지역 문화를 알면 그만큼 사망자가 준다"고 주장했다. 그가 파병 대상 지역에 대한 문화 교육 프로그램을 개발하면서부터 이러한 오해에서 비롯된 사망자 수가 줄었다. – 출처: 〈통념에 대한 통쾌한 반란 '대담한 발상'은 계속된다〉, 전병근, 조선일보, 2009년 10월 16일

Ⅱ 커뮤니케이션 과정 모델

여기서는 커뮤니케이션 과정 모델(communication process model)을 살펴본다. 커뮤니케이션 과정은 보통 9개 요소로 이루어진다. 이들 중 어떤 하나라도 잘못되면, 커뮤니케이션은 소기의 성과를 거두지 못하거나 또는 왜곡될 가능성이 크다.

그림 2-2 커뮤니케이션 과정 모델

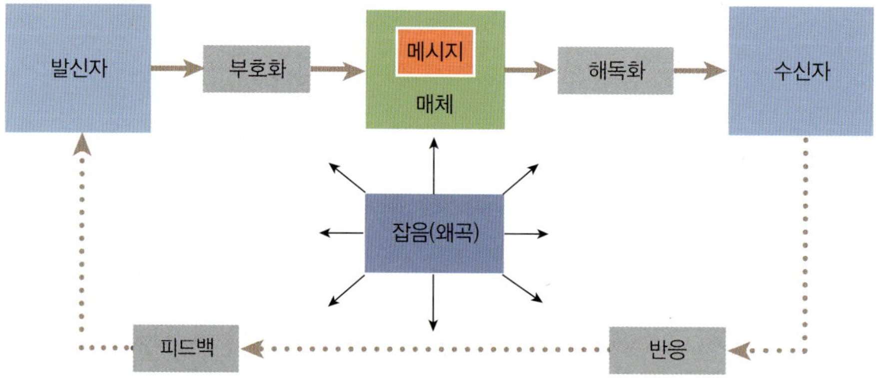

* 9개의 구성 요소: 발신자, 부호화, 메시지, 매체, 해독화, 수신자, 반응, 피드백, 잡음(왜곡)

커뮤니케이션 과정 모델의 구성 요소들을 차례대로 설명하면 다음과 같다.

1. 발신자

커뮤니케이션 과정에 등장하는 중요한 당사자는 발신자와 수신자이다. 발신자(정보원, sender, source)는 커뮤니케이션의 주체이다. 전달하고 싶은 무언가를 수신자에게 보냄으로써 커뮤니케이션 과정을 시작하거나 또는 주도하는 사람(집단, 조직, 기업)이다. 광고에서는 광고주(기업), 판매원, 광고모델(spokesperson) 등이 광고 메시지를 보내는 주체(정보 원천)가 된다.

동일한 제품정보라 하더라도 '누가 말하는가'에 따라 소비자(수신자)의 메시지 반응은 다르다. 발신자가 누구인지 알게 되면 수신자는 '메시지 내용 이외의 어떤 정보'를 추가로 가지게 된다. 그런데 이러한 정보 역시 영향을 미친다. 이러한 속성이 있기에 광고 담당자는 발신자를 누구로 할지, 어떤 모습으로 보이게 할지에 많은 정성을 기울인다.

- 동일한 주장도 누구의 입을 통해서 발설되는가에 따라 상이한 전파력을 가진다(예: 일반인 vs 코로나19 전문가). 메시지는 메신저가 누구냐에 따라 파급력이 다르기 때문이다.

광고모델의 영향력은 상당하기에 이에 대한 의사결정(예: 광고모델의 선정, 광고모델의 표정, 숫자, 개성 등)은 중요하다. 광고모델에 대한 내용은 9장에서 좀 더 살펴볼 것이다.

2. 수신자

수신자(receiver)는 발신자의 메시지를 (인간의 감각기관을 통해) 감지해서 이를 해독하는 표적청중이다. 발신자는 메시지의 상대방인 표적청중(수신자)을 이해하고 이들의 특성에 적합한 마케팅 커뮤니케이션을 구사해야 한다. 즉 의미 공유, 공감 등을 많이 발생시키려면 수신자를 이해하고 그들의 반응을 예측해야 한다. 이러한 이해를 기반으로 하여 수신자의 욕구에 들어맞는 표현 아이디어를 전달해야 한다.

- 약삭빠른 상술: 만약 손님이 20살 이하이면, 옷을 입혀 보고 나이가 더 들어 보인다고 하고, 20살이 넘었으면, 더 젊어 보인다고 해요. 그리고 손님의 나이가 40살이 넘은 경우엔, 바겐세일이니까 가격이 아주 싸다는 것만 강조해요. – 출처: 미국의 월간 잡지 〈리더스 다이제스트〉, 1979년 3월호
- 2001년 말 출시된 슈팅 게임 '리턴 투 캐슬 울펜슈타인'의 패키지 케이스는 중고품처럼 낡았다. 이 게임은 90년대 초반에 나온 원작을 미국의 ID 소프트 사가 10년 만에 완전 3D(차원) 게임으로 재개발한 것이다. 이 게임의 국내 유통사인 비스코사는 10년 전에 이 게임을 즐겼던 30대를 겨냥해 케이스를 일부러 촌스럽게 만들었다. 홍보팀 담당자는 "촌스러움을 강조한 홍보 전략 덕분에 게임을 별로 즐기지 않는 30대들이 제품을 구입하고 있다"고 말했다. – 출처: 〈게임 업계에도 타킷마케팅 인기〉, 신진상, 조선일보, 2002년 3월 10일
- 성공의 유일한 비결은 다른 사람의 생각을 이해하고, 자신의 입장과 상대방의 입장에서 동시에 사물을 바라볼 줄 아는 능력이다. – 자동차왕 헨리 포드

의사소통은 발신자와 수신자 간의 주파수가 맞춰질 때 그 효과를 거둘 수 있다. 잘못 맞춰진 주파수로는 내용 전달이 되지 않으므로 아무리 오랜 시간 얘기해도 공감되는 부분은 여전히 적다.

한편 수신자는 '발신자가 제공하는 정보'를 그대로 받아들이지 않고 자신이 '보고자(듣고자) 하는 정보'만 받아들인다. 상대방에게 열 가지 정보를 제공할 경우, 상대방은 이를 모두 동일한 무게감으로 받아들이지 않는다. 자신의 관점과 선입견으로 필터링해서 받아들인다. 호감을 느낀 사람에 대해선 긍정적 정보를 눈여겨보지만, 평소 불편한 사람에 대해선 부정적 정보에 좀 더 관심을 가진다.

- 心不在焉 視而不見 聽而不聞 食而不知其味(심부재언 시이불견 청이불문 식이부지기미: 마음이 없으면 보아도 보이지 않고, 들어도 들리지 않으며, 먹어도 그 맛을 모른다). – 출처: 《대학(大學)》, 정심장(正心章)편, 공자

3. 메시지

메시지(message)는 발신자가 수신자에게 보내는 내용, 또는 전달하고 싶은 정보, 감정, 의견 등을 뜻한다. 수신자에게 전달하고자 하는 메시지는 정말이지 다양하다. 자동차 도로의 위험성(급경사, 미끄러움, 낙석 등)에 대한 경고 표지 등이 해당한다. 이러한 메시지는 부호화 과정을 통해 기호로 표현된다.

- [전략(前略)] 그 우물쭈물함이야말로 말로 표현하지 않은 언어이고, 글로 쓰이지 않은 메시지인 것이다. - 출처: 『이윽고 슬픈 외국어』, 무라카미 하루키 저, 문학사상사(2013)

수신자는 발신자가 의도한 메시지 내용을 이해해야 한다. 만약 그렇지 못하면 커뮤니케이션은 오해를 불러일으킨다.

- 지금도 기억나는 일본의 오래된 오토바이 광고물은 다음과 같다. 수십 명의 우락부락한 사람들이 고등학교 졸업 단체 사진처럼 늘어서 있다. 그들 모두는 바이크 복장에 검은색 선글라스를 끼고 있었다. 덩치 크고 험상궂게 보였다. 사진 아래에는 '우리 고객은 바로 이런 사람들입니다'란 한 줄 카피만 있었다. 많은 설명 필요 없이 사진과 문구만 보아도 광고를 보는 사람들은 이런 무시무시한 소비자의 불만을 사면 큰일 날 테니 광고주는 제품을 알아서 잘 만들 것이고 또한 AS도 친절할 것으로 생각할 것이다.

메시지는 커뮤니케이션에서 매우 중요한 요소이다. 메시지의 내용을 무엇으로 할지, 이를 어떻게 표현할지의 결정은 그래서 중요하다. 메시지 내용에 대한 결정, 그러한 내용의 표현 아이디어 및 메시지 구조(예: 내용의 제시 순서, 결론의 도출 여부, 긍정과 부정의 비중 등)에 대해서는 8, 9장에서 살펴본다.

- 설득은 권력의 핵심이다. 메시지는 그러한 설득의 핵심이다. - 출처: 《대화》편, 플라톤

4. 부호화

발신자는 언어적/비언어적, 시각/청각/후각/미각/촉각 등을 통하여 메시지를 제작한다. 부호화(encoding)란 발신자가 자신의 메시지를 상징적 형태로 전환시키는 과정을 의미한다. 발신자가 의도하는 바를 효과적으로 전달하려면 그 내용을 상대편인 수신자가 쉽게 이해할 수 있는 문자(단어), 소리, 기호, 그림, 손짓, 이모티콘(^^, ㅠㅠ, ㅋㅋ), 픽토그램, 색깔 등으로 엮어야 한다. 이처럼 부호화는 메시지를 상징적 형태로 표현 또는 제작하는 것이다.

- 우리가 일상생활에서 쓰는 언어 역시 상징(기호)이다. 모르스부호(Morse code), 수신호, 수화 역시 약속된 기호이다.

그림 2-3 비상구를 표현한 픽토그램

상징(symbol)은 사회구성원 간의 합의에 근거한 어떤 기호를 의미한다. 기업은 상징의 사용을 통해 소비자에게 특정 제품의 속성을 암시적으로 전달하기도 한다.

- 애플은 사과를 상징물로 하고 있다. 서양 역사에서 사과는 혁신, 혁명의 의미를 가진다. 그런데 이러한 배경지식이 없는 수신자는 그렇게 해석하지 못할 것이다. 발신자가 의도한 대로 수신자가 항상 상징을 해석하는 것은 아니다. 예를 들어 '먹는 사과'로 그대로 해석하는 경우에 혁신의 이미지가 덧붙여지지 않을 것이다. 참고로 애플의 이름을 만든 스티브 잡스는 처음부터 이런 거창한 생각을 가지고 이름을 붙인 건 아니었다고 한다. 회사 이름을 지을 당시 과일만 먹는 식단을 하고 있었고 마침 사과 농장에서 돌아오는 길이었다고 한다.

그림 2-4 종교권에 따라 다른 구급차의 상징

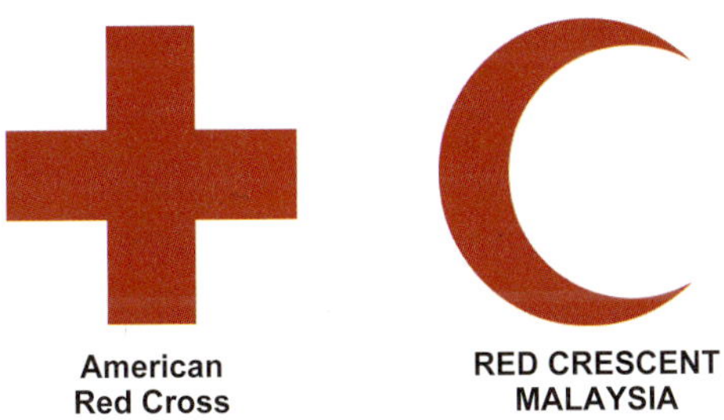

* 구급차의 상징은 종교권에 따라 다르다. 이는 십자가에 대한 상징이 다르게 해석되기 때문이다.

5. 매체

메시지는 커뮤니케이션 경로(communication channel) 또는 매체(媒體, media)를 통해서 전달된다. 발신자가 수신자에게 메시지를 전달하는 데 사용하는 수단을 매체라고 한다. 매체는 메시지의 전달 수단으로, 즉 메시지를 담는 그릇의 역할을 한다. 음식이 담긴 그릇이 음식의 맛에 영향을 미치는 것처럼 매체 역시 메시지에 영향을 미친다. 매체 결정에는 다음과 같은 내용이 포함된다.

- 메시지를 나르는 도구로는 어떤 것들이 있고, 그러한 도구별 특성은 어떠한가.
- 표적 소비자에게 도달하는 데 가장 효과적인 매체는 무엇이고, 그것의 집행 스케줄은 어떻게 하는 것이 효율적인가 등.

매체에 대해서는 11, 12장에서 살펴본다.

6. 해독화

부호화(encoding)는 발신자가 하는 것이라면 해독화(decoding)는 수신자가 하는 것이다. 해독화란 수신자가 발신자의 부호화된 메시지를 해석하는 것이다. 수신자는 발신자로부터 받은 기호 형태(예: 언어, 문자, 표정, 손짓, 상징 등)로 된 메시지를 자기 나름대로 의미를 부여하고 해석한다. 이러한 해독 과정은 수신자의 경험 영역(field of experience), 즉 경험, 지각, 태도, 가치, 문화 등으로부터 영향을 받는다.

- 15세는 15세의 눈으로, 40세는 40세의 눈으로 세상을 해석한다.
- SOS를 뜻하는 모르스 부호(Morse code)는 '• • • ——— • • •'이다. 기호에 대한 약속이 있기에 이를 해석할 수 있다.

그림 2-5 홍수로 침수된 마을에서 구조된 돼지의 온화한 미소

* 돼지 귀를 잡아당겨서 눈꼬리가 올라간 것을 기자의 시각으로 재치 있게 해석했다(출처: 〈홍수에서 구조된 돼지의 미소 … '내가 바로 복(福) 돼지'〉, 안정은, 나우뉴스, 2017년 8월 26일).

의사소통이 원활히 이뤄지려면 발신자의 부호화 과정과 수신자의 해독 과정이 일치되어야 한다. 발신자, 수신자 간 공통된 경험 영역(동질적 문화, 비슷한 연령대, 동일 언어, 유사 경험 등)이 많을수록 상대방에 대한 이해가 잘되기에 의사소통은 원활하며 군더더기가 필요 없다.

그림 2-6 나이키 로고의 간소화

예전의 나이키 상징　　　　현재의 나이키 상징

* 나이키의 상징(symbol)은 소비자 인지도가 높아짐에 따라 점차 간소화되었다. 맥도날드, 스타벅스, 애플의 오늘날 로고도 초기의 로고에 비해 단순해졌다.

국제 광고가 어려운 이유 중 하나는 나라마다 문화가 다르고 역사적 경험이 다르다는 점이다. 이에 따라 광고주가 의도한 부호화 과정을 문화권마다 다르게 해독한다. 이러한 현상은 서로 다른 문화권에서만 발생하는 것은 아니다. 세대 간, 지역 간, 종교 간, 남녀 간에도 부호화 및 해독화 과정은 차이가 날 수 있고, 착각과 오해가 발생하기도 한다.

- "서양 무용수들과 함께 오래 활동하다 보니 제 표정을 객관적으로 평가할 수 있게 됐어요. 슬퍼하는 연기가 화난 것처럼 보일 때가 있더군요. 내가 실제 느끼는 감정이 아닌 관객에게 전해지는 감정이 극의 흐름과 잘 맞아야죠." – 출처: 〈세계가 무대, 어디든 간다〉 속 발레리나 김세연 인터뷰 중, 김소연, 한국일보, 2013년 2월 12일
- "한국인답구나."란 말을 들었을 때, 여러분은 이를 어떻게 해석하게 되는가? 누구로부터 이런 말을 듣는가(예: 같은 한국인, 베트남인, 미국인, 일본인 등), 어떤 상황에서 이 말을 듣는가(예: 도덕적 잘잘못이 명백한 상황 또는 모호한 상황)에 따라 그 뉘앙스는 조금씩 다르게 해석될 것이고 이에 따라 기분이 좋아질 수도 또는 나빠질 수도 있다.
- 2015년 7월 스페인 북부 칸타브리아 지역의 번지점프에서 네덜란드의 17세 소녀가 뛰어내렸다가 숨졌다. 몸에 줄을 묶었지만 번지 점프대의 안전고리에 걸리지 않은 상태였다. 그런데 이 소녀는 왜 뛰어내렸을까? 안내원이 안전장치를 장착하면서 서툰 영어로 이 소녀에게 '노(no) 점프(jump)'라고 했는데, 소녀가 이를 '나우(now, 지금) 점프'로 알아듣고 40m 아래로 뛰어내린 것이었다. 결국 직원의 강한 현지 악센트에, 'no'를 'now'로 알아듣고 안전고리를 하지 않은 채 점프한 것이다. – 출처: 〈번지점프 안내원의 서툰 발음에 '노(no)'를 '나우(now)'로 듣고 뛰어내려〉, 박채운, 조선일보, 2017년 6월 27일

- 비행기 안에서 수학 기호로 가득한 방정식을 풀던 경제학 교수를 옆자리 여성 승객이 아랍어 암호를 사용하는 아랍의 테러리스트로 여겨 신고하는 바람에 항공기 출발이 지연되는 소동이 빚어졌다. 2016년 5월 5일 저녁 미국 필라델피아 공항에서 시러큐스로 떠나려던 아메리칸항공 여객기 내에서 30대 여성이 알 수 없는 부호를 써가며 끄적거리는 옆자리 40대 남성을 테러리스트로 여겨 신고했다. 이탈리아 출신의 이 남성은 피부 색깔이 어둡고 곱슬머리에 외국인 억양의 영어를 쓴 데다 일반인 눈에 아랍어와 비슷해 보이는 기호로 가득 찬 '미분 방정식'을 풀고 있어 오해를 샀던 것이다. 활주로에서 이륙하려던 항공기는 여성의 신고로 기수를 되돌려 게이트로 돌아갔고, 항공사 측이 교수 신분을 확인하느라 예정보다 2시간 넘게 이륙이 지연됐다. 문제의 남성 승객은 펜실베이니아 경제학과 교수이자 40세 이하 촉망받는 이탈리아 경제학자에게 주는 '카를로 알베르토' 상을 받은 적 있는 멘치오 교수였다. 신고한 여성 승객은 항공기가 게이트에 닿자 가장 먼저 내린 다음 재출발할 때 탑승하지 않았다. 멘치오 교수는 "간단한 대화나 인터넷 검색만으로도 해결될 문제 때문에 항공기가 지연됐다는 게 우려스러운 일"이라며 "요즘처럼 외국인 혐오가 횡행한 때에는 많은 문제를 일으킬 수 있다"고 말했다. – 출처: 〈기내서 방정식 풀던 교수, 테러리스트로 오해받아〉, 양태삼, 연합뉴스, 2016년 5월 8일

7. 반응

수신자는 메시지를 받아서 해독한 다음 이에 따른 어떤 반응(response, 예: 주의, 이해, 기억, 태도, 행동 등)을 형성하게 된다. 정보처리 이론에 의하면 반응은 인지 또는 지식(cognition), 태도(attitude), 구매 의도(intention to buy) 등으로 크게 구별된다. 반응에 대한 부분은 6장, 13장, 14장, 15장, 16장, 17장에서 좀 더 살펴본다.

8. 피드백

수신자는 반응의 일부(또는 전부)를 발신자에게 피드백(feedback)해서 보낸다. 피드백은 메시지의 분명한 전달과 이해 정도를 확인하는 방법이다. 즉 발신자는 피드백을 통해 수신자의 반응을 알게 된다.

반응은 수신자가 메시지를 어떻게 접수하고 해석하였는지를 의미한다. 그런데 반응은 수신자 측면에서 일어나는 일이기에 발신자가 이를 속속들이 알기는 어렵다. 좋은 의사소통이 되려면, 듣는 상대방(수신자)이 자신의 이야기에 귀 기울이고 있는지, 자신이 의도한 내용을 얼마나 제대로 이해하는지를 수시로 확인할 필요가 있다.

수신자로부터의 피드백이 원활하면 발신자는 커뮤니케이션의 효과를 파악하게 되고 이를 토

대로 수정할 부분을 제때 고칠 수 있다. 이를 위해 발신자는 수신자의 반응 파악에 도움이 되는 피드백을 정확하면서도 신속하게 얻어야 한다.

마케팅 커뮤니케이션의 결과로 얻을 수 있는 피드백의 유형은 다양하다(예: 매출 실적, 점포 방문 횟수, 문의전화 건수, 고객인지 및 태도 조사 결과 등).

- 수업 듣는 학생들의 반응을 보지 못하도록 장막을 친 상태에서 강의한다면, 교수는 수강생들의 피드백을 제대로 받지 못하기에 자신의 강의 내용 및 방식이 좋은지 여부를 알기 어렵다; 뜨거운 것을 만졌을 때 그것을 빠르게 인지할수록 손의 화상을 방지할 수 있다.
- 발신자에게 전달되는 피드백은 때로는 수신자의 실제 반응과 다를 수 있다. 이것은 수신자가 의도적으로 왜곡하여 피드백하기에 그럴 수도 있고, 피드백 전달 과정의 문제로 인해 발생할 수도 있다. 올바른 피드백을 제때 받으려면 발신자는 피드백 관리에 신경을 써야 한다.
- 세계 최대 전자상거래업체 아마존이 사람의 감정을 판독하는 웨어러블 기기를 개발 중이라고 한다. 스마트폰 애플리케이션과 연동되는 이 기기는 장착된 마이크에 입력되는 사용자 목소리를 통해 감정 상태를 판별할 수 있는 소프트웨어를 탑재한다. 머신러닝 기술이나 음성 · 이미지 인식 기술이 발전하면서 이런 개념이 곧 현실화할 것으로 기대된다. 한편 마이크로소프트나 구글, IBM 등은 시각 · 청각 데이터로부터 감정 상태를 판별할 수 있는 기술 개발에 박차를 가하고 있다. – 출처: SBS 뉴스, 장훈경 기자, 2019년 5월 24일
- 1910년대 영국의 광부들은 새장 속 카나리아와 함께 탄광 갱도에 내려갔다. 만약 카나리아가 노래를 멈추면 광부들은 급히 작업을 중단하고 지상으로 올라왔다고 한다. 그 이유는 무색무취한 일산화탄소의 독성에 카나리아가 민감하게 반응했기 때문이다.

9. 잡음

잡음(noise, 왜곡, 소음)은 커뮤니케이션의 방해 요소를 의미한다. 잡음의 유형으로는 외적잡음(예: TV광고를 보는 중 누군가 말을 시키거나 또는 집 밖에서 큰 소리가 나서 이를 듣지 못함), 내적잡음(예: 수신자가 피곤하거나 졸려서 광고를 제대로 보지 않음, 다른 생각에 잠시 정신 팔려서 광고를 잘못 이해함), 경쟁적 잡음(예: 경쟁광고의 방해 메시지로 인해 자사 광고 메시지를 왜곡 해석, 경쟁사의 유사광고로 인해 경쟁사와 구분하지 못함) 등이 있다.

- 서부 개척 시대 인디언과 전투를 벌이던 기마병 부대가 항복한다는 의미로 흰 손수건을 흔드는 경우를 생각해보자. 이 경우 발신자는 기마병 부대이고 수신자는 인디언이다. 메시지는 항복한다는 내용이고 이를 흰 손수건으로 부호화했다. 만약 인디언들이 항복의 의미로 해독하였다면 공격을 멈추는 반응을 하고 이러한 내용이 기마병에게 피드백될 것이다. 그러나 운이 없게도 흰 손수건을 흔

들 때 거친 황토 모래가 불었다면(외적잡음) 하얀색의 깃발은 잘 안 보일 것이기에 인디언들의 공격은 계속될 것이다[반응, 피드백]. 커뮤니케이션의 실패로 결국 기마병은 전멸될 것이다.

커뮤니케이션은 이렇게 의사전달을 방해하거나 왜곡하는 갖가지 잡음들 속에서 수행된다. 그렇기에 수신자는 발신자가 보낸 메시지를 받지 못할 수도 있고 또는 그것과 다른 메시지로 오해할 수도 있다. 또한 잡음은 발신자를 향한 피드백을 방해하거나 왜곡되게 만들 수도 있다.

- 정보이론(information theory)에 의하면, 모든 명령의 전달 단계마다 잡음은 두 배로 늘어나고, 메시지는 반으로 줄어든다.
- 어떠한 외부 요소들이 잡음을 주로 일으키는지, 어떤 내용의 메시지일 때 잡음에 특히 취약한지, 발신자, 수신자가 어떤 성향일 때 잡음에 자주 노출되고 취약한지, 어떤 매체일 때 잡음에 약한지 등에 대해 생각해보길 권한다.

[요약] 커뮤니케이션 과정 모델의 시사점

커뮤니케이션 과정 모델은 커뮤니케이션이 일어나는 흐름을 보여주지만 동시에 효과적 커뮤니케이션의 설계를 위해 고려할 주요 요소들(9개)도 보여준다. 9개의 커뮤니케이션 요소들 모두가 제대로 관리되면 커뮤니케이션은 제대로 작동된다. 그렇지만 어느 하나라도 잘못된다면 의사소통은 소기의 성과를 거두지 못하거나 왜곡될 가능성이 크다. "사랑은 아마추어 무선과 같다."는 말이 있다. 사랑하는 상대방에게 계속 넌지시 신호를 보내지만 프로처럼 무선통신을 능숙하게 못하기에 사랑의 커뮤니케이션은 왜곡, 답보가 종종 발생한다.
기업(발신자)이 커뮤니케이션을 하기로 결정했다면, 우선 어떤 고객들(수신자)을 대상으로 할지, 이러한 커뮤니케이션을 통해 그들로부터 얻길 원하는 반응은 무엇인지를 결정해야 한다. 그리고 고객들이 수신하는 메시지를 어떻게 해독할지를 고려하여 그들이 이해하기 쉬운 언어 및 기호로 메시지를 엮어야 한다. 또한 메시지는 이에 적절한 매체를 통해 목표로 하는 고객들에게 전달되어야 한다. 마지막으로 기업은 고객들이 자사의 메시지에 대해 어떤 반응을 하는지 알기 위해 원활한 피드백 경로를 개발해야 한다.

- 뛰어난 의사전달 방법의 개발은 유능한 리더십에 있어서 절체절명의 것이다. 리더는 자기 생각과 아이디어로 다른 사람에게 긴박감과 함께 열정을 줄 수 있어야 한다. 만일 메시지를 분명히 전달하여 동기를 주지 못한다면 메시지를 갖고 있다는 것만으로는 아무런 소용도 없다. – 길버트 아멜리오(전 내셔널 세미컨덕터 회장)

커뮤니케이션은 무언가를 상대에게 알리고 설득하는 노력이다. 이를 제대로 하기 위해 기업은 마케팅 커뮤니케이션의 과정을 이해하고 적극적으로 관리해야 한다. 이를 위해서는 커뮤니케이션이 어떠한 과정을 거치는지를 이해해야 한다. 또한 효과적 커뮤니케이션을 위해 관리할 구성 요소들을 알고 있어야 한다.

그림 2-7 커뮤니케이션의 개념과 과정 모델을 합성한 개념도

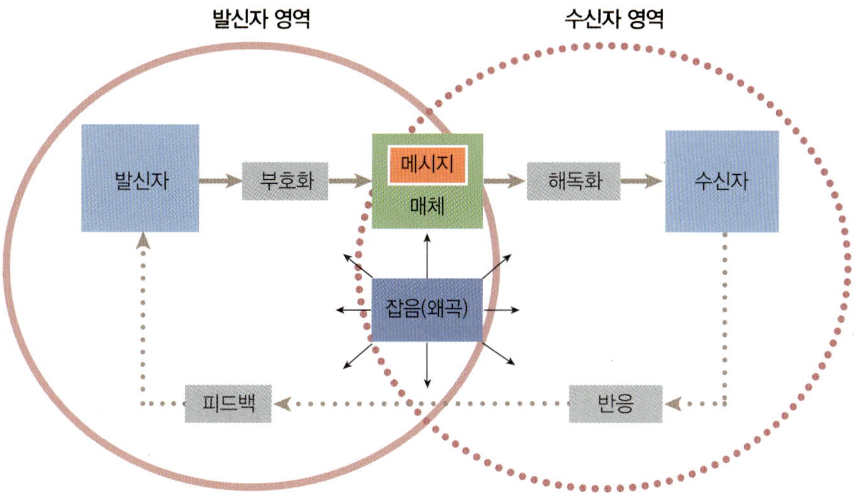

* 발신자(실선) 및 수신자(점선) 영역이 구분되어 있는데 영역의 공유가 크게 될수록 성공적인 커뮤니케이션이 된다.

그림 2-8 성공적인 커뮤니케이션에 대한 개념도

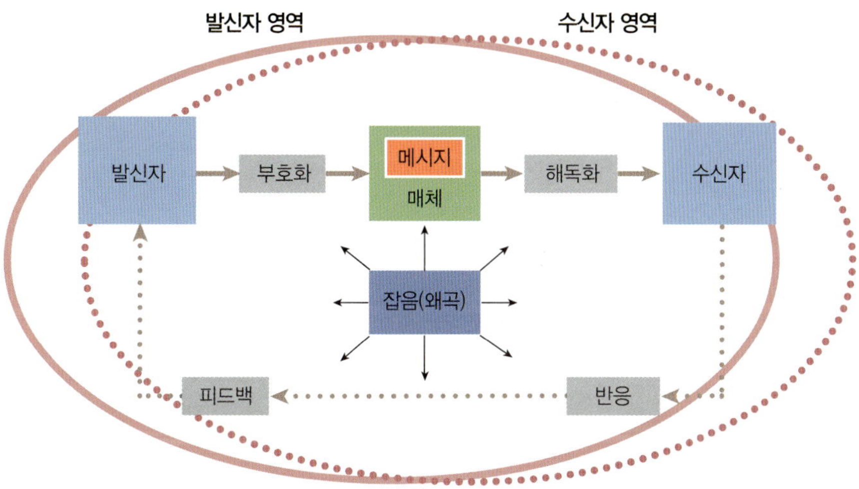

* 발신자는 수신자의 특성, 해독화, 반응, 피드백 방식 등을 이해한다. 수신자는 발신자의 특성, 부호화, 피드백 방식 등을 이해한다.

Ⅲ 마케팅 커뮤니케이션(광고)을 위한 역량: 과학(분석), 예술(직관), 경험

마케팅 커뮤니케이션의 기본 기능은 소비자에게 제품 및 브랜드에 대한 정보를 알리고, 이를 구매하도록 설득하는 것이다. 즉 '알리고 설득해서 궁극적으로 기업이 원하는 행동을 하게 만드는 것'이 기본 기능이다. 이 책에서 다루는 모든 내용은 결국 이를 효율적이면서도 효과적으로 수행하는 데 도움이 되는 것들이다.

마케팅 커뮤니케이션을 잘하기 위해 필요한 역량은 무수히 많지만 다음 세 가지가 대표적이라고 할 수 있다.

첫째, 과학적 사고 능력이 필요하다. 커뮤니케이션의 성과를 거두기 위해선 이에 대한 과학적 접근을 해야 한다. 필요한 정보를 최대한 창출하고, 가용정보를 체계적으로 분석하고 이해하는 이론이나 생각의 틀이 있어야 한다.

마케팅 커뮤니케이션에 대한 과학적 지식이 없어도 (단순히 운이 좋아서) 성공을 거둘 수 있다. 그러나 항상 이러한 행운이 따르기는 어렵다. 또한 행운에 의한 단기적 성공은 실력과 지식의 뒷받침이 없다면 장기적 성공으로 이어지기 어렵다. 과학적 지식은 불확실성을 체계적으로 줄여주기에 성공 확률을 높이는 데 기여한다.

- 창업자가 사라지면 바로 망하는 기업과 몇 대에 걸쳐서 오랜 시간 영속하는 기업 간의 차이는 무엇일까? 한두 시합 컨디션이 좋을 때만 어쩌다 잘하는 운동선수와 여러 시합에서 지속해서 잘하는 운동선수의 차이는 무엇일까? 과학적 지식의 축적과 공유, 실체적 능력의 함양, 탄탄한 조직 시스템과 문화 등이 이러한 차이를 가져온다. – 출처: 『2030 젊은이에게 전하고픈 삶의 법칙들』, 김종배 저, 무역경영사(2018)

마케팅 커뮤니케이션에 대한 서적, 논문, 사례 등은 이러한 능력을 키우는 데 도움이 된다. 한편 지식 적용에 앞서 과연 현재 상황에도 여전히 유효한지에 대해 신축성 있게 판단할 필요가 있다. 특히 사람을 다루는 사회과학 분야에서는 만고불변의 법칙(universal law)은 드물다.

- 마케팅은 기본적으로 하루가 다르게 분화하고 성장하는 학문이다. 1960년대에 통용됐던 마케팅 이론은 오늘날 적용하기는 어렵다. – Philip Kotler

둘째, 예술적 감각이 필요하다. 흔히 마케팅은 과학(science)과 예술(art)의 성격이 함께 있다고 한다. 문제를 성공적으로 해결하려면 과학적 지식뿐 아니라 예술적이면서도 창의적인 감각이 있어야 한다. 특히 광고의 경우 이러한 능력(예: 파격적 광고 아이디어, 기존의 틀을 깨는 매체 집행, 예술성이 뛰어난 제작물 등)은 더욱 중요하다.

- 1984년 애플의 매킨토시 광고(슈퍼볼 시합 때 단 1회의 광고 집행), ACE 침대('침대는 가구가 아닙니다. 침대는 과학입니다.') 등과 같이 예술성과 창의성이 뛰어난 광고는 가끔 등장해서 시장 판도를 바꾼다. 그 밖에 어떠한 광고들이 예술성과 독창성을 함께 갖추고 있다고 생각되는가?

'과녁이 어디에 있는지'에 대한 규명이 과학의 영역이라면 '화살이 힘 있게 그곳에 도달하게 하는 힘'이 예술성의 영역이다.

- 광고의 최종 목표는 매출 증대 또는 기업 이미지의 향상이다. 이러한 소기 목적을 달성하지 못하면 광고 집행은 무의미한 낭비일 뿐이다. 광고의 주인공은 제품 또는 브랜드이다. 주인공이 부각되지 못하고 그 곁가지인 제작물만 예술적으로 뛰어나면 이것은 '힘은 있지만 잘못된 과녁을 향해 날아간 화살'이다. 따라서 기본적으로 과학적, 논리적 사고를 바탕으로 광고 컨셉을 설정하고, 여기에 더해 이를 예술적으로 한 차원 높게 표현해야 한다.

셋째, 경험이 중요하다. 과학, 예술의 역량이 있다고 해서 현장에서 바로 성공하기는 어렵다. 과학, 예술성으로 무장되었더라도 현장 경험이 없는 사람은 여러 번의 시행착오를 겪게 된다. 현장에서 겪는 문제들은 이론적으로 배울 수 있는 내용보다 훨씬 복잡하고 애매모호하고 까다롭다. 현장에서 겪는 실제 문제들(예: 조직 간 협력 및 거래관계, 다양한 사람 간 의사소통 및 갈등, 제품마다 다른 특성 등)은 책을 통해 배우기 어려울 정도로 다채롭고 변화무쌍하다. 사례(국내와 해외, 과거와 현재, 다양한 제품군 등)에 대한 폭넓은 경험과 이해는 당면한 광고를 집행하는 데 도움이 된다. 많은 실전 경험을 쌓아야 한다. 또한 기업은 구성원의 개별 지식을 조직의 경험자산으로 만들어야 한다.

그림 2-9 과학, 예술, 경험의 균형 추구

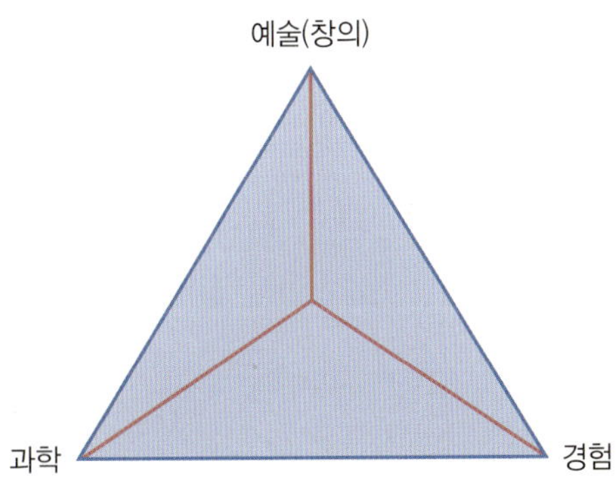

결론적으로 마케팅 커뮤니케이션의 성과는 과학적 접근, 창의성(예술성), 마케터의 경험 지식이라는 세 가지 측면이 조화로울 때 그 효과가 극대화된다.
물론 과학, 예술, 경험의 역량만 필요한 것은 아니다. 이것 이외에도 커뮤니케이션에서 필요한 역량은 많다(예: 질문하는 능력, 인내력, 외국어 능력, 결단력, 융통성, 리더십 등).

- 질문: 커뮤니케이션을 잘하기 위해서는 어떠한 역량을 갖춰야 하는가? 어떠한 성향의 사람들이 커뮤니케이션을 잘하는가? 커뮤니케이션 능력은 선천적인가?

커뮤니케이션을 성공시키기 위해서는 다양한 능력이 필요하기에 전문 인력을 갖춘 광고회사를 이용하는 경우가 많다.

- 누구든 분노할 수 있다. 그것은 매우 쉬운 일이다. 그러나 올바른 대상에게, 올바른 정도로, 올바른 시간 동안, 올바른 목적으로, 올바른 방법을 통해 분노하는 것은 누구나 할 수 있는 일이 아니다. 또한 결코 쉬운 일이 아니다. – 아리스토텔레스(고대 철학자)

일상생활에서 흔히 자연스럽게 발생하는 분노의 감정도 (살면서 그렇게 여러 번 경험하였음에도 불구하고) 상대방에게 제대로 표출하기란 쉽지 않다. 하물며 우리가 잘 모르는 다수의 소비자를 대상으로 하는 의사소통(광고)을 처음부터 제대로 하기란 결코 쉽지 않다.

PART 2

광고의 상위(선행) 관리 과정에 대한 이해

여기서는 마케팅, 통합적 마케팅 커뮤니케이션(integrated marketing communication, IMC)에 대해 개략적으로 소개한다. 이 두 가지는 광고의 선행(상위)에 대한 것으로 광고의 기반, 또는 배경이 된다.

기업 경영은 일반적으로 마케팅, 생산, 재무, 인사조직, 회계 등의 기능으로 구성된다. 이 중 하나인 마케팅은 다시 마케팅 믹스(제품, 가격, 유통, 마케팅 커뮤니케이션)로 구분되는데 이 중 한 요소가 통합적 마케팅 커뮤니케이션(IMC)이다. IMC에는 다양한 활동(광고, 판매촉진, PR, 인적판매 등)이 있는데 이 중 하나가 바로 광고이다. 결국 광고는 1장에서 언급한 바와 같이 경영 및 마케팅을 위해 수행되는 중요한 활동이다.

그림 PART 2 경영, 마케팅, IMC, 광고 간 상호 연결

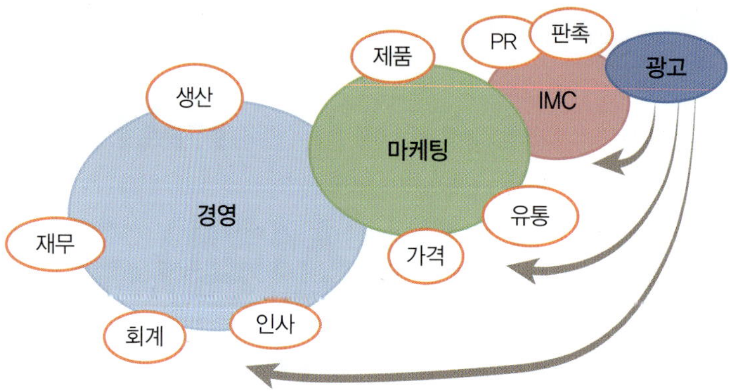

광고를 올바로 수행하려면 선행(상위) 과정인 마케팅, IMC에 대한 이해가 필요하다. 3장에서는 마케팅의 기본 내용을 소개한다. 마케팅은 방대하므로 모든 내용을 소개하기보다는 마케팅 커뮤니케이션과 밀접한 부분을 중심으로 설명하려고 한다(마케팅을 좀 더 알고 싶다면 마케팅 입문서를 참조하길 권한다). 4장에서는 통합적 마케팅 커뮤니케이션(integrated marketing communication, IMC)을 다룬다. 참고로 IMC에 포함되는 '광고 이외의 다양한 커뮤니케이션 도구들'은 5부에서 다룬다.

CHAPTER 3

마케팅에 대한 개관

Ⅰ. 마케팅이란 무엇인가?

Ⅱ. 마케팅에서의 주요 의사결정 및 마케팅 관리 과정

Ⅲ. 마케팅 활동에서의 주요 참가자 (커뮤니케이션의 주요 대상)

Ⅳ. 마케팅 철학의 변천

들어가기 전에

마케팅은 마케팅 커뮤니케이션의 상위 의사결정에 해당한다. 그래서 마케팅을 이해하면 마케팅 커뮤니케이션을 전체적으로 조감(鳥瞰, bird's-eye view)하는 데 도움이 된다. 여기서는 마케팅(marketing)이란 무엇인지, 마케팅 영역에서 내리는 의사결정에 어떠한 것들이 있는지, 마케팅 관리 과정은 어떠한 순서로 이뤄지는지 등에 대해 살펴본다.

I 마케팅이란 무엇인가?

마케팅(marketing)은 시장(market)에서 비롯된 용어이다. 여기에 ~ing라는 능동적, 역동적 느낌의 어미가 붙음으로써 '시장을 조성하고 활성화'시킨다는 어감을 가지게 된다. 직관적으로 풀이해보면 마케팅이란 손님 없이 파리 날리는 정체된 시장이 아니라 거래(매출)가 활발히 일어나는 역동적 시장으로 만드는 것을 의미한다.

전쟁의 승패가 전쟁터(battlefield)에서 결정되듯이 기업의 성패는 시장(market)에서 결정된다. 기업이 자기 시장을 활성화하지 못한다면 그 기업은 '자기 시장'을 안정적으로 확보하지 못하기에 결국 퇴출당하고 만다. 따라서 '시장과 연관된 기업의 모든 활동'인 마케팅은 기업 경영에 있어서 가장 중요한 활동이라고 해도 과언은 아닐 것이다.

2013년 미국 마케팅 학회(american marketing association, AMA)에서 내린 마케팅에 대한 정의는 다음과 같다.

> 마케팅이란 소비자, 고객, 파트너, 사회에게 가치 있는 제공물을 창출하고, 커뮤니케이션하고, 전달하고, 교환하기 위한 활동, 조직체 및 과정이다.

개념 정의에서 알 수 있듯이 마케팅은 기업이 시장의 여러 주체(소비자, 중간상, 공급상, 경쟁기업, 일반 대중, 사회 등)를 대상으로 하는 '가치(value)' 중심의 전방위적 활동이다.

시장에서 성공하려면 기업은 무엇보다도 소비자들이 필요로 하고 원하는 것을 제공할 수 있어야 한다. 물론 이를 제공하는 것만으로 시장의 성공을 장담할 순 없다. 그 이유는 자신과 같은 목적을 가지고 유사 활동을 하는 경쟁자들이 다수 존재하기 때문이다. 따라서 '경쟁자보다 더 나은 가치를 제공함으로써 소비자를 더 만족시켜야' 기업은 존속하고 또 성장을 추구할 수 있다.

- 졸업식 행사가 열리는 학교 앞은 꽃을 파는 사람들로 장사진을 이룬다. 졸업생을 축하하려고 참석한 사람들에게 있어서 꽃은 매력적인 대안이 된다. 꽃을 팔기 위해 아침부터 많은 장사꾼이 노력을 하지만 이들 모두가 성공적으로 매상을 올리는 것은 아니다. 이들의 성공과 실패를 가르는 요인은 무엇일까?

어떠한 이유에서건 소비자로부터 외면받거나 경쟁에 뒤처진 기업은 결국 문을 닫게 된다. 기업의 존속을 가능하게 하는 가장 기본 조건은 기업이 시장에 제공할 제품을 가지고 있는가의 여부에 달린 것이 아니라, '경쟁제품이 아닌 내 제품을 사줄 소비자'(자기 시장)의 존재 여부에 달려 있다.

신규 고객을 꾸준히 창출하고 한번 고객이 된 소비자를 경쟁사에 빼앗기지 않은 채 장기간 거래를 계속할 수 있다면, 기업은 시장이란 냉혹한 무대에서 쫓겨나지 않고 지속적으로 활동할 수 있다.

- 우리가 새 사업에 뛰어드는 방식은 비즈니스 모델을 중시하는 다른 회사와 다르다. 우리는 새 사업을 시작할 때, '이를 통해 이익을 얼마 거둘 수 있다'고 절대로 말하지 않는다. 초기 단계의 논의는 철저히 사용자에게 초점을 맞춘다. 사용자 관점을 제외한 모든 논의는 배제한다. – Sukhinder Singh Cassidy(전 구글 아태지역 총괄 부사장)
- 게임을 개발할 때 뭘 만들어야 할지보다는 돈을 벌어야겠다는 생각부터 한 적이 있다. 그러나 돈을 벌겠다는 게 목표가 되면 이상하게 돈을 벌 수가 없었다. 오히려 많은 사람에게 즐거움을 줘야겠다는 생각을 하고 어떻게 하면 즐거움을 제공할지만 고민했더니 대박이 터졌다. – 출처: 『대한민국 Only 1 신시장의 개척자들』, 김남국 저, 무한(2006)
- 임종을 앞둔 앤드류 카네기에게 누군가 "당신은 역사상 가장 유명한 기업가입니다. 당신이 그토록 성공할 수 있었던 비결은 무엇입니까?"라고 물었다. 그러자 카네기는 다음과 같이 대답했다. "상대방의 바구니부터 철철 넘치도록 가득 채우시오. 그러고 나면 돈을 버는 것은 식은 죽 먹기라오."
  – 출처: 『CEO가 말하는 CEO』, 제프리 J. 폭스/로버트 라이스 저, 김정혜 역, 알에이치코리아(2013)

냉철하고 이기적인 심판관인 소비자들에 의해 경쟁력이 미흡한 제품 및 서비스는 무대 밖으로 떨어져 나간다. 시장에서 승리하려면 소비자, 경쟁자, 중간상, 공급상, 거시환경 등에 대한 충실한 이해가 선행되어야 한다. 또한 기업이 시장에 내보내는 시장 제공물(market offerings)이 경쟁사보다 우월해야 한다.

이를 위해 기업 내부의 경쟁 역량 및 자원이 충분히 있어야 한다. 더 나아가 기업의 모든 활동 즉 연구개발, 생산, 자금 흐름, 인력개발 등은 시장을 지향하여(market-oriented) 유기적으로 연결되어야 한다. 요약하면 마케팅을 잘하기 위해서는 '외부 시장에 대한 이해'가 필요하고,

이러한 이해를 바탕으로 여기에 걸맞은 제공물을 제공하기 위해 '기업 내부의 역량을 강화하고 총집결'해야 한다. 결국 기업의 모든 대 · 내외적 활동은 마케팅을 중심으로 통합 관리되어야 한다는 의미이다.

기업이 시장에 제공하는 것(시장 제공물)의 가치(또는 혜택)가 높아진다면, 이를 원하는 소비자는 더욱 많아질 것이고 그에 따라 가격도 높일 수 있다. 따라서 '가치를 높이는 방법'에 대한 아이디어는 매우 귀하므로 이를 생각해내는 능력이 절실하다.

- 카페에서 판매하는 커피의 가치를 높이는 방법을 상상해보자. 아마도 다양한 방법들이 떠오를 것이다: 최고급 원두의 사용, 커피 로스팅 또는 블랜딩 방법의 개선(예: 원두 볶는 방법, 커피 내리는 도구, 배합 비율 등), 맛 좋은 물의 사용 등이 있다. 커피잔, 테이블과 의자, 전망 및 분위기, 서빙하는 종업원 등을 통해서도 커피의 가치를 높일 수 있다. 또한, 사용 편리성(거리, 시간, 노력)에 의해서도 가치는 달라진다. 예를 들어 어떤 카페의 커피가 5,000원이지만 500m나 멀리 있다면, 바로 근처에 있는 카페의 9,000원짜리 커피를 선택할 수도 있다. 더욱이 날씨가 몹시 춥거나 비바람이 분다면 9,000원보다 더 높은 가격이라도 지불할 마음이 생길 것이다. 그 외에도 가치를 높이는 방법은 무궁무진하다(새로운 건강 성분의 첨가, 명품브랜드의 사용권, 한정판을 통한 희소성, 매장의 고급화/감성 고양 등). 카페에서 기울이는 모든 노력은 결국 고객들이 원하는 가치를 발견하고 이를 향상시키려는 노력과 연관된다.

Ⅱ 마케팅에서의 주요 의사결정 및 마케팅 관리 과정

1. 마케팅 영역에서의 의사결정

무언가를 시장에서 팔려면 다음의 의사결정을 내려야 한다.

- 누구에게 무엇을 팔 것인가?
- 어떠한 제품으로 할 것인가?
- 가격을 얼마로 할 것인가?
- 어디서 팔 것인가?
- 사람들에게 이를 어떻게 알리고 설득할 것인가(마케팅 커뮤니케이션)?

이러한 모든 의사결정은 어떻게 하면 '가치를 향상시키고 교환을 활성화'하는가와 밀접하다. 의사결정은 ① 제품-시장 선택(product-market selection: '누구에게 무엇을 팔 것인지') ②

선택된 시장에서의 마케팅 믹스(marketing mix: '그것을 어떻게 팔 것인지')로 구분할 수 있다. 이를 좀 더 부연해 설명하면 다음과 같다.

1. **제품 – 시장 선택의 의사결정**: 시장의 현황과 흐름을 이해하고 현재 고객의 욕구 및 경쟁사의 전략을 파악한 다음, 기업은 내부 역량에 가장 적합한 고객층과 제품영역(제품 포지셔닝)을 선택한다(segmentation-targeting-positioning, STP).
2. **마케팅 믹스의 의사결정**: 그런 다음 그들이 원하는 '제품'(기능, 품질, 포장, 디자인, 브랜드)을 제공하고, 그것의 존재를 설득력 있게 알리며('마케팅 커뮤니케이션'), 그것을 고객들에게 편리한 '장소'에서 적절한 '가격'으로 판매해야 한다.
   마케팅 의사결정을 잘 내리는 기업은 시장에서 성공할 가능성이 높다. 한편 마케팅 의사결정은 각각 독립적이기보다는 서로 밀접히 엇물려 있다. 예를 들어, 다이어트와 웰빙을 중시하는 주부 대상의 식당의 경우에는 낮은 가격과 풍족한 양을 강조하기보다는 다소 가격이 나가더라도 신선한 재료로 만든 낮은 칼로리의 메뉴가 어울릴 것이며 또한 이들이 선호하는 스타일로 매장 인테리어를 설계해야 한다.

- "우리는 유통의 25% 이상을 뿌린 상태에서야 광고 활동을 시작합니다. 그렇게 해야 광고효과를 볼 수 있기 때문입니다. 만약 그 전에 한다면 광고를 보고 방문하는 고객을 놓치는 경우가 많습니다."
  – 국내 모제약회사의 전무
- 고루한 이미지를 벗고 세련된 패션 이미지를 추구한 △△브랜드는 수년 전 소비자의 시선을 끌 만한 참신하고 임팩트 있는 광고를 통해 주목을 이끌어냈다. 그러나 이러한 멋진 광고를 뒷받침하기에는 기존의 점포(세련되지 않은 외관과 인테리어, 제품 진열 등)는 한계가 있었고 따라서 광고 효과는 그만큼 반감되었다. – 해당 업계 실무자와의 인터뷰

2. 마케팅 관리 과정

마케팅 관리란 기업목표를 달성하기 위하여 표적시장의 고객을 만족시키는 마케팅 전략 및 계획을 분석에 근거하여 수립하고, 그것을 실행하고 통제하는 일련의 활동을 의미한다. 마케팅 관리 과정(marketing management process)의 흐름은 다음과 같다.

첫째, 시장 상황에 대한 전반적 내용을 살펴본다. 여기에는 시장을 구성하는 주요 주체인 소비자, 경쟁사, 유통업자, 공급업자 그리고 거시환경에 대한 내용이 포함된다. 시장의 상황분석을 통해 SWOT(기회/위협, 강점/약점)를 정리하기도 한다.

둘째, 시장에 대한 이해를 바탕으로 기업의 내부 역량에 가장 적합한 고객층과 제품 영역(제품

포지셔닝)을 선택함으로써 표적(target) 마케팅 전략을 수립한다(STP).

셋째, 표적 마케팅 전략에 기초하여 이에 적합한 마케팅 믹스(4Ps)를 수립한다. 시장에서의 제공물을 결정하고(shaping market offerings), 제공물을 어떻게 소비자에게 전달할지를 살펴보고(delivering value), 제공물의 가치를 소비자에게 어떻게 의사소통할지를 검토한다(communicating value).

그림 3-1 마케팅 관리 과정

[그림 3-1]에서 알 수 있듯이 마케팅 관리 과정은 '표적시장과 포지셔닝의 결정(STP)'이 중심 허리의 역할을 한다. 이러한 중심(STP)을 기준으로 본다면, 마케팅 관리 과정은 STP의 결정을 위한 사전 준비단계(시장기회의 분석), STP의 결정 단계 그리고 STP에 조화로운 마케팅 믹스의 결정 단계로 구분할 수 있다.

참고로 마케팅 관리 과정의 의사결정에서 사용된 시장 및 소비자 자료는 추후 커뮤니케이션을 기획하는 데도 좋은 소재가 된다. 역으로 커뮤니케이션에서 사용되거나 수집된 자료는 마케팅 의사결정에 도움이 되기도 한다.

Ⅲ 마케팅 활동에서의 주요 참가자(커뮤니케이션의 주요 대상)

시장(market)에는 수많은 활동 주체들이 존재한다. 우선 마케팅을 주도적으로 행하는 기업(company)이 있다. 기업의 마케팅 활동에 영향을 미치는 소비자(consumer), 경쟁사(competitors), 유통경로 구성원(intermediary), 공급상(suppliers, vendors) 등이 있다. 이들 주체는 서로 영향을 미치면서 시장 성과를 결정한다. 마케팅 커뮤니케이션 관점에서 본다면 기업은 커뮤니케이션의 발신자가 되고 나머지 집단은 중요한 커뮤니케이션의 대상, 즉 수신자가 된다.

그림 3-2 기업 커뮤니케이션의 대상이 되는 주요 집단

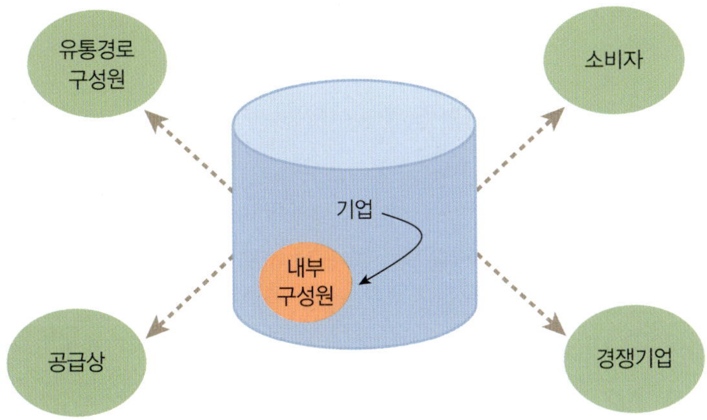

소비자, 경쟁사는 책의 전반에 걸쳐서 다루기에 여기서는 유통경로 구성원, 공급상, 기업 내부 구성원에 대해서만 설명한다.

첫째, 유통경로 구성원(intermediary)은 제조업체로부터 최종소비자에게 제품 및 서비스를 전달하는 과정에 참여하는 조직체, 기관이나 개인을 말한다. 만약 제품도 우수하고 가격도 저렴하지만 이를 판매해줄 유통경로를 확보하지 못하거나 또는 확보하더라도 이들로부터 원활한 협조를 이끌어내지 못한다면 기업의 마케팅 활동은 그만큼 위축된다. 이들과의 원활한 커뮤니케이션은 긴밀한 협력관계의 구축을 위해 중요하다.

둘째, 공급상(suppliers)은 기업의 마케팅 활동에 필요한 원자재, 부품, 반제품 등을 공급하는 판매업체이다. 자동차 제조업체를 예를 들면 타이어, 유리, 페인트, 철판, 브레이크 등의 공급업자들이 이에 해당한다. 우수한 공급상의 확보, 이들과의 긴밀한 협조는 경쟁력 있는 제품 생산과 연결되기에 기업은 역량 있는 공급상을 사이에 두고 경쟁사와 경쟁한다. 공급상과의 커뮤니케이션 역시 마케팅 성과를 결정짓는 중요한 요소이다.

셋째, 일반적으로 기업은 외부 조직(고객, 경쟁사, 유통경로 구성원, 공급상, 정부 등)을 대상으로 하는 커뮤니케이션에 노력을 집중한다. 그러나 커뮤니케이션은 여기에만 한정되어서는 안 된다. '기업 내부의 커뮤니케이션' 역시 중요하다. 커뮤니케이션은 기업 구성원의 개별 목표를 조직 전체의 목표로 수렴 · 통합시키는 역할을 한다. 내부 커뮤니케이션은 조직 구성원들에게 조직에 대한 신뢰를 형성하고 더 나아가 조직에 대한 열정적 몰입과 구성원의 행동을 변화시키는 효과적인 촉매제로 작용한다.

Ⅳ 마케팅 철학의 변천

마케팅 철학(philosophy)은 시장 창출 또는 활성화를 위해 무엇을 가장 중요시하는가와 연관된다. 즉 주도적으로 지배하는 생각을 의미한다.

시장 창출 및 활성화를 위해 가장 중요시하는 분야는 시대적 상황에 따라 변화했다. 초기에는 '생산'이었고, 이후 '제품'으로 바뀌었으며, 다시 제품은 '판매'로 바뀌었다. 그리고 최종적으로 '마케팅(소비자지향 또는 시장지향)'으로 바뀌었다. 최근 들어 사회적 책임, 윤리, 공유가치 창출, 환경 친화, 지속 성장 등의 내용이 마케팅의 개념에 추가되고 있다.

코로나19 바이러스 확산 이후, ESG 경영이 대두된 배경에는 사회적 책임과 윤리의 중요성이 자리하고 있다. ESG 경영은 환경(environmental), 사회(social), 지배구조(governance)의 앞 글자를 딴 용어로 기업의 비(非)재무적 성과를 측정하는 지표이다. 투자자들은 수치로 환산할 수 있는 이윤뿐만 아니라 기업의 사회적 영향까지 고려하여 기업에 투자하기 때문에 ESG 경영의 중요성은 더욱 커지고 있다.

- 마케팅 철학은 기업의 시장 지향성(company orientation toward the marketplace)의 방향과 강도에 영향을 미친다. 예를 들어 생산지향의 철학은 '생산'이 시장을 활성화하는 데 가장 중요한 과업으로 간주되는 철학이다. 여기서 마케팅 관리자는 생산에 중점을 둘 때 가장 마케팅을 잘하게 될 것으로 생각한다. 반면에 제품지향의 철학은 '제품'에 중점을 둘 때 시장이 가장 활성화된다고 생각하는 것이기에 최고의 제품개발에 역점을 두는 철학이다.
- 어린 시절에는 그저 '건강'하게 잘 자라고, '친구들과 사이좋게' 지내면 성공적 인생이었다. 그런데 중 · 고등학생이 되면 '공부'의 중요성이 높아진다. 그리고 대학을 졸업하면 '취업'과 '결혼'이 삶을 지배하게 된다. 자식을 둔 부모가 되면 '자식'이 잘되는 것이 최우선이다. 이처럼 사람의 삶도 주기별로 가장 중요시되는 포인트가 변화하고, 이러한 우선순위로 자신의 시간과 자원을 쏟는다.

철학은 어떤 것이 맞고 틀렸다는 차원으로 보기보다는 그러한 각각의 철학이 적합한 시대적 상황과 시장 여건이 존재한다는 점을 종합적으로 이해하는 것이 바람직하다.

- 우리나라의 경우, 1953년 6.25 전쟁이 끝나고 모든 것이 궁핍하던 시기에는 사람들이 필요한 물건을 살 수만 있다면 만족하였다. 이 당시 기업이 가장 역점을 둔 사항은 물건을 값싸게 대량으로 제조하고 이를 유통하는 것이었다('생산' 중심); 궁핍한 상황이 어느 정도 해소된 1970년대에 들어서며 소비자들은 좀 더 좋은 것을 요구하게 되었다. 그 결과 기업은 기술력, 품질향상 등에 노력하게 되었다('제품' 중심); 품질과 성능이 어느 정도 평준화되고 소비자들이 자기 개성에 맞는 제품을 원

하게 되면서 기업은 감성, 개성, 디자인, 브랜드 등에 치중하게 되었다. 이처럼 시장과 소비자의 변화에 따라 기업이 좀 더 집중하는 분야는 달라져 왔다. 향후 전개될 시장과 소비자 흐름을 정확히 예측할 수 있다면 기업은 자신의 역량을 이들 분야를 중심으로 좀 더 빠르게 대응할 수 있을 것이다.

1. 생산지향성(production concept)

생산지향의 시대에는 제품의 수요가 공급을 초과한다(supply < demand). 이 상황에서 소비자는 선택의 폭이 좁다. 제품을 원하는 소비자는 많은데 제품 수가 부족하고 가격은 높은 편이다.
보통 새로운 시장이 형성되는 초기에 이러한 양상이 두드러진다. 휴대폰, PC, MP3 플레이어가 처음 시장에 등장하던 때가 그러한 예이다. 시장 초기 혁신 제품의 종류는 많지 않고 가격은 무척 높다. 초기 휴대폰의 가격은 300만 원을 훨씬 웃돌았을 정도이다.
이러한 시장 상황에서 시장 활성화를 위해 기업은 생산과 유통에 초점을 맞춘다(예: 생산성 향상, 제품 원가절감, 유통 범위 확대 등). 한편 생산 효율성, 원가절감만 강조하다 보면 경영이 비인간적이 되고 서비스의 질에도 문제가 생길 수 있다.

- 20세기 초반까지 자동차 가격은 무척 높았기에 돈 많은 부호나 귀족들만이 자동차를 소유할 수 있었다. 이때 헨리 포드는 부품의 표준화, 단순화, 작업의 전문화 등을 통해 낮은 원가로 자동차를 생산해 미국 자동차 시장을 장악했다.

2. 제품지향성(product concept)

제품의 공급량이 증대되고 유사 제품을 제공하는 경쟁업체들도 많아지면 시장에서 공급은 수요를 초과하게 된다(supply > demand). 동종 제품은 물론이거니와 대체할 수 있는 제품들이 풍성히 등장하였기에 제품 경쟁이 심해지게 된다. 이제부터 소비자들은 가격뿐 아니라 제품의 품질과 성능을 비교하면서 선택한다.
이러한 상황에서 기업은 과거와 같은 생산지향만으로 매출을 올리기는 어렵다. 소비자들은 좀 더 나은 품질, 새로운 성능을 제공하는 제품을 선호한다. 따라서 기업은 제품 향상에 모든 마케팅 노력을 집중한다.
한편 제품지향성 관점은 마케팅관리자의 시야를 좁게 만들 수 있고 그 결과 마케팅 근시안(marketing myopia)이란 위험을 초래한다. '더 나은 쥐덫의 오류'를 자세히 알아보자.

- 더 나은 쥐덫의 오류(the better-mouse trap fallacy): 더 나은 제품만 있다면 소비자들이 구름처

럼 몰리고 이들이 기꺼이 제품을 살 것이라고 생각하는 오류. 미국에서 쥐덫을 가장 많이 제조, 판매하던 '울워스'라는 회사는 나무로 된 쥐덫을 플라스틱으로 바꾸어 만들었다. 새로운 쥐덫은 모양도 더 좋았고, 쥐도 잘 잡히며 아주 위생적이었다. 값도 나무제품보다 약간 비싼 정도였다. 그러나 플라스틱 쥐덫은 나무 쥐덫보다 약간 비싸지만 모양도 좋고 위생적이라 어쩐지 한번 쓰고 버리기 아깝다는 생각이 들게 했다. 이에 따라 소비자에게 잡힌 쥐만 버리고 쥐덫을 깨끗이 세척해야 하는 즐겁지 않은 일이 생기고 말았다. 그러자 고객들은 점점 귀찮은 일을 하지 않기 위해 기존의 나무 쥐덫을 선호하게 되었다. 나무로 된 쥐덫은 잡힌 쥐와 쥐덫을 함께 버려 그 쥐덫을 다시 사용하지 않았기 때문이다. 그 결과 플라스틱 쥐덫은 더 이상 팔리지 않게 되었다.

제품지향성은 다음의 이유로 인해 시장 성공을 보장하지 않는다: 소비자들이 더 나은 제품을 실제로도 원한다고 볼 수 없다; 소비자 기호는 변한다; 더 나은 제품의 존재를 알지 못하면 사지 못한다; 조금 낫더라도 가격이 너무 비싸면 외면한다; 제품 개선의 정도가 어느 정도여야 소비자가 움직일 것인가에 대해 알기 어렵다; 동일 욕구를 더 잘 충족시키는 전혀 다른 차원의 제품이 등장할 수 있다 등이 있다. 기술력이 뛰어난 기업이 종종 시장에서 고객의 외면을 받는 대표적 이유는 '잘 팔릴 수 있는 제품을 만드는 것이 아니라, 그저 자기가 잘 만드는 제품을 만들어서'이다.

- 3분 걸려 만들던 햄버거 제조 시간을 엄청난 제조공정의 혁신을 통해 2분 30초로 단축하였다는 것은 분명 칭찬받을 만하다. 그러나 소비자들이 30초 단축에 대해 별 가치를 주지 않는다면, 이것은 별 의미 없는 노력이 되고 만다. 물론 이것은 표적시장에 따라 달라진다. 직장인이나 수험생과 같이 시간이 중요한 집단에게 30초 단축은 경쟁우위로 작용하겠지만, 초등학생, 양로원, 실업자 집단에서는 별 의미가 없을 것이다.
- 소비자가 제품 개선의 차이를 실질적으로 인지하기 어려운 예는 기존보다 1.3배 빠른 통신망, 경쟁제품보다 1도 낮은 소주, 수명이 10% 오래가는 건전지, 5% 더 선명한 음질의 스피커 등이 있다.

3. 판매지향성(selling concept)

제품 향상에 모든 기업이 노력을 하면 언젠가 기업 간 제품의 차별화가 적어지게 된다. 그렇게 되면 이제 더 이상 제품 개선의 여지도 없고 여기에만 기업활동을 전념해서는 시장 활성화가 어렵다. 기업들은 조금 더 좋은 제품을 만드는 것만으로는 매출 발생이 되지 않는다는 것도 알게 된다. 그 결과 기업들은 '이미 만들어진 제품'의 판매에 좀 더 주력하게 된다.
판매지향성은 소비자들을 그대로 놔두면 제품을 많이 구입하지 않으므로 기업은 판매에 좀 더 큰 노력을 들여야 한다는 철학이다. 판매지향성은 비 탐색제품(예: 보험, 백과사전 등)에 적합하다. 물론 적극적 판매 노력(판매지향적 노력)은 자동차, 안마기 등과 같은 탐색제품에도 해당하고, 기금모금단체, 정당 등의 비영리단체에도 적용된다. 과잉 생산시설, 과잉재고 상태 등의 경우에도 적절하다.

이러한 판매지향의 문제점은 시장이 원하는 것을 만들어 파는 것(to make what the market wants)이 아니라, 자신이 이미 만든 것을 잘 파는 데(to sell what they make)에 역점을 둔다는 사실이다.

4. 마케팅지향성(marketing concept)

- 어떤 선물을 받았을 때 기뻤던가? 아마도 자신이 간절히 원하던 것을 받았을 때 기쁠 것이다. 자신이 원하던 것이 아니라면, 그것이 아무리 비싸고, 예쁘고, 희귀하더라도 별 의미는 없을 것이다.
- '판매'와 '마케팅'은 정반대이다. 같은 의미가 아닌 것은 물론, 서로 보완적인 부분조차 없다. 물론 어떤 형태의 판매는 필요하다. 그러나 마케팅의 목표는 판매를 불필요하게 만드는 것이다. 마케팅이 지향하는 것은 고객을 이해하고, 제품과 서비스를 고객에 맞춤으로써 이를 저절로 팔리도록 하는 것이다. - Peter Drucker
- 冬日之陽, 夏陽之陰, 不召而民自來(동일지양, 하양지음, 불소이민자래: 겨울날의 양지와 여름날의 그늘에는 부르지 않아도 사람들이 스스로 찾아 든다). - 《일주서(逸周書)》

마케팅지향성의 근본은 '고객(시장)이 모든 기업활동의 시발점'이라는 사실이다. 먼저 표적고객의 욕구와 필요가 무엇인지를 알아내고, 그런 다음에 이들에게 만족을 줄 수 있도록 모든 마케팅 활동을 통합, 조정하는 것이다. 이를 통해 경쟁자보다 효율적이면서도 효과적인 방법으로 소비자에게 만족을 전달한다. 앞서 언급된 세 가지 지향성과의 가장 큰 차이점은 고객과 시장에 대한 이해를 맨 앞에 둔다는 점이다.

- 음식을 만드는 사람(기업)과 먹는 사람(소비자)을 비유해서 설명하면 다음과 같다: [생산지향성] 음식을 보다 많이, 싸게, 빠르게 만들면 음식은 자연스럽게 잘 팔릴 것으로 생각; [제품지향성] 더 나은 음식을 만들면 사람들이 찾게 될 것으로 생각; [판매지향성] 이미 만든 음식을 사람들이 많이 먹게 하려고 음식의 좋은 점으로 설득해서 먹게끔 만드는 것; [마케팅지향성] 먹을 사람에게 먼저 먹고 싶은 것이 무엇인지를 물어본 다음에, 이에 적합한 음식을 만드는 것.

소비자마음 속에 있는 바람직한 제품에 대한 이미지를 먼저 찾아낸 다음 친밀하게 다가가야 한다. '우리 제품이 이 정도로 우수하니 사라'가 아니라 '여러분들이 원하는 것이 바로 우리 제품 속에 있다'고 친절하게 일깨워줘야 한다.

- 물고기를 잡으려면 물고기처럼 생각하라. – Kevin John Roberts(광고대행사 사치 앤 사치 전 CEO)

마케팅 철학에서는 고객이 모든 마케팅 활동의 시발점이 된다. 기업의 핵심역량은 경쟁사보다 빨리 소비자 욕구에 맞는 신제품 개념을 발견하고 이를 출시할 수 있는 능력이다. 이를 위해 마케팅 조사, 기술 및 제조 역량, 조직 관리, 상업화 능력 등이 요구된다.

마케팅지향성에서 한 발 더 진보된 개념이 사회적 마케팅지향성(social marketing concept)이다. 여기서도 물론 고객이 최우선이지만 이에 더해 이해관계자의 만족, 행복, 지속적 성장을 동시에 강조한다. 사회적 마케팅에서 기업의 임무는 표적시장의 욕구와 관심사를 규명하는 한편, 소비자 및 사회 복지를 보존 향상하는 데 있어서도 경쟁사보다 더 나은 방향으로 실현하는 데 있다. 기업의 가치 창출 노력은 소비자가 원하는 것과 사회의 문제해결을 균형적으로 지향한다.

- 좋은 기업과 위대한 기업 사이에는 한 가지 차이가 있다. 좋은 기업은 훌륭한 상품과 서비스를 제공한다. 위대한 기업은 훌륭한 상품과 서비스를 제공할 뿐만 아니라, 세상을 더 나은 곳으로 만들기 위해 노력한다. – William Clay Ford, Jr.(포드 모터 컴퍼니 회장)

CHAPTER 4

통합적 마케팅 커뮤니케이션의 이해

Ⅰ. IMC의 개념과 의미

Ⅱ. IMC에서 사용되는 커뮤니케이션 도구

Ⅲ. IMC 전략의 수립 과정

들어가기 전에

소비자에게 메시지를 전달하는 데 사용되는 마케팅 커뮤니케이션의 수단 및 경로는 실로 다양해졌다. IT기술의 발달로 인해 이러한 변화는 더욱 가속화되고 있다. 신문이나 라디오 등 커뮤니케이션 수단이 한두 가지로 단순했던 과거에는 여기만 집중적으로 관리하면 됐다. 하지만 오늘날 다양하고 복잡한 매체를 통해 의사소통하려면 이에 걸맞은 관리가 요구된다. 만약 소비자에게 전달되는 내용 사이에 불협화음이 생기면 결국 전체적인 커뮤니케이션 효과는 떨어지게 된다.

여러 수단과 경로를 조화롭게 통합 운영하는 것을 '통합적 마케팅 커뮤니케이션(integrated marketing communication, IMC)'이라 한다. 어떤 주제를 중심으로 일관성 있게 통합 관리하는 마케팅 커뮤니케이션은 그렇지 않은 중구난방 커뮤니케이션보다 훨씬 효과적이다.

제품이나 브랜드에 대한 사람들의 생각, 감정은 그 대상과 연관된 다양한 커뮤니케이션 경로를 통해 전달된 것들이 버무려져서 형성된다. 99개 통로를 잘 관리해도 한 통로가 삐끗하면 그동안 들였던 커뮤니케이션 노력이 수포로 돌아간다.

- 도로에서 어떤 홈쇼핑 운송 차량을 보았다. 차량에는 '△△홈쇼핑'이란 문구가 붙어 있었다. 그런데 유감스럽게도 차의 외부는 무척 지저분했다. '△△홈쇼핑'에서 아무리 신선함과 깨끗함을 강조해도 회사 마크를 부착한 운송 차량이 지저분한 상태로 거리를 다닌다면, 운행 시간만큼 광고 이미지와는 반대되는 메시지를 사람들에게 전달한다. 또 한번은 난폭한 트럭을 마주친 적이 있었는데 그 차량은 H음료의 수송차였다. 그런 경험을 하고 난 뒤 보게 된 H음료의 '고객사랑'에 대한 광고는 쉽게 와닿지 않았다.
- 제조업체의 대리점 밀어내기식 영업은 그동안 하나의 관행이었다. 제조업체 영업사원이 대리점에 무리한 요구를 하는 등 갑질 행태도 적지 않았다. 2013년 N유업 직원의 폭언이 담긴 전화 내용은 일반 대중의 울분을 샀고, 한동안 N유업 제품은 시장에서 팔리지 않았다. N유업의 이미지를 위해 기획한 광고물, 기업의 사회적 책임 활동은 이 사건으로 인해 물거품이 되었다.
- '피로회복제 △△'란 브랜드로 잘 알려진 굴지의 제약기업 ◎◎는 '글로벌전략 직군'에 해당하는 신입사원 공채에서 아무런 공지 없이 면접까지 치른 30명 전원을 탈락시켜 논란이 되었다(출처: 〈취준생 우롱한 △△의 채용 갑질〉, 서태욱, 황순민, 매일경제, 2015년 11월 11일). 이러한 기사는 '대한민국 피로회복제'란 카피로 평소 대중적 호감을 주던 광고와는 전혀 상반된 기업 이미지를 소비자에게 심어주었다.
- 2019년 7월, 30대 베트남 여성이 한국인 남편에게 폭행당하는 영상이 SNS를 통해 퍼지면서 베트남에서의 반한 감정이 커질 것이란 우려가 나왔다. 그동안 베트남 축구 국가대표팀을 맡은 박항서 감독의 헌신과 맹활약 그리고 K팝으로 인해 베트남 국민들이 가진 한국 이미지는 무척 좋은 상황이었다. – 출처: 〈박항서가 쌓아올린 공든탑 … 베트남 부인 폭행사건으로 흔들리나〉, 안승진, 세계일보, 2019년 7월 8일

Ⅰ IMC의 개념과 의미

1. IMC의 개념

IMC는 말 그대로 '마케팅 커뮤니케이션의 통합적 관리'를 의미한다. 광고, PR(public relations), 인적판매, 판매촉진, 이벤트, 직접마케팅, 구매시점 광고 등 커뮤니케이션 수단들의 각기 다른 역할을 비교 · 검토하고, 명료성과 일관성을 높여 최대한의 커뮤니케이션을 제공하는 노력을 의미한다. IMC는 '다양한 커뮤니케이션 수단들의 통합을 통해 얻는 부가적 가치'에 대한 자각으로부터 비롯되었다.

- IMC의 실천에는 여러 어려움도 존재하지만, 이에 대한 연구 결과를 보면 IMC가 기존 마케팅 방식보다 훨씬 더 일관성 있고 효과가 있으며 매체의 낭비를 줄인다는 것이 확인되었다. 또한 통합된 전략을 구사하는 회사들이 경쟁우위를 점하는 것으로 나타났다. – Caywood(1997)
- 우리나라의 전통 음식인 비빔밥은 '통합'을 이해하는 데 도움이 된다. 비빔밥은 이질적인 식재료들을 한데 합치고 비볐을 때 더 좋은 맛(즉 새로운 부가적 가치)이 나타난다.

그림 4-1 좁은 의미의 IMC

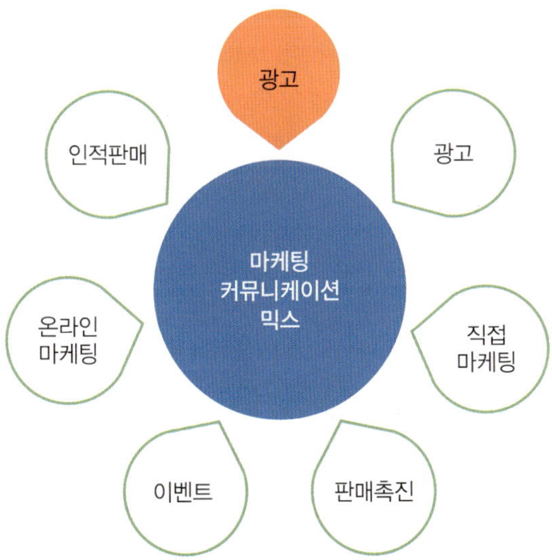

* 이 책에서 '광고'는 3부, '여타의 커뮤니케이션 수단들'은 5부에서 다루고 있다.

좁은 의미의 IMC는 마케팅 커뮤니케이션 수단들의 통합을 의미한다. 이에 비해 넓은 의미의 IMC는 기업이 수행하는 모든 활동(예: 제품 및 서비스, 브랜드, 포장, 서비스, 가격, 유통경로, 판매원, 점포 등)은 시장과 어떤 방식으로든 커뮤니케이션을 한다는 것을 인식하고 이를 통합하는 것을 의미한다.

그림 4-2 넓은 의미의 IMC

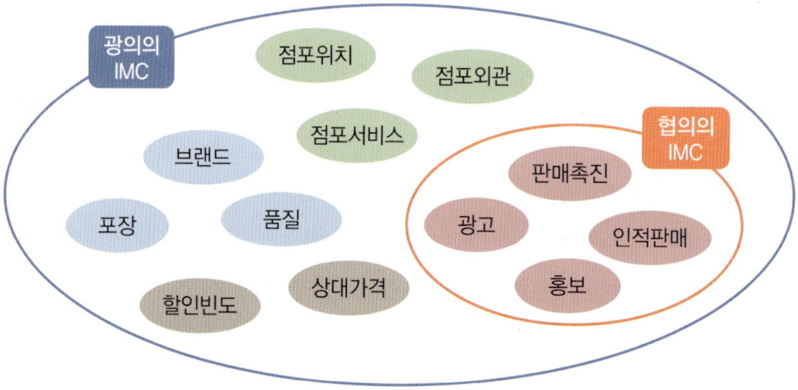

* 시장의 소비자들은 마치 비를 맞듯이 기업의 다양한 부분들로부터 메시지를 받는다.

광고대행사 관점에서는 좁은 의미(커뮤니케이션 수단들의 통합)의 IMC가 현실적이지만 기업에서 커뮤니케이션을 전반적으로 담당하는 마케팅 관리자는 넓은 의미의 IMC 관점에서 커뮤니케이션을 종합적으로 관리해야 한다.

그림 4-3 명품 브랜드 매장의 외관

* 건물의 외관, 인테리어 등에 기업이 지향하는 메시지가 담겨 있다(스왈로브스키, 루이비통, 불가리 – 일본 도쿄의 긴자 거리).

그림 4-4 화장품 매장의 외관

* 기업이 지향하는 표적시장에 적합한 외관을 하고 있다(점포 외관도 중요한 커뮤니케이션 경로가 됨).

그림 4-5 마네킹 형태에 따른 브랜드의 차이

* 샤넬 매장(왼쪽)은 마네킹의 표정, 포즈 등을 통해서도 다른 브랜드와 대비되는 고급스러운 이미지를 표현한다. 이에 비해 유니클로(중간, 오른쪽) 마네킹은 얼굴 표정이 없다.

2. IMC의 등장 배경

IMC는 1989~1991년쯤부터 쓰이기 시작한 용어이다. 광고, 판매촉진, 직접마케팅, PR, 홍보 등을 통합해 일관성과 보완성이 있는(consistent and complementary) 커뮤니케이션이 가능하다고 보고 있다. 이 개념은 개별적이거나 분리된 활동으로는 소비자와 충분한 커뮤니케이션을 하지 못한다는 인식에서 출발했다. 그 결과 활용할 수 있는 가능한 모든 수단을 동원하고 통합적으로 운영하여 소비자에게 더 효율적이면서도 효과적으로 메시지를 전달함을 강조한다. IMC가 등장하게 된 배경을 몇 가지 언급하면 다음과 같다.

1. 광고 이외의 다양한 커뮤니케이션 수단들의 활용도가 늘어남에 따라 고객과의 접촉 방법은 전방위적으로 늘어났다. 과거처럼 광고에만 의존해서는 경쟁사에 뒤처진다. 만약 광고 이외의 수단을 쓰면 마케팅 커뮤니케이션 효과는 커지지만 이런 효과를 제대로 거두려면 통합적 관리가 필요하다.
2. 과거에 비해 소매업자의 파워가 커지면서 중간상을 대상으로 하는 판촉 활동이 늘어났다. 다양해진 판촉 활동 역시 통합적 관리가 요구된다.
3. IT의 발달로 인한 뉴미디어의 등장으로 매체가 다양해졌다. 예전엔 불가능했던 마케팅 커뮤니케이션(예: 쌍방향, 실시간, 동영상, 모바일, 가상현실 등)이 가능하게 되었다. 그 결과 세분화된 시장을 대상으로 하는 매체 활용이 늘었다. 매체가 다양해짐에 따라 이들 간의 통합 필요성이 증대되었다.

과거에는 커뮤니케이션에서 고려할 요소가 그리 많지 않았다. 한두 가지 대표적 커뮤니케이션 도구(예: 광고), 매체(예: 신문, TV), 중요시되는 소수의 소비 집단만을 집중적으로 관리하면 되었다. 그렇지만 이제는 관리할 대상의 숫자도 많아지고 내용도 복잡해졌다. 따라서 통합(integrated)의 중요성이 부각되었다. IMC의 특성을 요약하면 다음과 같다.

1. 장기간에 걸쳐 고객(잠재고객)을 표적으로 하여 여러 형태의 설득 커뮤니케이션 프로그램을 통합적으로 개발하고 실행하는 과정이다.
2. 다양한 커뮤니케이션의 수단을 쓰면서도 일관성과 보완성을 고려하여 이를 통합적으로 관리한다.
3. 고객과의 접점을 모두 고려하고 이를 이용한다.
4. 수단들 사이의 시너지 효과를 최대화한다.
5. 브랜드 에퀴티(brand equity)를 효과적이면서도 효율적으로 구축한다.

Ⅱ IMC에서 사용되는 커뮤니케이션 도구

마케팅 커뮤니케이션의 목적은 여러 가지가 있지만 크게 보면 '정보를 제공하고, 호의적인 태도를 갖도록 설득하여, 구매(행동)로 이끌어 내는 것'이다. 이러한 목적의 달성을 위해 사용되는 커뮤니케이션 도구는 여러 가지가 있다(예: 광고, 판매촉진, PR 및 홍보, 인적판매, 직접마케팅, 온라인 커뮤니케이션 등). 자세한 소개는 5부에서 하겠지만 먼저 간략히 개념을 소개한다.

1. 주요한 커뮤니케이션 도구

1) 광고

광고(advertising)는 자신의 이름을 밝힌 광고주가 (사람들 간의 대화가 아닌 방식의) 정보전달 매체를 돈을 지불하고 구입하여 제품, 서비스, 생각, 사람, 조직 등을 소비자에게 소개하거나 판매를 촉진하는 활동이다.

2) 판매촉진

판매촉진(sales promotion)은 제품 및 서비스의 판매를 늘리기 위하여 짧은 기간 동안 중간상이나 최종소비자들을 상대로 벌이는 (광고, 인적판매, 홍보 이외의) 마케팅 커뮤니케이션 활동을 의미한다.

3) PR

PR(public relations)은 기업 활동에 직간접 영향을 미치는 일반 대중과의 우호적 관계를 조성하기 위한 활동이다. 기업의 사회적 책임, 위기관리 등이 PR의 영역이다. 한편 기업이 대중들에게 알리기를 원하는 정보를 언론을 통해 뉴스, 기사의 형태로 전달하는 것 역시 PR의 일환인데 이를 '홍보'라고 한다. 홍보(publicity)는 사람 이외의 매체(신문, 잡지, 라디오, TV 등)를 통해, 제품/서비스/기업 활동 등을 뉴스의 형태로 다루게 함으로써 이에 대한 수요를 자극하거나 태도를 변화시키는 것이다. 광고처럼 비용을 지불하지는 않는다.

4) 인적판매

인적판매(personal selling)는 판매원(salesperson)이 직접 고객과 대면하여 대화를 통해 자사 제품 및 서비스를 구입하도록 권유하는 커뮤니케이션 활동을 의미한다.

그림 4-6 한 브랜드가 시행하는 다양한 커뮤니케이션 도구

* 본죽의 '따뜻한 가족 사랑과 건강'을 중심으로 한 IMC: 홈페이지, TV광고, 쇼핑백 등

이외에도 직접마케팅, 온라인 커뮤니케이션, 구매시점 광고, 이벤트 등이 있다. 오늘날 기업은 이 방법들을 입체적으로 사용함으로써 커뮤니케이션 효과를 극대화한다.

- 새로운 책을 출간하면서 이를 사람들에게 알리고 구매하게끔 하는 방법은 여러 가지가 있다. [광고] TV, 신문, 잡지의 광고면을 구입해서 알린다. [홍보] 뉴스 형식으로 저자의 근황을 알리거나 TV의 교양 프로그램을 통해 책을 소개한다. [판매촉진] 독후감 공모를 통해 상금을 주거나 저자 사인회를 개최한다. [인적판매] 도서관, 기업, 단체 등에 판매원이 방문하여 담당자에게 구매를 권유한다.

2. 그 밖의 커뮤니케이션 방식

무언가를 널리, 빠르게, 임팩트 있게 알리는 방식에는 어떤 정해진 방법만 있는 것이 아니다. 그중 몇 가지를 소개한다.

1) 노이즈 마케팅(noise marketing)

상품, 서비스의 홍보를 위해 고의로 각종 이슈를 만들어 호기심을 불러일으켜 주목받고자 하는 마케팅 기법이다. 단기간 인지도를 높이는 데 주로 사용된다. 좋은 내용보다는 자극적인 내용의 구설수를 퍼뜨려 소비자 입에 오르내리게 하기도 한다. 자극적이거나 바람직하지 않은 내용의 경우에는 부정적 이미지로 굳혀질 위험도 있다. 그러나 효과적인 다른 방법이 없을 때는 위험성을 무릅쓰고 이를 활용하기도 한다.

노이즈 마케팅은 인지도를 높이고 매출 증대의 효과도 거둘 수 있다. 시간이 지남에 따라 나쁜 이미지는 조금씩 사라지지만, 노이즈 마케팅을 통한 주목은 머릿속에 확실히 인식되고 이것이 구매로 이어지기 때문이다. 이런 현상에 대한 설명의 하나로 수면자 효과(sleeper effect)를 생각해볼 수 있다(9장). 확산 효과가 높은 SNS는 노이즈 마케팅의 중요 도구로 사용된다.

- 브랜드 에퀴티(brand equity)는 브랜드 인지도와 이미지(연상)이 결합으로 이루어진다. 여기서 인지도는 이미지를 담을 수 있는 그릇의 크기와 같다. 예를 들어 '칠레의 대통령'에 대해 어떻게 느끼는지의 질문에 답할 수 있는 사람은 별로 없을 것이다. 대부분 그가 누구인지 몰라서 이미지를 가지기 어렵기 때문이다. 만약 'BTS'에 대해 어떻게 느끼는지 이야기한다고 가정을 해보자. 개인적 친분은 없지만 이야기할 거리가 머릿속에 떠올려질 것이다. 이렇듯 인지도가 먼저 존재해야 이미지나 감정이 우리 머릿속에 만들어진다. 그래서 신인 연예인 또는 무명의 신생기업은 때로는 다소 부정적이더라도 이슈를 만들어 인지도를 우선 형성하고자 한다. 그런 다음 긍정적 이미지를 차츰 구축하는 전략을 구사한다. 이렇게 되면 단시간 내에 브랜드 에퀴티의 필요 조건인 인지도를 형성할 수 있다.

- 2020년 초 코로나19 바이러스가 유행하면서 시장에 각종 영향을 미쳤다. 바이러스와 이름이 같은 코로나맥주(corona beer: 멕시코를 대표하는 맥주) 역시 부정적 영향을 받을 것으로 예상되었다. 인터넷에서는 '코로나맥주 바이러스(corona beer virus)', '맥주 바이러스(beer virus)'라는 신조어도 생겼고, 이와 관련한 패러디물도 등장했다(예: 코로나맥주 앞에 흰색 마스크를 씌운 독일산 하이네켄 병맥주를 놓은 사진). 그러나 흥미롭게도 바이러스 사태로 인해 코로나맥주의 인지도는 높아졌고 그 결과 매출도 상승했다.

2) 체험마케팅(experiential marketing)

제품의 실제 소비나 사용으로부터 얻는 감성적 느낌을 제공하거나 또는 감각에 충실한 자극을 제공하는 등의 감성적, 오감적, 관계적 체험을 통해 소비자의 체험 창출에 초점을 맞춘 것이다. 체험은 감각 자극뿐 아니라 다양한 경로를 통해서도 발생한다(예: 직접 참여 활동, 브랜드 커뮤니티 활동).

기존의 마케팅 커뮤니케이션은 일방적 메시지의 전달이었다. 그러나 말이나 글로 설명하기에 한계가 있는 제품, 서비스도 있다. 체험마케팅은 이러한 부류에서 활용될 수 있다.

제품 자체의 판매만이 아니라 제품 경험을 더해 판다고 생각될 정도로 우리 주변에는 다양한 체험마케팅이 행해지고 있다. 스타벅스는 체험마케팅으로 유명하다. 커피 자체도 중요하지만 이를 포함한 모든 '스타벅스에서의 체험'(예: 친숙하고 편안한 시간 향유)을 제공한다. 매장에 들어와서 나갈 때까지의 공간, 시간, 사람에 대한 체험을 관리한다. 백화점, 카페, 화장품 매장, 영화관은 모두 체험 마케팅을 중요시한다. 체험마케팅은 기억에 오래 남게 할 뿐 아니라 구매(과정 및 반복)에도 긍정적 영향을 미친다.

- 크리스피 크림 도넛은 도넛이 만들어지는 과정을 보여주는 생생한 체험을 제공한다. 디즈니랜드 역시 놀이공간의 체험을 중요시한다.
- 아모레퍼시픽의 기업홍보 공간인 '스토리가든'에서는 화장품 원재료를 직접 눈으로 보고, 만지고, 갓 만들어진 화장품을 발라볼 수 있다. 마지막에 나올 때는 이름이 각인된 립스틱을 선물로 준다. 평소에 할 수 없는 이러한 경험은 확실히 소비자에게 기업에 대한 긍정적 인식을 심어줄 것이다.

3) 간접광고(제품삽입 마케팅, product placement, PPL)

간접광고는 흔히 PPL이라 불리는데, 특정 상품, 브랜드, 기업, 점포 등을 방송 프로그램, 영화, 연극 등에서 소품으로 사용하거나 배경 장면으로 활용하면서 자연스럽게 노출하는 것이다.

- PPL은 광고 제품의 극 중 배치 유형에 따라서 온셋 배치(on-set placement)와 크리에이티브 배치(creative placement)로 구분된다. 온셋 배치는 출연 배우가 직접 제품을 언급하거나 사용함으로써 제품이 두드러지는 배치 방식이다. 반면 크리에이티브 배치는 제품이 배경으로 사용되는 시각적 배치 방식이다.

광고주는 비교적 저렴한 비용으로 자사 제품의 특성을 한껏 드러낼 수 있다. 이와 함께 방송 및 영화 제작사 측은 소품 비용을 줄일 수 있고 제작비를 지원받을 수 있다. 소품이나 배경으로 등장하는 브랜드, 기업 등은 작품 속의 내용 및 상황과 절묘하게 연계된다면 브랜드 이미지의 상승뿐 아니라 판매율도 높아질 가능성도 있다. 등장인물이 처한 상황, 제품 기능이 딱 들어맞게 사용되던 상황을 소비자가 구매 시점에 떠올리면 구매 가능성은 커진다.

- 소품이나 배경으로 잠깐 등장하는 것이 아니라 영화나 드라마 전개의 주요 주제나 소재로 활용되는 경우도 많다. 예를 들어, 헐리웃 영화 '캐스트 어웨이(2000)'에서의 배송업체 페덱스, 일본 드라마 '미스 파일럿(2013)'에서의 ANA 항공사 등이 여기에 해당한다.

언제 어떻게 브랜드를 극적으로 등장시키는가에 따라 PPL 효과는 다르다. 관객의 몰입도가 한껏 올라가 있는 장면 그리고 그 장면에 어울리는 제품, 브랜드라면 효과가 크다. 반면에 과도한 간접광고는 시청자 또는 관객들에게 부정적 영향을 미친다.

- 방송통신위원회는 2015년 방송법 시행령 개정을 통해 간접광고 허용 시간을 해당 방송프로그램 시간의 5/100에서 7/100로 확대했다(지상파는 5/100 유지). 광고 시간에 대한 규제 완화는 다양한 형태의 간접광고를 가능하게 할 것으로 예상된다.

영화의 경우, 기업들이 거액의 제작비를 지원하면서까지 PPL에 나서는 이유는 영화라는 매체가 지닌 세계적 유통망과 특유의 집중도 때문이다. 영화만큼 집중적으로 사람을 빠져들게 하는 매체는 드물다. 어두운 영화관 의자에 앉아 2시간 가까이 몰두하면서 보는 영화 속의 간접광고 효과는 크다.

- 스티븐 스필버그의 영화 'E.T.(1982)'에서 주인공 소년이 E.T.와 친해지는 매개체로 등장했던 초코볼 '리스'는 선풍적인 영화 인기에 편승하여, 영화개봉 3개월 만에 66%나 매출이 증가될 정도였다. 한편 영화 '매트릭스(1999)'에 등장했던 자동차, 휴대폰은 매트릭스 영화의 최첨단 이미지를 얻는 효과를 보았다.

PPL은 연극, 웹툰, 소설, 뮤직비디오 등에서도 흔히 발견된다.

- 유명 웹툰 작가인 조석은 자신의 작품인 '마음의 소리'에 블리자드의 새로운 게임인 '스타크래프

트, 군단의 심장' 문구를 노출함으로써 200만 원을 받은 바 있다. 책도 PPL의 매체로 사용될 수 있다. 독자들이 지금 보는 책이 만약 엄청난 베스트셀러라면 광고 매체의 가치를 가지게 된다. 그럴 경우 여기 소개된 특정 제품, 브랜드, 점포, 기업은 독자들에게 적지 않은 광고효과를 미칠 것이다.

이상과 같이 다양한 마케팅 커뮤니케이션 도구들이 존재하고 앞으로 새로운 유형이 등장할 것이다. 커뮤니케이션을 주도하는 기업 입장에서는 이들에 대한 체계적 분류와 거기에 알맞은 관리가 중요하다. 하지만 소비자 입장에서는 이러한 통로를 굳이 구분하지 않는다. 여기저기서 얻은 정보들이 머릿속에서 버무려질 뿐이다. 기업은 이러한 점을 감안할 필요가 있다.

- 학문적으로는 광고, 판매촉진, 인적판매, PR 및 홍보, 스폰서십 마케팅, 구매 시점 커뮤니케이션, 직접마케팅 등으로 구분하여 교육하지만, 사실 정보를 수신하는 소비자 입장에서 보면 이러한 구분은 큰 의미가 없다. 소비자는 자신의 머릿속에 수집된 정보의 경로를 굳이 구분하지 않고 정보를 접하고 이를 통해 자신의 마음속에 기업/제품/브랜드/점포 등의 생각, 이미지, 태도 등을 형성한다.

다양한 커뮤니케이션 도구의 활용 방법을 이해하는 것도 중요하지만 결국 추구하는 궁극적 목표는 소비자에게 무언가를 알리고 설득하는 것이다. 기업 관점으로만 접근해서는 안 된다. 중요한 것은 소비자이다. 소비자 관점에서 커뮤니케이션이 어떻게 형성되고 작동하는지를 이해하는 것이 중요하다(예: 고객 중심의 접점, 정보처리, 태도변화 등).

Ⅲ IMC 전략의 수립 과정

IMC 전략의 수립 과정은 기존 및 잠재 고객을 겨냥하여 여러 형태의 설득 커뮤니케이션 프로그램을 포괄적으로 개발하는 것이다.
전술한 바와 같이 IMC는 마케팅의 하위개념이다. IMC 전략은 마케팅 전략에 의해 그 방향이 주어지고 제약된다. 즉 IMC 프로그램은 마케팅목표의 달성에 도움이 되어야 한다. IMC 전략의 수립 과정을 단계별로 간략히 소개한다.

[1단계] 마케팅 커뮤니케이션의 상위 의사결정인 마케팅 전략 검토

IMC 전략의 수립을 위해 우선 마케팅 전략을 검토해야 한다. 동시에 IMC 전략 수립을 위해서는 마케팅 전략에서 결정된 STP, 마케팅 믹스를 'IMC 관점으로 재해석'해야 한다. 이와 관련된 몇 가지 내용은 다음과 같다.

첫째, 마케팅 전략에서 결정된 STP의 내용은 IMC 전략에서 표적청중과 커뮤니케이션(브랜드) 컨셉의 토대가 된다.

- STP의 '표적시장(표적고객, target market)'은 IMC 전략에서는 매체를 통해 메시지를 전달하고자 하는 '표적청중(target audience)'으로 구체화된다. 또한 '브랜드 포지셔닝'(브랜드가 소비자에게 제공하는 차별적 혜택 또는 가치)은 IMC 전략에서는 소비자에게 전달하고자 하는 '브랜드 컨셉'으로 재정립된다.

둘째, 마케팅 믹스의 개별 내용을 확인해야 한다. 마케팅 믹스는 서로 조화롭게 운영되어야 한다. 커뮤니케이션이 다른 마케팅 믹스와 조화롭게 설계되려면 우선 제품, 가격, 유통에서 결정된 사항을 확인해야 한다.

[2단계] IMC 목표 설정 및 예산 설정

1) IMC 목표

IMC 목표는 기업이 IMC 활동을 통해 성취하고자 하는 것이다. 물론 IMC 목표는 상위의 마케팅목표로부터 종속되어 결정된다. 일반적으로 마케팅목표는 판매량, 이익, 시장점유율, 투자수익률 등과 같이 측정할 수 있는 양적 변수가 사용된다. IMC 목표를 설정하는 경우에도 이와 유사한 변수를 사용하기도 한다. 그러나 마케팅 커뮤니케이션은 행동반경이 마케팅처럼 포괄적이지 않을 뿐 아니라 고유의 특성도 존재한다. 따라서 이러한 성격을 반영하는 변수(예: 커뮤니케이션 목표)를 고려할 필요가 있다.

계획 수립단계에서 목표를 먼저 설정해야 한다. 그래야 실행계획을 세우고 실천 방식에 대한 내용이 결정된다. 한편 IMC 목표는 다음의 역할을 한다. 첫째, IMC 목표는 기업이 확보해야 할 IMC 예산 규모의 가이드라인이 된다. 목표가 높으면 그에 걸맞게 예산도 많이 확보되어야 한다. 둘째, IMC 목표는 전체 마케팅 커뮤니케이션 목표이다. 따라서 이를 토대로 하부 커뮤니케이션 도구의 목표와 전략이 수립된다. 셋째, IMC 효과(IMC 캠페인의 성공 혹은 실패)를 평가하는 기준이 된다.

물론 초기에 설정된 IMC 목표는 시장 상황에 따라 조정해야 한다. 장기간에 걸친 캠페인 목표는 필요에 따라 조금씩 수정해 나가는 것이 바람직하다.

2) IMC 예산

IMC 목표를 설정하면 이제 목표달성에 드는 예산을 추정하고 수립해야 한다. 예산에 대해서는 7장에서 좀 더 상세히 살펴본다.

- 예산이란 너무 낮게 책정하면 기대만큼의 목표달성이 어렵고 반면에 너무 과다하면 불필요한 비용이 지출된다. 예산과 성과 간의 정확한 관계를 알 수 있다면 이에 근거해 최적 예산을 세우겠지만, 이러한 관계를 정확히 파악하기란 쉽지 않다. 가능한 과학적 방법을 동원하고 경험자료를 활용하여 목표달성을 위한 적정한 커뮤니케이션 예산 수립에 근접해가야 한다.

[3단계] 마케팅 커뮤니케이션 도구 선정 및 전략적 역할 부여

광고, 판매촉진, PR 및 홍보, 인적판매, 이벤트 등은 각기 장단점이 다르다. 소비자 반응과정별로 좀 더 효과적인 도구는 따로 있기에 상황에 맞는 도구를 쓸 줄 알아야 한다. 커뮤니케이션 도구들의 속성, 장단점을 이해하고 있으면 이들을 적시에 활용할 수 있다. 마치 모든 악기를 알아야 오케스트라 화음을 만들 수 있는 것과 마찬가지이다.

- 가진 것이 망치뿐이면 모든 것이 못으로 보인다. – A. Maslow(미국 심리학자)

1) 마케팅 커뮤니케이션 도구의 특성

1. 광고는 소비자 반응과정의 모든 단계에서 비교적 효율적으로 사용된다. 광고는 TV, 라디오, 신문, 잡지 등과 같은 매스미디어를 통해 초기에 많은 소비자에게 신제품을 알리는 데 적합하다. 또한 신문, 잡지 등과 같은 메시지 가독성이 높은 매체를 통해 자세한 제품정보를 전달하거나 기술적 특징을 설명하는 데 적합하다. 영향력 범주가 넓다는 장점은 있지만, 개인에게 개별적으로 미치는 영향력은 약하다는 한계점이 있다.

- 누구든 사로잡을 수 있다는 착각에 사로잡혀 안전지대(comfort zone)를 벗어나지 못한 광고의 말로는 결국 잊히는 것뿐이다. 모든 사람이 아니라 특정한 사람의 마음을 사로잡는 것이 진정한 마케팅이다. 익명의 대중을 기쁘게 하려고 하지 말라. 당신이 사라지면 아쉬워할 50명부터 확보하라.
  – 세스 고딘(S. Godin)

2. PR과 홍보는 청중들의 메시지 원천에 대한 높은 신뢰성으로 인해 소비자들이 제품 속성에 대한 믿음을 형성하는 데 기여한다.
3. 판매촉진은 신제품의 시험적 구매 및 재구매를 유도하는 데 적합하다. 또한 기존 제품의 단기적 구매증대를 유발하는 데 효과적이다.
4. 인적판매는 고객에게 브랜드의 우수성을 설득하고 구매를 유도하는 데 적절한 도구이다. 대면적 상호작용이기에 대중매체가 갖는 한계점(일방적 커뮤니케이션)을 보완할 수 있다.

2) 마케팅 커뮤니케이션 도구의 종합적 활용

광고, 판촉, 홍보, 인적판매 등의 개별 관리는 책임자도 다르고 관리 내용도 상이하다. 책임자가 제각각이기에 서로 협조가 되지 않을 소지도 있다. 다양한 수단들이 여러 세분시장을 향해 복잡다단하게 사용될수록 이에 대한 통합적 관리는 절실하다. IMC 전략 단계에서 전체적 관점의 통합관리 방안을 미리 마련해둘 필요가 있다.

몇 가지 지침을 제시하면 다음과 같다. 첫째, 일관성(consistency)이 있어야 한다.

그림 4-7 역을 상징하는 나무의 의미

* 오송역은 오송(五松)이란 지명과 일관성 있게 역 광장에 다섯 그루의 소나무를 심었다.

그림 4-8 가게와 나무의 상생

* 가게를 만들기 위해 억지로 나무를 자르지 않았고 그 결과 나무는 뜨거운 햇볕을 막아주고 있다(미얀마의 바간).

둘째, 커뮤니케이션 도구별 전략적 역할을 부여할 때 유념할 점은 시너지 효과를 낼 수 있도록 보완성(complementary) 있는 조합을 이뤄야 한다는 점이다.

셋째, 시기별로 무엇을 어느 정도로 투입할지에 대한 흐름을 계획해 두어야 한다.

- 중세 시대 전투의 시간적 흐름은 다음과 같다. 전투가 개시되면 우선 화살을 적진을 향해 대량으로 살포함으로써 적군의 숫자를 줄인다. 그런 다음 기마병을 보내서 화살 공격으로 인해 흐트러진 적진의 진영을 무너뜨린다. 마지막으로 보병부대가 대규모로 진격하여 육탄전을 벌임으로써 최종적인 승패를 결정짓는다. 이러한 순서는 비교적 적절한데, 만약 상대가 화살 공격을 할 때 우리 쪽에서 화살로 대응하지 않고 그냥 보병을 진격시킨다면 엄청난 인명피해를 보게 될 것이다.

IMC 전략도 중세 시대의 전투 흐름과 유사하다. 우선 광고 또는 홍보를 통해 대량적으로 정보를 살포한다. 그런 다음 (어느 정도 소비자가 마음의 준비가 된 상태에서) 판매촉진을 실시하고 최종적으로 인적판매를 시행한다.

- 일반적으로 기업은 광고를 통해 짧은 시간 동안 많은 사람에게 메시지를 노출시킨다. 이와 동시에 PR 및 홍보를 통해 광고 메시지에 힘을 실어준다. 이러한 저변 작업이 진행된 상태에서 인적 판매원을 통해 유통매장 및 판로를 확보한다. 어느 정도 시간이 흐른 다음 판매촉진을 통해 소비자의 구매에 불을 붙인다. 이처럼 커뮤니케이션 도구는 각각의 역할과 장단점이 있으므로 상호보완적으로 사용해야 한다.

[4단계] 커뮤니케이션에 활용되는 각 도구의 세부 전략 수립

총괄적 IMC 전략의 수립이 완성되면 세부 커뮤니케이션 도구는 각기 자신에게 부여된 역할을 가지게 된다. 이제 각 도구들은 자신에게 주어진 역할을 달성하기 위해 개별적 관리 과정을 마련한다. 3부에서 논의할 '광고 관리'는 주어진 광고의 역할 성취를 위한 세부 관리과정이다.

그림 4-9 IMC 전략 관련 하부 전략의 관계도

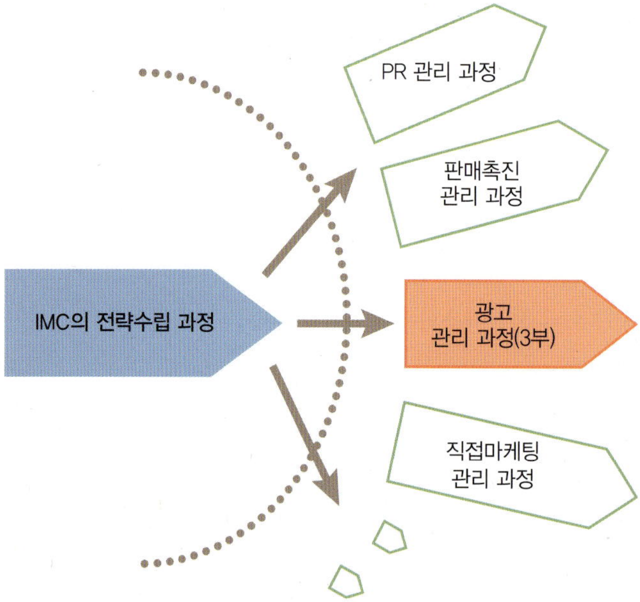

PART 3

광고의 관리 과정

IMC 전략의 수립 과정을 통해 광고가 구체적으로 담당할 역할이 부여된다. 3부에서는 광고 차원에서 어떠한 일들을 수행하는지, 즉 '광고의 관리 과정'에 대해 살펴본다.

광고는 상위의 IMC 전략으로부터 영향을 받지만, IMC 전략은 다시 상위의 마케팅 전략으로부터 영향을 받는다. [마케팅 전략 → IMC 전략 → 광고전략(기획 전략, 제작 전략, 매체 전략)]의 흐름을 따르기에 3부에서 광고를 본격적으로 다루기에 앞서 2부에서 광고 의사결정의 배경이 되는 마케팅, IMC에 대해 살펴보았다.

이제 본격적으로 마케팅 커뮤니케이션의 대표 주자인 광고에 대해 살펴본다. 광고에는 여러 활동이 포함되는데 그중 대표적인 것으로 기획, 제작, 매체를 들 수 있다. 우선 5장에서는 광고의 전반에 대해 살펴보고, 6~13장은 광고의 관리 과정, 즉 광고 기획부터 시작하여 제작물 구현, 매체 계획 그리고 광고 효과의 측정에 대해 살펴본다.

CHAPTER 5

광고에 대한 개관

Ⅰ. 광고의 개념

Ⅱ. 광고의 분류

Ⅲ. 광고산업

Ⅳ. 광고(마케팅 커뮤니케이션)의 영향력

Ⅴ. 광고의 관리 과정

들어가기 전에

좋은 광고는 시장 성과에 긍정적 영향을 미친다. 반면에 잘못된 광고는 비용 낭비뿐만 아니라 기업 이미지와 매출에도 상당 기간 타격을 준다.

- 2014년 3월 미국 뉴욕타임스에 게재된 추신수의 불고기 광고는 국내외에서 많은 비판을 받았다. 외국인들이 보기에 이해하기 어렵고 불친절하다는 비판을 공통으로 받았는데, 대표적인 예로 한국 문화 관련 블로그(http://zenkimchi.com)를 운영하는 조 맥퍼슨은 "홍보를 공부하는 학생들에게 '이렇게 하면 안 된다'는 좋은 사례가 될 거다."라고 언급했다. 그 근거로 뉴욕 지역의 일간지임에도 불구하고 텍사스 레인저스 소속 선수를 등장시킨 점, 정작 불고기에 대한 정보가 없는 점 등을 문제로 꼽았다. – 출처: 〈한식 이미지 망치는 광고〉, 조 맥퍼슨, 중앙선데이, 2014년 3월 23일

그림 5-1 **미국 〈뉴욕타임스〉에 게재된 추신수의 불고기 광고**

광고효과는 광고를 집행했다고 해서 그냥 저절로 나오는 것이 아니다. 광고에 대한 올바른 이해를 바탕으로 이를 적절히 집행할 때 비로소 그 효과가 발휘된다.

I 광고의 개념

광고(advertising)는 자신의 이름을 밝힌 광고주가 (사람들 간 대화가 아닌 방식의) 정보 전달 매체를 돈을 지불하고 구입하여 어떤 제품(또는 서비스, 생각, 사람, 조직 단체 등)을 소비자에게 알리거나 구매를 설득하는 활동이다.

- 광고주가 누구인지 한참 동안 밝히지 않은 광고물도 있었다. 1990년대 초 '다이아몬드는 영원히(A diamond is forever)'란 카피의 광고는 잡지에 자주 실렸다. 그런데 이 광고는 제품을 보여주기만 할 뿐, 브랜드, 기업 등에 대한 정보는 전혀 없었다. 그런 광고를 지속하고 몇 년 후 '드비어스'란 기업명을 노출시키긴 했다. 이런 방식을 택한 이유는 여럿 있겠지만 그중 하나로 이 회사가 취급하는 다이아몬드가 전 세계 다이아몬드의 90% 이상을 차지한다는 점도 작용했다.

그림 5-2 광고주를 밝히지 않은 광고물(왼쪽)과 광고주를 밝힌 광고물(오른쪽)

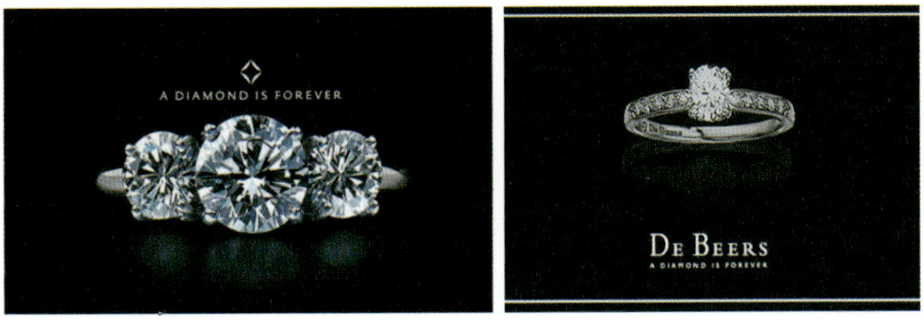

* 동일한 카피(다이아몬드는 영원히)를 연속 사용함으로써 과거에 광고주를 밝히지 않았던 광고물(왼쪽)의 효과를 그대로 물려받았다.

소비자들은 광고를 통해 제품과 브랜드에 대한 정보를 얻고 이를 통해 설득된다. 그렇지만 광고는 제품의 유리한 점만 말한다는 것을 알기에 이를 전적으로 신뢰하지 않는다. 이처럼 광고는 일반적으로 '(소비자들이 먼저 나서서 찾지 않는) 원하지 않는 커뮤니케이션(unwanted communication)'이라는 한계가 있다.

- 어마어마한 약속은 광고의 핵심. - 영국 속담
- 고객이 당신에게 호감을 느낀다면 당신이 하는 말을 들어줄 것이다. 고객이 당신을 신뢰한다면 당신과 비즈니스를 할 것이다. - Geeg Gygler

제품이 팔리지 않으면 답답한 쪽은 기업이지 소비자가 아니다. 광고는 굳이 관심 없는 사람들의 주의를 어떻게든 끌어모으고자 하고 더 나아가 제품에 대해 호감을 갖게 만들고 구매 욕구를 불러일으킴으로써 매출로 연결하고자 한다. 이를 위해 과학적 방법, 창의적 아이디어, 예술적 감각 그리고 많은 경험을 동원한다.

- 사람들은 보통 두 개의 전공을 가지고 있다고 한다. 하나는 자기 원래의 전공(예: 공학, 의학, 음악, 법학 등)이고 또 다른 하나는 광고라고 한다. 어떤 광고물을 보고서, 광고모델, 장면, 음악을 평가하고 자신의 느낌을 이야기하긴 쉽다. 이에 비해 일반인이 의학, 물리학, 유전공학에 대해 쉽게 자신의 의견을 말하기는 어렵다. 광고를 모르는 사람은 없다. 그렇지만 광고를 제대로 아는 사람은 드물

다. 광고 분야의 일을 전문적으로 하려면 막연히 알고 있어서는 안 된다. 정확히 그리고 체계적으로 이해하고 있어야 한다.

광고는 흥미롭고 재미있는 분야이다. 또한 일상생활에서 쉽게 접할 수 있기에 친숙하다. 그래서 많은 사람이 호기심과 흥미를 갖고 이 분야에 부담 없이 다가선다. 그러나 광고를 만드는 것은 쉽고 재미있지만은 않다. 차려진 음식을 먹는 것은 어렵지 않고 또한 즐겁지만, 음식을 만드는 요리사는 오랜 기간 훈련이 필요하고 주방에서 엄청난 수고를 해야 한다. 마찬가지로 광고를 보는 것은 재미있고 즐겁지만 광고의 속성을 이해하고 실제 광고물을 만드는 일은 절대 그렇지 않다.

Ⅱ 광고의 분류

하루의 일상을 되돌아보면 우리가 얼마나 많은 광고에 둘러싸여 있는지 깨닫게 된다: 아침에 본 TV의 광고, 출근길 거리에 보이는 간판, 지하철 통로 및 내부의 광고물, 인터넷 포털의 신문 기사에 뜨는 광고물, 점심 먹는 식당 안에 부착된 광고물, 퇴근길의 네온사인 등. 수많은 종류의 광고들이 우리 주변에 즐비하다.

이러한 광고는 다음과 같은 기준들로 분류해볼 수 있다: '무엇을' 알리기 위한 광고인지(1. 광고의 대상), '누구를 향한' 광고인지(2. 광고의 표적집단), '어떤 지역에서' 수행하는 광고인지(3. 광고의 지리적 영역) 등이다. 이러한 분류에 대한 이해는 유형별로 적절한 광고 관리를 하는 데 도움이 된다.

물론 이외에도 다양하게 광고를 분류할 수 있다(예: 매체, 제작, IT기술 등).

그림 5-3 광고의 분류

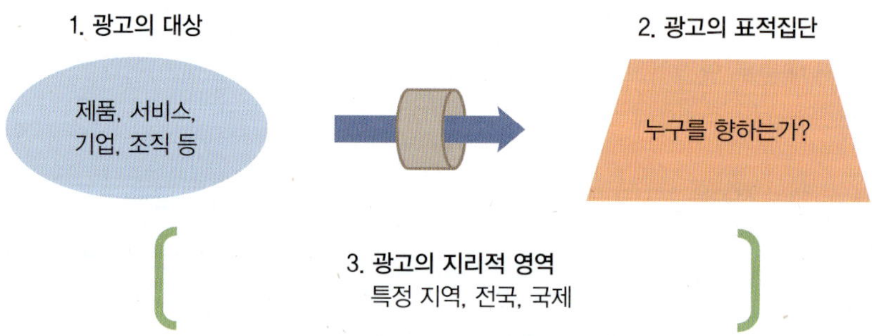

1. 광고의 대상

광고의 대상이 무엇인지에 따라 분류해본다. 광고 대상으로는 제품, 서비스, 기업, 조직, 정부, 사람, 점포 등이 있다.

1) 제품 및 서비스 광고

우리가 가장 흔히 보는 광고는 특정 제품, 서비스, 브랜드에 대한 광고이다. 개별 브랜드에 대한 인지도를 높이고 구매를 유발한다.

그림 5-4 특정 제품에 대한 광고

* 현대자동차의 '소나타' 광고이다.

2) 기업 광고(또는 기업 이미지 광고)

기업의 좋은 이미지는 기업 활동에 도움이 된다. 기업 이미지 광고는 대외적으로는 소비자, 시장과의 긍정적이고 우호적인 관계 형성에 도움이 되고, 대내적으로는 종업원들의 자긍심, 동기부여에 도움이 된다.

그림 5-5 기업 이미지를 유도한 광고

* SK 텔레콤의 '사람을 향합니다' 광고이다.

참고로 이슈 광고(issue advocacy ads)는 일반 사람들이 관심을 갖는 사회적, 경제적, 정치적 문제를 다룬 광고이다. 이슈(예: 인종, 성별, 나이, 다문화, 전쟁, 환경, 유기견 등)를 거론하면서 이에 대한 기업(조직) 철학을 전달함으로써 기업에 대한 호의적 태도를 유도하고자 한다. 기업 이미지를 좋게 한다는 점에서는 기업 이미지 광고와 유사하지만, 이슈 광고는 어떤 특정 이슈를 제기한다는 점에서 다소 차이가 있다.

3) 정부광고(政府廣告, government advertising)

정부예산의 일부 혹은 광고 관련 협회나 기관으로부터 각출된 기금으로 정부 시책에 대한 대국민 홍보 및 고지, 국민의 자발적 참여 촉구, 대국민 계몽, 대중문화의 선도를 목적으로 집행하는 광고이다. 정부가 출연, 투자한 공기업의 제품 판매(기업 광고)도 정부광고의 범주로 포함시킬 수 있다.

- 지상파 3사(KBS, MBC, SBS)에 집행한 정부 광고비는 2013년 700억 원, 2016년 750억 원, 2017년 939억 원으로 크게 변동은 없었다. 이에 비해 종편 4사(JTBC, 채널A, MBN, TV조선)의 정부광고 총액은 2013년 60억 원, 2016년 102억 원, 2017년 198억 원으로 크게 증가했다. 2018~2022년 동안 정부광고비는 어떠한 변화가 있었는지, 그리고 이러한 변화는 어떻게 해석할 수 있는지에 대해 생각해보길 권한다.

정부광고는 내용에 따라 몇 가지로 구분된다.

1. 공중 또는 특정한 사람들에게 공시하는 고지 및 공고성의 법정 광고(주로 조달청, 관세청이 주관)
2. 일반대중에 대한 정부의 호의도(goodwill) 형성 및 국민 여론의 조성을 목적으로 하는 정부시책 광고
3. 전신, 전화, 우편, 가스, 수도, 철도, 원자력 등의 공기업에 대한 일반대중의 이해를 구하고 사업의 원활한 촉신을 위한 영업광고

첫 번째의 법정 광고는 공고 성격이기에 광고전략이나 창의성이 크게 요구되지 않는다. 반면에 정부시책 광고나 공기업의 영업광고는 광고전략과 창의성 수준에 따라 효과가 달라지기에 전문성이 요구된다. 적절하면서도 실현 가능한 목표를 설정했는지, 광고표적은 정확했는지, 표적집단에 대한 광고소구점은 명쾌했는지, 광고 집행 후 광고인지도 및 제반 반응은 어떠했는지 등에 대한 체계적 관리가 필요하다.

4) 정치 광고(political advertising)

정치 광고란 정치 단체, 정치인이 선거 운동이나 일상적 정치 활동(예: 후원금 마련, 정책 선전)의 일환으로 행하는 광고이다. 정당이나 정치인이 광고 대상이 된다.

그림 5-6 주택가에 설치된 후보자 팻말

* 캐나다와 한국의 선거 벽보물이다.

5) 소매업 광고(retailing advertising)

소매업자(retailer)는 제품, 서비스를 최종소비자에게 판매하는 활동에 관계하는 사업자(예: 백화점, 슈퍼마켓, 전문점, 약국, 영화관 등)이다. 소매업 광고는 소매업자가 최종소비자를 대상으로 하는 광고 활동이다. 소매업 광고는 고객에게 소매상의 존재를 알리거나 스토어 이미지를 향상시킴으로써 유통시장에서의 경쟁우위 확보를 목적으로 한다. 업종의 특성상 소매활동을 전개하는 제한된 지역만을 대상으로 하는 경우가 많다.

2. 광고의 표적집단

누구를 향하는가, 누구에게 전달하기 위한 광고인가, 즉 메시지의 전달 대상(표적청중)에 따라 광고를 분류할 수 있다.

1) 소비자 대상의 광고

광고주의 제품과 서비스를 구입하거나 또는 구입할 잠재력이 있는 소비자를 대상으로 하는 광고이다. 소비자인 우리가 흔히 접하는 광고의 대부분이 여기에 해당한다.

그림 5-7 공인중개사 시험 준비생을 대상으로 하는 광고

2) 조직 대상의 광고

조직 대상의 광고란 광고주의 제품과 서비스를 구입하거나 또는 구입할 잠재력이 있는 조직구매자를 대상으로 하는 산업 광고, 중간상 광고이다. 여기서 조직구매자(organizational buyer)란 자신의 기업활동(예: 생산, 유통 등)에 필요한 제품 및 서비스를 구입하는 조직체이다. 반면에 최종소비자는 자신의 욕구를 충족하기 위해 시장에서 제품 및 서비스를 구입하는 개인 또는 조직체이다.

- 자동차 제조업체는 타이어, 유리, 철판 등을 구입한다. 항공사는 항공 서비스를 제공하기 위해 비행기, 좌석, 휘발유, 음식 등을 구입한다. 재판매업자(reseller)인 도매상, 소매상은 유통을 목적으로 제품 및 서비스를 구입한다.

3) 이해관계자 대상의 광고

이해관계자(stakeholders)란 기업(광고주)의 활동으로부터 직 · 간접적 영향을 받는 사람 또는 조직이다. 여기에는 종업원, 주주, 공급업자, 유통업자, 채권자, 고객 등과 같이 밀접한 이해관계자뿐 아니라, 지역사회, 정부, 사회운동단체, 언론매체, 기업지원집단(협회, 연구소 등), 일반 대중도 포함한다. 예를 들어, 신입 및 경력지원을 모집하는 광고, 대리점을 모집하는 광고 등이 이해관계자 대상의 광고에 해당한다.

- 삼성생명의 구인 광고 시리즈(2020년 6월)는 입사를 희망하는 지원자들이 면접관이 되어 삼성생명 임직원들에게 회사에 대해 질문하는 '역면접'이 광고컨셉이다. 광고는 5명의 면접관이 있는 면접장에 떨리는 듯한 표정의 지원자가 들어오면서 시작한다. 그러나 곧 반전이 펼쳐진다. 면접을 보는 대상은 삼성생명 지점장(또는 본부장)이고 면접관은 취업준비생, 주부, 이직준비생이다. 이러한 '거꾸로 면접'은 신선하다는 평가도 받았지만, 동시에 코로나19 바이러스 등의 영향으로 가뜩이나 취업이 어려운 현실과 너무 동떨어진 상황을 표현했다는 부정적 평가도 받았다.

3. 광고의 지리적 영역

광고의 도달 지역에 따른 구분이다. 광고가 공략하려는 지리적 공간, 즉 도달 범위에 따라 지역(지방, regional, local), 전국(national), 국제(international) 광고가 있다.

국제 광고는 다른 문화권에 거주하는 고객을 대상으로 의사소통한다는 점에 유의해야 한다. 고객의 구매동기가 다르고, 구매결정에서 중요시하는 속성이 다르다. 물론 이러한 점 이외에도 다양한 차이가 존재하기에 다음의 사항을 고려해야 한다.

1. 광고 대상에 대한 인지도는 국가마다 다르다. 현대자동차는 국내에서는 잘 알려져 있지만 외국에서는 인지도가 낮을 수 있다.
2. 언어가 다르다. 현대자동차가 미국에 처음 진입하였을 때, 'hyundai' 발음이 어려울 것을 대비해 'sunday' 발음과 비슷하다는 것을 광고에서 강조했다. 물론 국내에서 이런 광고는 하지 않을 것이다.
3. 매체가 다르고 운영방식도 다르다. 국가마다 사용할 수 있는 매체가 다르며, 또한 TV광고의 시간 길이도 다르다. 이러한 경우 광고제작물 역시 다르게 만들어야 한다.
4. 문화가 다르다. 예를 들어 나라마다 선호하는 색, 기피하는 색이 다르다. 이러한 점은 제품, 브랜드, 포장, 광고물의 디자인에 반영되어야 한다. 붉은색은 중국에서는 많이 쓰이지만 아프리카에서는 잘 받아들여지지 않는다.

해외 시장을 대상으로 마케팅 활동을 진행하기로 했다면 기업은 그 나라에서 어떻게 마케팅 커뮤니케이션할지에 관해 결정해야 한다. 이때 중요한 결정 중의 하나는 표준화(standardize)할 것인지, 아니면 현지 시장에 맞게 현지화(customize, localize)할 것인지이다. 이러한 결정은 커뮤니케이션을 계획하고 실천하는 데 포괄적 영향을 미치므로 신중한 판단을 내려야 한다.

그림 5-8 표준화 전략

* 월스트리트협회, 고디바: 진출 국가에 관계없이 동일 방식으로 운영하는 전략이다.

그림 5-9 지하철 광고

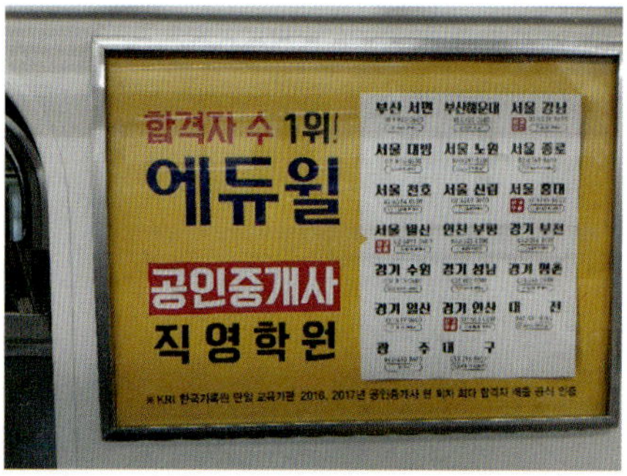

* 부산 지하철 내부에 부착된 광고: 직영 학원의 소개란에 부산 서면, 부산 해운대점을 맨 위에 두고 있다. 광고하는 지역에 따라 순서가 다르다.

Ⅲ 광고산업

1. 광고산업의 주요 구성원

광고산업은 지난 수십 년간 성장을 거듭해왔다. 광고산업의 성장은 경제 및 기업 발전의 결과이다. 이렇게 성장한 광고산업은 다시 경제, 사회, 문화, 기업에 긍정적 역할을 미친다(참조: 선순환, 善循環, virtuous circle). 광고산업이란 일반적으로 광고라는 재화를 생산하고 분배하는 과정에 참여하는 모든 조직과 이들 조직에 의해 수행되는 활동으로 정의된다. 광고산업은 기본 기관(광고주, 광고회사, 매체사, 미디어랩 등), 조성 기관(기본 기관의 활동에 도움되는 기관: 조사회사, 광고제작사 등) 그리고 규제 기관(광고 활동을 지원하거나 통제하는 기관: 공정거래위원회, 방송통신위원회, 한국소비자원 등)이 상호작용 시스템을 이루고 있다. 여기서는 광고산업의 가장 중요한 주체(기본 기관)인 광고주, 광고회사, 매체사에 대해 소개한다.

1) 광고주(advertiser)

광고를 통해 자사제품의 매출 증대, 이미지 향상을 얻고자 하는 조직을 의미한다. 광고주는 광고시장에서 가장 중요한 역할을 한다. 광고주는 광고시스템에서 어떤 목적을 얻고자 하는 최초의 수요자이고, 아이디어의 최초 발신자이다. 광고주가 광고와 연관하여 지불하는 비용(billing: 광고회사가 광고주에게 청구하는 금액)은 기획, 조사, 대행료, 제작비, 매체이용료 등이 포함된다. 이는 광고의 전체 과정에 드는 자금으로 광고시장의 규모를 결정한다.

광고주가 광고를 집행하는 방식으로는 '광고회사를 통해 대행하는 방식'과 '직접 자신이 하는 방식'이 있다. 광고는 전문가의 도움이 필요한 부분이 많기에 광고주가 직접 하는 경우는 흔치 않은 편이다. 그래서 광고산업은 대체로 광고 대행 방식을 중심으로 분석한다.

2) 광고회사(광고대행사, advertising agency)

광고회사란 광고주의 광고 활동에 필요한 서비스를 제공하는 기업이다. 구체적으로 마케팅 전략, 시장조사, 광고기획, 매체집행, 크리에이티브 서비스, 판매촉진, PR 등의 업무를 대행한다. 광고회사가 수행하는 업무의 범위에 따라 종합광고회사(full service agency), 기획사(企劃社)로 분류하기도 한다. 종합광고회사는 광고주의 마케팅 계획의 수립, 광고전략 수립, 제작활동, 매체 계획, 매체구매, 프로모션기획, 이벤트 진행, 뉴미디어 광고, PR 등의 업무를 포괄적으로 수행하는 광고회사이다. 때로는 광고주의 IMC를 통합적으로 대행하기도 한다. 이에 비해 기획사는 흔히 부티크(boutique)라 불리는데 어떤 특정 영역의 서비스(예: 광고전략, 광고물 제작, 매체 대행 등)를 제한적으로 제공하는 소규모 광고회사이다.

- 광고회사는 매체사로부터 광고를 싣는 지면이나 시간을 구매하고 대가를 먼저 지불한다. 그런 다음 광고주에게 이를 청구한다. 광고회사는 매체사로부터 일정 비율의 수수료를 수입으로 받는다: TV 광고, 라디오 광고의 경우 15~20%, 신문광고의 경우 15%, 잡지, 옥외광고의 경우 20% 정도이다.

광고회사의 내부 구성원은 역할에 따라 다음과 같이 분류된다.

1. **영업 및 기획팀(account executive, AE)**: 광고주에게는 광고회사를 대표해서 업무를 진행하고 광고회사에 돌아와서는 광고주의 이익을 대표해서 일하는 팀이다. 광고주에게는 충직한 외부 조언자 역할을 한다. 참고로 AP(account planner, marketer)는 광고기획(AE)의 업무 중에서 마케팅 및 광고전략 부문을 강화하기 위해 등장한 직종이다. 시장 조사 자료의 분석, 장기적 광고 기획 방향의 수립 업무를 담당한다.
2. **크리에이티브팀(제작팀)**: 광고물 제작을 수행하는 팀이다. 여기에는 카피라이터(광고물의 글을 담당), 아트디렉터(레이아웃, 사진, 그림 등의 비주얼 담당), CD(creative director, 광고 제작의 총책임자인 크리에이티브 감독) 등이 있다.
3. **매체팀**: 광고가 목표 수용자에게 정확히 전달되도록 매체를 기획하고 집행한다. 도달 범위와 빈도가 주어진 예산 범위 내에서 효과적으로 수행될 수 있도록 매체를 계획하고 이를 집행한다.

3) 광고매체사

매체사는 광고주의 메시지가 소비자에게 전달되는 지면이나 시간을 제공하는 기관이다. 즉 광고주가 광고할 수 있는 공간(예: 신문, 잡지의 지면)이나 시간(예: TV 방영시간)을 판매하는 기업이다. 신문사, 방송사, 인터넷 포털 회사 등은 언론매체의 역할도 하지만 동시에 광고매체의 역할을 통해 수익을 창출한다. 그래서 매체사는 광고시장의 점유율 확대, 이익창출 등에 관심이 많다.

매체로는 TV, 라디오, 신문, 잡지, 옥외, 인터넷, IP TV, DMB, 모바일 등이 있다. 최근 들어 새로운 매체가 속속 등장하고 있고(예: 메타버스) 또한 소비자의 미디어 이용 행태도 변화하기에 매체 산업은 더욱 복잡한 구조로 변하고 있다.

- 광고매체 간의 융합과 통합은 더욱 가속화되고 있고, 미디어 사이의 경계도 허물어지고 있다. 특히 급속한 디지털화와 브로드 밴드의 확산으로 인해 광고시장의 구조 역시 크게 변동하고 있다. 이러한 변화에 따라 광고제도, 판매방식, 심의규제 및 법규 등 광고산업 전반에 관한 새로운 변화와 혁신이 일어나고 있다.
- 한국방송광고진흥공사(KOBACO)는 1981년 창업 이래 지상파 방송광고 판매대행을 독점했다. 이는 우리나라만의 독특한 매체판매 방식이었는데, 2008년 독점대행 헌법 불합치 판결로 인해 민영 미디어랩(방송광고 판매대행사)이 등장하면서 이러한 독점체계는 사라졌다. 현재의 방송광고 판매시장은 공영과 민영의 경쟁체제로 운영되고 있다.

2. 광고산업의 규모 및 현황

광고산업은 경제 상황과 밀접한 관련이 있다. 국민총생산(GDP)의 증감은 광고시장의 성장률에 반영된다. 특히 경제침체와 불황은 광고산업에 적지 않은 영향을 미치는 것으로 알려져 있다. 국내 총광고비(gross advertising cost)는 1968년에 처음으로 집계 발표되었을 때 92억 원이었다. 그 후 몇 번의 경기 침체기(예. 1997년의 외환위기, 2008년의 글로벌 경제위기 등)를 제외하고는 지속적으로 성장해왔다. 2021년 국내 총광고비는 16.5조 원으로 추정된다.

- 제일기획의 자료에 따르면, 최근 수년간 매체별 시장 점유율은 모바일 > 케이블 및 종편 > PC > 지상파TV > 신문의 순서로 나타났다. 모바일과 신문 간 점유율 격차는 해가 갈수록 더욱 커지고 있다. 1위인 모바일 광고비 내에서는 검색광고, 노출형 광고가 높은 비중을 차지하고 있다. 코로나19 바이러스 여파에도 불구하고 국내 광고시장은 지속해서 성장하고 있다. 이는 모바일 및 디지털 광고의 지속적 성장, 지상파 중간광고 도입, 광고총량의 확대, DOOH(디지털 옥외) 광고 등의 영향 때문이다.

Ⅳ 광고(마케팅 커뮤니케이션)의 영향력

마케팅 커뮤니케이션은 기업의 매출, 이미지, 명성에 영향을 미치기에 기업은 이를 중요시한다. 여기서는 광고가 기업에 어떠한 도움(역할, 기능)을 주는지를 살펴본다. 한편 광고는 기업 경영에도 도움이 되지만 이를 수행하는 과정에서 경제, 사회, 문화에도 적지 않은 영향을 미친다. 그래서 광고의 기능 및 영향력을 기업 이외의 차원에서도 살펴본다.

1. 기업(마케팅)에 미치는 광고의 역할

기업은 왜 큰 비용과 시간을 들여서 광고 활동을 하는가? 이는 광고가 기업에 여러 도움을 주기 때문이다.

- 교육은 사실적 정보와 진리를 가르치는 것이다. 이에 비해 마케팅 커뮤니케이션은 소비자에게 자사 제품 및 브랜드에 대한 어떤 (인위적) 생각을 형성하기 위해 정보를 가르치거나 또는 사실인 것처럼 보이게 만드는 것이다. 예를 들어 비타민 C가 건강 및 질병 예방에 도움이 된다는 사실을 가르치는 것은 교육이지만, '레모나'에 비타민 C가 500mg 들어있고, 다른 비타민 C 제품에 비해 맛이 더 좋고, 이를 먹으면 피로가 없어질 것 같다는 생각을 소비자에게 주입하는 것은 광고이다.

광고의 역할은 무척 다양하지만 결국 시장의 여러 경쟁제품 중에서 자사 제품(또는 브랜드)이 더 낫다는 것을 알리고 이를 통해 시장(소비자, 유통업자, 공급업자 등)이 자사를 선택하게끔 하는 데 있다. 이처럼 광고는 사람의 마음을 움직이거나 변화시키는 역할을 한다. 결국 자사 제품(브랜드)을 '알리고, 설득하고, 행동(구매)하게'하는 것이 핵심이다. 이러한 커뮤니케이션의 기능 및 역할은 다음과 같다.

1) 인지도의 창출 및 강화

시장에서 자사 제품, 서비스가 선택되려면 무엇보다도 자사 제품의 존재를 시장에 알려야 한다. 특히 새롭게 등장한 것(신제품, 뉴 브랜드, 새로운 유통망 등)이라면 인지도 창출 및 조성이 무엇보다도 중요한 커뮤니케이션 과업이다.

- TV 방송에는 다양한 맛집 프로그램이 있다. 시청자들은 이를 통해 맛집을 새롭게 인지하게 되거나, 기억 속에서 사라졌던 것들을 다시 환기하게 된다.

물론 인지도 창출 및 조성 노력은 새롭게 시장에 등장한 것에만 해당되지 않는다. 이미 많은 사람이 알고 있는 브랜드(예: 레모나, 박카스, 게보린, 맥도날드, 참이슬)도 정체된 시장의 활성화를 위해 또는 새롭게 소비층으로 유입된 사람들(어린이, 청소년 등)을 위해 인지도와 연관된 광고 노력을 기울인다.

2) 이해의 심화

제품의 존재 또는 이름을 우선 알게 하는 것이 최우선이지만 그 이름만 안다고 해서 소비자가 움직이는 것은 아니다. 제품의 세부 내용 및 특장점을 알려야 한다. 제품 정보 및 지식은 브랜드에 대한 긍정적 생각을 형성시키고 또한 호의적 태도의 바탕이 된다.
이해도의 심화를 위해 흔히 제공하는 정보로는 재료, 디자인, 성능, 품질, 역사 등이 있다.

- 동화약품의 '까스활명수'는 100년 이상의 역사를 가진다는 사실을 광고를 통해 소비자에게 전달하고자 하였다. '올레 KT'는 '빠름'의 속성을 여러 방식으로 이해시키려 하였다. '시몬스' 침대는 '흔들리지 않는 편안함'의 속성을 여러 방식으로 이해시키려 하였다.

3) 호의적 태도의 조성

객관적, 이성적 정보만으로도 사람들은 움직인다(예: 운전이 편리하고 연비가 뛰어난 자동차, 오래가는 배터리를 장착한 스마트폰). 그렇지만 감성에 의해서도 구매결정을 한다(예: 연비는 떨어지지만 자신의 개성을 표현하는 자동차, 또는 타인의 부러움을 사는 자동차). 이러한 소비자 마음을 형성시키기 위해서는 제품지식의 단순 제공에서 한 단계 더 나아가 자사 제품을 좋아하게 만들어야 한다.
광고는 제품 가치를 증대시키는 역할을 한다. 제품 가치는 유형적, 객관적 측면에서만 조성되는 것이 아니라 무형적, 감성적 측면으로부터도 창출된다.

4) 행동의 유도

광고는 소비자의 특정 행동(구매, 점포 방문, 호의적 구전 등)을 유도하는 역할을 한다.

- '지금 당장 구매하는 것'이 현명한 구매라는 것을 알리거나, 점포 방문만 해도 기념품을 증정한다.

그림 5-10 기간 한정을 통해 구매행동을 유도하는 광고물

5) 그 밖의 역할

광고는 자사 제품(브랜드)을 알리고, 설득하고, 행동(구매)하게하는 역할만 하는 것은 아니다. 그 밖의 다양한 기능과 역할을 한다. 물론 이러한 역할 역시 '알리고, 설득하고, 행동(구매)하게'하는 데 어떻게든 연관된다.

1. **다른 마케팅 활동에의 기여**: 신제품 광고는 소비자를 상점으로 유도하여 소매상으로 하여금 상품 주문 및 진열을 촉진시키는 효과를 얻는다. 또한 광고는 판매원의 판매 활동(유통점포의 설득), 유통망의 확대에 도움이 된다. 또한 가격 인상에 대한 타당성을 소비자에게 설명하기도 한다.
2. **기업 이미지의 조성**: 광고는 대중과의 친밀하고 우호적인 관계 및 좋은 이미지의 형성을 통해 기업과 연관되는 모든 주체와의 관계 개선 및 유지에 도움을 준다.
3. **소비자 교육 및 계몽**: 자원 절약, 환경보호, 흡연/마약/음주운전 경고, 헌혈 참여 등과 같이 사회적으로 바람직한 운동을 전개하는 데 도움이 된다.
4. **내부 마케팅**: 광고는 대외 고객뿐만 아니라 대내 조직 구성원을 상대로 하는 마케팅 커뮤니케이션 활동이기도 하다. 또한 광고를 통해 제품정보를 사내에 파급시킨다. 애사심의 향상을 통해 조직을 활성화시키고 정보 교환 및 창출의 촉진 효과를 거둘 수 있다.

2. 거시적 차원에서 바라본 마케팅 커뮤니케이션의 영향

마케팅 커뮤니케이션(광고)의 영향력은 기업의 경영에만 국한되지 않는다. 경제, 사회, 문화 등의 전반에 걸쳐서 직 · 간접적 영향을 미친다.

1) 경제적 측면

경제적 측면에서 광고의 영향력은 복합적이다. 즉 긍정과 부정적 측면이 혼재한다. 따라서 이에 대한 입체적 이해가 필요하다.

첫째, 광고비는 마케팅 비용의 상승과 연계되어 제품가격의 상승과 연관된다.

- 공정거래위원회에 따르면 국내 5대 치킨브랜드의 2015년 광고비는 총 366억 7,100만 원으로, 이는 업체당 평균 70억 원 이상이다. 이들 업체는 영업이익의 최대 70%에 달하는 금액을 광고비로 사용했고, 타 외식 브랜드에 비해서도 광고 지출이 다소 높은 편이다. 일부 업체는 광고비용이 그 해 영업이익보다도 높았다. 치킨 한 마리 가격이 지나치게 비싼 2만 원에 달하는 가격 구조는 이러한 광고비 지출로 인한 것이 아니냐는 비판도 나온다. 프랜차이즈업계 관계자는 "특별한 메뉴를 제외하고는 치킨 후라이드는 맛의 차별화를 내기 어려운 제품"이라면서 "광고를 통해 브랜드 인지도

를 높여야 하고 이를 위해 지불한 광고비는 제품단가에 반영될 수밖에 없다"고 했다. - 출처: 〈비싼 치킨값의 비밀은 광고비? 업체당 한해 평균 70억 지출〉, 오주연, 아시아경제, 2017년 1월 31일

반면에 광고는 가격을 하락시키는 힘도 있다. 광고를 통해 촉진된 소비는 생산으로 연결되고 이는 경제 활성화에 기여한다. 즉 다음의 선순환을 불러일으킨다: 광고 → 매출 증대 → 대량생산 → 제품 원가 하락(예: 규모의 경제, 경험곡선 효과 등) → 연관산업의 활성화.

광고는 가격 상승과 연관되는 부정적 측면이 다소 있지만, 소비자가 체감하는 제품 가치를 높인다는 긍정적 측면도 있다. 특히 창의적이고 예술적인 광고는 제품 가치를 고양하기에 결과적으로 시장에 긍정적 효과를 미친다.

둘째, 광고를 통해 대기업의 독점적 지위는 더욱 강화된다. 이에 따라 소비자의 선택 폭이 좁아진다.

- 경제가 어려워지면 광고를 할 수 있는 여력이 있는 기업은 대기업뿐이다. 불황기의 광고물을 보면, 자금 사정에 여유가 있는 대기업 제품의 광고가 대부분이다. 따라서 상대적으로 중소기업의 경영실적은 더욱 악화된다.

광고는 상품 차별화에 도움이 되기에 기업의 독점력을 높이는 역할을 한다. 상품의 차별화는 신생 기업의 진입장벽을 높이기에 기존 대기업의 독점력은 강화된다. 이러한 점은 결국 시장의 신진대사를 억제함으로써 최선의 소비자 선택을 방해한다. 한편 광고를 통해 상품이 차별화되면 가격탄력성이 낮아지므로 가격 인상이 용이하다.

그러나 한편으로 광고는 기업 간 경쟁을 유도하므로 소비자에게 다양한 선택의 기회를 제공하기도 한다. 또한 이를 통해 소비자 권익이 보호되기도 한다. 만약 광고가 없다면 새롭게 시장에 등장한 기업의 신제품을 소비자에게 알릴 방법이 없다. 광고는 이처럼 제조업체가 소비자와 직접적으로 의사소통할 수 있는 경로를 제공하기에 기업 간 경쟁을 활성화시킨다. 이는 소비자에게 선택의 폭을 넓혀주고 결국 풍요로운 사회의 조성에 기여한다.

셋째, 광고는 기업활동에 도움을 줌으로써 경제 전반을 활성화시킨다.

- 해외여행을 가면 길거리의 광고판, TV의 광고물 등을 통해 그 나라가 경제 선진국인지 아니면 후진국인지를 알 수 있다.

2) 사회, 문화적 측면

어떤 한 시대 사람들의 생활은 광고를 통해 알게 모르게 영향을 받아 형성된다.

첫째, 광고는 사회 마케팅의 수단으로 활용되어 사회 및 문화의 바람직한 변화를 촉진시킬 수

있다. 공익광고, 기업 이미지 광고, 정부광고 등은 소비자에게 바람직한 소비를 교육시키기도 하고, 바람직한 성(性) 역할을 자연스럽게 제시하기도 한다.

한편 광고는 사회에 부정적 영향을 미치기도 한다. 과장광고, 허위광고를 통해 소비자의 올바른 제품선택을 방해하기도 하며 불필요한 구매를 유도하거나 물질주의를 조장하기도 한다. 또한 광고모델의 역할 설정을 통해 바람직하지 않은 성 역할을 조장하거나 인종, 민족, 종교 등에 대한 잘못된 인식을 심어주기도 한다.

참고로 광고주의 입장에서 본다면 기업 매출에 도움이 되면 그것이 바로 '좋은 광고'이다. 광고에서 올바른 윤리관과 사회의식을 제시하는 것은 그다음 문제이다. 그렇기에 사회 · 문화적으로 문제를 야기하는 광고가 종종 목격된다.

- 2006년 가을, 어떤 보험회사 광고가 논란을 일으켰다: '남편의 사망보험금으로 10억 원을 받은 여자가 멋진 전원주택에서 여유 있는 모습으로 세차하고 있고, 아이들은 주변에서 즐겁게 놀고 있다. 그리고 여기에 하나부터 열까지 도와줬던 보험설계사가 등장한다.' 이 광고에 대한 네티즌들 의견은 분분했다. 그런데 불만을 토로한 의견은 주로 남자들에게서 나왔다. 반면에 여자들은 한 편의 수필처럼 잔잔하고 감동적으로 보았다고도 하고, 또 어떤 경우엔 그 광고를 보고 '얼른 남편 이름으로 생명보험 하나 들어야겠다'는 마음도 생겼다고 했다. 만약 이 광고를 통해 기업인지도가 높아지고 또 보험계약 건수가 늘었다면 비록 많은 남성에게 기분 나쁜 감정을 불러일으켰어도 이 광고는 광고주 입장에서 매우 성공한 것이었을 것이다.
- 2017년 10월 비누 제품으로 유명한 브랜드 '도브'는 인종차별 논란이 된 광고에 대해 사과했다. 도브는 자사 페이스북 계정에 '흑인 모델이 입고 있던 옷을 벗으면 백인 여성이 된다'는 컨셉의 광고를 게재했다. 도브 제품을 사용하면 피부색을 바꿀 수 있다는 의미다. 이 광고에 대해 인종차별 논란이 제기됐다. 도브의 광고는 SNS에서 빠르게 퍼져나갔다. 누리꾼들의 집중포화를 맞았다. 결국 회사 측은 광고를 페이스북에서 삭제하고 "피부색이 무엇을 의미하는지 핵심을 생각하지 못했다"고 사과했다. – 출처: 〈△△, 시대 착오적 '인종차별' 광고로 비난 … 공식 사과〉, 조재형, 파이낸셜뉴스, 2017년 10월 9일

사람들의 기억력은 생각보다 좋다. 매출의 반짝 효과를 보기 위해 사회적으로 바람직하지 않은 광고를 한 기업, 즉 나쁘게 낙인찍힌 기업은 장기적으로 좋은 결과를 거두기 어렵다.

- 사람의 존엄성에 상처를 주는 것은 죄악이다. – 생텍쥐페리(Saint-Exupéry)

둘째, 다른 문화권에 영향을 미친다. 정보통신이 발달하고 국가 간 상품 거래가 활발해짐에 따라 세계는 더욱 가까워지고 유사해지고 있다. 이는 국제 광고를 통한 문화의 활발한 교류에 따른 현상이라고 볼 수 있다.

셋째, 광고는 어떤 시대 또는 사회의 단면을 반영하는 역사기록물 역할을 한다.

- 어떤 시대, 또는 다른 나라의 삶을 이해하기 위한 가장 빠르고 효과적인 방법은 아마도 그 시대 또는 그 지역의 TV광고를 보는 것일 것이다. 거기에는 사람들의 생각, 행동, 삶의 방식 등이 모두 담겨 있다.
- 영화, 드라마, 연극 등에서 시대를 표현 또는 암시하는 방식은 여러 가지가 있다: 연기자의 의복, 거리의 풍경, 소품들, 배경음악 그리고 광고물.

V 광고의 관리 과정

광고의 관리 과정은 다음과 같다. 우선 광고목표를 수립하는 것에서부터 시작된다. 그런 다음 이러한 목표달성에 드는 광고예산을 책정한다. 목표 및 예산이 결정되면 이를 바탕으로 하여 광고물을 기획하고 제작한다. 광고물이 완성되면 광고물을 소비자가 접할 수 있도록 매체를 선정하고 집행한다. 마지막으로는 광고 집행의 효과를 측정한다.

- 광고 관리 과정의 첫 단계는 '광고목표의 수립'이라고 하였다. 그렇지만 그보다 앞서 제일 먼저 해야 할 과업은 표적청중에 대한 규명과 이해(identifying and understanding the target audience)이다. 고객에 대한 이해를 가장 앞에 두는 것은 마케팅의 여타의 관리 과정과 마찬가지이다.

일련의 광고 관리 과정, 즉 [광고목표의 수립 – 광고예산의 책정 – 광고물의 제작 – 매체의 선정 및 집행 – 광고효과의 측정]에 대해 6장부터 순차적으로 살펴볼 예정이다.

그림 5-11 광고의 관리 과정

광고 관리 과정의 단계별로 여러 의사결정을 거치는데, 이를 위해서는 과학적 조사 자료와 이론이 뒷받침되어야 한다. 일련의 광고 관리 과정에는 심리학, 사회학, 문화인류학, 종교학, 언론미디어학, 미학, 음악학, 통계학, 경제학 지식이 중요한 역할을 한다. 결국 광고는 과학성, 예술성, 경험이 결합하여 창조된 종합 콘텐츠의 특징을 가진다.

CHAPTER 6

광고목표의 수립

Ⅰ. 광고목표의 개념 및 중요성

Ⅱ. 광고목표의 유형:
매출 목표 vs 커뮤니케이션 목표

들어가기 전에

- 모든 것을 실현하고 달성하는 열쇠는 '목표설정'이다. 내 성공의 75%는 목표설정에서 비롯되었다. 목표를 명확하게 설정하면 그 목표는 신비한 힘을 발휘한다. 또한 달성 시한을 정해놓고 매진하는 사람에게는 오히려 목표가 다가온다. - Paul J. Meyer
- 앨리스는 갈림길에서 나무 위에 앉아 있는 체셔 고양이를 발견하자 고양이에게 "어느 길로 가야 할까?"라고 물었다. 그러자 고양이는 "어디로 갈 건데?"라고 되물었다. "모르겠어."라고 앨리스가 답하자 고양이는 "그렇다면 어느 길로 가든 상관없어."라고 대답했다. – 동화 『이상한 나라의 앨리스』 중에서

I 광고목표의 개념 및 중요성

광고 관리 과정에 있어서 첫 번째 단계는 광고목표(advertising objective)를 설정하는 것이다. 일반적으로 마케팅목표를 기반으로 IMC 목표가 설정되고, 이러한 IMC 목표는 다시 광고목표의 토대가 된다.

그림 6-1 마케팅 – IMC – 광고목표 간의 연계

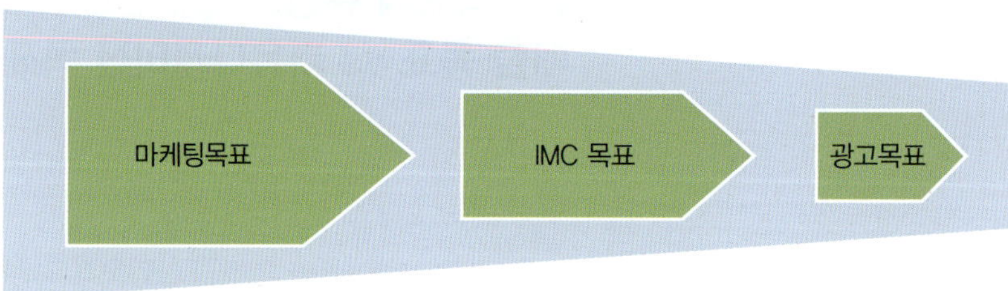

이러한 일련의 위계를 가지기에 목표 간에는 일관성이 있어야 한다. 물론 광고목표는 광고 특유의 고유 활동을 통해 달성하는 것이기에 그 자체의 독특성과 한계성을 가진다.

한편 상위의 마케팅목표는 기업이 현재 처한 시장 상황을 배경으로 결정된다. 이와 마찬가지로 광고는 광고 활동을 수행하는 현재의 시장 및 커뮤니케이션 상황을 배경으로 결정되기에 사전 조사가 필요하다. '지금 상황에서 광고하는 것이 과연 맞는지, 만약 광고를 한다면 광고를 통해 해결할 과제는 무엇인지'에 대한 명확한 인식을 해야 한다. 이러한 제반 배경과 인식을 기초로 광고목표는 수립되어야 한다.

1. 광고목표의 유용성

광고목표란 '기업이 광고를 통해 성취하려는 어떤 것(즉 광고를 통해 해결하려는 과제)'을 의미한다. 광고목표는 광고 활동에서 다음의 역할을 한다.

1) 광고목표는 광고 활동이 전반적으로 추구해야 할 방향을 제시한다

목표달성과 연관된 과업 규명에 도움이 되고 또한 그 과업의 세부 내용의 파악에도 도움이 된다. 한편 목표에서 결정된 내용은 광고예산의 규모, 광고 제작물의 방향, 매체의 선정에 대한 의사결정 기준이 된다.

마케팅목표가 다양한 마케팅 믹스의 일관성 유지에 도움이 되는 것과 마찬가지로 광고목표는 광고에 포함되는 여러 활동의 일관성 유지에 기여한다. 이처럼 목표는 그에 따르는 후속 활동의 내용 및 성격에 영향을 미치므로 '초기'에 올바른 목표를 세우는 것이 매우 중요하다.

- '강의 목표가 무엇인지'는 교수의 한 학기 동안의 강의에 영향을 미친다. 예를 들어 '학생들에게 많은 내용을 전달하는 것'을 목표로 하는 교수와 '학생들로부터 강의평가 점수를 높게 받는 것'을 목표로 하는 교수는 수업 방식 및 내용에서 많은 차이가 나타난다.
- 대학 평가의 양적 기준(예: 취업률, 영어강의 비율, 외국인 교원비율 등)을 너무 강조하면 양적 지표의 달성 자체만을 중요시하게 되고, 이러다 보면 정작 중요한 '교육의 질', '학생만족도' 등을 도외시하게 될 수 있다.

2) (참여자들 간의 미리 조율되고 합의된) 광고목표는 광고에 참여하는 사람과 부서 간의 이해관계, 갈등, 알력 등을 조정해준다

확고한 목표설정은 향후 기업이 무엇을 할지에 대한 방향을 제시하기에 추후 발생할 수도 있는 부서 간 갈등을 효과적으로 조정하고 억제한다. 또한 일시적 상황 변화로 인한 흔들림과 주저함을 방지한다.

- 업무의 전문화 및 세분화가 심화될수록 의견 차이의 발생 가능성은 커진다. 일상 업무, 전공 분야, 과거 경험 등의 차이로 인해 동일 상황을 서로 다른 관점으로 해석하고 지각하기 때문이다. 또한 사람마다 목표에 대한 우선순위와 비중도 다를 수 있다. 예를 들어, 마케팅부서 구성원은 소비자 만족, 시장점유율 증대를 중요시한다. 이에 비해 생산부서 구성원에게는 제품다양화를 통한 소비자 만족보다는 원가 절감, 제조 효율성, 불량률 감소 등이 중요하다.
- '맛집 탐방'을 여행 최우선 목표로 약속했다면 도중에 같이 간 사람들 간 시간, 경비 등의 씀씀이에 대한 갈등은 대부분 사라질 것이다.

3) 광고목표는 광고 집행에 따른 성과를 평가하는 기준이 된다(참조: 13장 광고효과의 측정)

- 최종 결과의 절대치만 가지고 그 행동의 성공 또는 실패를 판단해서는 안 된다. 원래 목표가 무엇이었는지가 판단기준이 되어야 한다. 매출 100억 원을 달성하더라도 원래 목표가 500억 원이었다면 이러한 엄청난 매출 성과는 실패로 간주된다. 반면에 적자 10억 원의 결과일지라도 원래 목표가 적자 50억 원을 막는 것이었다면 이것은 성공으로 평가되어야 한다.

2. 광고목표 설정 시 고려해야 할 점

첫째, 광고목표는 명확하고 간결해야 한다.

목표 고객은 누구인지, 시장에서 일으키고자 하는 반응은 매출인지 태도변화인지, 광고효과의 지속 기간은 어느 정도인지 등에 대해 명확히 결정되어야 한다. 목표가 명확하고 간결할수록 광고 활동에 대한 애매모호함이 사라지고 참여자들 사이의 의사소통도 원활하게 된다.

둘째, 추구하는 여러 목표 사이의 우선순위를 미리 결정해두어야 한다.

우선순위에 대한 합의가 없다면 구성원들은 업무추진을 하다가 무엇을 먼저 할지 또는 중요시할지에 대해 혼란에 빠지거나 갈등을 겪을 수 있다. 우선순위는 모든 활동에 포괄적 영향을 미치므로 올바른 판단과 가치관을 가지고 초기부터 확실히 결정해두어야 한다.

- 볼보 자동차가 가장 중요시하는 목표는 안전(safety)이다. 안전이 최우선적 목표이기에 그것보다 우선순위가 아래인 디자인, 원가, 기능 등은 안전을 위해 포기되거나 늦춰진다.
- 逐鹿者不顧兎(축록자불고토: 사슴을 쫓는 사람은 토끼를 돌아보지 않는다). – 《회남자(淮南子)》 〈설림훈(說林訓)〉
- 동기가 충만한 사람들이 위대한 제품을 만드는 영속적 회사를 구축하는 것에 내 열정을 쏟아왔다. 그밖에 다른 것은 모두 2순위였다. 물론 이윤을 내는 것도 좋기는 하다. 그래야 위대한 제품을 만들 수 있게 되니까. 하지만 이윤이 아니라 제품이 최고의 동기부여였다. 스컬리(전 애플 CEO)는 이러한 우선순위를 뒤집어 돈 버는 것을 우선적인 목표로 삼았다. 미세한 차이지만 그것이 결국에는 어떤 사람들을 고용하는가, 누구를 승진시키는가, 미팅에서 무엇을 논의하는가 등 모든 것을 결정한다. – Steve Jobs

셋째, 광고목표는 가능하면 양적으로 표현한다.

'불량품을 조금 더 줄이자'라는 목표보다는 '1,000개 생산물 중 불량품은 2개 이하로 한다'는 목표가 바람직하다. 양적 목표는 활동 계획의 구체적 수립에 도움되고 결국 집행에도 도움된다.

- ‘하루에 가능한 많은 영어단어를 외운다’란 목표보다는 ‘오전에 35개, 오후에 40개, 저녁 식사 후 10개를 외운다’란 목표가 더욱 구체적이다.
- 목표는 가능하면 양적수치로 설정하는 것이 좋지만 목표를 실제로 달성하는 실무자는 수치적 목표를 회피하는 편이다. 수치적 목표는 정해진 기간이 지나면 그것의 달성 여부가 명백히 드러나고 이에 대한 책임을 져야 하기 때문이다.
- 목표는 ‘SMART(스마트)’하게 잡아야 한다. 여기서 SMART란 구체적이고(specific), 측정 가능하며(measurable), 이룰 수 있고(attainable), 적절하며(relevant), 시간제한이 있는(time-bound) 것을 의미한다.

넷째, 광고목표는 현실적이어야 한다.
너무 이상적인 목표는 현실적 달성이 어렵기에 구성원들이 지레 포기한다. 비현실적 목표는 아무도 신경 쓰지 않는다. 물론 때로는 최고경영층의 무모한 목표와 고집이 뜻밖의 좋은 성과를 가져오기도 한다.

- 스티브 잡스는 막무가내식 리더였다. 제품 출시 일정을 일방적으로 통보하거나 판매 목표수치를 근거 없이 부풀리기 일쑤였다. 한번은 “볼을 사용하는 마우스를 제작하라.”는 그의 지시에 담당 엔지니어가 “상업적으로 제작이 불가능하다.”고 답했다. 그는 다음 날 해고당했고 후임 엔지니어의 첫 마디는 “저는 그거 만들 수 있어요.”였다. 실패한 경우도 많지만 이는 때로 혁신의 원동력이 됐다. 워즈니악은 “스티브의 비전은 비논리적이었지만 결국 그의 주장대로 제품이 완성되곤 했다.”고 회상했다.
- 우리에게 가장 위험한 것은 목표를 높게 정하고 이루지 못하는 것이 아니라, 목표를 너무 낮게 잡고 그것에 안주하는 것이다. - 미켈란젤로

다섯째, 광고가 수행하는 고유 과업을 중심으로 목표를 설정해야 한다.
광고목표는 마케팅목표를 토대로 수립하지만 전술한 바와 같이 광고만의 고유 영역과 역할이 따로 있기에 이러한 성격을 감안하여 그에 적합한 (즉 광고 활동을 통해 달성가능한) 목표를 설정해야 한다.

- 야구에는 여러 포지션이 있다: 투수, 포수, 내야수, 외야수 등. 이들이 맡은 역할은 서로 다르기에 연봉을 산정할 때 포지션에 따른 평가기준이 다르다. 예를 들어 투수의 경우에는 방어율, 승리게임, 탈삼진 등이 있다. 시즌의 최종 순위, 관중 동원, 팀 타율, 팀 홈런 등으로 투수 능력을 평가한다면 이는 잘못된 것이다.

Ⅱ 광고목표의 유형: 매출 목표 vs 커뮤니케이션 목표

광고를 하는 이유는 이를 통해 어떤 목표를 달성하기 위해서이다. '매출'에 무게중심을 두는가 아니면 '커뮤니케이션을 통한 청중의 내면적 반응'에 무게중심을 두는가에 따라, 광고목표는 매출 목표와 커뮤니케이션 목표로 크게 구분된다.

1. 매출 목표(sales objectives)

매출 증대를 광고목표로 하는 것이다. 즉 광고하는 이유는 판매 증대를 위한 것이다. 판매량 증가, 시장 점유율 증대, 판매의 조기 실현 등이 여기에 해당한다. 광고주 입장에서 좋은 광고는 결국 매출을 증대시키는 광고이다. 매출에 긍정적 효과를 가져오지 못하면 아무리 예술적이고 창의적인 광고이더라도 광고주는 이를 반기지 않는다. 광고주는 광고대회에서 상을 받는 광고보다는 제품을 많이 팔아주는 광고를 원한다. 사회적 물의를 일으키더라도 매출에 도움이 된다면 광고주는 만족한다.

- 일본의 음료 CF가 선정성 논란에 휩싸였다. 일본 구리코 유업은 컵음료 '도로리치 크림카페젤리'의 CF를 주요 구매층인 20대 남성을 겨냥해 그라비아 아이돌 5명을 캐스팅, 섹시하고 관능적 분위기를 강조해 제작했다. 공개된 CF에는 가슴 라인이 트인 상의, 속옷에 가까운 핫팬츠를 입은 여성들이 차례로 등장해 유혹하는 듯한 표정을 지으며 음료를 마신다. 과감한 CF는 화제가 됐지만 선정적이라는 비난을 받았다. 광고를 본 대다수의 네티즌은 "지나치게 자극적이다", "보기 불쾌한 CF", "너무 야한 것 아닌가?" 등의 의견을 보이며 불편해 했다. 하지만 CF 방영 후 도로리치 웹사이트 접속자 수가 200배 이상 늘었으며 매출도 증가한 것으로 알려졌다. – 출처: 〈日여자 아이돌 CF광고, "너무 야한 거 아니야?"〉, 온라인 뉴스팀, 스포츠월드, 2012년 12월 3일

광고는 매출에 분명 영향을 미친다. 그리고 이를 기대하기에 광고를 집행하지만 매출 목표를 광고목표로만 삼는 것에는 다음의 문제점이 있다.

첫째, 광고는 매출에 영향을 미치는 여러 변수 중 하나에 불과하다(기업 내적변수). 또한 매출은 기업 외부의 시장 상황에 의해서도 영향을 받는다(기업 외적변수). 광고로 인한 순수 매출 효과만을 따로 분리하기는 쉽지 않다.

- 2017년 9월 '국민의당'은 대선 패배 이유를 정리한 '19대 대통령 선거 평가보고서'를 공개했다. 보고서는 TV토론 전략 실패, 안철수 후보의 연약한 지지층과 모호한 중도성, 정책철학 부재 등과 함

께 이제석 대표에게 홍보를 맡긴 점을 패인으로 꼽았다. 이에 대해 이제석 대표는 "안철수 씨 개인과 친분이 있어서 자문했을 뿐 그걸 패인으로 판단한 것은 적절하지 못하다"는 입장을 밝혔다. 그리고 "광고계에 이런 격언이 있다. 좋은 상품은 광고가 필요 없다. 광고는 뒷자리일 뿐이다. 좋은 상품은 광고 안 해도 잘 팔린다"고 덧붙였다. – 출처: 〈'광고천재' 이제석 "내가 패배 원인? 좋은 상품은 광고가 필요 없다"〉, 윤범기, 매일경제, 2017년 9월 1일

둘째, 광고가 매출에 영향을 미치는 것은 분명하지만 이러한 효과는 바로 나타나지 않는 경우도 있다. 시간이 흐른 후에 성과가 나타나는 이월효과(carryover effect)가 존재한다. 이월효과가 있는 경우, 매출 목표의 설정은 적절하지 않다. 특정한 광고집행과 연관된 매출 성과를 언제까지의 기록까지 포함시킬 것인지의 결정이 쉽지 않다(예: 광고의 매출 목표에 몇 개월 또는 몇 년 뒤의 매출액까지 포함시킬 것인가?).

- 예전 북미대륙에서는 비가 오지 않을 때 기우제를 지냈는데, 어떤 부족의 추장은 100% 비를 내리게 하는 신비한 능력이 있었다고 한다. 그런데 비결이란 다른 게 아니었다. 비가 내릴 때까지 산 위에서 내려오지 않고 기우제를 지낸 것이다. 이처럼 광고대행사가 광고효과의 평가 기간만 넉넉히 준다면 매출 목표 100%를 달성할 수 있다고 주장할 때 광고주는 믿고 맡길 수 있는가?

셋째, 매출 목표는 광고 활동의 최종 결과만을 의미한다. 그런데 제품구매(매출)로 표출되기까지 소비자 마음속에서는 여러 단계의 심리적 과정을 거친다.
사실 광고는 소비자 인지 및 태도 등의 내면 과정에 영향을 미침으로써 외부의 매출 행동을 유발시키는 것이다. 만약 매출만을 광고목표로 삼는다면 광고로 인해 달성한 '외부로 표출되지 않는 소비자 마음속 변화를 성공시킨 정도'는 소홀히 평가된다. 소비자 심리에 미치는 효과 역시 광고를 통한 중요한 성취임에는 분명하다. 또한 매출 목표에만 관심을 가지면 소비자 내면에서 일어나는 중간 단계들에 대한 성취도에 대한 정보가 없기에 중간 단계에 대한 유의미한 통제를 못하게 된다.

- '최종 시험성적'만을 목표로 한다면, 그 이전에 거쳐야 하는 여러 과정별 목표(예: 공부에 대한 흥미 유발, 좋은 성적을 얻고자 하는 동기부여 등)에 대한 기여도, 실행 방법 등에 대한 평가가 소홀히 이루어진다.

이상과 같이 매출 목표를 광고목표로 삼는 것에는 여러 문제점이 있지만 기업 경영자들은 여전히 매출 목표를 선호하는 편이다.

- 기업 현장에서 판매책임을 지는 관리자들은 매출 증감에 매우 민감하다. 특히 제품, 유통, 가격 등에 대한 내용이 이미 결정된 상태에서 특별히 자신이 사용할 수 있는 변수는 제한되므로 새롭게 집

행되는 광고가 매출에 유일하게 영향을 미치는 변수라고 생각한다. 그렇기에 매출성과에 대한 광고의 책임을 과중하게 부담시키는 경우가 종종 있다.

언급한 바와 같이 매출 목표를 광고캠페인의 목표로 삼는 것에는 여러 문제가 있지만 매출 목표가 광고목표로서 적절한 상황인 경우도 있다. 매출 목표가 적절한 상황과 영역은 다음과 같다.

1. **직접마케팅 광고**: 복잡한 유통과정을 거치는 경우에는 광고만의 효과를 따로 분리하기 어렵다. 그러나 직접 우편(direct mail), 카탈로그 판매 등은 소비자와 직접 접하기에 모든 판매는 광고에만 의존한다.
2. **소매점 광고**: 편의점, 백화점, 슈퍼마켓 등에서 실시하는 광고는 신상품 혹은 세일 상품에 대한 즉각적 매출증대를 목적으로 하기에 소매점 광고는 매출 목표가 비교적 적절하다.

그 밖에 판매촉진광고(SPAD), 산업재 광고 등의 경우에도 매출 목표는 적절한 것으로 평가된다. 이러한 분야에서는 광고로 유발된 매출 효과의 판단이 용이하다. 또한 광고로 인한 매출효과가 비교적 빠르게 나타나고 이월효과도 적은 것으로 판단된다. 그래서 매출 목표를 광고목표로 설정하는 것은 비교적 합리적인 선택이다.

- 슈퍼마켓 광고(특정 기간에 특정 품목의 할인 광고), 홈쇼핑TV의 제품 광고('지금 바로 주문하면 한 개를 무료로 제공') 등과 같은 광고는 매출 목표를 기준으로 하는 것이 적절하다.

2. 커뮤니케이션 목표(communication objectives)

매출 목표의 문제점을 보완하기 위해 나타난 것이 커뮤니케이션 목표이다. (매출 차원이 아닌) 커뮤니케이션 차원에서의 효과 창출을 광고목표로 본다. 광고업무를 대행하는 광고회사 입장에서 본다면 이러한 목표가 광고목표로 더 적합하다고 생각한다. 그 이유는 촉진 믹스의 단지 한 요소에 불과한 광고가 져야 하는 매출에 대한 전적인 책임 부담이 불편하기 때문이다.

- 광고비를 많이 투여하였는데도 실제 매출이 오르지 않으면 광고주는 광고대행사를 좋지 않은 시선으로 바라본다. 이 경우 광고대행사는 광고효과가 (눈에 보이지는 않지만) 있었다는 것을 주장한다. 이를 위해 설득력 있는 자료 제시 또는 방어논리를 펼친다. 커뮤니케이션 목표는 이런 관점에서 매우 적절한 대응논리가 된다.

사실 광고는 매출 발생에 중요 역할을 차지하지만 광고의 힘만으로는 한계가 있기에 매출 목표를 광고목표로 설정하는 데 무리가 있다. 또한 제품을 처음 접하자마자 바로 제품을 구매하는 행동으로 연결되지 않는 경우도 많다(이월효과). 이런 점에서 볼 때 광고의 주 역할은 표적청중의 마음속에서 커뮤니케이션 반응을 불러일으키는 것으로 보는 것이 합리적이다.

커뮤니케이션 목표를 수립하기 위해서는 매출로 표출되기 이전 단계를 이해해야 한다. 즉 광고에 의해 유발되는 소비자 내면 과정을 이해해야 한다. 광고에 대한 소비자 반응 모델은 여러 가지가 있다. 여기서는 [인지 → 태도 → 행동의도]와 같이 어떤 일련의 단계(계층)를 순차적으로 거치는 계층 효과모형(hierarchy of effects model, hierarchical model)을 중심으로 소개한다. 1920년대부터 등장한 계층 효과모형은 현재까지도 많이 활용되고 있다.

1) 계층 효과모형에 대한 설명

이 모형은 광고를 접한 소비자의 내면에서 일어나는 순차적 과정을 설명하는 모형이다. 즉 '소비자 마음속에서' 어떠한 일련의 과정이 일어나고 이러한 것이 최종적으로 구매행동으로 표출된다고 보고 있다. '마음속에서' 전개되는 과정은 인지적(cognitive), 감정적(affective), 행동의도적(conative) 반응의 단계를 순차적으로 거친다고 본다.

- 우리가 어떤 사람을 알게 되자마자 바로 다음 날 결혼식(행동)의 실행으로 직접 연결되는 경우는 희박하다. 그 사람이 어떤 사람인지를 알기 위해 시간을 보내고 이를 통해 좀 더 다양한 모습을 이해하게 된다. 그러면서 호감을 점차 가지게 된다. 이러한 일련의 과정을 오랜 시간에 걸쳐 겪은 다음에 결혼 의향을 가지게 된다. 즉 마음속에서 조금씩 변화를 거쳐서 결혼(행동)에 이르게 된다. 이처럼 어떤 최종적 행동은 거기에 이르기까지 여러 예비적 단계들이 내면에서 진행되는 경우가 대부분이다. 제품의 최종 구매행동도 이러한 중간 심리 과정을 거쳐야 하고 또한 시간이 필요하다.
- [인지]와 [감정]의 구분은 다음과 같다: [인지] 토룡탕은 지렁이를 재료로 하여 만든 음식이다, 토룡탕은 소화가 잘된다, 토룡탕은 비싸다 등과 같이 어떤 사실 정보를 알고 있는 것을 말한다. [감정] 나는 토룡탕이 왠지 싫다/좋다, 토룡탕을 먹는 사람이 꺼려진다/친근감이 든다 등과 같은 주관적 느낌을 말한다. 이러한 구분에서 볼 때, 동일한 인지가 발생하더라도 사람마다 상이한 감정이 생길 수 있다. 한편 인지가 일어나는 방식과 감정이 일어나는 방식은 다르기에 사람의 인지, 감정은 서로 다른 차원이다(물론 이에 대해서는 다양한 견해가 존재한다. 17장 참조).
- [행동의도]와 (외부로 표출된) [행동]과는 구별된다. 예를 들어, '다음 달에 삼성갤럭시 스마트폰을 사려 한다'는 것은 행동의도이다. 이에 비해 '매장을 실제 방문한다거나', '삼성갤럭시 스마트폰을 구입하는 것'은 행동이다.

계층 효과모형에 따르면, 광고는 우선 소비자에게 상품 정보를 제공한다(인지 단계). 그런 다음 호의적 태도 및 느낌을 형성한다(감정 단계). 그리고 광고를 통해 구매의도 혹은 구매를 자극한다(행동의도 단계). 따라서 매출 단계의 성과(매출 목표)만을 광고목표로 해서는 안 되고 인지 단계, 감정 단계, 행동의도 단계 등에서 나타나는 성과(커뮤니케이션 목표) 역시 광고목표로 봐야 한다.

인지적, 감정적, 행동의도적 단계의 흐름은 공통적이지만 연구자에 따라 다른 방식으로 구분하기에 다양한 모델이 존재한다. 계층 효과모형에 해당하는 것으로는 AIDA 모형(1925년, attention-interest-desire-action), AIDMA 모형(1950년, attention-interest-desire-memory-action), DAGMAR 모형(1961년, awareness-comprehension-conviction-action), Lavidge & Steiner 모형(1961년, awareness-knowledge-liking-preference-conviction-purchase), 혁신수용 모형(1962년, awareness-interest-evaluation-trial-adoption) 등이 있다. 이 중 커뮤니케이션 과업을 광고목표로 설정하는 데 있어서 가장 큰 영향을 미쳤던 DAGMAR 모형을 좀 더 알아본다.

- Lavidge & Steiner 모형: 우선 광고를 통해 인지를 창출하고(인지, awareness), 기본적 인지를 배경으로 소비자에게 좀 더 많은 정보를 제공한다(지식, knowledge). 그런 다음 정보를 가진 고객들이 그 제품을 좋아하게 만들고(애호, liking), 다른 브랜드보다 더 낫다는 마음을 가지게 한다(선호, preference). 그리고 선호 고객들에게 제품의 구매에 대한 자신감을 심어주고(확신, conviction), 이들을 최종 구매행동(구매, purchase)에 이르도록 한다. 이처럼 광고는 일련의 커뮤니케이션 단계별 목적을 가지고 시행된다.

2) DAGMAR 접근방법

DAGMAR(defining advertising goals for measured advertising results)는 1961년 Russell H. Colley의 보고서 제목이다. 제목의 의미는 '양적으로 측정되는 광고 결과(성과)'를 위한 여러 '광고목표들에 대한 정의'이다.

Colley는 광고만이 수행하는 과업(즉 커뮤니케이션 과업)을 광고목표로 설정하는 것이 바람직하다고 하였다. 그런데 커뮤니케이션 효과 창출이 광고목표가 되어야 한다는 주장을 현실적으로 뒷받침하려면, 커뮤니케이션 효과를 측정할 수 있는 측정도구가 개발되어야 한다. Colley는 이를 위해 '양적으로 측정가능한 여러 광고결과들'을 열거하고 이의 측정방법을 구체적으로 제시하였다. 이는 커뮤니케이션 목표를 광고목표에 추가하는 데 기여하였다.

- Colley는 광고목표는 "명확하게 정의된 표적청중으로부터 일정기간 동안에 성취할 구체적인 커뮤니케이션 과업"으로 정의되어야 한다고 주장했다. 소비자 반응은 [awareness-comprehension-conviction-action]으로 단계적으로 이뤄지는데, 커뮤니케이션(광고)을 통해 소비자 마음속 커뮤니케이션 반응수준을 다음 단계로 점진적으로 끌어올리는 것이 바로 광고목표다.

물론 DAGMAR는 여러 문제점을 가지고 있지만 커뮤니케이션 효과를 체계적으로 측정할 수 있는 광고목표 제시와 측정도구를 개발하였다는 점에서, 즉 커뮤니케이션 목표를 현실적으로 측정할 수 있게 했다는 점에서 큰 기여를 하였다.

3) 계층 효과모형의 특성

계층 효과모형은 사람이 계단을 하나씩 단계적으로 밟고 올라가 마지막 계단까지 오르듯이, 사람의 반응은 하위 커뮤니케이션 반응으로부터 다음 단계의 상위 커뮤니케이션 반응으로 단계적으로 움직인다고 보고 있다. 그리고 이러한 변화의 움직임에 광고가 영향을 미친다고 보고 있다.

- 냄비 속에 담겨서 보이지 않는 물이 끓어서 냄비 밖으로 넘치려면, 일단 물의 온도가 서서히 높아져야 한다. 커뮤니케이션 목표는 냄비 속에서 물의 온도가 조금씩 높아지는 것과 같다. 일정 수준의 온도에 다다르면 이제 냄비 밖으로 물이 넘쳐 나오게 된다(즉 소비자가 실제 구매행동을 하는 것처럼). 매출 목표는 물이 끓어서 냄비 밖으로 표출된 것만 보는 것이다.

커뮤니케이션을 목표로 하는 경우에는 인지, 감정, 구매의도의 단계를 언제, 누구에게, 어느 정도 수준으로 달성할 것인지를 광고목표로 삼는다(예: 취업특강 학원 – 광고 집행 후 3개월 내 취업준비생의 70%에게 브랜드 인지도 달성).
일반적으로 하위단계의 커뮤니케이션 목표가 상위단계의 목표보다 상대적으로 달성이 용이하다. 즉 상위단계로 오를수록 효과를 거두게 될 예상 청중고객의 비율은 줄어든다.

- '나의 이름을 100명의 사람에게 알리기'는 어렵지 않지만, '나를 좋아하는 사람으로 만드는 것'은 5명을 채우기도 어려울 것이다.

4) 커뮤니케이션 목표에 대한 평가

커뮤니케이션 목표는 일견 합리적이지만 이에 대한 비판이 없는 것은 아니다.

- 광고에 의한 브랜드 인지도, 호의적 태도의 증가 등과 같은 커뮤니케이션 목표의 달성이 실제의 판매증가로 이어지지 않는다면 이러한 광고는 기업에 별 의미가 없다. 기업에 실질적 도움(예: 매출, 이익)이 안 된다면 브랜드 인지도, 호의적 태도의 증가 등을 측정하려는 노력 역시 부질 없는 일이다.

그렇지만 커뮤니케이션 과정을 대상으로 한 목표, 즉 커뮤니케이션 목표가 매출 목표보다 광고 기획과 실행에 있어서 보다 유용한 정보를 제공한다는 점은 분명하다.

- 최초의 소비자 상태와 최종 결과 사이에는 다양한 중간 과정이 존재한다. 만약 최초 상태(예: 인지도 제로), 최종 결과(예: 구매자 100명)만을 측정한다면 이로부터 나오는 정보의 유용성은 제한된다. 그러나 최초 상태와 최종 결과 사이에 일어나는 내면 단계와 그 메커니즘을 측정한다면 이로부

터 나오는 정보는 풍성한 유용성을 제공해줄 수 있다.

결론적으로 매출 목표, 커뮤니케이션 목표를 상호보완적으로 사용하는 것이 바람직하다. 또한 광고하는 제품, 표적청중의 소비성향 등을 종합적으로 고려하여 각 상황에 적합한 광고목표를 설정하는 것도 중요하다.

광고를 집행하면 '눈에 보이는 측면'(실질적이고 표출적인 결과물의 산출 – 예: 제품의 매출 증대)에 영향을 미친다. 동시에 '눈에 보이지 않는 측면'(결과물 산출로 연결되는 중간 과정(심리과정)의 변화 – 예: 소비자의 심리적 반응(예: 인지도 증대, 호의적 감정의 유발, 구매확신감 부여 등))에도 영향을 미친다. 이러한 모든 면을 종합적으로 이해하는 것이 중요하다.

CHAPTER 7

광고예산의 책정

Ⅰ. 광고예산의 책정에 대한 개관

Ⅱ. 광고예산 책정에 사용되는 여러 방법

Ⅲ. 광고예산 결정 시 고려할 요소

Ⅳ. IMC 예산의 촉진수단별 배분

들어가기 전에

광고예산(advertising budget) 책정은 광고의 제반 활동에 소요되는 금액의 규모를 추산하는 것이다. 여기서는 광고예산의 의미를 먼저 살펴본 다음, 실무에서 많이 쓰는 예산 결정방법을 소개한다. 그런 다음 광고예산 결정 시 고려할 요소를 살펴본다. 마지막으로 IMC 총예산의 촉진수단별 배분에 대해 소개한다.

I 광고예산의 책정에 대한 개관

마케팅 커뮤니케이션(광고)의 예산 결정은 중요한 의사결정 중 하나이다. 어느 정도 금액 규모로 할 것인지, 판단기준은 무엇인지, 예산 집행 및 배분은 시간/지역/상황/도구에 따라 어떻게 다르게 할지 등이 예산에서 결정할 주요 내용이다.

적정 규모의 광고예산을 산출하는 것은 중요하다. 이를 위해 우선 광고목표(예: 매출 또는 커뮤니케이션 목표)의 달성에 소요되는 금액을 산정한다. 목표를 달성하지 못할 정도로 과소 예산을 책정해서도 안 되지만 필요 이상으로 과다 예산을 책정해서도 안 된다. 목표달성에 적절한 금액으로 결정해야 하지만 현실적으로 이를 정확히 추정하기란 쉽지 않다.

광고예산을 넉넉히 마련하고 이를 마음껏 집행한다면 광고목표의 달성은 어렵지 않을 것이다. 그러나 전쟁에서의 최선은 우리 군대의 최소 희생으로 승리를 거두는 것이다. 광고도 마찬가지이다. 최소 예산으로 원하는 소기의 성과를 거둬야 한다. 광고예산을 과도하게 사용하면 광고목표(예: 인지도, 태도, 매출 등)는 달성하겠지만 기업의 재정 상태는 악화된다.

- 어떤 주부가 노름을 해서 남편을 백만장자로 만들었다고 했다. 주변 사람들이 어떻게 그리 했냐며 부러운 시선으로 묻자, 본래 남편은 억만장자였는데 자신이 도박으로 돈을 잃어서 그렇게 됐다고 했다.
- 광고예산은 원래 절반이 낭비인데 그중 그냥 없어지는 절반이 어떤 것인지 모른다.
  - John Wanamaker(미국 백화점의 왕)

1. 판매반응 함수

광고예산의 추산을 위한 기초 자료는 광고비와 매출의 관계를 보여주는 판매반응 함수(sales response function)이다.

광고예산은 광고량을 결정하고 이는 다시 매출액에 영향을 미친다. 광고 활동량에 따라 변화되는 매출 양상, 즉 판매반응 함수를 정확히 알고 있다면 모자람도 과함도 없는 적정 광고예산을 결정할 수 있다(예: 최적 식사량은 비만이나 영양부족을 발생시키지 않는 적정량이다).

그림 7-1 다양한 판매반응 함수 형태

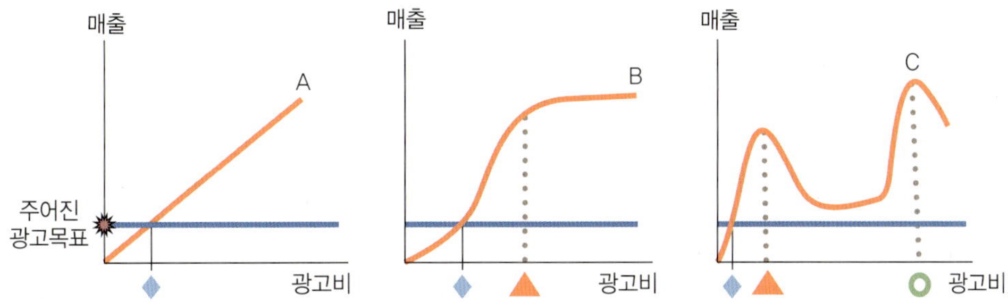

* 주어진 광고목표(매출액)를 달성하는 광고비는 모두 ◆일 때 : 매출과 광고비 지출의 관계에 따라 추가 지출 여부를 판단한다(A : 가능한 많은 예산 집행, B : △에서 멈춤, C : △ 또는 ◎에서 멈춤).

광고비 지출과 매출의 관계(함수관계)를 현실에서 정확히 파악하기는 어렵다. 그 이유는 매출 변화는 광고비 이외의 여러 변수로부터도 영향을 받기 때문이다(예: 광고집행의 질적 수준, 경쟁사의 광고 노력, 소비자 태도, 기타 마케팅 변수와 시장 상황 등).

2. 판매반응 함수의 추정

광고의 판매반응 함수를 정확히 추정할 수 있다면 이를 바탕으로 최적의 광고예산 도출이 가능하다. 그러나 판매반응 함수의 파악은 현실적으로 어렵다. 따라서 이용가능한 정보를 최대한도로 활용하여 판매반응 함수를 추정한다. 몇 가지 기본 방법을 소개하면 다음과 같다.

1) 주관적으로 판단한 시장반응 함수

판매반응 함수를 수학적 함수로 표현하되 실무자들의 경험적 판단에 근거하여 도출하는 것이다. 일단 수학적 함수로 판매반응 함수를 나타내면 이를 근거로 여러 예산 대안을 비교 평가할 수 있다. 또한 최적화기법을 활용하여 그 함수가 내포하는 적정 광고예산이 어느 수준인지 계산할 수 있다. 광고예산의 최종 의사결정자는 이러한 분석결과를 종합하여 가장 합리적이라 생각되는 광고예산을 판정한다.

- 판매반응 함수의 파악을 위한 여러 대안적 방법이 있다. 이 중에는 논리성이 미흡한 것도 있기에

주의가 필요하다. 한편 단순한 함수식은 비현실적 가정들이 전제되기에 현실 적합성이 떨어진다. 그러나 이러한 기본적인 단순 함수식에 현실 세계를 반영하는 변수를 추가한다면 오차가 점차 적은 함수식의 도출이 가능해진다.

2) 실험을 통해 도출하는 판매반응 함수

실험을 통해 판매반응 함수를 파악하는 방법이다. 바람직한 방법이기는 하지만 실험기간이 길고 비용이 많이 들기에 제한적으로 활용된다. 스캐너자료가 일반화되고 유선 TV를 이용한 광고실험이 가능해지면서 이 방법의 활용도가 늘어난 편이기는 하다. 실제 시장에서의 실험을 통한 판매반응 함수는 '모의(또는 모조) 시험 시장(simulated test market, STM)'의 경우보다 비교적 정확성이 높은 편이다.

3. 전형적인 판매반응 함수의 모양

판매반응 함수의 형태를 알고 있다면 이러한 함수곡선에 맞춰서 적정 광고예산을 추산한다. 즉 함수관계(광고비 지출이 미래의 매출에 어떠한 영향을 미치는지)를 통해 적정 광고비를 도출하는 것이다. 물론 현실적으로 매출에 영향을 미치는 변수는 광고 이외에도 무수히 많기에 광고만의 순수한 판매반응 함수를 파악하긴 쉽지 않다. 판매반응 함수의 일반적 형태로는 오목증가형과 S형이 있다.

그림 7-2 오목증가형(왼쪽), S형(오른쪽)의 판매반응 함수

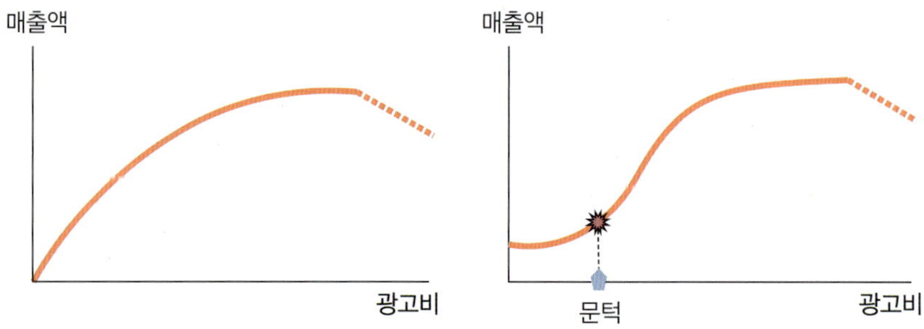

1) 오목증가형의 판매반응 함수

광고비 지출이 증가할수록 매출은 증가하지만 그 증가율은 점차 체감한다(수확체감의 법칙). 이와 같이 광고비 지출이 많아짐에 따라 매출은 늘어나지만 그 늘어나는 비율이 체감하는 속성이 오목증가형의 판매반응 함수이다.

오목증가형의 의미는 다음과 같다. 첫째, 광고비로 인한 매출 증대효과는 초기에는 (곡선의 기울기가 가파른 편이기에) 양호한 편이다. 따라서 초기 광고비는 유용한 매출 효과를 거둔다. 둘째, 일정 수준을 넘어가면 그 효과는 점차 체감하므로 이를 고려하여 예산을 설정해야 한다.

2) S형의 판매반응 함수

S형의 판매반응 함수에서는 광고비 지출이 적을 때는 매출에 대한 영향이 거의 미미하다. 그러다 광고비 지출이 증가해서 일정 수준의 문턱(threshold)을 넘게 되면 그때부터 매출이 급속히 증가하기 시작한다. 그러나 이것도 어느 수준에 다다르면 오목증가형과 마찬가지로 광고의 영향이 거의 미치지 않는다.

S형의 판매반응 함수가 시사하는 바는 다음과 같다. 첫째, 너무 낮게 책정된 광고예산은 매출에 거의 영향을 미치지 못한다. 즉 낮은 광고비는 무의미한 지출이 된다. 둘째, 광고효과를 보기 위해서는 일정 수준의 문턱을 넘겨야 한다. 셋째, 오목증가형과 마찬가지로 광고예산이 일정 수준을 넘어가면 그 이상의 광고비 지출은 매출증가에 영향을 미치지 않는다.

오목증가형, S형 함수의 공통점은 '광고효과의 감퇴(advertising wear-out)'이다. 이는 일정 수준 이상의 광고비 지출은 그 효과가 점차 적어지고, 경우에 따라서는 순매출효과가 오히려 감소([그림 7-2]의 점선 부분)한다는 것을 의미한다.

- 때로 소비자는 동일 제품, 또는 동일 메시지에 지나치게 노출될 경우 그에 대한 부정적 시각을 가진다. 예: 재난으로 인한 피해를 입은 사람들을 위해 기부해야 한다는 목사의 설교를 듣던 마크 트웨인은 처음에 5달러 지폐를 만지작거렸다. 설교가 열정적으로 진행되자 10달러 지폐를 꺼냈다. 그러나 설교가 과도하게 진행되자 지폐를 꺼내려던 마음을 거두었다고 한다.

Ⅱ 광고예산 책정에 사용되는 여러 방법

여기서는 현실적으로 많이 사용되는 예산 결정방법에 대해 살펴본다.

1. 지불능력 기준법(가용예산 활용법, affordable method)

금전적으로 제약이 있는 기업은 필수 지출 분야에 우선적으로 자금을 할당한다. 광고예산은 여유자금이 생기는 경우에 한해 한도 내에서 집행한다. 만약 광고효과를 보게 된다면 추가적 지출이 이루어지기도 한다. 이 방법을 사용하면 과다한 광고비를 집행하는 경우는 드물다.

이 방식은 커뮤니케이션 목표와 무관하게 주머니 사정에 따라 광고예산이 정해진다는 문제점이 있다. 또한 매년 집행할 예산이 불확실하기에 장기적 광고계획을 수립하기 어렵다는 문제점도 있다.

2. 매출액 비율법(percentage of sales method)

가장 많이 쓰이는 방법 중의 하나이다. 현재(혹은 미래) 매출액의 일정 (고정) 비율을 광고예산으로 책정하는 것이다. 이 방법이 많이 사용되는 이유는 매출 크기에 따라 광고비가 일정 비율로 결정되기에 기업의 자금운용이 용이하고 실무적으로 사용이 간단하기 때문이다. 또한 경쟁자들도 모두 이 방법을 쓴다면 상호간 불필요한 광고경쟁을 하지 않는다는 신호가 되기에 산업 내 광고경쟁이 완화되기도 한다.

그러나 이 방법의 근본적 문제는 광고와 판매의 인과관계를 거꾸로 본다는 논리적 결함이다. 즉 광고량(독립변수)이 판매량(종속변수)에 영향을 미치는 것이 바른 관계인데, 이 방법에서는 판매량이 오히려 광고량의 크기를 결정한다.

이에 따른 문제는 다음과 같다. 첫째, 매출이 적을 수밖에 없는 신제품, 매출실적이 좋지 못해서 재포지셔닝을 해야 하는 제품의 경우에는 광고예산이 과소 책정된다. 둘째, 매출규모가 큰 상품이나 성숙기 이후의 상품의 경우에는 광고예산이 필요 이상으로 과다 책정된다. 이상과 같이 광고가 정작 필요할 때(예: 매출이 감소하는 브랜드, 매출이 아직 미미한 도입기의 신제품) 광고예산은 적게 책정되고, 반대로 이제는 광고비를 줄여도 되는 경우(예: 추가 광고비가 불필요한 유명 브랜드, 많은 수의 충성고객을 이미 확보하고 있는 성숙기 또는 쇠퇴기 브랜드)에는 과다 광고예산이 책정된다.

여기에 더해 매출액에 따라 매년 촉진예산이 변동하기 때문에 촉진에 대한 장기계획을 수립하기 어렵다는 문제점도 있다. 그리고 매출액의 몇 퍼센트를 촉진예산으로 책정하는 것이 적절한지에 대한 객관적 기준도 없다.

이와 같이 매출액 비율법은 외적 상황, 내적 여건에 따라 신축성 있게 광고예산 조정을 하지 않는다면 여러 문제점이 발생할 소지가 크다.

3. 경쟁사 기준법(competitive parity method)

산업 내의 주요 경쟁사의 광고예산을 기준으로 자사의 광고예산을 정하는 방법이다. 경쟁사 기준법이 선호되는 이유는 사용이 간편할 뿐 아니라 경쟁사와 비슷한 수준에서 광고비를 책정하면 지나친 광고경쟁을 피할 수 있기에 시장이 안정되기 때문이다.

이 방법의 전제는 경쟁사들이 합리적으로 광고예산을 정할 것이라는 생각이다. 그러나 다른 회사들이 올바로 광고예산을 책정하고 있다는 보장은 없다. 설혹 경쟁사의 예산이 합리적이라 해도 경쟁사의 예산 수준이 자사에도 적합한 것인가는 또 다른 문제이다. 이는 기업마다 처한 내적 및 외적 상황이 다르기 때문이다. 따라서 경쟁사의 광고예산은 자사의 광고예산을 정하는 데 있어서 참고는 할 수 있지만 이것만을 기준으로 해서는 안 된다.

4. 목표 과업법(objective and task method)

이 방법은 우선 마케팅 커뮤니케이션의 목표(objective)를 분명하게 설정하고, 목표달성에 필요한 과업들(tasks)을 결정한 다음, 개별 과업별 수행에 소요되는 비용을 추산하여 합한 것을 광고예산으로 책정하는 것이다.

- 목표시장 고객들로부터 10%의 브랜드 인지도 달성이 목표라고 하자. 그러면 목표달성에 연관되는 여러 과업(예: TV, 라디오, 지역신문에 각각 광고)이 결정된다. 이러한 개별 과업별 소요비용(예: TV 광고 3억 원, 라디오 광고 5천만 원, 지역신문광고 1억 원)을 추정하고 이를 합산하여 총 4.5억 원의 광고예산을 추산하는 것이다.

목표 과업법은 달성하려는 목표와 목표달성에 소요되는 비용의 관계를 체계적으로 생각하게 해준다는 장점이 있다.

- 목표 과업법은 다른 방법들에 비해 좀 더 합리적이다. 공부시간의 산정을 예로 들면 다음과 같다. 목표 과업법은 자신이 원하는 학업목표(예: 평균 90점)를 먼저 세우고 달성에 필요한 과업(예: 학원, 스터디그룹, 자습)을 선정하고 소요되는 시간(예: 2시간, 2시간, 1시간)을 파악해서 총합 5시간을 공부시간으로 마련하는 것이다. 이에 비해 지불능력 기준법은 중요한 일들을 먼저 하고 그래도 남는 시간이 있다면 이를 공부시간으로 할애하는 것이다. 매출액 비율법은 학업점수의 일정 비율로 공부시간을 책정하는 것이다(예를 들어 비율을 10%로 하면, 90점을 받으면 9시간을 공부하고 50점을 받으면 5시간을 공부하는 것이다). 경쟁사 기준법은 주변의 친구들이 공부하는 시간을 기준으로 자신의 공부시간을 결정하는 것이다.

목표 과업법은 논리적이지만 현실적으로 이를 객관적으로 추산하긴 어렵다. 특정 매체에 삽입되는 광고가 목표달성에 어느 정도 도움이 되는지 정확한 관계를 파악하는 것이 현실적으로 쉽지 않다는 뜻이다.
대다수 기업이 주관적, 직관적, 주먹구구식 방법을 아직도 많이 사용하고 있지만 점차적으로 객관적이고 과학적인 예산책정 방법(예: 목표 과업법)을 채택하는 방향으로 바뀌고 있다.

Ⅲ 광고예산 결정 시 고려할 요소

일반적으로 기업은 내부 여건(예: 마케팅목표, 재무역량, 마케팅 믹스 등), 외부 상황(소비자, 경쟁사, 경제상황 등)을 종합적으로 고려하여 매년 광고비 지출을 달리한다. 여기서는 광고예산의 규모를 산출하는 데 고려하는 주요 변수들에 대해 살펴본다.

광고예산을 결정하는 최선의 방법은 없지만 한 가지 제안을 하면 다음과 같다: 우선 기본적인 양적 크기를 판매반응 함수를 통해 대략적으로 추산한다. 그런 다음 여기에 중요한 시장 변수들(A, B, C, …)을 하나씩 반영하면서 초기 금액을 조금씩 조정하여 광고예산을 추산해 나간다. 이러한 흐름에 따라 설명하면 다음과 같다.

그림 7-3 **광고예산의 책정에 대한 흐름**

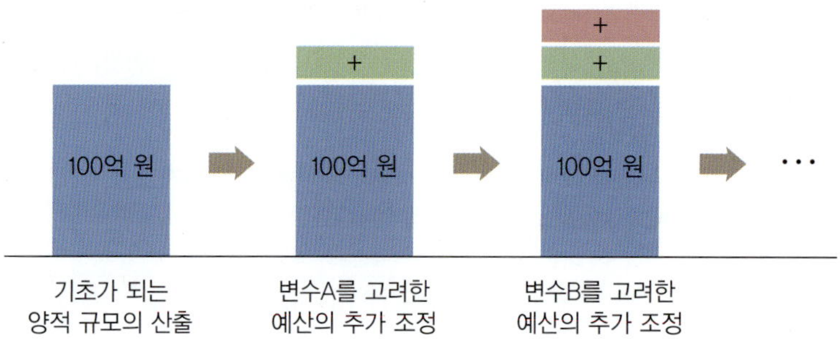

1. 기초가 되는 양적 규모의 산출(1단계)

일단은 가장 기초가 되는 예산 규모를 산출한다. 판매반응 함수를 추정하고 이를 토대로 광고예산의 대략적인 기본 규모를 산출한다.

판매반응 함수가 어느 정도 윤곽이 잡히면 보통은 한계분석 접근법(marginal analysis)을 사용한다. 이는 수학의 미적분처럼 '한계비용 = 한계수익'인 점에서 최적점이 결정된다. 최적점을 지나면 '광고로 인한 추가 수익'은 '추가적 광고비'보다도 더 적기에 광고를 하면 할수록 손해가 된다.

한계분석 접근법은 논리적이지만 현실적으로 많이 활용되지 않는다. 그 이유는 사용의 복잡성, 판매반응 함수의 신뢰성 결핍, 극대점이 반드시 광고목표는 아님, 최적점의 중복 존재가능성 등 때문이다.

그렇지만 이렇게 양적인 기본 규모를 대략적으로라도 추산하면 이를 기준으로 여타의 변수들을 반영하여 금액을 조정하기가 용이해진다. 따라서 기본이 되는 양적 예산 규모의 초기 산출은 여러 면에서 장점이 있다.

2. 기초적 예산 규모에 추가로 고려할 변수(2단계)

판매반응 함수를 토대로 산출된 초기의 광고예산은 다음의 여러 요소를 포괄적으로 고려해서 추가적 조정을 한다: 광고목표(마케팅목표), 시장점유율, 시장규모 및 시장잠재력, 광고와 판매촉진 간의 상대적 중요도, 경쟁사의 광고, 광고주 또는 광고대행사의 정책과 역량 등.

1) 광고목표

광고목표는 광고예산의 크기에 중요한 영향을 미친다. 유사한 예로 프로야구팀의 한 구단이 '이번 시즌의 목표는 우승'이라고 결정하였다면, 이에 걸맞은 야구단의 예산 규모를 책정할 것이다(예: 우승할 만큼의 전력 확보를 위해 뛰어난 선수, 유명 감독 등의 스카우트 비용이 반영된다).

2) 시장에서 브랜드의 위상

시장에서의 브랜드 포지션에 따라 광고예산의 크기는 영향을 받는다. 시장점유율이 낮거나 후발 기업일수록 소비자 마음속에서 현상유지를 하는 것이 더 어렵기에 상대적으로 더 많은 광고예산이 필요하다.

3) 거시적이면서도 장기적인 전망

경제가 어려워지고 기업 재무상태가 악화되면 광고할 수 있는 여력이 있는 기업은 대기업뿐이다. 경제상황이 어려웠던 2014년의 광고물을 보면, 대기업 제품의 광고가 거의 대부분이다. 그 결과 중소기업의 경영실적은 더 악화되었다.

- 일반적으로 불황기에 광고예산은 삭감된다. 그렇지만 경기(불황/호황)에 상관없이 소비자와의 마케팅 커뮤니케이션은 계속되어야 한다. 소비자의 눈에 띄지 않으면 그 브랜드는 소비자의 기억 속에서 사라지게 된다.

4) 조직 차원의 변수

광고예산은 언제나 객관적, 합리적으로 결정되는 것이 아니다. 예를 들어 최고경영자의 주관적 판단 또는 부서들 간의 정치적 협상에 의해서도 결정된다.

- 시장상황상 '아반테' 자동차에 더 많은 광고예산을 할당해야 하는데, '그랜저' 자동차 부서장의 힘이 더 세다면 '그랜저'가 광고비를 더 많이 할당받는다.

5) 시장점유율

브랜드의 시장점유율(market share, MS)과 광고점유율(share of advertising voice, SOV) 간의 관계를 고려해야 한다.

그림 7-4 시장점유율(왼쪽), 광고점유율(오른쪽)에 대한 개념도

시장에서 팔린 콜라의 개수
코카콜라의 MS는 70%

TV에서 보이는 콜라 광고
코카콜라의 SOV는 50%

시장점유율과 광고점유율 간의 관계가 형성된다면 이에 근거하여 목표 시장점유율 달성에 필요한 광고점유율을 산출할 수 있다. 이는 광고예산 규모의 추산에 도움이 된다. 이러한 아이디어에 근거한 방법이 MS-SOV 관계분석법의 기본 아이디어다.

- 두 변수 간의 관계가 파악되면, 시장점유율 목표를 우선 세우고 여기에 해당하는 광고점유율을 파악한다. 그런 다음 전체 산업에서의 광고예산을 예측해 광고점유율에 해당하는 광고예산 규모를 추산한다. 예를 들어 어떤 기업의 MS 목표가 40%라고 가정하자. MS = f(SOV)이고 이러한 관계가 MS = ½ × SOV로 추정된다면 SOV는 80%로 계산된다(40 = ½ × X). 이때 만약 전체 산업의 광고예산이 100억 원이라고 한다면 그 기업의 광고예산은 100억 원 × 80% = 80억 원으로 책정되어야 된다. 물론 이 방법을 사용하려면 변수 간의 관계가 정확히 규명되어야 한다. 동시에 전체 시장의 광고예산을 파악해야 한다.

어떤 제품 또는 산업은 광고점유율과 시장점유율의 관계가 밀접하지만 어떤 산업은 광고점유율과 시장점유율 간의 관계가 미미한 경우도 있다. 이는 광고가 매출에 미치는 민감도가 다르기 때문이다.

6) 경쟁사 광고 및 경제 여건

경기 불황기에는 전반적으로 모든 기업들의 광고예산이 삭감된다. 이때에도 광고예산을 유지하거나 또는 공격적으로 광고를 한다면 상대적으로 더 큰 광고효과를 볼 수 있다.

7) 광고회사의 역량

광고예산을 적게 쓰더라도 큰 광고효과를 볼 수 있는 방법은 여러 가지가 있다. 광고예산을 확정하기에 앞서 어떻게 하면 좀 더 효율적이고 효과적인 광고를 할 수 있는지를 생각해보는 게 중요하다. 예를 들어 임팩트 있는 광고제작물, 광고예산의 효율적 집행, 창의적 매체 활용의 가능성이 있다면 광고예산을 절감할 수 있다.

광고예산의 결정과 집행에 대해서는 여러 경험법칙이 있기에 이를 이해하는 것은 실무에 도움이 된다. 다음은 경험법칙의 몇 가지 예이다: 신상품은 도입 초기에 대폭 광고를 하는 것이 유리하다; 성장기의 브랜드는 일정 수준 이상의 광고를 계속 유지하는 것이 유리하다; 성숙기 브랜드 경우에는 광고예산 삭감 시에도 부정적 효과가 그리 크지 않다. 한국 시장의 광고 여건, 광고를 기반으로 한 기업 간 경쟁 양상에 대한 풍부한 경험자료는 우리 현실에 적합한 광고를 집행하는 데 도움이 될 것이다.

Ⅳ IMC 예산의 촉진수단별 배분

여기서는 IMC 예산의 관점에서 어떻게 배분할지에 대해 살펴보려고 한다. 사실 광고예산은 IMC 예산의 일부이기에 IMC 전체의 예산을 먼저 세우고 범위 내에서 광고예산을 설정한다. 한편 광고 이외의 IMC 도구들(예: 판매촉진, 인적판매, PR 등)의 예산도 광고와 함께 결정된다.

IMC 전체의 예산 규모를 합리적으로 결정하는 것은 중요하다. 한편 전체 예산에 대한 결정이 끝났다면 이를 커뮤니케이션 수단별로 어떻게 배분할지 결정하는 것도 중요하다. 배분 시 고려할 주요 요소로는 제품의 종류, 마케팅 전략의 방향, 제품수명주기, 촉진수단별 특성, 매체 성격, 소비자의 구매결정 단계 등이 있다. 이 중 몇 가지만 설명한다.

1. 제품의 종류

소비재, 산업재에 따라 주요 커뮤니케이션 수단의 상대적 중요성은 달라진다. 일반적으로 소비재는 '광고 – 판매촉진 – 인적판매 – 홍보'의 순서로 진행하는 것이 중요하지만 산업재는 '인적판매 – 판매촉진 – 광고 – 홍보'의 순서가 중요시된다. 이러한 중요성은 촉진수단별 예산 할당의 크기에 영향을 미친다.

1) 산업재

일반적으로 제품이 복잡하고, 값이 비싸고, 구매위험부담이 크고, 규모가 큰 소수의 고객을 중심으로 한다는 특성이 있다. 이러한 특성이 있기에 인적판매가 효과적 커뮤니케이션 수단이고 따라서 이에 가장 많은 예산을 할당한다.

산업재 시장에서도 물론 광고는 중요한 역할을 한다. 예를 들어 산업재 광고는 제품의 존재를 널리 알리고, 기업 이미지를 호의적으로 만들며, 제품 설명을 미리 해주는 등 인적판매를 지원하고 보완해주는 기능을 한다.

2) 소비재

광고가 가장 중요한 커뮤니케이션 수단이기에 여기에 가장 많은 예산이 할당된다. 반면에 인적판매의 중요성은 높지 않다. 그래도 소비재에서 인적판매를 과소평가해서는 안 된다. 중간상과의 관계는 이들과 직접 대면하는 판매원을 통해 이뤄지기에 우수한 판매원의 선발과 관리는 소홀히 할 수 없는 과업이다.

2. 마케팅 전략의 방향

밀기전략(push strategy), 끌기전략(pull strategy)과 같이 상반되는 전략이 있다. 이 중 어떤 것을 추구하는가에 따라 촉진 믹스의 비중은 달라진다. 밀기전략은 중간상에게 판매동기를 부여함으로써 이들의 힘을 통해 제품 판매를 촉진하는 전략이다. 반면에 끌기전략은 최종소비자의 구매욕구를 우선 직접적으로 자극함으로써 소비자를 움직인다. 소비자가 중간상에게 자신이 원하는 제품을 좀 더 많이 취급하기를 요청하게 만든다.

- 밀기전략은 제조업체가 도매상에게, 도매상은 다음 단계의 소매상에게 단계적으로 영향을 미친다. 소매상은 최종소비자에게 구매동기를 부여함으로써 제품 판매를 촉진하는 전략이다. 반면에 끌기전략은 제조업체가 우선 최종소비자의 구매욕구를 직접적으로 자극함으로써 최종소비자를 먼저 움직인다. 그러면 최종소비자는 소매상을, 그리고 다시 소매상은 수직 상향의 윗단에 있는 도매상을 움직이는 것이다. 결국 소비자를 먼저 흔듦으로써 중간상들이 자사 제품을 더 많이 취급하게끔 하는 전략이다.

그림 7-5 밀기전략의 개념도

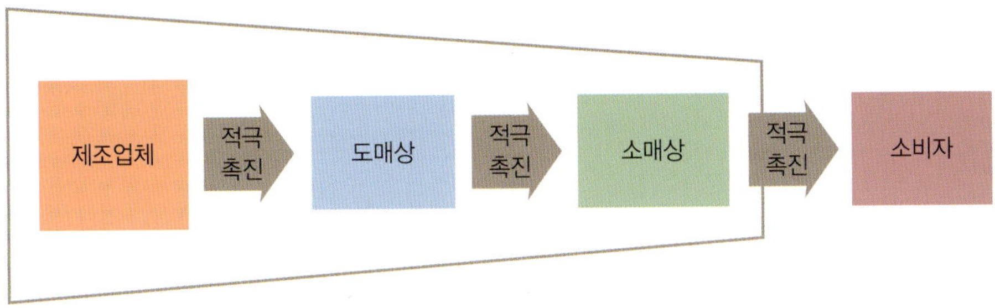

그림 7-6 끌기전략의 개념도

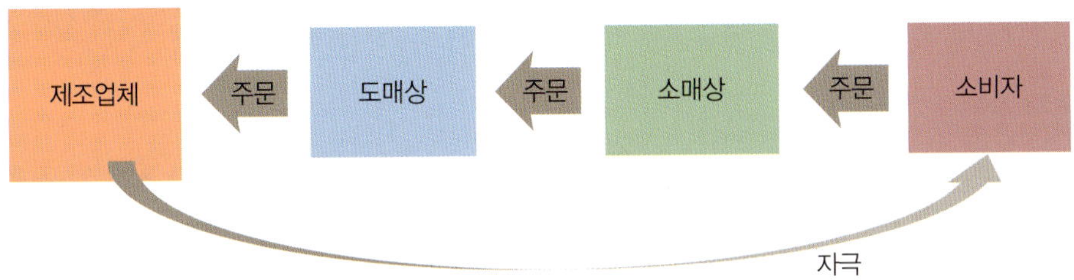

밀기전략에서는 인적판매, 중간상 판매촉진의 비중이 크다. 반면에 끌기전략에서는 광고, 최종소비자에 대한 판매촉진의 비중이 크다.

소비자들이 '허니버터칩'이 맛있다는 것을 인터넷, 주변 친구, 광고 등을 통해 알게 되면, 이를 구입하기 위해 주변의 편의점 또는 슈퍼마켓에 가서 찾고, 이러한 수요를 의식한 소매상들은 제조업체로부터 제품을 대량 구입하는 경우가 끌기전략의 예이다. 반면에 제조업체가 도매상 대상의 판촉을 통해 자사 제품을 취급하게 하고, 도매상은 다시 소매상들에게 그 제품의 취급을 강하게 추진하고, 소매상은 점포에 방문한 소비자들에게 제품 구매를 적극적으로 알리고 추천해서 구입하게 하는 것이 밀기전략의 예이다. 한편 과도한 밀기전략의 집행은 불행한 사고를 초래하기도 한다.

- 전통주 제조업체 '△△주가'의 밀기전략 사례: 업체측은 지난 2010년 신규 출시한 막걸리를 전국에 유통하는 과정에서 대리점의 주문 요청이 없는데도 일방적으로 물품을 공급하는 등 물량 밀어내기를 하였다. 업체 관계자들은 새 막걸리가 출시된 당시에 상품명을 알리고 시장 점유율을 높이기 위해 대리점주들이 원치 않았음에도 일부 물량을 과다하게 공급했다고 했다. – 출처: 〈경찰 '대리점주 자살' △△주가 밀어내기 행위 확인〉, 손현규, 연합뉴스, 2013년 5월 21일

3. 제품수명주기 단계

촉진 믹스는 제품수명주기(product life cycle)를 거치면서 구성 비중을 다르게 할 필요가 있다. 그 이유는 수명주기 단계별로 요구되는 마케팅 커뮤니케이션의 역할이 다르기 때문이다.

1) 도입기

가능하면 짧은 시간 동안 많은 사람들에게 제품의 존재를 알리고 시험구매를 유도하는 것이 중요하다. 그렇기에 광고, 홍보, 판매촉진(시용과 주로 연관된 촉진)의 비중이 크다.

2) 성장기

광고의 비중은 여전히 크다(예: 경쟁사를 의식한 광고). 그러나 판매촉진, 홍보의 역할은 상대적으로 작아진다. 한편 중간상을 대상으로 하는 인적판매의 비중은 점차적으로 커진다.

3) 성숙기

인적판매와 광고가 중요시되는 시기이다. 특히 광고는 제품 존재의 상기를 통한 지속적 구매를 유도하는 것이 중요하다.

4) 쇠퇴기

인적판매의 비중은 작아지기에 상대적으로 광고의 비중이 커진다. 경우에 따라 판매촉진이 다시 강화되기도 한다.

물론 이러한 내용은 일반론이기에 기업이 처한 상황 및 마케팅목표에 따라 신축성 있게 변화시킬 필요가 있다.

CHAPTER 8

광고 컨셉의 결정: 광고물 제작의 첫 단계

Ⅰ. 광고 컨셉이란 무엇인가?

Ⅱ. 광고 컨셉 도출에 필요한 자료

Ⅲ. 광고 컨셉의 도출 방법

들어가기 전에

광고를 통해 성취하려는 광고목표가 결정되고, 목표달성에 소요되는 광고예산이 결정되었다면 이제부터는 광고물을 만들어야 한다. 광고물이 쉽고 빠르게 제작되는 경우도 있지만 대부분의 광고물은 단계를 밟으면서 서서히 그 모습을 드러낸다. 물론 정해진 절차대로 광고물이 만들어지지 않는 경우도 있다. 어떤 과정과 절차를 반드시 밟아야 하는 것은 아니다.

일반적으로 광고물 제작의 첫 번째 단계는 광고물의 방향(지향점), 즉 광고 컨셉(advertising concept)을 설정하는 것이다. 광고물 제작의 흐름을 크게 양분하면 기획과 실현으로 나눌 수 있다. '기획'이란 광고물에서 무엇을 이야기할지 그리고 이를 어떻게 표현할지에 대한 아이디어를 기획하는 단계이다. '실현'은 기획에서 결정된 생각과 방향을 기반으로 하여 광고물을 실제 모습으로 구현하는 단계이다. 머릿속에 있던 상상이 실제 광고물로 완성되는 것이다.

8, 9장에서는 광고물 제작 또는 창작(創作)의 전반 단계인 기획(message strategy and creative strategy)에 대해 살펴본다. 이어서 10장에서는 후반 단계인 광고물의 실현에 대해 소개한다.

I 광고 컨셉이란 무엇인가?

광고는 기업의 문제해결(예: 브랜드의 부정적 이미지의 해소) 또는 달성하고자 하는 마케팅목표(예: 10% 매출증가)의 성취를 위해 실행되는 것이다. 따라서 광고 컨셉은 문제해결 및 목표달성과 연관되어 결정된다. 이렇게 결정된 광고 컨셉은 이후의 세부적 표현 아이디어 창출과 제작물의 구현에 있어서 중심 축이 된다.

그림 8-1 광고 컨셉(♡)을 중심으로 한 전후 과정

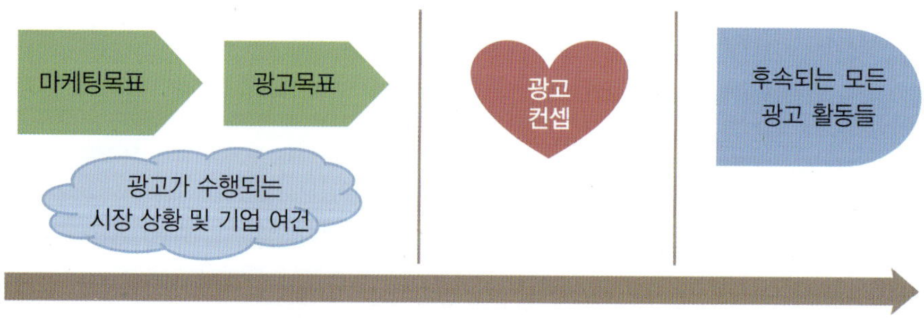

* 광고 컨셉은 광고가 가야 할 방향을 제시하는 생각의 틀이다.

1. 광고 컨셉의 개념

광고 컨셉이란 광고물에서 '무엇을 말할 것인가(what to say in advertising)'를 의미한다. 이는 광고물의 핵심 주제(또는 단어, 주장, 화두(話頭), 제목 등)를 뜻한다.

- 어린 시절 그림일기를 쓸 때를 회상해보자. 그날 있던 여러 일 중에서 하나를 선택하고 이를 중심으로 글을 쓰고 그림을 그리지 않았던가? 광고도 마찬가지이다. 광고 컨셉이 바로 그 주제인 것이다. 그래서 '모든 광고물에는 광고 컨셉이 존재'한다고 볼 수 있다.

광고 컨셉이란 시장의 표적고객들에게 전달하고자 하는 가장 중심이 되는 생각(주장)이다. 기업이 소비자에게 알리고 싶은 핵심 가치 또는 핵심 가치를 온전히 담은 스토리를 의미한다. 제품판매에 있어서 가장 결정적이거나 중심적인 아이디어가 보통 광고 컨셉이 된다.

- 광고회사는 향후 광고주와의 커뮤니케이션을 어떻게 이끌어갈지에 대해 프레젠테이션을 한다. 프레젠테이션의 핵심 알맹이가 바로 광고 컨셉이다. 광고 컨셉은 광고주의 고민을 시원하게 해결할 수 있는 묘책이 담겨 있어야 한다.
- 광고 컨셉의 예: 다시다(인공감미료의 맛이 아닌) – '고향의 맛'; 박카스 – '대한민국 피로회복제'; 유니클로 – '모든 사람들을 위한 옷'(Made for all, 2010년), 'Life Wear'(2013년); 배스킨라빈스 – '31개의 다양한 맛'; 시몬스 – '흔들리지 않는 침대'; 맥도날드 – '저렴한 런치밀'. 노브랜드의 광고 컨셉은 무엇인지 직접 생각해보길 권한다.

그림 8-2 **캐롯손해보험의 '캐롯 퍼마일 자동차보험'의 로고**

Carrot

컨셉(concept)이란 개념, 사물에 대한 어떤 생각이란 뜻이지만 광고에서는 '생각의 방향'으로 해석하는 것이 더욱 이해가 쉬울 것이다. 즉 '광고물을 어떤 방향으로 이끌 것인지'에 대한 생각 또는 아이디어가 바로 컨셉이다.

- 상대방에게 무엇을 말할 것인지(예: 프로포즈, 이별, 평범한 만남 등)가 먼저 결정되어야 이에 걸맞은 장소, 시간, 방식 등을 선택할 수 있다. '무엇을 말할 것인지'가 바로 광고 컨셉이다.
- 시몬스 침대는 한동안 개별 분리된 스프링을 통해 '흔들리지 않는 침대'를 핵심가치로 하는 광고캠페인을 벌여 왔다. 예를 들어, 볼링공을 침대 위에 떨어뜨리지만 넘어지지 않는 볼링핀, 하늘에서

스카이다이버가 떨어진 줄도 모르고 잠자는 여자 등의 다양한 방식으로 표현됐다. 이러한 표현들의 중심에는 항상 '흔들리지 않는 침대'라는 광고 컨셉이 있었다.

광고 대상(제품, 서비스, 기업, 사람 등)에 따라 또는 광고제작자에 따라 광고제작물은 달라진다. 이렇게 다른 것은 결국 각기 다른 광고 컨셉을 잡았기 때문이다.
광고물은 제작자의 예술적 취향을 만족시켜주는 예술작품이 아니다. 광고주의 마케팅 목적 달성을 위한 것이다. 광고를 만들기 위해선 여러 전문가들이 함께 작업한다(예: 광고주, AE, 카피라이터, 그래픽 디자이너 등). 이 이질적 집단의 힘을 한곳(방향)으로 모으려면, 일종의 약속의 성격을 가진 공통 컨셉(광고물에 대한 핵심 아이디어)이 잡혀야 한다. 광고물을 실제 모습으로 만들기 전에 광고 컨셉이 결정되어야 후속작업에서 혼선이 발생하지 않는다.
또한 광고 컨셉이 결정되어야 그 다음의 세부 내용을 결정할 수 있다. 무엇을 말할지(광고 컨셉)에 대한 결정은 이후의 제반 활동(예: 크리에이티브 아이디어(광고표현 방식), 광고물 구현(카피, 그림 등)에 대한 방향을 제시한다.

- 글을 쓸 때 있어서 주제 또는 제목은 가장 먼저 결정되어야 하는 중요한 의사결정이다. 초등학생들이 일기 숙제를 할 때도 그날의 주제가 먼저 결정되어야 한다. 그런 다음에야 글이 써진다. 한편 글의 주제가 참신할수록 더 좋은 글이 써진다.
- 여행 목적지가 결정되어야 적합한 여행 가방(옷, 용품 등)을 꾸릴 수 있다.

광고 컨셉은 시간이 지체되더라도 반드시 초기 단계에 올바로 결정해야 한다. 광고물은 이러한 광고 컨셉을 기반으로 제작된다. 만약 광고 컨셉이 도중에 바뀌면 광고물 제작 담당자들은 땀 흘려 만든 모든 작업을 버리고 다시 시작해야만 한다. 이러한 과정이 여러 번 반복되면 제작 단계에서 좋은 광고물이 나오기 힘들다.

- 광고 컨셉은 여행 목적지를 결정하는 것이고, 광고물의 제작은 실제 목적지를 향해 움직이는 것이다. 여행 목적지를 바꾸면(예를 들어 알래스카에서 하와이로 바꿈), 그동안 준비한 모든 것들이 수포로 돌아간다.

2. 광고 컨셉이 갖추어야 할 조건

광고물 제작의 초기 단계에서 광고 컨셉의 올바른 결정은 중요하다. 이는 광고물의 전체 방향 및 성과에 영향을 미치기 때문이다. 광고인들은 이러한 중요성을 잘 알고 있다. 그렇지만 좋은 광고 컨셉을 실제로 생각해내는 것은 정말이지 쉽지 않은 과업이다.

다음은 광고 컨셉을 결정할 때 고려해야 할 몇 가지 사항이다.
첫째, 제품을 소비자에게 소구하는 데 있어서 가장 강력한 것(결정적이거나 핵심 아이디어)을 선택해야 한다. 소비자 및 시장에서 최대한 성과를 발휘할 수 있는 것, 경쟁사를 이길 수 있는 개념(winning concept)을 선택해야 한다. 아이디어의 개수가 많을수록 더 좋은 아이디어가 도출된다. 따라서 가능한 많은 컨셉 후보를 생각해내야 한다.
둘째, 광고 컨셉은 목표 소비자의 성향 및 해당 시점의 시장 상황에 적합해야 한다. 이를 위해 시장 변화를 신속하면서도 신축성 있게 반영해야 한다.

- 시몬스 침대는 코로나19 바이러스가 여전히 기승을 부리던 2022년에 '힐링'과 '치유'의 메시지를 전달하는 브랜드 캠페인 'Oddly Satisfying Video'를 집행했다. 이는 무의식적 편안함을 느낄 수 있는 '이상하게 만족스러운' 영상의 디지털 아트이다.

그림 8-3 2022년에 진행된 시몬스 침대 광고

* 출처: 시몬스 유튜브 채널

셋째, 광고 컨셉은 제품이 가지는 여러 특성 또는 장점 가운데 가장 중요한 한두 가지로 한정해야 한다. 결국 선택의 문제이다. 광고물의 제작과 집행에는 많은 돈이 들어가기에 광고주는 하고 싶은 말, 담고 싶은 말을 가능한 많이 집어넣기를 원한다. 그러나 광고시간은 짧고 소비자가 광고를 집중해서 보는 시간 역시 제한적이기에 광고물에 모든 걸 담아서는 안 된다. 많은 걸 한번에 집어넣으면 소비자는 그 무엇 하나도 기억하지 못한다. 따라서 최선의 하나(single concept)를 엄선해서 이를 임팩트 있게 전달해야 한다.

- 광고는 물이 가득 찬 항아리와 같습니다. 무엇을 새롭게 더 집어넣으려면 기존의 것이 빠져나갈 수밖에 없습니다. - 김강석 감독(Golden Eight Media).
- 말을 적게 하는 것이 말을 많이 하는 것보다 더 많은 내용을 전달해주는 경우가 종종 있다.
  - Thomas Hardy(소설 『테스』의 작가)

넷째, 광고 컨셉은 소비자가 직관적으로 이해할 수 있을 정도로 단순 명료해야 한다. 광고는 짧은 시간에 전달하는 메시지이다. 광고물이 머릿속에 남으려면 명확하고 쉬워야 한다. 복잡하고 모호한 내용은 머릿속에 남지 않는다.

그림 8-4 단순 명료한 1차 세계대전 당시 미국의 징집 포스터(1917년)

Ⅱ 광고 컨셉 도출에 필요한 자료

좋은 요리를 만들려면 일단은 식재료가 풍성해야 한다. 마찬가지로 좋은 광고 컨셉을 도출하려면 광고대상물에 관련된 자료를 충분히 수집해 두어야 한다.

그림 8-5 광고 컨셉의 수렴과 발산 과정

* 광고 컨셉은 다양한 자료원천을 통해 도출되고(수렴과정), 이는 다시 크리에이티브한 아이디어를 만들어내는 데 있어서(발산과정) 뿌리(중심)가 됨을 보여주는 개념도이다.

광고대상과 관련된 모든 자료는 광고 컨셉의 도출에 도움이 된다. 대표적인 자료 몇 가지를 살펴보면 다음과 같다.

1. 광고주로부터의 정보

제품 및 시장에 대해 광고주만큼 자세히 알기는 어렵다. 따라서 광고주의 초기 오리엔테이션, 광고주와의 빈번한 미팅은 중요한 자료원천이 된다.

- 맥도날드 창업주인 레이 크록은 맥도날드에 대한 자신의 생각은 종교와 같다고 언급했다. 국내 최대의 치킨체인점 창업주는 수십 년째 매일 치킨 한 마리를 먹고 있다고 했다.

물론 광고주의 시각은 편견, 주관, 제한성이 있기에 일방적 수용은 곤란하다. 다양한 제품 및 서비스를 경험한 광고 전문가의 균형적, 포괄적 안목이 광고주의 전문적 지식과 어울릴 때 더욱 크게 빛을 발휘할 수 있다.

한편 제품 컨셉은 광고 컨셉의 도출에 도움이 된다. 제품 컨셉(product concept)은 신제품 개발 과정에서 매우 중요하다. 실제로 제품을 개발하기에 앞서 신제품 개발팀은 현재 형태는 없지만 '앞으로 개발하려는 제품은 어떠할 것이고(예: 성능, 형태) 이것이 소비자에게 의미하는 바는 무엇이다(예: 혜택)'라고 규정을 하는데 이것이 바로 제품 컨셉이다. 제품 컨셉에 근거하여 제품개발 활동이 실제적으로 수행된다. 또한 제품 컨셉을 토대로 이를 위한 마케팅 전략이 마련되며, 시장에서의 소비자들 역시 이러한 제품 컨셉을 보고 그 제품을 선택한다. 제품 컨셉은 포지셔닝, 브랜드컨셉, 광고 컨셉과 직접 연결되기에 광고 제작자는 광고주에게 이러한 내용을 반드시 확인해야 한다.

- 개발 전의 컵밥에 대한 제품 컨셉: 이 제품은 바쁜 수험생, 대학생, 직장인 등이 빠르고 편하게 먹을 수 있어야 한다. 가격은 부담스럽지 않은 3천원 대이고 영양가도 있어야 한다. 커피 컵과 유사한 세련된 디자인의 용기를 만들어 휴대하기 편리할 뿐 아니라 창피하지 않아야 한다. 또한 냄새가 많이 나서도 안 된다.
- 광고대행사와의 미팅이 끝나면 종종 스티브 잡스는 광고대행사 담당자들을 보안이 철저한 디자인 작업실로 데려가 개발 중인 제품을 보여 주었다. 만들고 있는 제품에 대한 열정을 광고 담당자들과 함께 나눔으로써 잡스는 애플 광고에도 그러한 열정이 고스란히 스며들도록 만들 수 있었던 것이다. – 출처: 『스티브 잡스』, 월터 아이작슨 저, 민음사(2015)

2. 표적시장의 소비자에 대한 심층 이해

표적시장의 소비자 자료는 광고 컨셉을 도출하는 데 필수적이다. 이를 위해 '전형적인 표적소비자'를 구체화하여 생각하는 것은 도움이 된다. 예를 들어, 주변 인물 중에서 표적고객으로 적합한 사람을 생각하고 그들의 인구통계변수, 라이프 스타일, 가치관, 개성, 일상생활 등을 정리해본다. 또한 그들이 광고제품을 왜 구입하려 하는지(또는 왜 구입하려 하지 않는지), 언제 어떻게 사용할지를 상상해볼 필요가 있다. 이러한 감정이입을 통해 광고 컨셉뿐 아니라 헤드라인, 비주얼 아이디어 등이 도출되기도 한다.

- 광고카피는 책상에 앉아서 쓰는 것이 아니라고 한다. 매장에 직접 나가서 사람들의 구매행동을 관찰하고, 점원이 손님에게 어떻게 제품구매를 권유하는지 살펴봐야 한다. 이러한 현장의 느낌이 카피 아이디어를 창출하는 원천이 된다.
- 평생 좋은 제품을 많이 만들었지만 점유율 면에서 전 세계 시장을 장악한 적은 한 번도 없었다. 젊은이들의 삶을 몸소 체험하고 나서야 뒤늦게 성공의 열쇠를 찾았다. – 스티브 잡스

광고 컨셉이 소비자 자료를 통해 나타난 경우는 무척 많다.

- 국내의 한 비누 회사가 비누의 속성에 대한 소비자 욕구 조사를 진행했다. 그 결과 상위 순위는 아니었지만 '물에 잘 풀리지 않는 속성'을 원하는 것이 발견되었다. 그래서 물에 잘 풀리지 않는 비누를 개발하였고 이러한 속성의 제품을 필요로 하는 시장인 대중목욕탕, 공중 화장실을 타겟으로 결정했다. 광고 컨셉은 '여러 번 써도 덜 닳는 비누'로 정립했다. 그리고 제품특성에 걸맞게 브랜드명도 '알뜨랑'으로 결정했다.

표적집단면접(FGI), 심층면접(depth interview) 등과 같은 탐색적 조사 기법은 광고 컨셉의 도출에 도움이 된다.

3. 시장에 대한 배경 지식(시간 및 공간의 맥락)

경쟁회사의 광고 컨셉에 대한 이해가 필요하다. 광고는 차별화를 통한 설득이다. 따라서 경쟁회사 광고 컨셉의 내용, 장단점 등에 대한 충분한 이해가 필요하다. 또한 유통업자, 정부 등과 같이 마케팅 및 커뮤니케이션에 영향을 미치는 집단의 성향에 대한 폭넓은 이해도 선행되어야 한다. 또한 시장 전반의 상황(예: 경제, 기술, 사회, 문화, 정치, 자연 등)의 흐름도 민감히 포착해야 한다.

- 지역마다 다른 뉴스: 미국 뉴욕에서는 자동차 도로 상황을 상세히 알려주고, 하와이에서는 파도 상

황을 알려준다. 한편 위스콘신에서는 '오늘의 가축시세'를 장황히 알려준다. 이와 같이 공간에 따라 사람들이 중시하는 정보는 달라진다.

이상과 같이 제품에 대한 광고주 생각, 소비자 및 시장에 대한 자료를 수집해야 한다. 또한 광고회사는 유사한 제품의 기존 광고물(국내 및 해외)을 폭 넓게 검토해야 한다. 사전자료에 대한 검토가 끝나면 이를 기반으로 하여 AE, AP, 카피라이터, 그래픽 디자이너, 시장 조사자 등이 함께 모여서 수차례 회의를 통해 광고 컨셉을 도출한다.

- 광고 컨셉이 쉽게 도출되는 경우도 있지만(예: 약품, 주방용품) 광고주, 광고제작자, 소비자가 납득할 수 있을 때까지 수십 번에 걸친 검토와 확인 작업을 통해서 어렵게 발견되는 경우도 적지 않다.
- 광고회사는 회의를 많이 한다. 하루 종일 회의만 하는 경우도 있다. 커피, 담배, 간식이 하나의 습관이 되기도 한다. 어쨌거나 다양한 사람들이 서로 의견을 교환하다 보면 혼자서 생각해내기 어려웠던 새로운 아이디어가 사람들 간 아이디어의 합성 및 화학작용을 통해 창출되기도 한다.

Ⅲ 광고 컨셉의 도출 방법

광고 컨셉에 따라 만들어진 최종 광고물은 소비자에게 닿는 것이다. 따라서 광고물의 방향을 결정하는 광고 컨셉이 결국 커뮤니케이션 성과를 좌우한다.
빈 공터에 건물을 지을 때, 건축가에 따라 각기 다른 생각을 가질 수 있다. 환자에 대한 처방도 의사마다 다를 수 있다. 마찬가지로 제품에서 무엇을 강조해야 제품이 잘 팔릴 것인가에 대해서도 광고인마다 다른 생각을 가진다. 그래서 광고 컨셉의 도출은 각양각색이다.
다음에 제시하는 방법은 광고 컨셉을 생각하는 대표적인 접근방식이다(이러한 접근법은 광고 컨셉의 도출뿐 아니라 크리에이티브 아이디어 개발에 활용해도 무방하다). 특히 '고유한 판매 제안(unique selling proposition, USP)', '브랜드 이미지'가 대표적이면서도 기본적인 방법이다. 이에 더해 제품포지션, 경험적 요소, 내재된 드라마 등을 추가적으로 생각해 볼 수 있다.
소개하는 방법들을 충분히 이해하기를 권한다. 광고 컨셉을 다양하게 생각하는 데 도움이 되는 길잡이 역할을 할 것이다.

1. 고유한 판매 제안(unique selling proposition, USP)

고유한 판매 제안(USP)의 발견을 통해 광고 컨셉을 찾는 방식은 Roger Reeves가 제시한 것이다. 그에 따르면 고유한 판매 제안이 되기 위해서는 다음 세 가지가 있어야 한다. 첫째, 광고는 소비자에게 혜택을 제안할 수 있어야 한다. 둘째, 그러한 제안은 경쟁사가 제공할 수 없는 고유한 것이어야 한다. 셋째, 많은 소비자를 움직일 만큼 강력한 것이어야 한다.

표 8-1 USP의 세 가지 요소에 대한 개념도

혜택이 있음			혜택이 없음
	소비자를 움직이는 강력함이 존재	강력함이 약함	
경쟁사에게 없는 고유성이 존재	USP 존재	고유성은 있지만 시장을 움직일 정도는 아님	USP 이외의 방식으로 광고 컨셉을 찾아야 함
고유성이 약함(경쟁사도 유사하게 하고 있음)	경쟁사 대비 차별성은 부족하지만 시장성 있음	USP 이외의 방식으로 광고 컨셉을 찾아야 함	

- '하이트'가 시장에 도입되던 초기에 소비자들은 '하이트 = 깨끗한 물'을 연상했다. 이러한 노력은 '하이트'의 적극적인 커뮤니케이션 노력(예: 지하 150m에서 추출한 천연암반수를 강조)에 힘을 얻은 결과이다. 이러한 광고 컨셉은 당시 식수 오염에 대한 사회적 우려가 많았기에 소비자들에게 아주 강력히 어필됐다.
- 차별성을 가져라. 유사하지만 더 나은 것이 아니라, 의미 있는 차이를 드러내야 한다.
  – Tom Peters

우선 제안할 만한 혜택 거리가 있어야 한다. 이러한 혜택은 고유할 뿐 아니라 소비자에게도 강력한 의미를 가져야 한다. 강력하고 고유한 혜택이 존재한다면 기업은 이를(USP) 광고 컨셉으로 하여 광고로 만들면 된다.

- 사무용 칼라프린터기의 인쇄속도가 경쟁제품보다 2배 빠르고, 선명도가 3배 뚜렷하다는 것은 USP가 된다. 반면에 사무용 칼라프린터기가 경쟁제품보다 500g 가볍다는 것은 USP가 되기는 어렵다. 물론 휴대용이라면 USP가 될 수 있다.
- 다음은 USP가 될 만한가? 한국인에 맞는 영양 성분으로 배합한 종합비타민, 영국산 원료로 만든 비타민 C, AI로봇이 만든 김밥, 중국산 콩으로 만든 메주, 완전 자동화 기계로 뽑은 칼국수.

그렇지만 이러한 속성을 실체적으로 가지기란 쉽지 않다. 또한 그것을 가지고 있다 해도 경쟁사 추격과 모방이 있기에 오랜 시간 독점적으로 향유하기는 어렵다. 따라서 광고 컨셉을 발견하는 다른 접근법이 필요하다.

2. 브랜드 이미지의 창조 및 구축

전설적 광고인으로 인정받는 데이비드 오길비(David Ogilvy)는 광고는 브랜드의 상징적 의미를 담은 브랜드 이미지의 구축에 기여해야 한다고 주장했다. 시장에 나와 있는 제품들이 유사해질수록 소비자 선택에서 이성적 역할은 적어진다. 선택의 이유가 되는 특별한 이성적 근거(reason to buy, RTB)가 줄어들기 때문이다.

콜라, 맥주, 위스키, 담배, 세제, 향수 등의 제품에서 기술적 차이점은 미미하다. 이러한 경우에는 브랜드 이미지, 개성이 중요하다. 브랜드 이미지의 구축을 위해 장기간 광고에 노력을 기울인 회사가 결국 가장 높은 시장점유율과 수익률을 차지하는 경우가 많다. 예를 들어, 말보로 담배, 코카콜라, 맥도날드, 샤넬 화장품 등이 여기에 해당한다. 경우에 따라 이성적 선택을 주로 하는 전자 제품에 대한 광고에 이러한 접근법을 사용하기도 한다.

- 시장에서의 궁극적 포지셔닝은 상품의 사소한 차이점이 아니라 상품의 전체적 이미지 또는 개성에 달려 있다. - David Ogilvy
- 애플만의 독특한 무언가를 대중에게 각인시킬 필요가 있었다. 그래서 잡스와 클라우는 제품을 소개하는 식의 광고가 아니라 강력한 브랜드 이미지를 전달하는 캠페인을 만들기로 했다. 즉 애플 컴퓨터의 기능과 장점을 강조하는 것이 아니라 창의적인 사람이 컴퓨터를 이용해 성취해 낼 수 있는 것이 무엇인지 느끼게 해주는 그런 광고 말이다. - 출처: 『스티브 잡스』, 월터 아이작슨 저, 민음사(2015)

이상 설명한 바와 같이 광고 컨셉은 '(광고에서 내세울 만한) 실체가 있고 이를 이야기하는 것(USP)'과 '실체는 딱히 없지만 무언가 그럴듯한 이미지를 만드는 것(브랜드 이미지)'으로 크게 양분할 수 있다. 물론 가장 좋은 것은 경쟁사보다 우월한 실체를 가진 제품을 만들어 확고한 이미지를 부여하는 것이다.

- "광고주 제품에 차별적 우위점이 없기에 광고로 차별화를 만들었고 이를 통해 시장에서 성공시켰다."라는 말로 자기 능력을 과시하고 싶어 하는 광고인들이 종종 있다. 물론 전혀 틀린 말이 아닌 경우도 있지만 그러한 경우에도 이러한 언급은 광고주의 기분을 언짢게 할 수 있다. 한편 어떠한 제품도 실체적 뒷받침이 전혀 없이 이미지만으로 시장에서 성공하는 경우는 드물기에 광고만 가지고 성공했다고 이야기하기도 사실 어렵다.
- '지난 한 해 판매고 1위 달성', '소비자가 가장 사랑하는 제품' 등과 같은 광고문구를 본 적이 있을 것이다. 이는 실체, 이미지 중 어디에 해당하는가? 1위를 한 근거는 무엇인가?

그림 8-6 '국내 판매 1위' 광고문구를 활용한 상품

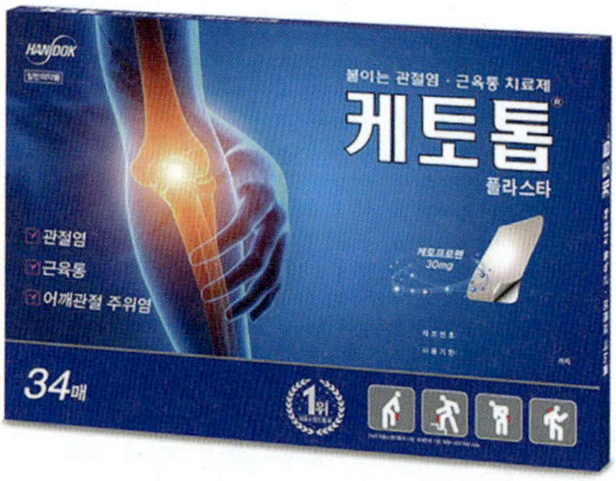

다음에 소개하는 기타 접근법은 앞서 제시한 두 가지 방식과는 다르다. 하지만 어떻게든 서로 연계되기도 한다.

3. 기타 접근법

1) 내재된 드라마(inherent drama)의 발견

Common Touch(서민성, 대중친화성, 평범하고 일상적인 터치)는 Leo Burnett 대행사에서 강조한 접근방식이다. 이 회사의 광고는 일상적인 삶의 모습, 친근한 풍경, 생활의 현장감 등을 기반으로 하고 있다. 즉 제품을 일상생활에 연계시켜 스토리를 부여한다.
Common Touch의 방법으로는 내재된 드라마(inherent drama)가 있다. 이는 제품의 장점을 자연스러우면서도 흥미롭게(또는 극적으로) 전개한다(예: '필스버리 케이크'는 케이크를 먹음직스럽게 광고에 표현할 뿐만 아니라 몇 조각 없어진 것을 보여줌으로써 누군가 벌써 맛있게 먹었다는 것을 연상시켜 그 맛과 인기를 강조한다).

- 어느 제품이든 내재적 드라마를 만들 수 있다. 이것은 제품에 대해 열심히 탐구한다면 항상 발견할 수 있다. 이 내재적 드라마는 당신 제품을 경쟁사와 구별하여 놓게 한다. - Leo Burnett

제품이 일상생활에서 가진 고유한 비밀 또는 드라마를 찾아내고 그것을 있는 그대로(진실되게) 보여주는 것이다. 내재된 드라마를 발견하는 방법 중 하나는 소비자가 제품을 사용함으로써 얻는 핵심 혜택을 찾아보는 것이다. 드라마틱한 표현은 특이하거나 생경하기보다 있는 그대로의 평범함을 흥미롭고 감동적으로 보여주는 것이다.

2) 제품 포지션의 개발

제품 포지션이란 표적고객의 마음속에 제품의 뚜렷한 자리, 즉 경쟁사와 대비되는 어떤 자리를 잡는 것이다.

- 포지셔닝(positioning)이란 소비자 인식(마음) 속에 기업의 제공물(제품, 서비스, 기업 등)의 심리적 자리(position)를 잡는 것을 의미한다. 소비자 마음속에 'A 기업은 B, C, D 기업들에 비해 무언가 다르다', 또는 'a1, a2, a3(A 기업의 개별 제공물)은 B, C, D 기업의 개별 제공물인 b1, b2; c1, c2, c3, c4; d1, d2에 비해 다르다' 식으로 고객들에게 인식시키는 것이다. 만약 기업이 표적고객의 마음속에 지속적 경쟁우위의 위치를 차지한다면 더 나은 마케팅 성과를 거둘 수 있다. 예를 들어 '삼성 갤럭시는 애플 아이폰보다 성능이 뛰어나고 디자인이 우월하지만 가격은 저렴하다'란 생각을 확고히 가진 소비자는 스마트폰을 살 때 주저 없이 삼성 갤럭시를 선택할 가능성이 높다.

포지션에 따라 소비자 행동은 달라지기에 어떠한 위치로 할 것인가에 대한 결정은 중요하다. 소비자 마음속에 광고제품이 자리를 잡는 방법으로는 여러 방안이 거론된다.

1. 제품특성 또는 고객혜택에 의한 포지셔닝
2. 가격과 품질에 의한 포지셔닝
3. 제품의 용도 또는 사용상황에 의한 포지셔닝
4. 제품의 사용자에 의한 브랜드 포지셔닝
5. 경쟁자를 기준으로 한 포지셔닝
6. 경쟁제품군을 기준으로 하는 포지셔닝(제품계층을 활용한 포지셔닝)

- 사용자 기준의 포지셔닝: 2000년대 초반 미국에서의 현대 자동차는 중산층 이하의 사람들이 타는 자동차라는 이미지였기에 현대 자동차를 고급화시키는 데 제약이 되었다. 반면에 터키에서 현대 자동차는 성공한 사람들이 타는 자동차로 포지션되고 있기에 현대 자동차는 선망의 대상이었다.
- 프로야구 10개 구단은 각기 특색이 있는데 이들의 포지셔닝은 현재 어떤가? 사람에 따라 이러한 위치는 어떻게 다르게 인식되는가? 이러한 위치는 어떠한 과정을 거쳐서 마음속에 자리 잡았는가? 참고로 영국의 프로축구팀 맨유는 '그저 축구를 잘하는 팀'이 아니라 '아이들에게 꿈과 희망을 주는 팀, 지구촌 모두가 응원하는 팀'이 되고자 하였기에 세계에서 가장 많은 팬을 보유한 팀이 되었다. 뛰어난 선수를 많이 보유하고 있고, 우승도 많이 한 야구팀보다 롯데 또는 한화에 열성팬이 많은 이유는 팀의 성격 또는 사람들의 마음에 자리 잡은 포지셔닝 때문이기도 하다.

3) 경험적 요소(오락과 정감)의 발견

듀젠베리(Phil Dusenberry)는 크리에이티브 전략의 기본 원리로 '표현의 유연성'과 '컨셉의 새로움'을 주장했다. 그는 광고 컨셉을 도출하기 위해서 제품 그 자체보다는 제품이 제공하는 혜택이나 즐거움, 또는 제품을 사용하는 사람의 느낌이나 경험에 초점을 맞추었다. 예를 들어 제품 사용 경험을 통해 느끼는 즐거움, 활기 또는 편안하고 행복한 마음을 보여주는 것이다.

그림 8-7 운동 경기를 보며 음료를 마시는 장면이 연출된 광고

제품 중심으로 광고 컨셉을 잡으면 유사 경쟁제품과 차별성이 부족한 광고가 만들어진다. 이러한 유사 광고들은 소비자 주의를 끌지 못한다. 그렇지만 제품의 사용을 통해 나타나는 경험, 즉 만족, 즐거움, 편안함, 행복(의 추상적 개념)은 얼마든지 경쟁사와 차별화시킬 수 있다.

경험적 요소의 발견을 위해서는 제품에 대한 소비자 경험을 충실히 이해할 필요가 있다. 소비자 경험으로는 즐거움, 상쾌, 유쾌, 발랄함, 인간적, 온화, 정서적 등이 있다.

이상 광고 컨셉 도출에 도움이 되는 방법들을 소개하였다. 각 방법에 해당하는 대표적 광고캠페인을 생각해보면 이해하는 데 도움이 될 것이다.

- 다양한 광고들의 사례: 흔들리지 않는 침대, 방수기능을 가진 스마트폰(- 고유한 판매제안); 카우보이 이미지를 소구한 말보로(- 브랜드 이미지); 박카스의 힘내라 대한민국, 초코파이의 정(情)(- 내재된 드라마); 7up의 Uncola, 하겐다즈의 고급 아이스크림(- 제품 포지션); 흥겨운 기분 및 장면을 보여주는 코카콜라, 맥도날드(- 경험적 요소) 등.

하나의 제품에 대해 모든 방법을 적용해볼 수도 있다. 예를 들어, 석 달후 출시 예정인 K자동차 회사의 자율주행 자동차(운전자가 차량을 운전하지 않아도 스스로 움직이는 자동차)에 대한 방법별 광고 컨셉을 도출하면 다음과 같다.

- 고유한 판매제안의 발견: 다른 경쟁사의 자율주행 자동차에는 없는 넓은 앞 좌석, 사무용책상 등을 강조. 한국 브랜드의 자동차 중에서는 유일하게 완전 자율주행시스템을 제공함을 강조. 사고 시 최적화된 에어백 보호 장치 가동 강조.
- 브랜드 이미지의 창조: 안전성을 강조하면서 당신의 경호원이 되어준다는 이미지. 노인과 신체적 어려움이 있는 사람들 모두에게 편안함을 제공하는 친숙하고 따뜻한 이미지. 운전자 마음을 가장 잘 아는 친구라는 이미지.
- 내재된 드라마의 발견: 운전 중 갑자기 아기가 깨서 울자 엄마(운전자)가 핸들을 놓고 아기를 달래주는 이야기. 퇴근 후 피곤한 남자가 차를 끌로 부모님을 만나러 본가로 가는 동안 잠을 자며 피로도 회복하여 기분 좋게 부모님 얼굴을 뵌다는 온화한 스토리. 공부하느라 바쁜 자녀를 학교나 학원에 데려다 주면서 자율주행 기능을 사용해서 조수석에 있는 자녀와 얼굴을 보면서 이야기하는 장면. 일상생활 속에서 자율주행이란 기술이 없었다면 벌어질 수 있었을 사고들을 짧은 에피소드들로 보여줌.
- 제품 포지션의 개발: 다른 자동차보다 훨씬 좋은 기능을 내재하고 있음을 소구. '세련된 사람, 앞서가는 사람'이 타는 자동차라는 점을 소구. 외국 자동차보다 저렴하고 편리한 애프터 서비스 시스템을 소구.
- 경험적 요소: 피곤한 하루를 보낸 뒤 자율주행 자동차를 타고 집으로 귀가하면서 '피곤하고 힘든 운전'을 하는 것이 아닌 '음악을 듣고 게임을 할 수 있는 즐거운 자유시간'을 누림으로써 얻는 긍정적 요소와 감정들을 묘사. 차에만 타면 우는 아이가 자율주행 기능을 활용하여 너무나도 안정적으로 운전이 되는 탓에 자신이 차에 탄 줄도 모르고 엄마와 아빠를 보며 웃는 행복한 장면을 묘사. 자율주행 기능을 활용하여 차에서 셀카를 찍어 SNS에 올리는 탑승자들의 즐겁고 유쾌한 모습을 묘사.

광고 컨셉의 도출방법들은 서로 연관성이 있다. 예를 들어 고유한 판매제안은 제품 포지션 또는 브랜드 이미지로 전환될 수 있다(예: 샘소나이트의 튼튼하고 가볍다는 속성의 USP는 추후 브랜드 이미지로 형상화될 수 있음). 또한 제품 속의 내재된 드라마를 통해 브랜드 이미지를 구축하는 경우도 있다(예: 박카스는 내재된 드라마를 통해 사람들의 감성을 움직임으로써 마음까지 위로해주는 피로회복제라는 브랜드 이미지를 갖게 됨).

여러 노력을 다 했음에도 불구하고 광고 컨셉의 도출이 정말 힘든 제품도 있기 마련이다(예: 유사한 실체와 이미지를 가진 대학교 광고). 그렇지만 해당 제품에 대해 쏟는 애정과 열정이 있으면 언젠가는 좋은 컨셉이 모습을 드러내기 마련이다. 어떤 사람이건 찬찬히 들여다보면 그 사람만의 매력이 보이듯이 제품도 마찬가지이다. 숨겨진 매력을 잘 찾아내는 사람이 유능한 광고인이다.

광고 컨셉의 선정 그리고 다음에 설명할 크리에이티브 아이디어의 개발은 광고 대상이 되는 제품의 특성, 표적청중의 성향, 경쟁사 광고 등을 종합적으로 고려해야 한다.

- 자질구레한 설명을 하지 않아도 서로 이해하는 단계가 사람 간의 가장 밀접한 관계라고 한다. 이러한 밀접한 관계는 그간의 공유 경험, 시간, 신뢰 등을 바탕으로 형성된다. 공고한 관계를 소비자와 구축한 브랜드는 광고에서 '아무 설명 없이 브랜드만 보여줘도' 의사소통 효과를 충분히 거둔다. 이러한 경지에 다다른 브랜드로는 어떠한 것들이 있을까? 맥도날드, 애플, 스타벅스, 나이키, 디즈니 등을 떠올릴 수 있다. 그 밖의 다른 브랜드로는 어떤 것들이 있을지 생각해보기 바란다.

CHAPTER 9

광고 컨셉의 표현 (크리에이티브 아이디어)

Ⅰ. 크리에이티브 아이디어에 대한 개관

Ⅱ. 메시지의 소구 유형

Ⅲ. 메시지의 구조

Ⅳ. 메시지의 전달자: 광고모델의 효과

Ⅴ. 일관성, 지속성 그리고 상황에 따른 적합성과 융통성을 생명으로 하는 광고캠페인

들어가기 전에

광고제작물의 기본 방향(광고 컨셉)이 결정되었으면, 이제 그것을 어떻게 표현할 것인가에 대한 아이디어를 개발해야 한다. 결정된 그 무엇(광고 컨셉)을 '어떻게 표현(how to say in advertising, 표현 아이디어)'하는가에 따라 소비자에게 미치는 메시지 효과는 달라진다.

그림 9-1 광고 컨셉과 크리에이티브 아이디어의 관계

광고 컨셉
무엇을 말할 것인가
(what to say in advertising)
– message strategy

→

크리에이티브 아이디어
어떻게 말할 것인가
(how to say in advertising)
– creative strategy

- '기존의 진통제보다 2배 빠른 약효'를 광고 컨셉으로 결정했다면, 이를 어떻게 표현할지에 대한 것이 크리에이티브 아이디어이다. 다양한 표현 아이디어 적용이 가능하다: 약효가 빠른 이유(예: 새로운 성분의 추가, 체내 흡수율 개선)를 객관적으로 증명하는 방법; 경쟁제품과의 약효 발생 시간 비교; 고통이 빠르게 사라지는 소비자의 환한 얼굴 표현 등.
- 자녀가 공부를 소홀히 하면 부모는 '공부를 열심히 하라'는 말을 하겠다고 다짐한다(광고 컨셉). 그런 다음 이를 어떻게 표현할지 고민한다. 여러 아이디어가 가능하다: 야단을 친다, 침묵으로 화났음을 표시한다, 눈물로 호소한다, 성적 향상에 따른 선물을 약속한다 등.

다음과 같은 광고 컨셉을 결정했다고 가정하자. 컨셉을 어떻게 표현하면 좋을지 생각해보기를 권한다.

표 9-1 광고 컨셉과 이에 관련한 크리에이티브 아이디어

제품 및 서비스	광고 컨셉(예: 제품 경쟁력 중심)
전기 자동차의 배터리	기존 배터리보다 3배 오래 가는 용량; 배터리 교체 시간의 단축 등
맥주	맛은 동일하지만 알코올 함량이 40% 수준으로 낮음; 신선한 백두산 물을 사용 등
샴푸	탈모 억제 효과; 샴푸만으로 염색 가능; 새로운 향기 등

I 크리에이티브 아이디어에 대한 개관

- 문장이란 것은 '자, 이제 쓰자'고 해서 마음대로 써지는 게 아니다. 우선 '무엇을 쓸 것인가' 하는 내용이 필요하고(- 광고 컨셉에 해당), '어떤 식으로 쓸 것인가' 하는 스타일(- 크리에이티브 아이디어에 해당)이 필요하다. – 출처: 『밸런타인데이의 무말랭이』 - 〈문장을 쓰는 법〉, 무라카미 하루키 저, 문학동네(2012)

1. 크리에이티브 아이디어의 개념 및 중요성

1) 개념

크리에이티브란 용어는 제작 또는 창작(創作)이란 뜻으로, 광고에서는 '광고 컨셉을 광고물로 생성하는 표현 방식'을 의미한다. 개념적으로 이미 결정된 말하고자 하는 무엇(즉 광고 컨셉, 추상적 관점)을 실제로 어떻게 표현(구체적 관점)하는가이다. 하나의 광고 컨셉은 다수의 방식으로 표현할 수 있기에 크리에이티브 아이디어는 무궁무진하다.

그림 9-2 광고 컨셉, 크리에이티브 아이디어 간의 개념적 도식

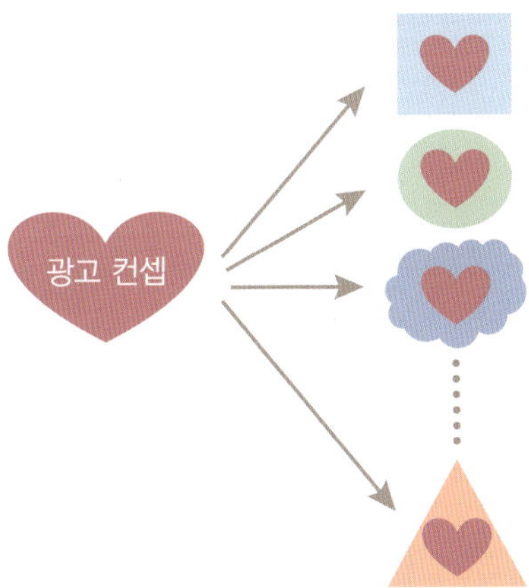

* 광고 컨셉은 동일(♡)하지만 표현 방식(□ ○ △)에 따라 다양한 차이가 있다.

- 보험회사의 광고 컨셉은 '위험으로부터의 안전, 안심, 보장'이다. '안전'(광고 컨셉)이란 추상적 개념은 다양한 구체적 상징물을 통해 표현할 수 있다. 예: 우산, 담요, 바위, 도움을 주는 손, 믿을 만한 친구 등.

- 다음 제품들의 광고 컨셉은 어떠한 크리에이티브 아이디어 적용이 가능한가? - 전문레스토랑 음식에 견줄 만큼 맛을 개선한 냉동식품; 화질이 기존 제품에 비해 3배 선명한 TV; 맛은 동일하지만 칼로리를 대폭 줄인 초콜릿; 디자인을 혁신적으로 바꾼 신형 자동차; 찻잎을 소재로 한 향수; 찌든 때를 말끔히 없애주는 변기청소제; 인쇄속도가 2배 빨라진 사무용 프린터; 방수 기능이 새롭게 추가된 스마트폰; 음질이 대폭 향상된 이어폰; 10초 만에 조리가 되는 컵라면 등.
- 상대방을 '즐겁게 하는 것'이 목적이라면(- 광고 컨셉) 이를 달성하기 위한 표현 수단은 매우 다양하다: 상대방이 즐거움을 느끼는 말, 문자, 노래, 춤, 그림, 선물 등.

2) 크리에이티브 아이디어의 중요성

광고 컨셉이 '무엇'에 해당한다면 표현(크리에이티브) 아이디어는 '어떻게'에 해당한다. '무엇을 말할 것인가'의 결정도 중요하지만 (무엇을) '어떻게 표현하는가' 하는 크리에이티브 아이디어도 중요하다. 표현 아이디어의 호불호에 따라 메시지 효과는 달라지기 때문이다.

- 우리 속담에 '아' 다르고 '어' 다르다는 말이 있듯이 동일한 의미의 말이라도 이를 어떻게 표현하는가에 따라 의사소통의 결과는 완전히 달라진다.
- 요조숙녀(窈窕淑女)란 말은 중국 최초의 시가집 [詩經]에 나온다. 여기서 '요조'는 내적 아름다움과 외적 아름다움을 겸비한 숙녀라는 뜻이다. 옛날부터도 겉과 속의 아름다움을 겸비한 여성이 높게 평가받았다. 내용(속)과 형식(겉)의 균형은 인간뿐 아니라 문학 등 모든 분야에서 중요시된다. 광고도 마찬가지이다. 내용만 지나치게 강조하면 볼품이 없어지고, 형식만 지나치게 강조하면 알맹이 없이 겉치레만 요란하다. 무엇을 말할지(what to say)에 대한 것도 중요하지만 이를 어떻게 말할지(how to say)에 대한 것도 중요하다. 양자가 모두 좋을 때 최선의 마케팅 커뮤니케이션 효과를 거둘 수 있다.

궁사(弓師)가 사슴을 잡기 위해서는 일단 사슴이 있는 방향을 올바로 파악해야 한다. 그렇지만 방향이 올바르다고 해서 사슴을 잡을 수 있는 것은 아니다. 화살의 힘이 충분히 세야 한다. '올바른 방향'이 광고 컨셉이라면 '화살의 힘'은 크리에이티브 아이디어이다.
소비자는 광고물을 보고 마음이 움직인다. 광고물에는 광고 컨셉, 크리에이티브 아이디어가 모두 담겨 있다. 광고 컨셉, 크리에이티브 아이디어 모두 좋아야 하는 것이 당연하다. 그렇지만 굳이 우열을 가린다면 말하는 내용(광고 컨셉)이 말하는 방법(크리에이티브 아이디어)보다 훨씬 중요하다.

- 광고를 보다 보면 무척 어설프고 촌스럽지만 구매에 많은 영향을 미치는 광고물이 있다. 이에 비해 광고물은 화려하고 예술적이지만 무슨 말을 하는지 도저히 모르겠고 기억 및 행동에 전혀 영향을 미치지 않는 것도 있다. 화려하지 않더라도 구매에 영향을 미치는 광고가 성공한 광고이다.

- 소비자 마음을 움직이지 않는 광고는 죽은 광고다. 사람들은 광고를 보면 즉각 '나에게 물건을 팔려고 하는구나.'라고 경계를 가지고 이를 접하게 된다. 광고는 자연스럽게 공유되면서 확산돼야 한다. 정보전달력이 강하고 소비자 마음을 훔치는 광고가 진짜 광고다. – 미국 펜실베이니아대 와튼스쿨의 Jonah Berger 교수(Entrepreneur Magazine).

2. 크리에이티브 아이디어의 창출

좋은 광고물은 시장에 강력한 영향을 미친다. 사실 광고만으로도 드라마틱하게 시장을 움직인 경우는 적지 않다.

- 1990년대, '밀키스'(음료수 주윤발 모델), '투유' 초콜릿(장국영 모델)은 광고의 덕을 톡톡히 보았다. 광고가 붐을 일으킬 당시, 여자 고등학교 매점에서 이 제품을 찾아보기 어려울 정도로 불티나게 팔렸다. 또한 1990년대 초반 '지하 150m 천연 암반수의 물'을 강조한 광고를 통해 시장의 판도를 바꾼 하이트 맥주 역시 광고의 덕을 톡톡히 보았다.

광고 역사에 길이 남길 작품을 만들고 싶은 욕망은 광고인이면 누구나 가지고 있다. 그런데 이러한 광고물을 제작하려면 아이디어가 창의적이어야 한다. 창의성이 중요하다는 것은 누구나 알고 있지만 기발한 아이디어를 생각해내는 것은 그리 쉽지 않다.

- 에디슨은 "천재는 99%의 노력과 1%의 영감으로 만들어진다."고 하였다. 그런데 이 말을 한 에디슨의 진의는 "만약 1%의 천재적 영감이 없다면 99%에 달하는 노력은 쓸모가 없게 된다."는 것이다.

아이디어의 창출에 대한 몇 가지 내용을 제시하면 다음과 같다.

첫째, 훌륭한 아이디어를 산출하기 위해서는 아이디어의 질적 수준도 중요하지만, 이에 못지않게 양적으로도 충분한 확보가 중요하다.

둘째, 여러 대안에 대한 통합적 사고(integrative thinking)가 필요하다. 보통은 추출된 몇 가지 대안 가운데 가장 좋은 하나를 선택하고 말 뿐이다. 그러나 이보다 더 중요한 것은 이러한 대안들 모두를 통합적으로 사고함으로써 그전에 생각 못한 새로운 융합적 대안을 창출하는 것이다.

예를 들어 공터에 식당을 지을 때, '저렴한 음식을 파는 대중식당'으로 할 것인지 아니면 '매우 값비싼 음식을 파는 럭셔리 식당'으로 할 것인지의 2가지 대안을 두고 고민할 수 있다. 이러한 상황에서는 대안별 장단점을 고려해서 최선의 대안을 선택한다.

그러나 통합적 사고능력을 가진 의사결정자는 이 대안을 통합해서 새로운 해답을 찾아낸다(예: 1층 - 대중식당 & 2층 - 고급식당, 시설 변경이 자유로운 조립식 식당 등). 어설픈 하나의 답을 선택하는 것이 아니라 통합적 사고를 통해 문제의 핵심을 발견한다. 대안을 통합적으로 사고함으로써 그전에 개별적으로만 봤을 때 생각하지 못했던 새로운 대안을 창출하는 것이다. 이를 위해서는 어떤 문제이든지 '좀 더 나은 답'은 반드시 어딘가 존재한다는 가능성을 열어두어야 한다.

- 올바른 의사결정의 기반이 되는 폭넓은 이해는 여러 의견이 충돌하는 과정에서 그리고 서로 모순되는 대안에 대한 진지한 고려에서 성장한다. – Peter Drucker

셋째, 새롭거나 낯선 것에 대해 열린 마음을 가진다. 기존 사고의 틀을 뛰어넘어야 그전에 보지 못한 신선한 대안을 발견할 수 있다. 과감하고 엉뚱한 생각을 시도하는 것도 하나의 방법이다.

- 1962년, 미국의 케네디 대통령은 10년 안에 사람을 달에 착륙시키겠다는 야심 찬 계획을 발표했다. 당시 기술로 10년 안에 유인우주선을 달에 보내는 것은 불가능했다. 불가능해 보이는 것을 실현시키기 위해 로켓과학자들은 사고방식을 완전히 바꿨다. 미국이 1969년 유인우주선 아폴로11호를 달에 착륙시키는 데 성공한 것은 NASA 로켓과학자들의 'moon shot thinking' 덕분이었다. 즉 도무지 불가능해 보이는 것을 꿈꾸고 이뤄내는 것이 'moon shot thinking'이다.
- 연장통에 망치만 갖고 있는 사람에게는 모든 문제가 못으로 보인다. – Abraham Maslow
- Discovery consists of seeing what everybody has seen – and thinking what nobody has thought. – Albert Szent-Gyorgi
- If you always do what you always did, you will always get what you always got. – Albert Einstein

넷째, 때로는 대범한 결정과 집행을 한다. 회의를 하다 보면 창의적 아이디어가 선택되지 않고 흐지부지 묻히는 경우가 있다. 창의적 생각이 부족한 게 아니라 망설임과 주저함 속에서 버려지는 것이다.

- CEO는 최고경영자이면서 최후의 결정권자이다. 경우에 따라서는 결재를 독재적으로 해야만 돈 버는 경영을 할 수 있다. 다수결 원칙은 최상의 합의제도이기도 하지만 최악의 합의제도이기도 하다. (특히 광고의 입장에서) 여러 사람의 의견을 골고루 듣거나 다수에 의한 방법을 취한다면 최악의 잡동사니 전략으로 전락하기 때문이다. – 이영희(전 금강기획 사장)

다섯째, 참신한 요소를 투입한다. 그 나물에 그 밥이면 전혀 새로운 음식이 나오기 어렵다. 참신한 요소로는 새로운 사람, 소재, 경험, 분위기, 주제 등이 있다. 많은 사람들을 참여시키고 그들이 활발히 의견 낼 수 있는 분위기를 조성해야 한다.

- 창의성이 뛰어난 사람들을 가능한 많이 확보하고 이들을 한 자리에 모으는 것은 중요하다. 물론 한 자리에 모았다고 해서 저절로 좋은 생각을 얻게 되는 것은 아니다. 자유롭고 충분한 발언권을 주고, 그들의 생각이 존중받는 느낌을 주어야 한다. 그러한 회의 여건이나 분위기를 만들지 못한다면 좋은 사람들의 재능은 안 쓰고 버려지는 고급 요리재료와 다를 바 없다.
- 광고 내용을 짤 때는 여러 사람에게 조언을 구하라. 의도가 좋더라도 오해를 살 수 있는 지점이 있다면 없애야 한다. – Mark Penn(마케팅 그룹 stagwell 회장 겸 CEO)
- 현명한 사람은 복잡한 문제를 단순하게 만들지만, 바보는 간단한 문제를 복잡하게 만든다.
  – Gerald W. Grumet

여섯째, 소비자 심리 및 태도에 대한 이해가 중요하다. 광고를 제작하기 위해선 인간 심리 및 행동에 대한 이해가 바탕이 되어야 한다.

- 스포츠 심리의 예: 스포츠 경기에 있어서 앞서 가는 선수는 초조하지만 뒤에서 쫓아가는 선수는 그렇지 않다. 앞선 선수는 초조하기에 실수가 발생한다. 이에 비해 뒤에서 쫓아가는 선수는 초조한 마음이 없기에 대담한 것도 시도한다.

소비자 심리 및 태도는 17장에서 다룬다.

3. 크리에이티브 아이디어의 구조적 분석

크리에이티브 아이디어는 다양하다. 이는 표현방식이 무수히 많기 때문이다. 무수하게 많을수록 이를 체계적으로 분류할 필요가 있다. 체계적 분류를 통해 크리에이티브의 관리는 좀 더 효율적으로 진행된다.

크리에이티브 아이디어는 다음의 차원들로 분류할 수 있다: 메시지의 소구 유형, 메시지의 (논리) 구조, 메시지의 전달자(메시지 원천, 광고모델) 등.

하나의 광고 컨셉으로부터 무수한 크리에이티브 아이디어가 나타날 수 있다. 한편 이러한 아이디어는 몇 가지 차원으로 나누어 살펴볼 수 있다. 대표적 차원으로 소구 유형, 메시지 구조, 광고모델이 있다.

그림 9-3 크리에이티브 아이디어의 분류

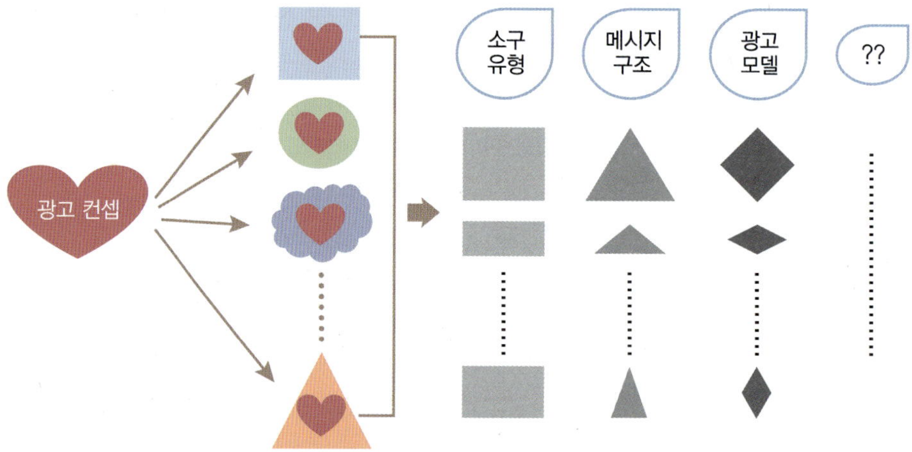

소구 유형, 메시지 구조, 광고모델의 조합 방식에 따라 여러 광고물이 창출되고 그에 따른 광고효과 역시 다르다. 다음으로는 이들 내용을 상세히 살펴본다.

- 모든 사람의 끝은 같습니다. 그 사람이 어떻게 살았고, 어떻게 죽었는지 그 디테일이 사람을 구분합니다. – Ernest Hemingway

표 9-2 소구 유형, 메시지 구조, 광고모델의 다양한 조합

차원의 유형 / 차원의 수준	소구 유형(x개)	메시지 구조(y개)	광고모델(z개)	다양한 합성
다양한 수준들	1 2 : x	1 2 : y	1 2 : z	xyz개 가능

Ⅱ 메시지의 소구 유형

광고 메시지의 소구 유형(appeal type)은 여러 기준으로 분류할 수 있다. 여기서는 소비자 구매동기를 기준으로 한 이성적, 감성적으로 구분한다.

제품의 구매 동기에 따라 광고를 통해 공략할 사람의 마음은 달라진다. 이성적(합리적) 동기의 구매는 이성적 소구(rational appeals)를 한다. 이에 비해 감성적(정서적, 쾌락적) 동기의 구매는 감성적 소구(emotional appeals)가 적절하다.

- 이성적 동기의 경우에는 사람의 합리적 인지 부분을 공략한다. 이성적 소구에서는 주로 제품의 객관적, 이성적 정보(예: 품질, 성능, 가격)를 전달한다.
- 감성적 동기의 경우에는 사람의 감정 부분에 호소한다. 감성적 소구에서는 주로 제품의 이미지, 주관적 감성(예: 개성, 희망, 공포, 행복 등)의 전달을 통해 감정 전이가 일어나게 한다.

제품에 따라 이성적, 감성적 구매동기가 기계적으로 결정되는 것은 아니다. 물론 어떤 하나의 성격이 좀 더 강하고 비중이 크다는 특성은 있지만, 사실 제품은 이성적, 감성적 구매동기가 모두 있기에 이성적 소구, 감성적 소구 모두가 가능하다(예: 코로나19 마스크).

- 동일 메시지(광고 컨셉)를 이성적으로도 또 감성적으로도 풀 수 있다. 예를 들어 부모님께 '용돈을 올려달라'는 메시지를 이성적으로 소구한다면, 한 달 동안의 사용처 내력 및 소요 비용 추산표, 최근의 물가 흐름, 주변 친구들의 씀씀이 등의 객관적 자료를 제시하면서 설득하는 것이다. 이에 비해 감성적으로 접근한다면, 해진 옷, 낡은 가방, 불쌍한 얼굴 표정, 처량한 식사 사진 등을 보이면서 감성을 자극하는 것이다.

실제 광고물에서는 이성 또는 감성 중 한 가지만 단독으로 사용하는 경우는 드물다. 하나의 비중이 비록 크지만 다른 요소도 조화롭게 함께 사용된다. 좋은 광고물일수록 이성적, 감성적 소구가 하나의 광고에 자연스럽게 녹아 있다.

- 이성적 소구가 적합한 자동차 광고에 있어서도 기술, 성능의 우월성을 감성 포장으로 덧씌우는 경우가 많다(예: 자동차의 충돌방지 시스템(첨단 기능)을 딸의 성장과정과 함께 정서적으로 풀어낸 광고물).
- 건강을 위한 음식도 그것을 보기 좋게 하거나 먹는 환경을 즐겁게 한다면 훨씬 잘 먹힌다. 즐거움을 위해 먹는 음식에 몸에 좋은 성분을 가미해도 사람들은 이를 좀 더 찾을 것이다. 이와 같이 유용성과 쾌락성은 공존하며 상호보완성이 있다. 유용성 강한 제품(약, 자동차, 볼펜, 아파트), 쾌락성 강한 제품(청량음료, 스낵, 화장품, 담배)이라도 어느 한 면만 소구하지 않는다.

이제 소구 유형별로 어떤 방식들이 있는지를 살펴보자. 이에 앞서 몇 가지 유의점을 열거하면 다음과 같다.

첫째, 소구 유형에 대해 경직된 사고를 가질 필요는 없다. 이성, 감성의 분류를 중심으로 설명하지만 이러한 틀에 구애받아서는 안 된다. 소구 유형은 무척 다양하고(이성적, 감성적 소구에 속하지 않는 차원도 존재 - 예: 권위적 소구, 도덕적 소구), 어떤 한 영역으로 명확히 구분되기 어려운 것도 많다.

둘째, 소구 유형의 다양한 방식을 알고 있어야 한다. 여러 방식에 대한 지식은 크리에이티브 아이디어를 폭넓게 도출하는 데 도움이 된다.

셋째, 소구 방식에 대한 해답은 소비자가 가지고 있다. 최선의 소구 방식은 소비자에 대한 이해를 바탕으로 도출된다. 소비자들이 제품, 서비스를 구매하는 것은 자신의 문제(예: 변비, 탈모, 요통, 소음 등) 해결을 위해 또는 욕구(예: 기쁨, 행복, 우월감 등) 충족을 위한 것이다. 소비자의 주된 제품구매 이유는 어떤 소구 방식을 선택할지에 대한 실마리를 제공한다.

- 즐거움과 행복을 누리려고 가는 놀이공원의 경우에는 이와 연관된 감성적 소구가 적절하다. 그래서 놀이공원 입장료의 저렴함을 강조하는 이성적 소구는 소비자에게 와닿지 않을 것이다. 이에 비해 빠른 약효, 선명한 화질, 안전한 자동차 등을 원하는 소비자에게는 이와 연관된 이성적 소구가 바람직하다. 성능과 무관한 감성적 소구로는 소비자가 움직이지 않는다.

1. 이성적 소구의 유형

이성적 소구(rational appeals)는 소비자에게 이성적, 합리적 판단의 근거(예: 품질, 성능, 경제성(가격), 편리성 등)를 객관적으로 광고에 제시함으로써, 그러한 점에 경쟁력을 가진 자사제품을 선택하게 하는 것이다. 제품 속성을 전달한다는 점에서 정보광고(information ad)의 성격이 강하다. 경쟁제품에 대비되는 객관적 차별화가 용이한 경우(예: 건전지, 약), 또는 소비자 관여도가 높아서 많은 정보를 필요로 하는 제품(예: 노트북PC)에 많이 사용한다.

이성적 소구 유형으로는 비교 광고, 증언 광고, 직접적 표현 광고, 암시적 표현 광고, 문제해결형 표현 광고(생활단편형 표현), 설명형 표현 광고 등이 있다.

1) 비교 광고

비교 광고란 자사와 경쟁 브랜드를 직접적으로 혹은 간접적으로 거명하고, 몇 개의 중요 제품 속성과 비교하면서 차이를 보여주는 광고이다.

- 예: 경쟁사보다 더 오래가는 건전지, 약효가 더 빠르게 나타나는 진통제, 더 선명한 TV 화질, 찌든 때가 남지 않는 세탁세제 등.
- 1987년 창립된 파스퇴르 우유는 '진짜 우유 탄생'이라는 공격적 광고로 시장에서 성공을 거두었다. 당시 우리나라에서 비교 광고는 허용되지 않았지만, 파스퇴르 우유는 간접적, 시사적으로 기존 우유와의 차별점을 부각시켰다.

비교 광고는 다음과 같은 특성이 있다.

첫째, 상위권 브랜드 간 비교 광고가 많은 편이다(예: 코카콜라와 펩시콜라, 맥도날드와 버거킹, 삼성 갤럭시와 애플 아이폰). 이에 비해 하위 브랜드 간의 비교(예를 들어 업계 7위와 8위 간의 비교 광고)는 그리 소비자들의 주목을 끌지 못한다. 한편 상위권 간의 비교 광고는 서로에게 도움이 된다. 하위권에 있는 여타 브랜드는 논외거리로 만드는 효과가 있기에 상위권 브랜드들만이 시장을 확고히 장악하는 효과를 가져온다.

둘째, 시장점유율이 낮은 브랜드, 신규 브랜드에서 비교 광고를 채택하는 편이다. 또한 후발브랜드가 이미 자리 잡고 있는 선도 브랜드를 공격할 때도 효과적이다. 이 경우 양면적 메시지는 소비자에게 신뢰감을 주기에 일면적 메시지보다 효과적이다. 한편 도전을 받는 시장 선도 브랜드는 이러한 비교 광고에 맞대응하기보다는 무시하는 전략을 주로 사용한다. 맞대응을 하면 '도전자로부터 위협을 느끼고 있구나'라고 시장은 해석하기 때문이다.

참고로 시장을 장악한 선도기업은 언젠가는 후발경쟁사가 나타나서 비교 광고를 할 것을 예상해야 한다. 또한 이들의 공격을 받기에 앞서 행동을 미리 취해 두는 것이 바람직하다. '면역형 광고(inoculative advertising)'가 여기에 해당한다. 이는 선제적으로 예방접종효과(inoculation effect)를 얻는 방법이다.

면역형 광고란 후발경쟁사의 설득 메시지에 저항할 능력을 소비자에게 미리 키워 놓는 광고이다. 이것은 다음 항에서 설명하는 양면적 메시지와도 연관된다. 즉 자사 제품의 부정적인 면을 미리 제시하고 이에 대한 '설득력 있는 반박소구를 미리 소비자에게 심어 놓는 것'이다. 다시 말해 자사제품의 부정적 측면과 연관된 경쟁사의 공격 포인트를 미리 예상하고 이에 대한 합리적 반박을 미리 소비자에게 알려두는 것이다.

- "다른 자동차 보험회사가 당신의 보험료를 크게 절약할 수 있다고 이야기할 것입니다. 여기에 현혹되지 마시길 바랍니다. 보험료는 다소 줄어들지 모르겠지만, 지금 여러분이 받고 있는 엄청난 혜택(예: 신속한 대응, 더 풍부한 서비스)이 줄어들 수 있습니다." 이렇게 미리 면역 주사를 놓으면, 추후 경쟁사가 저렴한 보험료를 무기로 비교 광고를 해도 설득력이 감소된다.
- 정치인들은 상대 후보로부터 자신의 약점을 공격받은 다음에 이에 대한 방어를 하면 늦는다고 생각한다. 경우에 따라서는 자신의 약점, 문제점을 선제적으로 솔직히 이야기하고 이에 대한 설득력 있는 방어막을 치는 것이 경쟁 후보의 공격을 무력화시키기도 한다. 면역이 없는 상태에서 경쟁 후보가 먼저 이를 터뜨린 다음에 부라부랴 변명, 수습하는 것은 좋은 방책이 아니다.
- 반박적 소구는 양면적 메시지의 특수 형태로 보기도 한다. 경쟁사의 가능한 공격(즉 자사제품에 대한 부정적 측면)을 먼저 제시한 후, 이에 대한 합리적 반박을 해두는 것이다. 이는 표적청중에게 단

점을 이야기함으로써 솔직히 인정한다는 긍정적 자세를 보여줌과 동시에 이에 대한 적극적이고 논리적 반박을 먼저 제시함으로써 경쟁사의 추후 주장을 무력화시킨다.

2) 증언 광고

증언 광고(testimonial advertising)는 일반인 또는 유명인을 모델로 등장시켜 제품의 장점을 언급하는 것이다. 증언 광고는 일상생활에서의 구전(words of mouth) 효과를 광고에서 응용한 것이다.

- 유명 식당의 주방장들이 추천하는 조미료; 유명 헤어디자이너들이 여러 명 나와서 좋다고 언급하는 염색제; 일반인(노인)이 사용해보고 추천하는 성인용 기저귀 등.

증언자로 어떤 사람이 나오는지, 어떠한 말을 하는지 등은 증언 광고의 효과에 영향을 미친다. 따라서 적절한 증언자의 선정과 증언자 특성에 어울리는 말을 하는 것이 중요하다.
첫째, 제품과 모델(증언자)과의 적합성이 있어야 한다. 예를 들어 주방용 세제는 가정주부가 적절하고, 치약은 치과의사가 적절하다.
둘째, 광고모델(증언자)의 역할이 큰 광고 형태이므로 모델이 지닌 신뢰도, 매력도, 권위 등의 속성을 고려한다.

3) 직접적 표현 광고(실연(實演), demonstration)

제품이 지닌 특장점을 있는 그대로 표현 또는 부각시켜 전달하는 것이다. 즉 소비자에게 제품 사용을 통해 얻는 혜택을 사실적으로 묘사한다. 직접적 표현을 위해 실연(實演)을 주로 한다.

- 실연의 예: '주방세제'가 기름진 오물을 깨끗하면서도 쉽게 제거하는 모습을 보여줌; 계란후라이가 '특수처리 된 프라이팬'에 눌러 붙지 않음을 보여줌; 자동차 충돌 모습을 통해 '여행용 가방'의 단단함을 보여줌.

제품의 강점을 직접적으로 표현하기 어려울 때는 암시적 표현 광고를 사용한다. 제품의 강점이 추상적이거나(예: 서비스), 방대하거나 또는 사회적으로 표현이 금기시되는 경우에 암시적 표현을 사용한다.

- 생중계를 보지 못한 어떤 야구팀의 열렬한 팬이 밤 늦은 시간에 녹화된 게임을 보고자 했다. 이를 시청하기 전에 연로하신 어머니께 문안 전화를 하면서, "그런데 어머니, 오늘 했던 야구 경기를 이제 보려 하니까 경기 결과를 알고 계시더라도 말씀해주지 마세요."라고 하였다. 잠시 침묵이 흐른 후 어머니는 "그래 알았다. 하지만 알게 되면 넌 실망할 거다."라고 말씀하셨다.

제품의 객관적 강점을 연상 요소를 활용하여 간접적, 암시적으로 전달하기도 한다. 이를 위해 제품 강점과 직관적으로(또는 자연스럽게) 연결되는 상징물을 활용하기도 한다. 보험회사는 광범위한 안전 보장의 혜택을 표현하기 위해 우산, 담요, 바위, 친한 친구 등의 상징물을 활용한다.

4) 문제해결형 표현 광고(생활단편형 표현)

직접적 표현 광고와 유사하다. 다만 문제해결형 표현 광고는 제품의 사용 상황과 맥락을 함께 보여준다는 특징이 있다. 즉 문제 상황에서 자사 제품을 통한 해결의 장면을 자연스럽게 보여준다. 주로 일상 속에서 어떤 문제에 봉착하는 생활의 단편(slice of life)을 보여준다.

흔히 이 방식은 옴니버스 형식을 띠기도 한다. 같은 주제나 스타일을 가지되 에피소드를 달리하는 단편을 모은 것이 옴니버스다. 광고에서 하나의 중심 주제를 가지고 다양한 생활상 에피소드를 만드는 것이다. 보통 옴니버스 광고는 한 편씩 시기를 두고서 순차 방영되기도 하지만 여러 편을 하루에 집중적으로 방영하기도 한다.

5) 설명형 표현 광고

이 방법은 광고 컨셉을 이야기하듯이 표현하는 것이다(narrative form). 연구결과, 소비자들은 건조한 정보 전달 방식보다는 흥미로운 이야기 방식의 광고를 좀 더 호의적으로 평가하는 것으로 나타났다. 또한 이야기 방식은 부정적 사고를 억제하고 선호도 및 구매의향을 높이는 데 효과가 있는 것으로 나타났다.

설명형 표현 방식을 광고에서 사용해야만 하는 경우도 적지 않다. 예를 들어 장(臟)까지 살아가는 유산균(또는 변비를 해결하는 약품)을 실연으로 보여주기는 어렵다. 따라서 이를 인체 모형, 만화, 상징물 등을 동원하여 약효를 이야기하듯이 설명한다. 설명형 표현 광고가 효과를 거두려면 설명이 필요한 부분, 설명의 순서, 설명을 위한 도구 선택 등이 중요하다.

- 뉴스는 본질적으로 설명형 표현 형식이다. 단순한 정보 전달보다는 그림, 만화, 모형물, CG, 자료사진 등을 이용하여 시청자에게 이야기하듯이 설명한다. 그래서 어렵고 복잡한 경제, 의학적 내용도 일반인은 흥미를 가지고 쉽게 이해한다.

설명형 표현 방식을 어떤 흥미로운 스토리에 녹여 담으면 이는 '스토리텔링 마케팅'이 된다.

- 스토리텔링 형식의 예: '바디프랜드'의 의자왕과 삼천연구원, 장윤정의 치아보험 광고(노래교실 편, 개화기 편, 외국 편 등). 한편 스토리텔링 광고를 보는 소비자는 스토리를 이해하는 동안에 머릿속으로 연상 작용을 해보고, 제시된 상황으로 몰입과 공감을 하는 과정을 거치는데(스토리에 대한 공감 및 연상 과정) 이를 transportation이라고 개념 정의한다.

동일한 광고 컨셉(예: 흉터를 최소화하는 상처치료제)을 앞서 소개한 다양한 소구 방식별로 만들면 다음과 같다.

1. **비교 광고**: 경쟁제품보다 더 좋은 약제 성분이 들어갔다, 치료 후 흉터가 더 작아졌다 등.
2. **증언 광고**: 아이들 상처 치료에 사용해본 엄마들이 증언자로 나온다.
3. **직접적 표현 광고**: 상처치료제를 바른 뒤 피부가 흉터 없이 깨끗이 아무는 며칠 동안의 과정을 직접 보여준다.
4. **문제해결형 표현 광고(생활단편형)**: 삶의 여러 장면에서 상처치료제가 사용되는 모습을 보여준다.
5. **설명형 표현 광고**: 상처치료제가 어떻게 흉터를 남기지 않고 깨끗하게 치료하는지에 대한 의학적 작용과정을 CG를 통해 설명한다.

여기서는 이성적 소구로 다섯 가지 방법을 소개하였지만, 이외에도 다양한 방식이 존재한다.

2. 감성적 소구의 유형

감성적 소구(emotional appeals)는 사람들이 광고를 보면서 어떤 감성을 느끼게 함으로써 소비자의 인식, 태도 및 행동에 영향을 미치는 것이다. 광고를 보면서 생긴 느낌은 추후 그 브랜드를 사용할 때도 동일한 느낌을 가지게 한다.

- 광고물의 예: 자동차를 운전하는 운전자가 전투기를 모는 듯한 상상의 장면을 보여줌; 맥주를 마시는 사람이 시원한 바닷물 속에 들어간 듯한 상상의 장면을 보여줌. 패밀리 레스토랑에서는 가족 간의 행복이 넘쳐남을 보여줌. 이러한 광고물은 추후 소비자들이 해당 제품, 점포 등을 사용할 때도 동일한 느낌이 들게 한다.

이성적 소구는 이성적 판단의 근거(예: 품질, 성능, 경제성(가격), 편리성 등)를 소비자에게 전달한다는 점에서 '정보광고'(information ad)의 성격이 강하다. 이에 비해 감성적 소구는 소비자들이 제품을 사용하면서 느끼는 감정(또는 그렇게 느꼈으면 하고 광고주가 희망하는 감정)을 광고 속에 표현한다. 사람의 마음 또는 감정에 변화를 일으키기 위한 목적이 있기에 '감정유발광고'(경험변형 또는 감정전이 광고, transformational ad)의 성격이 강하다.
감성적 소구의 광고는 제품사용과 연계되는 어떤 정서적 반응을 보여준다. 광고를 접한 소비자 역시 광고모델과 동일한 정서적 반응을 느끼게끔 만드는 것이다.

그림 9-4 감정유발광고의 개념도

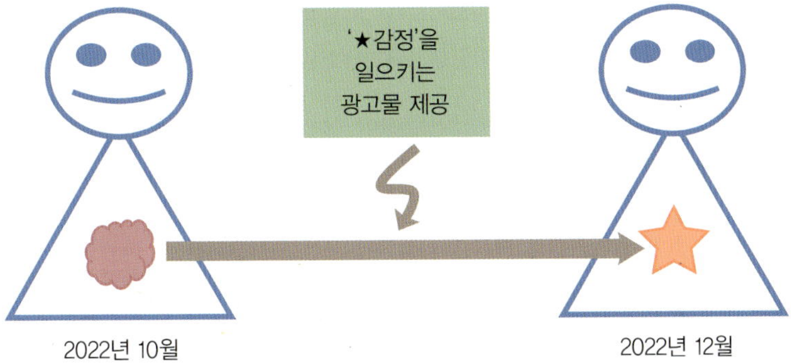

- 독수리와 같이 나는 비둘기는 평소보다 높게 날게 된다. 호쾌한 액션 영화를 보고 나오는 관객들을 보면 영화 속 영웅처럼 씩씩하다. 슬픈 멜로 영화를 보고 나오는 관객들은 영화 속 비극의 주인공처럼 처량해져 나온다.
- 골프선수 타이거 우즈의 이름을 사용한 의류 브랜드가 있었다. 관련 제품을 2003년에 구입했는데 옷을 입으면 저자도 타이거 우즈와 같은 실력 있는 골퍼가 된 듯한 느낌이었다. 그렇지만 그후 타이거 우즈의 불미스런 스캔들이 터지자 왠지 그 옷을 입기가 꺼려졌다.

하품이 전염되는 것처럼 감정(공포, 슬픔, 행복 등)도 전염이 된다. 긍정적(부정적) 기운은 전염성이 강하기에 주변 사람들에게 좋은(나쁜) 기운을 불러 일으킨다.

- 미국 서던캘리포니아 대학교 연구에 따르면 긍정적 정서는 부정적 정서보다 전염성이 더 강하다. 사람들은 부정적 트윗보다 긍정적 트윗에 두 배 정도 더 영향을 받는다. 행복의 사회전염은 우울증의 전파를 막아줄 뿐 아니라 회복에도 도움을 준다. 병원 직원들의 우애도가 높을수록 그 병동 환자들의 불필요한 응급실 이동이 줄어든다고 한다.

광고도 마찬가지이다. 대부분의 광고는 일종의 경험변형 광고라고 해도 좋을 정도이다.

- 경험변형 영상물: 미국의 한 유명 햄버거 체인 종업원이 바닥을 닦은 빵으로 햄버거를 만드는 영상이 공개돼 공분을 사고 있다. 영상을 보면 패스트푸드 프랜차이즈 체커스의 여성 종업원이 빵 한 쪽을 일부러 떨어뜨려 타일로 된 바닥을 닦은 후 그 위에 소스를 뿌리고 피클을 얹는 등 햄버거 만들기를 시작한다. 이런 '장난'이 여러 번인 듯 주방에선 웃음소리가 터져 나온다. 이 영상은 순식간에 온라인에 퍼져 불과 하루 만에 수십만 명이 공유하는 등 큰 파장을 몰고 왔다. 고위 관계자는 해당 영상에 대해 "끔찍하고 매우 실망했다"면서 "이번 일이 알려진 후 해당 종업원, 그녀의 어머니와 함께 대화를 한 결과 '걸레 햄버거'가 손님에게 제공되지 않았다고 확신한다"며 밝혔다. 이어

"이번 일은 일반적인 음식 조리과정의 모습과는 전혀 관련이 없다"고 덧붙였다. 체커스 측은 영상에 등장하는 종업원들을 해고했다며 파문 진화에 안간힘을 쓰고 있다. – 출처: 〈주방 바닥 쓱쓱 닦은 빵으로…美 '걸레 햄버거' 파장〉, 박해식, 동아닷컴, 2015년 8월 7일

감정유발 광고를 통해 브랜드 사용의 의미가 변형되면 결국 그 브랜드에 대한 태도 역시 변하게 된다. 이와 같이 광고는 브랜드 경험의 의미를 변형시키기에 결국 브랜드 태도의 변화로 연결된다.

그림 9-5 광고 태도와 브랜드 태도의 관계

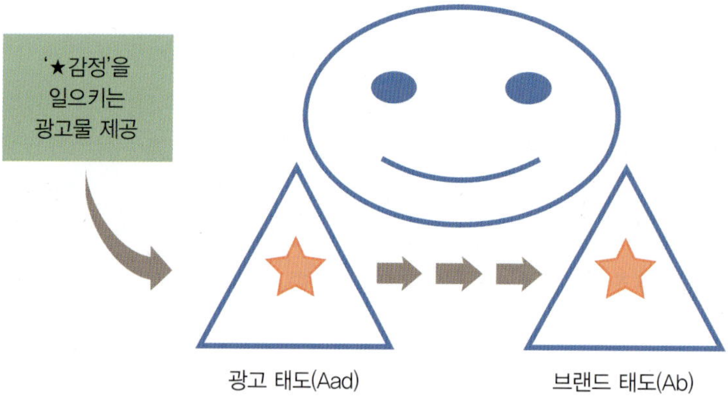

* 광고를 통해 사람들 마음속에 좋은 감정을 불러 일으킨다(광고 태도). 이러한 호의적 '광고 태도(attitude toward advertisement, Aad)'는 결국 호의적 '브랜드 태도(attitude toward the brand, Ab)'로 연결된다.

고관여 상황에서는 광고가 좋다고 해서 브랜드마저도 좋다고 생각하기는 어렵다(예: △△대학교 광고가 맘에 든다고 해서 그 대학교에 지원하지는 않는다). 반면에 저관여 제품, 이미지(상징적)가 중요한 제품, 성숙기/쇠퇴기에 접어든 제품(이미 인지과정을 넘어선 제품) 등에서는 감성적 소구가 비교적 효과적이다.

사람들이 광고를 보고 느끼는 감성에는 여러 가지가 있다. 어떠한 성격의 감정전이를 겨냥하는가에 따라 감성적 소구는 다양하게 분류된다. 여기서는 온정적(따스함), 유머, 공포, 성(性), 향수에 대해 소개한다.

1) 온정적 감성 소구(warmth appeals)

광고를 통해 사랑, 가족, 우정을 느끼게 함으로써 광고 제품(브랜드)에 대해서도 긍정적이고 온화한 감정을 불러일으킨다(예: '경동 가스보일러'의 부모님에 대한 걱정 및 사랑, '오리온 초코파이'의 사람들 간의 정(情)).

- 인간은 강철보다 단단하고, 돌보다 강하며, 장미보다도 연약하다. – 터키 속담
- 조선사람들은 힘으로 뭉치면 약하지만, 정으로 뭉치면 로마병사보다도 강하다. – 19세기 순교한 프랑스 선교사들이 교황청에 보낸 보고서

2) 유머 소구(humor appeals)

유머(humor)는 커뮤니케이션의 강력한 도구이다. 유머는 익살스러운 농담, 해학이란 뜻으로 남을 웃게 하는 말과 행동을 의미한다. 어색한 분위기를 깨고 부드럽고 즐거운 분위기를 만들어 주기에 커뮤니케이션 효과를 높인다. 참고로 B급 감성(의미: 유치함, 원초적, 엽기적) 소구는 유머 소구의 한 유형으로 볼 수 있다.

광고에서의 유머 소구는 다음의 장점이 있다: 소비자 주의 및 관심의 유발; 광고의 기억가능성 향상; 긍정적 무드의 조성을 통해 호감도 고양; 제품에 대한 호의적 태도 강화; 주의분산을 조성함으로써 메시지에 대한 반박주장의 차단 등.

적절한 유머의 활용은 커뮤니케이션 효과를 높여주기에 활용도가 높은 편이다. 유머 소구를 올바로 활용하기 위해서는 그 성격 및 기능을 이해해야 한다.

첫째, 유머 소구가 제품 특성과 동떨어질 때는 효과가 적다. 제품 자체에 대한 것이 아닌 사용자 또는 모델과 관련된 유머는 제품에 대한 기억을 돕지 못한다. 제품 자체와 유머 내용이 직접 연결되면 제품에 유머의 의미가 덧씌워지기에 효과를 볼 수 있다.

둘째, 유머 소구의 효과는 사람마다 다르다는 점을 감안해야 한다. 수신자의 유머 인지 정도가 높을수록 광고효과(인지, 태도, 의도 등)는 높은 것으로 조사되었다. 한편 유머는 듣는 사람의 심리 작용에 의한 것이기에 사람에 따라 또는 같은 사람이라도 상황에 따라 유머로 받아들여지지 못하는 경우도 종종 있다. 그래서 가능한한 인종, 종교, 신체, 배우자에 대한 유머는 피하는 것이 좋다. 한편 문화적, 지역적으로 유머 코드에 차이가 있다는 점도 명심해야 한다.

- 모든 사람들의 얼굴에 웃음을 짓게 할 수는 없다. 지금 내가 하는 행동 또는 말은 누군가에게는 웃음을 주지만, 누군가에게는 전혀 감흥을 주지 않고, 또 다른 누군가에게는 불쾌감마저 줄 수 있다.
- 친구를 잃는 것보다 농담할 기회를 잃는 편이 낫다. – 격언

셋째, 유머 소구의 지나친 반복노출은 효과가 감소된다(지겨움, 진부함과 같은 부정적 감정의 유발). 따라서 유머 광고를 하려면 유머의 소재를 자주 교체할 필요가 있다.

- 감동적인 영화는 지루하지 않게 몇 번이고 반복해 볼 수 있지만, 개그콘서트 프로그램을 반복해서 보지는 않는다.

넷째, 유머 소구는 주의를 분산시키는 효과가 있기에 중요한 메시지의 이해에 방해가 될 수 있다. 그래서 전달해야 할 정보량이 많은 제품의 경우에는 유머 소구가 부적절한 편이다.

3) 공포 소구(위협적 소구, fear appeals)

공포 소구는 어떤 행동의 위험성에 대한 위협적 메시지를 전달함으로써 소비자의 감정적 긴장을 유발시킨다. 이를 통해 광고에서 제시하는 문제해결 방안을 수용하게끔 만든다. 공포 소구는 공포 메시지가 비교적 적합한 영역에서 사용된다: 공익광고(예: 흡연, 마약, 음주운전, 자원낭비, 공해, 건강검진, 백신접종), 제품광고(예: 약품, 건강식품, 위생제품(예: 구강세척제), 교육 및 보험).

- 'Smoking Kid'는 태국의 건강관련 단체의 금연 캠페인이다. 2012년에 제작된 광고물은 유튜브에서 열흘 만에 전세계 500만 명이 시청했다(http://www.youtube.com/watch?v=g_YZ_PtMkw0).

공포 소구에는 두 가지 효과가 존재한다.

(1) 조장효과(facilitating effect)

메시지에 대한 주의, 관심을 유발시킴으로써 위험을 제거하려는 행동에 동기를 부여하는 효과이다. 따라서 태도변화를 일으키는 데 효과적이다.

(2) 저지효과(inhibiting effect)

메시지를 무시하거나 또는 자신에게 유리한 메시지만을 선택적으로 지각하는 인지적 반응을 일으키는 효과이다. 이는 지각상의 방어기제를 작동시킴으로써 공포 메시지를 방어하거나 또는 선별적으로 유리한 것만 받아들이게 한다. 따라서 태도변화를 오히려 감소시킨다.
낮은 수준의 공포심 영역에서는 조장효과(facilitating effect)가 주로 발생한다. 반면에 지나치게 높은 수준의 공포심 영역에서는 저지효과(inhibiting effect)가 주로 발생한다. 이는 높은 수준의 공포 소구는 사람들을 당황하게 하여 오히려 문제를 회피하게 만들기 때문이다.
이러한 현상은 공포 소구의 효과를 얻으려면 공포 수준을 적당히 조절하는 것이 중요하다는 점을 시사한다. 즉 공포 수준이 적정 영역 내에 있을 때는 조장효과가 높고 저지효과는 낮게 작동하기에 태도변화에 효과적이다.

- 부모는 자녀가 공부를 열심히 하게끔 가끔 공포 메시지를 사용한다. 초기의 낮은 수준의 공포심 유발상황에서는 공부를 하지 않으면 앞으로 발생할 위험을 자각하게 하고(이제부터라도 공부하면 괜찮다는 생각을 하기에), 열심히 하려는 태도변화를 일으킨다. 즉 효과가 있다. 그렇지만 공부하지

않음으로 인한 공포를 너무 과도하게 주입시키면, 아이들은 아예 공포메시지를 무시하려는 방어기제(예: '그런 무시무시한 일은 나와는 관련 없는 일이야.', '그런 나쁜 일이 일어날 가능성은 그리 높지 않아.', '이미 늦었어. 차라리 다른 거 할거야.' 등)를 작동시키기에 메시지효과가 오히려 떨어진다.

그림 9-6 공포의 정도에 따른 소구효과의 작동

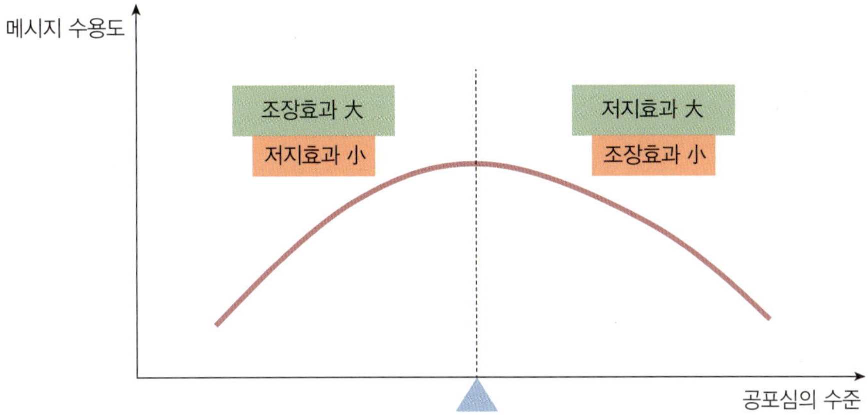

* 적절한 수준 내(▲보다 낮은 수준)의 공포심을 불러일으킴과 동시에 문제의 해결책을 제시할 때 가장 효과적이다.

4) 성적 소구(sex appeals)

성적 소구란 인간의 근본 욕구인 성에 대한 관심을 상품에 연관시키는 것이다. 소비자 주의 및 관심을 유발하고 광고의 기억가능성을 향상시킨다는 장점이 있기에 자주 활용한다.

그러나 때로 성적 소구의 광고는 사회적 반감을 불러일으킬 뿐 아니라 과도한 성적 표현은 소비자들에게 브랜드나 광고에 대한 부정적 영향을 끼치기도 한다.

성적 소구의 효과는 모델의 신체 노출수준에 의해 단순히 결정되는 것은 아니다. 기업 이미지, 제품 컨셉과 성적 소구의 표현이 얼마나 조화로운지에 달려 있다. 따라서 광고모델의 적합성, 성적 표현 제품과의 연관성 등을 두루 고려해야 한다.

- △△ 아이스크림은 광고 속 어린이 모델을 성적 대상화했다는 논란이 일자 광고를 삭제하고 사과했다. 해당 광고에는 10살짜리 모델이 진한 메이크업을 하고 민소매 드레스를 착용한 채 아이스크림을 먹는 장면이 담겼는데, 마치 성인 여성처럼 연출돼 아동을 성 상품화했다는 논란이 제기됐다.
  – 출처: 〈*△, 유명 어린이모델 '성적 대상화 논란' 광고 삭제 · 사과〉, 이보라, 경향신문, 2019년 7월 3일.

속옷, 향수, 개인 위생용품 등의 광고는 제품 자체를 보여주기 위해 불가피하게 성적 노출이 발생하기도 하는데 이를 '기능적 성적 소구'라고 한다.

5) 향수 소구형(nostalgia appeals)

향수 소구형은 과거, 옛날, 어린 시절 등에 대한 그리움을 통해 감성을 자극하는 광고이다. tvN 드라마 〈응답하라 1997!〉은 이러한 유형의 감성을 자극하는 데 성공한 예이다.

- 뉴트로(newtro): 새로움(new)과 복고(retro)를 합친 신조어로서 복고를 새롭게 즐기는 경향을 의미한다. 과거의 물건, 소품, 음악 등으로 꾸며진 카페, 음식점들이 젊은 층에게 인기를 얻는 것은 뉴트로의 예시가 될 수 있다.

이상과 같이 감성적 소구에 해당하는 몇 가지 방법을 소개하였지만, 이외에도 다양한 방식이 존재한다. 사람의 감성이 다양한 만큼(예: 그리움, 슬픔, 연민, 걱정, 기쁨, 즐거움, 안심, 성취감 등) 그런 감성에 대한 소구 방식 역시 다양할 수밖에 없다.

3. 도덕적 소구(moral appeals)

도덕적 소구란 도덕성에 호소하여 상품에 대한 관심이나 구매를 유도하는 것이다. 이는 이성, 감성과는 다른 차원의 소구이다. 예를 들어 애국심, 수치심, 분노, 도덕적 가치관, 책임감 등을 제시함으로써 관련 행동에 동참하게 하는 것이다.

- 음식점에서 같이 밥을 먹던 아이가 멸치볶음을 집다가 몇 개를 식탁에 떨어뜨렸다. 그것을 다시 주워 먹으려는 아이에게 식탁이 더러운 것 같으니 그냥 두라고 했다. 그러자 아이는 만약에 이걸 내가 먹지 않으면 이 멸치의 삶이 너무 허무할 것 같다고 했다. 더 이상 말리지 못했고 다음부터 멸치를 먹을 때마다 아이의 말이 떠올랐기에 나의 행동에도 영향을 미쳤다.

참고로 지역 사랑을 호소하는 광고가 있다. 이러한 광고는 그 지역의 토착기업만이 쓸 수 있는 경쟁적 무기이다. 지역 사랑을 호소하는 광고도 크게 보면 애국심호소 광고와 맥락을 같이 한다.

Ⅲ 메시지의 구조

소구 방식뿐 아니라 메시지가 어떤 구조를 갖는가에 따라서도 메시지 효과는 달라진다. 메시지 주장의 수, 결론 도출의 여부, 메시지의 주장 측면, 메시지 내용의 제시 순서, 경쟁 메시지와의 시간적 선후 관계 등으로 나누어 메시지 구조에 따른 효과를 살펴본다.

1. 메시지 주장의 수

메시지에 담긴 주장의 수를 늘리는 것은 메시지 영향력의 증대와 연관된다.

- 배심원은 피고측을 변호하는 주장과 원고측을 옹호하는 주장을 듣는다. 이때 어느 쪽의 주장의 개수가 많은지에 따라 영향을 받는다. 정부는 여론 조성에 있어서 매체의 도움을 받는다. 많은 수의 매체가 정부정책을 지지하고, 상대적으로 적은 수의 매체만 반대의견을 게재한다면 사람들은 정부정책에 호의적이 된다.

그렇지만 '메시지 설득력을 높이기 위해서 주장의 수를 많이 해야 하는가?'에 대해서는 고민이 필요하다. 이는 메시지 수의 영향력이 일방적이고 단순하지 않기 때문이다. 다양한 상황과 변수(예: 광고모델의 영향력)에 따른 복합적 영향 관계를 고려해야 한다.
사람들은 주장의 수가 많아서 메시지가 너무 길어지면 더 이상 주의를 기울이지 않게 된다. 또한 유사 내용의 반복이라면 지루해하거나 짜증을 낸다(예: 부모의 잔소리). 때로는 선별된 설득력 있는 주장을 적은 횟수로 제시하는 것이 미미한 설득력의 주장을 많은 수로 제시하는 것보다 효과적이다.

- 신제품의 경우 제품 속성을 필요 이상으로 자세히 묘사하는 것, 즉 별 임팩트 없는 정보를 과다하게 시시콜콜 제공하는 것은 오히려 효과를 떨어트릴 수 있다.

2. 결론 도출(conclusion drawing)의 여부

명확한 결론의 제시 여부는 메시지 효과에 영향을 미친다. 이는 표적청중에게 메시지를 제시할 때 메시지의 끝을 어떻게 맺는 것이 효과적인가를 의미한다. 발신자가 결론(또는 정답)을 분명히 언급하면서 메시지를 마치는 것이 좋은지, 아니면 수신자가 스스로 결론을 도출하도록 내버려두는 것이 좋은지(보통은 의문문으로 종료하거나 또는 생각의 여지를 남김)에 대한 이슈이다.

- 수신자에게 결론 도출을 맡긴 경우: 당신은 능력자입니다! 당신이 손가락만 까딱하면 누군가를 울릴 수도, 아프게 할 수도, 모든 걸 포기하게 할 수도 있습니다. 하지만 당신은! 누군가를 기쁘게 할 수도 있고, 행복하게 할 수도 있으며, 다시 뛰게 할 수도 있습니다. 당신이 손가락만 까딱하면… 온라인 댓글, 당신은 어떻게 쓰시겠습니까?

결론의 제시는 보통 수신자가 메시지 내용 및 주장을 이해하고 기억하는 데 도움을 준다. 그렇지만 이러한 결론의 제시 여부는 표적청중의 성향(예: 교육수준, 관여도 등), 메시지 내용의 특성(예: 이해가능성, 복잡성 등), 커뮤니케이션 상황(예: 시간적 여유)을 종합적으로 고려하여 판단해야 한다. 예를 들어 동기부여 수준이 낮거나, 교육수준이 낮거나, 관여수준이 낮은 청중에게는 명확한 결론을 제시하여 올바른 판단의 형성을 신속히 도와주는 것이 효과적이다.

한편 논점에 대한 관여도가 높고 메시지를 충분히 이해할 수 있는 경우에는 명확한 결론의 제시보다는 스스로 결론을 내리게 하는 것이 효과적이다. 자기 스스로 형성하거나 깨달은 정보는 외부에서 수동적으로 주어지는 정보보다 설득적이다. 이렇게 형성된 태도는 오랫동안 유지된다(예: 잘못을 지적받고 수동적으로 고치는 것보다는 스스로 잘못을 깨닫고 자기 의지로 고치는 것이 더 오래 지속된다).

- 어떤 장면을 보면 바로 이해되는 경우, 이에 대한 자질구레한 설명을 붙이면 오히려 불필요한 사족이 되고 또한 그만큼 감동이 삭감되기도 한다. 참고로 TV 화면의 자막 설명은 시청자의 생각을 유도하는 기능이 있지만, 동시에 시청자의 다양한 생각과 감동을 자막의 내용으로만 한정시킨다는 문제도 있다.
- 어떤 곡조에 가사를 입히거나 제목을 달면 청취자는 가사 내용으로 인해 상상력의 제한을 받는다. 반면에 곡조만 있으면 듣는 사람은 그 노래를 자기 마음대로 마음껏 상상하면서 들을 수 있다. 상상력에 제한을 두거나 도움을 제시하는 것이 좋은 경우도 있지만, 마음껏 상상력을 펼치게 하는 것이 더 좋은 경우도 있다.
- 미국식 할리우드 영화와 프랑스 영화의 차이는 선악의 구별, 결말의 명확성으로 흔히 구분된다. 구분이 명확하지 않은 프랑스 영화는 영화가 끝난 다음에도 영상에 대한 잔상과 내용의 여운이 오래 남는다.

3. 메시지의 주장 측면(message sidedness)

수신자에게 긍정적 정보만 제공하면 좋겠지만, 제품은 긍정과 부정이 혼재하는 경우가 대부분이다. 이러한 정보들을 어떻게 광고에 담는가에 따라 수신자 반응은 달라진다. 다시 말해 메시지 주장을 긍정적 측면(장점)만 전달할 것인지(일면적 메시지, one-sided message) 아니면 부정적 측면(단점, 문제점)도 함께 전달할 것인지(양면적 메시지, two-sided message)에 따라 영향력은 달라진다. 일면적 메시지란 기업이 원하는 결론을 지지하는 주장만 제시하는 것이다. 반면에 양면적 메시지는 지지하는 입장에 반대되는 주장도 함께 제시하는 것이다.

광고주는 제품의 부정적 측면을 굳이 알리고 싶지 않기에 장점만 제시하는 일면적 메시지를 선호한다. 그렇지만 때로는 긍정과 부정을 함께 제시하는 양면적 메시지가 효과적인 경우도 있다. 그 이유는 첫째, 소비자는 부정적인 면을 솔직히 인정하는 양면적 광고가 정확한 정보를 제공한다고 생각하기에 광고 신뢰도가 높아진다. 둘째, 현재 표적청중의 태도가 다소 부정적 상태인 경우에는 부정적 측면을 선제적으로 제시하여 반감과 반론을 약화시키는 효과가 있다. 이와 더불어 선제적으로 제시한 부정적 정보(a)는 소비자 관심을 모으기에 여타의 다른 부정적 측면들(b, c, d, e)에 대한 생각(또는 상상)을 차단시키는 효과도 있다.

- 눈에 띄는 반창고를 붙이면 사람들의 시선이 그리로 몰리기에 얼굴이나 신체에 있는 다른 문제점을 보지 못하게 만든다.
- 악은 자기 자신이 보기 흉하다는 것을 알고 있다. 그래서 악은 가면을 쓴다. – Benjamin Franklin

일반적으로 제품에 대한 정보 욕구 수준이 비교적 높은 고관여 제품이거나, 소비자의 교육수준이 높다면 양면적 광고가 효과적이다.

일면적 메시지에만 노출되었던 사람들은 나중에 역선전(경쟁사에 의한 공격 메시지)을 받게 되면 양면적 메시지에 노출되었던 사람들보다 쉽게 설득 당한다. 예를 들어 A회사 스마트폰이 '기능이 풍부하면서도 얇고 가볍기에 휴대가 편하다.'라고 광고했다고 하자. 광고를 보고 이러한 생각을 가지고 있던 소비자들에게 경쟁사인 B회사가 'A제품은 얇기에 충전도 자주해야 하고 쉽게 뜨거워진다.'라고 역선전을 한다고 가정하자. 역선전을 받게된 소비자는 기존 A 제품에 대해 가지고 있던 좋은 태도를 방어하기 위해 동기화된다. 만약 자신의 태도가 탄탄한 정보들에 근거하고 있다면 방어는 비교적 용이하다. 그러나 기존 정보로부터 방어할 만한 정보가 부족하다면 태도의 변화가능성은 높아진다. 즉 B회사의 주장에 넘어가게 된다.

이런 경우를 대비해서 사람들에게 역선전에 대한 반론을 펴는 데 도움되는 정보를 미리 제공하기도 한다. 예방접종효과(inoculation effect)가 바로 그것이다. 마치 사람에게 항체가 만들어지도록 약한 정도의 세균(제품의 부정적 측면)을 주사해서 질병(경쟁사의 역선전)에 대항하도록 만드는 것과 같다. 강도가 약한 역선전에 반박할 수 있는 항체가 형성되면, 후속되는 강한 역선전에도 저항력이 생긴다. 참고로 양면적 메시지를 들은 사람들은 예방접종효과를 가지기에 역선전에 대해 강화된 저항을 한다.

접종 처치는 강력한 경쟁사의 역선전에 노출되기에 앞서, 이와 유사한 역선전에 미리 노출시키는 것이다. 이를 통해 역선전에 대해 어떻게 반박할 수 있는지에 대한 논리(근거)를 학습시킨다. 위의 예에서, A회사가 '스마트폰이란 원래 기능을 많이 활용하면 빠르게 방전되고 뜨거워진다. 현재의 기술 수준에서 이러한 단점은 모든 회사가 갖고 있다. 스마트폰의 얇고 두께움이 문제 유발하는 것은 아니다.'라는 메시지를 소비자에게 미리 예방접종을 한다면, 경쟁사인

B회사의 역선전에 소비자 태도는 쉽게 흔들리지 않을 것이다.

부정적 정보를 담는 양면적 메시지가 낫다고 판단되면 부정적 정보를 광고 메시지에 담아야 한다. 물론 부정적 메시지가 담기면 마이너스 효과는 발생한다. 따라서 부정적 메시지를 담을지라도 가능한 마이너스 효과가 적게 발생하도록 노력해야 한다. 이를 위해 고려할 사항은 다음과 같다.

첫째, 부정적 정보의 양은 전체 정보의 40%를 넘지 않도록 한다.

- 무라카미 하루키(村上春樹)는 불만 편지를 쓰는 요령에 대해 다음과 같이 제시하였다. 첫째, 70% 정도 칭찬하고, 30% 정도 비방한다. 비방만 해서는 이쪽의 진의가 상대방에게 전달되기 힘들다. "귀하의 가게에는 이러한 훌륭한 점이 있지만, 이런 점은 자못 섭섭했다."는 내용의 메시지로 작성해야 한다. 둘째, 세부적인 것을 시시콜콜 쓰지 않는다. "누가 어쨌다느니, 그래서 이렇게 됐다느니." 하는 시어머니의 잔소리 같은 자세한 설명은 불필요하다. 자신이 가장 말하고 싶은 것, 즉 불만의 요점을 가능한 간결하게 쓴다. – 출처: 『비밀의 숲』, 무라카미 하루키 저, 문학사상(2007)

둘째, 부정적 정보의 위치는 정보의 앞(초기효과), 뒤(최근효과)의 효과가 큰 점을 고려하여 가능한 중간에 작게 위치하는 것이 바람직하다.

셋째, 합리적 반박을 할 수 있다면 이를 언급한다. 여의치 않다면 이를 솔직히 인정하는 것도 하나의 방법이다. 또한 다른 중요한 장점을 위한 불가피한 선택(또는 희생)이라는 점을 언급해도 좋다.

- 예전의 타이레놀 광고는 '빠른 약효'를 주로 강조했다. 그렇지만 '타이레놀 먹는 사람 = 어딘가 아픈 사람 = 허약한 사람'이란 부정적 이미지도 동시에 전달한다는 문제가 있었다. 이에 대한 발상의 전환을 통해 '머리 아픔'은 그만큼 '열심히 일한 증거'라는 메시지("당신이 머리 아픈 건 남보다 더 열정적으로 산다는 뜻입니다.")로 전환시켜 긍정적 개념을 전달하는 방식으로 광고를 진행했다.

넷째, 부정적 정보에 대한 소비자 관여도를 낮춤으로써 이의 중요성을 최소화한다. 즉 부정적 측면은 '별거 아니다'란 생각을 가지게 하는 것이다.

4. 메시지 내용의 제시 순서(order of presentation)

메시지 내용 중에서 가장 중요하거나 핵심적 메시지(message points, strongest selling points)를 어떤 순서로 제시하는가에 따라 커뮤니케이션 효과는 달라진다. 일반적으로 처음 또는 마지막 위치에 핵심내용을 배치하는 것이 효과적이다. 소비자가 기억하기를 원하는 브랜드명, 제품의 강점, 패키지 등은 처음과 마지막에 반복 노출하는 방식을 많이 사용한다.

- ‘생활비를 좀 더 보내달라’는 내용이 가장 핵심적 메시지라면 나머지 편지 내용(부모님의 안부 및 계절 바뀜에 대한 문안 인사)은 핵심적 메시지를 위한 허드레 문장이다.
- CM 순서 지정제란 특정 프로그램의 전후에 붙는 광고에 대한 순서 지정이 가능한 방식이다. 광고주는 중간보다는 처음 또는 마지막 순서를 선호하기에 최고 입찰형식으로 원하는 순서를 청약한다.

1) 초기효과(초두효과, primacy effects)

처음에 제시된 정보가 나중에 들어오는 정보보다 더욱 강력한 영향을 미치는 것이다.

- 흔히 첫인상이 중요하다고 하는데, 이는 첫인상에 의해 형성된 판단이 나중에 들어오는 정보를 해석하는 기반(틀, 프레임)이 되기 때문이다.

일반적으로 먼저 제시된 정보는 나중에 들어온 정보보다 기억에 더 잘 남는다.

- 첫 미팅 상대는 오랜 시간이 지나도 기억에 남아 있지만, 5~6번째 미팅 상대는 기억에 가물가물할 것이다. 할아버지는 첫 번째 손주의 이름을 잘 기억하지만 그 밑의 동생 이름은 ‘**동생’으로만 기억하는 경우가 많다.

2) 최신효과(최근효과, recency effects)

마지막에 제시된 정보가 가장 효과적임을 뜻한다. 그래서 보통 가장 중요한 것은 마지막에 언급하곤 한다.

- 〈나는 가수다〉란 경연 프로그램에서 마지막 순번인 7번째에 노래를 부른 가수들의 표가 일반적으로 많이 나왔다. 이는 앞선 순서에 받았던 감동이 시간이 지남에 따라 사라지기 때문이다.
- 잠시후 벤넷은 최종 변론을 위해 자리에서 일어났다. 평소 그는 피고인의 변호인측이 먼저 말을 하고 그런 다음에 원고측에서 마지막 말을 한다는 것은 불공평하다고 언제나 생각하는 축이었다. 배심원들은 제 아무리 마음이 선량하고 성실한 사람들이라고 해도 바람 속의 갈대에 불과했다. 특히 이처럼 늦은 시간이면 배심원들의 마음은 이리저리 흔들리기 쉬운 것이다. 이런 경우 그들은 마지막에 말한 사람의 발언에 영향을 더 받고 흔들리게 마련인 것이다. – 출처: 『닥터스 1, 2』, 에릭 시걸 저, 김영사(2001)
- 사람들은 시간이 경과함에 따라 점점 더 좋아지는 경험을 원한다. 서비스 업종은 고객의 이러한 성향을 이해하여 서비스를 설계하는 것이 좋다. 만약에 기업이 어쩔 수 없이 미흡한 서비스를 제공할 수밖에 없다면, 미흡한 서비스의 순서를 앞에 두는 것이 좋다(물론 미흡한 서비스를 제공하는 것은 계약을 마무리 지은 다음이다. 계약서 도장을 찍기 전이라면 고객은 당연히 계약체결을 하지 않을 것이다). 그리고 뒤로 갈수록 고객에게 더 좋은 경험을 제공해야 한다. 일반적으로 뒷편에 경험하는

내용이 전체 경험에 대한 인식을 결정한다('끝이 좋으면 모든 것이 좋다', Ende gut, alles gut). 따라서 마무리 경험을 최상으로 제공하는 것이 좋다. 여행상품의 경우, 초반에는 부실한 식사, 잠자리를 제공하지만 마지막 날에 좋은 식사와 멋진 잠자리를 제공하는 것도 이러한 현상을 고려한 것이다.

- 다음은 초등학생의 학교 생활 중 일어난 일이다: 학교에서 받아쓰기 시험 100점 받음, 친구와 싸우다가 선생님께 혼남, 청소를 잘해서 칭찬받음, 유리창을 깨뜨림, 중요한 과제 내용을 잊어버리고 학교에 두고 옴. 이러한 내용을 엄마에게 어떤 순서로 말하는 것이 가장 바람직할 것인가?

5. 경쟁 메시지와의 시간적 선후 관계

자사만 소비자에게 광고하는 것이 아니다. 경쟁사 역시 동일 소비자를 대상으로 광고하기에 경쟁사와의 상대적 게임인 것이다. 경쟁사가 언제 커뮤니케이션 활동을 한다는 것을 알고 있고, 전후에 자신의 활동을 임의로 집어넣을 수 있는 선택권이 있다면, 언제 하는 것이 더 유리하겠는가?

- 축구에서 승부차기로 승패가 결정되는 경우가 종종 있다. 먼저 차는 것이 유리한가, 아니면 나중에 차는 것이 유리한가? 그 이유는 무엇인가?

연구결과 메시지 제시 순서가 태도변화에 미치는 효과는 두 메시지 사이의 시간 간격(a)과 마지막 메시지와 태도 측정 사이의 시간 간격(b)에 달려 있다. 태도측정이 한참 후에 일어나고 두 메시지 전달이 거의 같이 일어난다면, 경쟁사보다 먼저 하는 것이 좋다. 그렇지만 태도 측정은 조만간 진행하지만 두 메시지 간 시간 간격이 상당하다면, 경쟁사보다 나중에 하는 것이 좋다.

그림 9-7 제시순서와 시간 간격

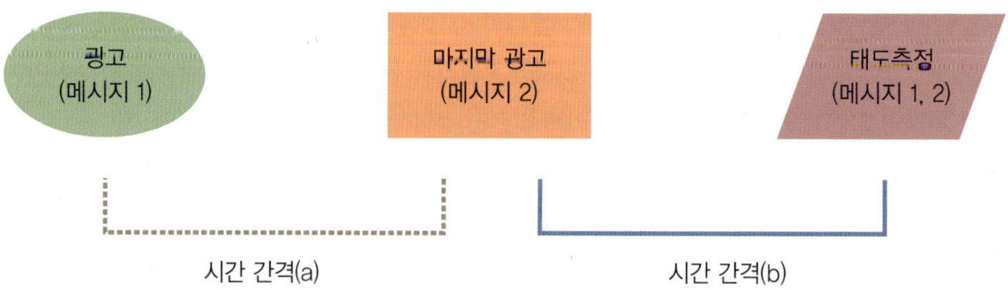

표 9-3 시간 간격의 조합에 따른 연구결과

	시간 간격(b): 지체 없음	시간 간격(b): 지체 있음
시간 간격(a): 지체 없음	제시 순서에 따른 차이 없음	먼저 광고하는 것이 유리함 (초기효과)
시간 간격(a): 지체 있음	나중에 광고하는 것이 유리함 (최근효과)	제시 순서에 따른 차이 없음

태도측정의 시점을 기준으로 유리한 선후 관계를 판단해보았다. 한편 태도측정의 위치에 구매결정을 집어 넣는다고 가정하면, 경쟁 메시지와의 시간적 우선 순위를 현명하게 결정하는 데 유용한 정보를 시사해 줄 것이다.

Ⅳ 메시지의 전달자(message source): 광고모델의 효과

광고물의 소구 유형, 메시지 구조와 함께 결정할 사항은 '누구를 통해 이러한 메시지를 전달할지(광고모델)'에 대한 것이다.

- 소구 유형 – 메시지 구조 – 광고모델의 순서로 의사결정을 진행하는 것은 아니다. 어떤 경우에는 광고모델을 먼저 결정하고 모델을 기반으로 소구 유형 및 메시지 구조를 결정하기도 한다.

1. 메시지 전달자의 영향력

동일 메시지라도 그것을 전달하는 정보원천, 즉 광고모델이 누군가에 따라 소비자가 받는 영향은 달라진다. 이와 같이 말의 무게는 전달자(messenger(= message + er), 여기서는 광고모델)에 따라 차이가 난다.

사람들에게는 '메시지'보다는 '메신저'에 주목하는 성향 또는 왜곡현상(messenger bias)이 발생한다. 이는 자신이 알게 된 정보 자체(메시지)를 근거로 무언가를 판단하기보다는 정보가 어떤 메신저로부터 나왔는가를 기준으로 판단하려는 성향이 있기 때문이다. 이러한 현상은 의사결정을 조금이라도 쉽고 효율적으로 하려는 인지 성향에서 비롯된다. 메시지 하나하나를 이성적, 합리적으로 따지는 것보다는 메신저가 누구인가 또는 어떤 능력을 가졌는가를 근거로 판단하는 것이 좀 더 쉽고 간단하기 때문이다(예: "노벨상 수상자가 하는 말이니까 믿어도 돼.", "존경받는 성직자가 하는 말이니까 믿어도 돼." 등).

메시지 전달자, 즉 정보원천에 따라 동일 내용이라도 수신자가 느끼는 주목도, 이해 노력, 태도, 기억 등은 달라진다. 광고제작자는 커뮤니케이션의 최대 효과를 거둘 수 있는 광고모델을 찾아야 한다. 광고모델에 대한 연구는 이러한 광고모델로부터 나타나는 영향력을 이해하려는 데 있다.

2. 정보원천의 신뢰, 매력 그리고 권위

광고모델이 행사하는 영향력 유형에는 여러 가지가 있지만 다음의 세 가지가 주로 거론된다.

첫째, 신뢰성(또는 공신력)이다. 우리는 보통 신뢰감을 주는 사람의 말에 좀 더 설득된다. 그렇다면 누구의 메시지가 신뢰감을 주는가? 그 분야에 대한 전문지식을 가진 사람, 실제로 실천했던 사람, 거짓말 하지 않을 것 같은 사람 등이 하는 말에 소비자들은 신뢰감을 느낄 것이다.

둘째, 매력도이다. "발을 밟아서 미안합니다"라는 말도 누가 하는가에 따라 전혀 기분이 나쁘지 않기도 한다. 우리는 보통 신체적으로 매력이 있거나 호감을 주는 사람의 말에 좀 더 설득된다.

셋째, 권위 또는 힘이다. 권위를 가진 사람의 말에 좀 더 설득된다. '사장님'이 지시하는 것이 '팀장'이 지시하는 것보다 무게감 있게 다가온다.

- 애플에서 어떤 일을 빠르게 진행시키려면, '그건 잡스가 시킨 일'이라고 말하면 되었다고 한다.

그림 9-8 광고모델 속성의 세 가지 차원

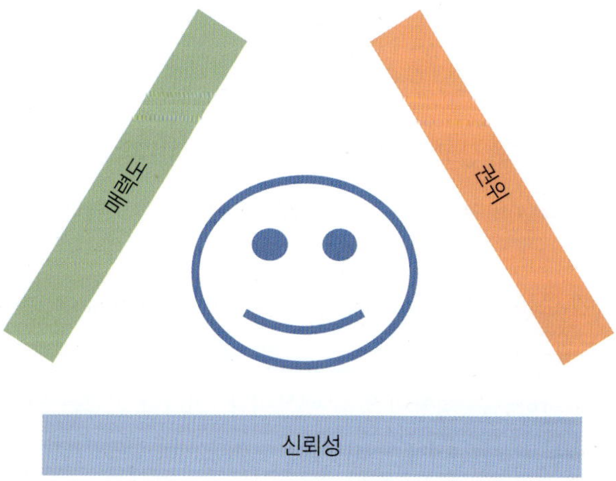

정보원천의 특성은 소비자의 설득에 영향을 미친다. 신뢰감, 매력도, 권위는 서로 다른 차원의 정보원천의 속성이다.
광고모델의 영향력을 최대화하기 위해 광고제작자는 가능한 신뢰, 매력, 권위를 많이 가진 모델 또는 이를 균형적으로 가진 모델을 선택하고자 한다.

- 영화나 드라마의 주인공을 보면 모두 잘생기고(매력성), 의사, 판사, 연구원 등과 같은 전문가이고(신뢰성), 훌륭한 도덕성과 인품을 가지고 있고(신뢰성), 왕자, 그룹회장, 대통령 등과 같은 지위를 지닌 인물(권위)이 많다. 이러한 특성을 가지고 있지 않은 주인공을 찾기 어려울 정도이다.

물론 제품, 고객, 시장 상황별로 이 세 가지 중 더욱 중요시되는 요인은 달라진다.

- 전쟁 상황에서는 권위가 가장 영향력이 크다; 약, 병원을 선택하는 소비자에게는 신뢰감의 영향력이 가장 크다; 향수나 화장품을 살 때는 매력도의 영향력이 크다.

신뢰성, 매력도, 권위에 대해 좀 더 살펴본다.

1) 정보원천의 신뢰성

정보원천의 신뢰성을 구성하는 두 가지 요소는 전문성, 진실성이다. 소비자들은 메시지를 전달하는 사람이 그것에 대해 올바로 알고 있고(전문성), 이를 거짓 없이 말한다(진실성)고 인정할 때(두 가지 모두를 충족하는 'and 조건') 그 메시지를 신뢰하게 된다.
첫째, 전문성(expertise)이란 메시지 전달자가 자기가 말하는 메시지에 관한 지식과 경험을 제대로 가지고 있는가에 대한 것이다. 해당 제품에 대해 잘 알고 있다고 인식되면 전문성이 인정된다(예: 치약은 치과의사, 등산화는 산악인, 간장은 요리사).

- 김연아 선수가 피겨 스케이트를 광고하는 것은 전문성이 있지만, 에어컨, 커피, 맥주, 세탁세제를 광고하는 것은 전문성이 떨어진다. 김연경 배구 선수는 '언더 아머'라는 스포츠 의류 브랜드를 광고한 적이 있다. 이는 운동선수인 그녀가 연습이나 경기를 하면서 평소에도 운동복을 자주 입었을 테니 제품에 대해서는 전문성을 가진다고 판단될 것이다.

둘째, 진실성(trustworthiness)이란 메시지 전달자가 객관성을 유지하고 또한 정직할 것인가에 대한 것이다.

- 갤럭시 스마트폰을 삼성전자 직원이나 대리점 판매원이 좋다고 이야기하는 것보다는 평범한 가정주부가 말하는 것에 사람들은 좀 더 진실성을 느낀다. 김연경 배구 선수는 'SPC삼립(파리바게뜨)의 식빵' 광고모델을 했다(2021년). 본업이 배구이기에 '식빵'과 관련된 일을 한 게 아니므로 전문성은 다소 미흡하지만, 평소의 솔직한 언행, 정직한 태도 등으로 볼 때 진실성이 있다고 판단될 것이다.

- 우리는 신문 기사의 댓글, 식당 리뷰와 같은 일반인의 글을 유심히 본다. 댓글, 리뷰는 전문성은 떨어질지 몰라도 진실성은 있다고 생각하기에 이를 신뢰한다. 물론 이러한 성향을 악용하여 댓글을 통한 여론 조작을 하기도 한다.

정보원천의 신뢰성(source credibility)은 소비자가 메시지 전달자로부터 느끼는 (지식 및 경험의 보유 정도와 객관적 정보제공 능력에 대한) 주관적 평가이다. 따라서 정보원천의 신뢰성은 모든 사람이 동의하는 객관적 지표가 아니라 소비자 각자가 다르게 느끼는 주관적 평가이다.
정보원천의 신뢰도 효과는 제품 관여도가 낮은 소비자일수록 강하게 나타난다. 이들은 제품특성을 가지고 판단하는 이성적 노력보다는 광고에 등장하는 정보원천(광고모델)의 신뢰성을 토대로 제품 태도를 형성할 가능성이 높다(예: 우리는 무언가에 대해 잘 모르면 그것을 잘 알 것 같은 사람을 그냥 막연히 따른다).

- 한 개의 거짓만을 접하면 그것이 거짓이라는 것을 쉽게 알아차린다. 이에 비해 여러 진실의 조각들 사이에 숨겨진 하나의 거짓을 발견하기는 힘들다. 참고로 어떤 잘못된 것에 존재하는 하나의 작은 진실만 보여주면서 전체의 잘못된 실상을 덮으려는 것은 아주 오래된 여론 조작 수법 중 하나다.

2) 정보원천의 매력도

정보원천이 매력적일수록 소비자에게 미치는 영향력은 크다.

- 잘 모르는 선수 간의 테니스 시합을 볼 때, 우리는 매력적인 사람을 응원한다. 선거 기간의 TV토론을 보게 되면 (특별한 정치적 성향이 없는 유권자의 경우에는) 좀 더 매력적인 사람을 응원한다.

정보원천의 매력도는 유사성, 친숙성, 호감성 등으로 구분된다. 소비자들은 메시지를 전달하는 사람이 자신과 비슷하다고 느끼거나(유사성), 친밀하고 익숙하다고 생각되거나(친숙성) 또는 보기 좋다고 느낄 때(호감성) 메시지의 영향을 좀 더 받는다.

- 멋진 카우보이가 말보로 담배를 입에 물고 있는 광고를 본 남성은 '나도 말보로를 피우면 저런 야성적이고 매력적인 남자처럼 보이겠지.'라는 로망을 가지게 된다. 그러나 담배가 실제로 가져다준 것은 '야성적인 멋진 남성적 매력'이 아니라 폐암이다. 실제로 말보로 담배의 광고모델을 맡았던 3명 모두는 폐암으로 사망했다고 한다.

신뢰성은 전문성과 진실성 속성을 모두 갖추는 것(and 조건)이 중요하다. 이에 비해 매력도는 유사성, 친숙성, 호감성 중 하나라도 있으면(or 조건) 발생할 수 있다.
첫째, 유사성(similarity)은 광고모델이 얼마나 소비자 자신과 비슷한가에 대한 것이다. 자신과 여러 면(예: 생김새, 옷차림, 성격, 생활방식, 삶의 궤적 등)에서 유사한 광고모델에 좀 더 눈길을 주기 마련이다.

- 살이 찐 사람에게는 살이 통통한 모델이 보기 좋다; 운동 시합에서 아시아 선수를 남미 선수보다 응원하게 된다; 고부 갈등이 나오는 드라마를 보면 젊은 학생은 며느리 편을 들지만, 나이 든 주부는 시어머니 편을 들게 된다.

둘째, 친숙성(familiarity)은 광고모델이 소비자에게 얼마나 친밀하고 낯익은가이다. 동일 메시지도 눈에 익은 사람이 말할 때 영향력이 크다(예: TV에서 자주 보는 유명인이나 아나운서; 생소한 사람보다는 주변에서 자주 보던 사람 등).
셋째, 호감성(likability)은 광고모델의 외모 및 신체적 매력을 의미한다.

- 아름다움의 기준은 시대 및 문화에 따라 달라진다고 생각하였다. 그러나 연구 결과, 인종, 국적, 나이를 초월한 공통의 미적 감각(예: 얼굴 뼈의 크기와 대칭 정도, 체격의 균형)이 있는 것이 밝혀졌다. 예를 들어, 여러 얼굴들을 13개국의 백인, 흑인, 아시아인, 라틴아메리카인들에게 보여준 결과 그들이 좋아하는 얼굴형은 그들의 인종적 배경과는 아무런 관계가 없었다. – 출처: 〈뉴스위크〉, 1996년 6월(3호)

반드시 미남미녀만이 호감성을 일으키는 것은 아니다. 키가 크지 않고 용모도 평범하고 체격도 그저 그런 모델이지만 소비자들에게 호감을 불러일으키는 경우는 종종 있다. 물론 이러한 광고모델의 특성이 소비자와 유사한데서 나온 것이라면 앞서 언급한 유사성에 해당하겠지만, 그렇지 않은 경우에 발생한다면 이것은 호감성에 해당한다.

- 사람들은 보통 에너지가 넘치고 활력 있는 사람, 주변에 좋은 기운을 퍼뜨리는 사람을 좋아한다.
- 넷플릭스의 〈연애실험: 블라인드 러브〉는 리얼리티 쇼 프로그램이다. 남녀 참가자들은 서로의 모습을 볼 수 없는 방에 들어가서 서로 돌아가면서 대화를 하고 마음에 드는 사람을 선택한다. 더 나아가 상대방의 얼굴도 보지 않은 상태로 대화를 통해서만 연애가 아닌 청혼 여부를 결정한다.

일반적으로 정보원천에 대해 유사성, 친숙성, 호감성을 가질수록 정보원천의 매력도는 높아지고 그에 따라 수신자의 메시지 수용도는 증가한다. 따라서 광고모델을 선택할 때는 이 요소들을 고려하여 선택하는데, 경우에 따라서는 한 가지 속성만 갖춘 모델을 선정하기도 한다. 참고로 일반인 모델의 광고는 유사성 차원에서는 높은 평가를 받지만, 유명인 모델(celebrity-인기배우, 아이돌, 운동선수 등)의 광고는 친숙성과 호감성이 강하다.
유사성, 친숙성, 호감성 중에 어떤 요소가 특히 광고모델 매력도에 영향을 미치고 광고효과를 높이는지에 대해서는 제품, 수신자(소비자)에 따라 다르다.

- 사람들은 김연경 배구 선수의 경기를 자주 보았고(친숙성), 예능프로에서 인간적인 면(유사성), 에너지 넘치고 건강한 모습(호감성)도 볼 수 있었다. 그래서 소비자들에게 김연경 배구 선수는 매력적으로 다가왔다. 그 결과 출연하는 광고 상품에 대한 긍정적 인식을 가져왔다.

3) 정보원천의 권위(또는 힘)

정보원천의 힘은 보상이나 처벌을 가할 수 있는 정도를 의미한다. 예를 들어 직장 상사는 부하 직원에게, 부모는 자녀에게, 군대의 상관은 하급자에게, 공무원은 시민에게 힘을 행사할 수 있다.

- 코로나19로 인한 피해가 확산되자 정부 기관에서는 백신 접종을 권장하고 또한 백신패스 도입을 통해 미접종자에게 사회적 불편을 주었다. 이러한 점에서 본다면 '질병관리청'은 권위를 가진 정보원천이다.

힘을 가진 정보원천이 되려면 다음의 세 가지 조건이 모두 들어맞아야 한다. 첫째, 정보원천이 실제로 보상을 주거나 처벌을 가할 수 있다는 사실을 수용자가 믿어야 한다(역량의 보유에 대한 인식). 둘째, 정보원천이 순종을 불러일으키기 위해서 보상, 또는 처벌을 사용할 것이라는 것을 수용자가 믿어야 한다(역량의 실천 의지에 대한 인식). 셋째, 수용자가 순종하는지의 여부를 정보원천이 알 수 있다고 수용자가 믿어야 한다(역량의 결과 추적에 대한 인식).

권위는 사람들을 순응하게 만드는 데 영향을 미친다. 메시지 수신자는 정보원천의 권위에 압도되어 메시지를 수용한다. 연구결과, 힘이 없는 정보원천보다는 힘이 있는 정보원천에게 사람들은 더 많은 동의(추종)를 하는 것으로 나타났다.

- 김연경 배구 선수는 '주장', '언니' 라는 강한 카리스마를 보여주곤 했다. 김연경 선수의 바세린 광고 카피는 이러한 점을 활용했다. '그거 살거야?'라는 문구는 쓸데없이 다른 제품 사지 말고 김연경 선수가 추천하는 바세린 제품을 사라는 뜻을 전달한다. 그동안 '주장'과 '언니'의 이미지로 카리스마를 다져온 김연경 선수의 힘 있는 광고는 소비자에게 영향력을 행사한다.

3. 신뢰, 매력, 권위의 속성이 태도변화에 미치는 메커니즘

신뢰, 매력, 권위는 모두 광고모델의 영향력을 높이지만, 각각의 영향력이 소비자에게 미치는 과정은 상이하다. 즉 메시지 정보원천(광고모델)의 유형에 따라 각기 다른 종류의 태도변화가 발생한다(Kelman, 1961).

1) 신뢰성 있는 광고모델의 효과

전문적인 정보원천으로부터 정보를 받게 되면 소비자 마음속에서는 내면화(internalization)가 일어난다. 내면화로 인한 태도변화는 상대적으로 지속성을 가진다.

그 이유는 새로운 정보가 수용자의 인지체계(스키마)에 결합하여 내면화되기 때문이다. 즉 신뢰성 있는 광고모델이 제공한 메시지 내용을 '수용자 자신의 생각처럼 수용한 것'이다. 메시지는 광고모델의 것이 아니라 이제 자기 자신의 생각이 된다.

일단 내면화된 메시지는 정보원천이 누구였던지에 대한 기억이 사라져도 자신의 생각이 된 것이기에 소비자 자신의 의견으로 남아 있게 된다. 이렇게 내면화된 메시지는 그 자체가 스키마로 되면서 장기기억으로 이전되어 지속적 영향력을 행사한다. 즉 사람들은 메시지와 연결된 특정 광고모델보다는 메시지의 핵심 요지를 기억하거나 또는 메시지에 대한 자신의 생각을 기억하기 때문에 태도는 오래도록 지속된다.

- 신뢰성 있는 모델이 소비자 설득에 영향을 미치지만 이것은 메시지 학습 과정을 통해 일어난 것이 아닐 수도 있다. 다시 말해 신뢰도 높은 정보원의 메시지였기에 자기 생각을 하지 않고 맹목적으로 그 메시지를 자기 것으로 받아들였을 수도 있다. 이와 같이 어떤 변수의 영향력은 한 가지 인지통로만을 통해 영향을 미치는 것은 아니다.

2) 매력적인 광고모델의 효과

매력적인 정보원천으로부터 정보를 받게 될 때는 동일시(identification)가 발생한다. 소비자는 정보원천과 비슷한 견해를 취하려 한다. 즉 자기 자신을 매력적인 모델과 동일시함으로써 소비자는 매력적 정보원천과의 밀접한 관계형성을 맺고자 한다.

- 매력적인 사람이 입은 옷 스타일과 같은 스타일로 따라서 입는다, 매력적인 사람이 주장한 견해에 자신도 동조한다 등. 아이돌을 따라하는 청소년들.
- 중국 춘추시대의 서시는 최고의 미녀로 꼽힌다. 서시는 가슴앓이가 있어 가슴을 움켜쥐며 얼굴을 찡그리곤 했는데, 하도 미인이라 그런 자태조차 아름다웠다. 그러자 이웃에 사는 추녀가 그 모습을 보고 자기도 얼굴을 찡그리고 다녔다고 한다. 그러자 마을 사람들 중 어떤 사람은 놀란 나머지 문을 걸어 잠그고 집 밖을 나오지 못했고, 또 어떤 사람은 처자식을 데리고 다른 마을로 도망을 쳤다고 한다.

이러한 방식의 태도변화는 매력적인 정보원이 여전히 그 매력을 유지하는 동안만 지속된다.

3) 권위 있는 광고모델의 효과

강력한 정보원천으로부터 정보를 받게될 때는 추종(순응, compliance)이 발생한다. 이러한 태도변화는 정보원이 수용자에게 보상/처벌을 통해 힘을 발휘할 수 있는 동안만 지속된다. 권위에 의한 태도변화는 내면화되는 것은 아니다. 사람들은 단순히 보상을 최대화하거나 처벌을 최소화하기 위해 힘을 가진 정보원을 겉으로만 추종할 뿐이다.

- 상사의 업무지시에 대해 상사가 있을 때는 의견에 동의하는 태도를 보이지만, 사적으로 자기 의견을 편하게 표시할 때는 전혀 동의하지 않는다. 이러한 점에서 볼 때, '힘을 가진 정보원' = '의견 수용을 진정으로 하게 만드는 (내면화 능력을 가진) 정보원'의 관계는 성립하지 않는 경우가 적지 않다.

여러 명이 식당에 갔을 때 어떤 사람의 영향력을 예로 들면 다음과 같다.

1. **신뢰성**: 식품영양 전문가가 건강에 좋은 요리를 시키면서 그 음식의 장점을 설명하면, 이에 영향을 받아서 자신도 그것을 주문한다. 이러한 경험이 내면화되었기에 추후에도 그 음식을 지속성 있게 시키게 된다.
2. **매력성**: 좋아하는 사람이 시킨 어떤 메뉴를 자신도 따라서 똑같이 시킨다. 그렇지만 그것은 실제 자신이 좋아하는 음식이 아니기에 지속성은 떨어진다.
3. **권위**: 권위 있는 사람이 시킨 메뉴를 그냥 따라서 시킨다. 그렇지만 그것은 실제 자신이 좋아하는 음식이 아니기에 지속성은 떨어진다.

4. 광고모델과 관련된 몇 가지 내용

광고모델이 커뮤니케이션에 미치는 효과는 다양하다. 예를 들어 광고모델의 표정(미소 띤 모습, 무표정, 정색한 모습), 광고모델의 수(한 명만 등장, 여러 명이 동시 등장), 광고모델의 말투 등에 따라 영향력은 달라지다. 다음은 광고모델과 관련된 몇 가지 내용이다.

1) 후광효과(halo effect)

기존의 인상(또는 눈에 띄는 어떤 인상)이 후속적으로 사람, 사물, 사건에 대한 짐작, 판단, 예측에 미치는 효과를 후광효과(後光效果)라 한다. 후광(halo)이란 태양이나 달무리, 또는 머리나 등 뒤에서 빛을 발해 성상(聖像)의 거룩함과 위엄을 더해주는 광채를 의미한다. 후광(기존 또는 현저한 인상)이 작용하면 주변에 있는 부분들이 본질과 다르게도 인식된다.
신체적 매력은 후광효과를 유발시키는 두드러진 특징 중의 하나이다. 외모가 반듯한 사람은 그렇지 않은 사람보다 머리가 좋고 믿음직스럽고 정직하며 유능하다고 생각된다. 정보발신자가 매력적인 경우 설득력이 높아지는 효과가 있다고 밝힌 연구들은 적지 않다. 이와 같이 남을 평가할 때 눈에 띄는 한두 가지 특징(예: 용모, 신체, 학벌, 옷차림, 자동차, 아파트)만으로 그 사람의 다른 면까지도 미루어 짐작한다.

후광효과는 광고모델뿐 아니라 제품/브랜드/기업 평가에도 나타난다: 포장이 우아하고 세련되면 그 안의 내용물이 고급품이라고 생각한다. '삼성전자' 기업명에 대한 높은 신뢰도는 여기서 나온 제품 모두가 우수할 것이란 생각을 들게 한다. 중국에서 한류열풍이 불었을 때 메이드 인 코리아 제품(식품, 화장품, 가전제품 등) 역시 좋은 이미지를 얻었다.

제품의 강점에 대한 강력한 인상을 심어주면, 고객들은 그 제품이 다른 강점도 가질 것으로 여긴다. '더 걸쭉한' 스파게티 소스는 좋은 의미를 함축하기에 높은 품질, 영양가, 값어치 등을 연상시킨다. '호텔 레스토랑 출신의 주방장'은 맛있는 음식, 고급 식재료 등을 연상시킨다.

- 예전에 국내 어떤 자동차 회사는 독일 벤츠사 엔진을 사용한다고 대대적으로 광고하였다. 그 자동차의 다른 성능도 벤츠에 버금갈 것이란 착각을 소비자들이 할 수 있다.

어느 한 가지 속성이 좋다고 인정된 대상은 다른 속성도 무조건 좋을 것으로 왜곡 평가되는 경향, 즉 후광효과는 신념의 평가과정에서 흔히 나타나는 오류이다.

- 명문대학교 출신의 연기자는 공부를 잘한 것처럼 연기도 특출하게 잘할 것이고 생활도 바르게 할 것으로 짐작한다. 그런데 실제 그렇지 않은 경우도 많다.

2) 음영효과(overshadowing effects)

모델의 매력도는 긍정적으로 작용한다. 그러나 한편 이것이 너무 강하면 중심메시지를 가린다는 단점도 있다. 유명모델로 인해 소비자 관심이 제품이 아닌 모델에 집중되어 제품, 브랜드의 속성이 가려지는 것을 음영효과라고 한다. 나무가 크고 높으면 주변을 그림자로 어둡게 가리는 것처럼 모델 매력성이 너무 강하면 정작 전달하고자 하는 메시지가 흐릿하게 약화된다.

참고로 '정보원(광고모델)의 등장(제시) 순서'는 언제가 좋을 것인지에 대한 연구도 있었다. 광고 메시지의 시작 부분부터 밝히는 것이 좋은지 아니면 끝부분에 가서야 밝히는 것이 좋은지에 대한 논쟁이다. 정보원을 초기에 밝히면 주의를 끌 수 있다는 주장도 있지만 반면에 정보원에 대한 인지로 인해 수신자가 개별 메시지에 주의 집중하는 것을 방해하여 광고효과를 감소시킨다는 주장(음영효과)도 있다. 연구결과, 정보원이 전문가일 경우에는 메시지의 끝부분보다는 시작 부분에 제시하는 것이 보다 설득적이었다. 반면에 정보원이 매력적인 경우에는 시작 또는 끝의 순서에 따른 효과 차이가 없는 것으로 나타났다.

- 광고모델이 제품 및 브랜드 메시지에 그림자를 드리우는 음영효과도 있지만, 거꾸로 제품 및 브랜드가 광고모델에 부정적으로 그림자를 드리우는 음영효과도 있다. 사회적으로 나쁜 평판을 가진 제품 및 브랜드의 광고모델로 출연하면 그로 인한 부정적 이미지가 광고모델에게 씌워진다.

3) 수면자 효과(睡眠者 效果, sleeper effect)

정보제공자의 공신력(신뢰성)이 태도에 미치는 효과는 광범위하게 연구되었다. 대부분의 초기 연구에 의하면, 메시지가 제시된 직후에 태도가 측정될 경우, 공신력이 높은 정보원(예: 권위 있는 의사가 '커피 중독의 위험성'에 대해 경고하는 경우)은 낮은 정보원(예: 일반인이 '커피 중독의 위험성'에 대해 경고하는 경우)에 비해 좀 더 설득적인 것으로 나타났다. 이는 공신력이 낮은 정보원의 메시지가 미덥지 않을 것이라는 단서를 제공하기 때문으로 해석되었다.

그러나 이러한 정보제공자의 공신력 효과에서 흥미로운 현상은 정보제공자의 공신력이 미치는 효과(즉 광고모델 효과)는 단기적이라는 점이다. 메시지가 제시된 후 3~4주가 지나서 태도를 다시 측정했을 때, 정보제공자 공신력의 효과(즉 광고모델의 효과)는 사라졌다. 즉 공신력이 높은 정보원에 의한 '많은' 설득의 양은 사라졌고, 또한 공신력이 낮은 정보원에 의한 '적은' 설득의 양도 사라졌다. 특히 후자의 현상을 수면자 효과라 한다. 시간이 경과됨에 따라 메시지의 설득 효과가 감소되는 것이 아니라 오히려 증가되는 것을 의미한다. 즉 지연된 태도변화의 효과를 수면자 효과라 한다. 순수한 설득의 양은 시간이 오래 지나면 공신력이 높은 집단과 낮은 집단에서 거의 동등한, 즉 중간 수준으로 되돌아갔다.

이러한 효과가 발생하는 이유에 대한 여러 해석이 있다. 그 중 하나는 낮은 공신력을 가진 정보제공원(과소평가 단서)과 초기 결합된 메시지가 시간이 경과되면 그 결합관계의 끈이 느슨해지면서(끊어지면서) 설득력이 점차 증가한다고 보는 것이다. 즉 태도변화의 증가분은 메시지 주장에 의해 야기된 것이 아니라, 과소평가 단서의 부정적 영향이 분리되면서 나타난다는 것이다. 이는 정보제공원을 수용자가 기억하지 못하기 때문이라기보다는, 시간이 경과하면서 정보원과 메시지를 연결하지 못하는 경향 때문이다(누가 어떤 말을 했는가에 대한 연결고리가 약해짐). 그러나 정보원과 메시지 내용 사이의 연결고리가 다시 회복된다면(누가 그 말을 했는지를 기억) 정보제공자의 공신력 효과는 다시 나타난다.

4) 기타

광고모델(정보원)의 효과에 대해서는 여러 흥미로운 연구결과가 있다.

- 수신자의 눈빛을 바라보면서 말하는 정보원은 수신자의 시선을 피하는 정보원보다 더 믿을 만하고 설득력이 있는 것으로 평가된다.

- 주저하는 말투보다 강하고 유창한 문체를 사용하는 정보원은 (메시지 주장에 대해 더 많이 아는 것으로 인식되기에) 더 믿을 만하다.
- 정상 속도보다 더 빠른 속도로 메시지를 전달하는 정보원은 (메시지 주장에 대해 더 많이 아는 것으로 인식되기에) 더 설득적이다. 예를 들어, Miller 등(1976)은 정상 속도보다 다소 빠른 속도로 이야기하는 사람에게 보다 많이 설득된다는 것을 증명했다. 그 이유는 빨리 말하는 사람은 그가 무엇을 말하는지 알고 있다(신뢰성이 있다)고 생각하기 때문이라고 해석했다. 참고로 이러한 현상을 활용한 '시간압축광고'가 있다. 빠른 말소리(예: 음성광고의 경우 말과 말 사이의 빈 간격을 줄이거나, 모음을 줄이는 방법을 통해 광고물을 압축)를 이용하여 소비자 주의를 끄는 광고를 의미한다. 연구 결과, 시간압축광고는 정상 속도의 광고에 비해 소비자의 흥미를 끌고 기억도 잘되는 것으로 나타났다
- 목소리 톤이 더 낮을수록 그리고 목소리의 높낮이 변화 폭이 더 클수록 좀 더 설득적이다.

광고모델과 연관한 흥미로운 연구주제가 아직도 많이 남아 있다: 모델의 얼굴 표정이 어떨 때(웃는 얼굴, 평소의 무표정한 얼굴 등) 효과적인가? 광고에 등장하는 모델이 많을수록 효과적인가? 모델의 움직임은 어떠한 영향을 미치는가?

5. 광고모델의 커뮤니케이션에 대한 시사점

광고모델이 수신자에게 미치는 영향력은 상황에 따라 다양하게 나타난다. 이에 대한 폭넓은 이해는 모델을 사용할지 여부, 사용한다면 어떤 특성의 모델을 사용할지, 모델의 표현방식은 어떻게 할지의 의사결정에 도움이 된다.

1) 제품과 표적 고객의 특성을 고려하여 광고모델을 결정한다

일반적으로 고관여 제품의 경우에는 소비자들의 광고 메시지의 처리 능력에 높고 또한 강한 동기 부여가 작용한다. 이러한 경우에는 광고모델의 신뢰도가 상표태도 형성에 효과적이다. 반면에 저관여 제품의 경우에는 소비자의 정보처리 능력이 낮고 동기부여 역시 낮다. 이 경우에는 매력도가 소비자 설득에 효과적이다.

2) 제품유형에 따라 광고모델을 달리한다

일반적으로 자동차는 남성모델, 소파는 여성모델이 좀 더 효과적인 것으로 나타났다.
광고 제품과 광고모델의 이미지, 개성 등이 적합해야 한다. 광고모델이 가지는 이미지와 제품이 전달하고자 하는 특성이 서로 상응할 때 높은 광고효과를 거둘 수 있다.

3) 광고모델의 선정에는 다양한 요소를 고려한다

특히 외국인 모델, 다문화, 종교, 다양한 가족 형태 등에 대한 사회적 인식을 고려해야 한다.

4) 유명인 모델들의 사용에는 신중을 기해야 한다

광고 커뮤니케이션 효과에 기여하는 경우도 있지만 모든 유명인 모델들이 광고효과를 높이는 것은 아니다.

- 과거 우리나라 광고는 전문성을 지닌 유명인, 또는 매력성을 지닌 연예인에 편승하려는 모델 의존도가 높은 광고물이 많았다. 1984년 어떤 하루의 TV광고 중 모델이 등장하는 광고는 80%였고, 그 중 유명 탤런트, 인기 연예인의 광고는 68%였다.

광고모델이 가지는 이미지에 소비자들은 감정이입하기에 동일시, 내면화를 통한 태도변화가 발생한다. 그렇지만 다량의 광고물에 중복 출현하는 모델의 경우에는 동일시, 내면화를 통한 태도변화 효과는 떨어질 가능성이 있다. 또한 유명 모델의 예상치 못한 돌출 행동이나 사건은 제품 및 광고주 이미지, 매출에 악영향을 미치기도 하므로 주의해야 한다.

6. 광고모델의 새로운 흐름

컴퓨터 그래픽 기술이 발달함에 따라 CGI(computer-generated imagery) 가상 모델이 나타나기 시작했다.

- 2020년 5월 기준으로 226만 명이란 엄청난 인스타그램 팔로워 수를 가진 가상 인플루언서 릴 미켈라(Lil Miquela)는 개인 SNS를 통해 사회에 자신의 목소리를 분명하게 내고 있다. 패션, 라이프스타일을 보여주는 것을 넘어 트랜스젠더, 인종차별, 성 소수자, 청소년 인권, 코로나바이러스 구호 펀드 등 사회적 이슈에 적극적으로 의견을 제시하고 있다.
- KFC는 창업주인 커넬 샌더스(Colonel Sanders)를 CGI 가상모델로 만들어 캠페인을 진행했다. KFC는 공식 인스타그램 계정을 인플루언서 프로필처럼 꾸며 놓고 실제 인플루언서가 즐겨 사용하는 해시태그를 이용하여 글을 게시하고 광고를 하기도 했다. 이러한 캠페인 효과로 KFC 공식 인스타그램 팔로워 수는 대폭 늘어났다. 특히 TV나 신문과 같은 전통 매체보다 디지털 매체에 친숙한 젊은 세대들에게 더욱 쉽고 재미있는 브랜드란 인식을 심어주는 마케팅 효과를 거뒀다.

가상 모델의 장점은 여러가지가 있다: 모델 비용의 절감, 모델 사생활로 인해 유발되는 리스크 관리의 용이성, 유연한 콘텐츠 생성(예: 비현실적 또는 위험한 장면, 광고주가 원하는 표정 연기) 등과 같이 광고주나 제작사가 원하는 방향으로의 적합한 묘사가 가능하다. 디지털 가상 모델들이 주목 받는 트렌드에 맞추어 가상 모델 에이전시도 생겨났다.

V 일관성, 지속성 그리고 상황에 따른 적합성과 융통성을 생명으로 하는 광고캠페인

1. 광고캠페인의 의미

광고 컨셉 및 크리에이티브 아이디어가 착상되었다면 이제는 장기적 시각으로 광고캠페인을 생각해봐야 한다. 단발적 광고물을 만들고 종료하는 경우도 있지만, 대부분의 경우에는 꾸준하게 광고물을 지속하면서 또한 발전시킨다.

이러한 개념이 광고캠페인이다. 광고캠페인이란 하나의 일관된 주제를 중심으로 여러 편의 변형된 광고를 통해 장기적으로 관리하는 것이다. 광고캠페인은 광고목표에 의거한 일련의 광고스케줄에 있어서, 상품별, 시기별, 지역별 등으로 특정한 광고주제를 설정하고 목표달성을 위해 계획적, 조직적으로 일정 기간 계속해서 행하는 집중적 광고 활동을 의미한다.

광고캠페인은 일정 기간 동안 제품, 서비스, 기업에 대한 일련의 광고물들 집합이다. 이러한 광고물은 공통된 소구와 실현 방법이 중심이 된다. '고향의 맛, 다시다', '오리온 초코파이 정(情)', '언제 어디서나 터지는 011', '또 하나의 가족, 삼성' 등은 대표적인 광고캠페인이다.

- 미국의 경우 캠페인 기간은 평균 17개월 정도라고 한다. 이 수치가 어떤 의미를 가지는 것은 아니다. '말보로' 캠페인처럼 40년 넘게 진행된 광고캠페인도 있으며, 단 몇 개월만에 세계를 놀라게 하는 캠페인도 물론 존재한다.

2. 광고캠페인의 관리

광고캠페인에서 중요한 것은 지속성 못지않게 캠페인의 발전성에 있다. 똑같은 광고물을 3년 동안 계속 틀었다고 해서 캠페인이 되는 것은 아니다. 짧든 길든 광고캠페인은 발전적으로 진화해야 하고, 경쟁사에 비해 총체적 효과 차원에서 앞서야 한다.

몇 달에 한 번씩 광고물을 바꾸기만 한다고 해서 그것이 캠페인은 아니다. 후속하는 광고물은 기존의 것보다 강력하고 효과적이어야 하며, 연계선상에 존재한다는 확신 없이 제작물만 바꾸는 것은 위험하다.

뜻하지 않게 시작한 광고가 성공적이어서 그것이 모티브가 되어 장기 캠페인으로 가는 경우도 없지 않다. 그렇지만 어떤 주제를 중심으로 표현 방법을 다양하게 변화시키면서 장기간 광고를 지속시키기 위해서는 전략적이면서도 통찰적인 안목이 요구된다.

- 한 가지 통일성 있는 이미지를 세울 머리가 있고, 그 이미지를 오랜 기간 계속 유지한 광고주에게는 엄청난 보상이 주어질 수 있다. 다만 한가지 스타일만 계속 유지하기 위해서는 보통 배짱이 필요한 것이 아니다. 압력에 밀려서 광고가 바뀌는 것은 너무도 쉬운 일이다. – David Ogilvy
- 조금 더 오랫동안 사용해도 좋을 광고물을 도중에 내리거나 폐기하는 아쉬운 경우를 실무 현장에서 종종 경험했다. (소비자는 그 광고물에 여전히 흥미를 가지고 있는데도 불구하고 광고주가 먼저) 광고물에 지루함을 느껴서 그렇게 되기도 하고, 시장 성과를 바라는 조바심 때문에 다른 광고물로 교체하기도 한다. 참을성, 인내심은 광고에서도 중요한 덕목이다.
- 셔윈 코디 영어학원은 '영어에 이와 같은 실수를 하지 않습니까?'란 동일 문구를 단지 폰트와 모델의 턱수염 색깔만을 바꾸면서 50년 이상을 광고했다.
- 앱솔루트 광고(캠페인)의 성공은 컨셉의 일관성은 유지하면서, 이에 대한 표현의 다양성을 창의적으로 전개한 데 따른 결과이다.

광고캠페인을 성공적으로 이끌어가는 데 있어서 광고 컨셉 못지않게 중요한 요소로는 크리에이티브 아이디어를 들 수 있다. 장기적 캠페인은 크리에이티브의 확실한 기반(creative platform)과 이를 발전적으로 변형시키는 창의력 없이는 여간해서 오랫동안 끌고 나가기 힘들다.
광고의 변형 방법에는 다음의 유형이 있다.

1. **실질적 변형(substantive variation)**: 광고모델, 그래픽, 색깔과 같은 광고의 주변단서는 그대로 유지하면서, 광고 메시지의 주장(중심단서)에 변화를 주는 것이다.
2. **표면적 변형(cosmetic variation)**: 광고 메시지(혹은 광고주제)는 그대로 유지한 채, 광고 실행적 요소, 즉 주변단서만을 변화시키는 것이다.

광고캠페인은 특정 제품이나 서비스를 위해 행하는 독특한 광고적 노력들로, 그 노력은 일정 기간 동안 계속적으로 수행된다는 특성이 있다. 광고목표 중의 하나는 반복에 의한 지속적 누적효과를 통해 소비자의 태도형성 및 변화를 도모하는 것이다. 이런 점에서 볼 때, 단일 주제 및 단계적 주제에 대한 지속적이고 발전적인 광고캠페인은 그 의미가 크다. 또한 집중적 활동인만큼 다른 마케팅 활동과의 긴밀한 연계하에 광고문안의 선정, 모델 결정, 표적고객 선택, 타이밍 선정 등에 관해 주도면밀한 계획을 수립하는 한편, 사후의 효과측정에 대해서도 체계적 관리가 요구된다.

CHAPTER 10

광고물의 제작: 글, 그림, 소리

Ⅰ. 광고물의 구성 요소

Ⅱ. 광고물에서의 글(카피)

Ⅲ. 광고물에서의 그림

Ⅳ. 광고물에서의 소리: 라디오 광고의 아트디렉션

Ⅴ. 광고물 제작의 실무

Ⅵ. 광고물에 대한 몇 가지 생각들

들어가기 전에

광고 컨셉이 결정되고 이를 표현하는 방식(크리에이티브 아이디어)까지 선정되었다면, 이제는 제작 기획안을 실제 광고물로 구현해야 한다.

그림 10-1 광고물의 기획, 실제 제작과의 관계

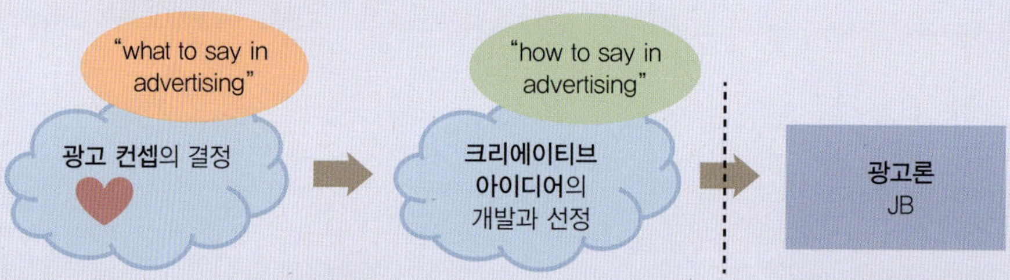

여기서는 실제 광고물의 제작에 대해 소개한다. 독자 여러분이 광고물을 직접 제작하는 경우는 드물 것이다. 그렇지만 여기 소개하는 내용(크리에이티브 요소들의 실현)은 광고를 깊이 있게 이해하는 데 도움이 될 것이다.

I 광고물의 구성 요소

하나의 광고물에는 사람의 감각에 호소하는 여러 요소가 포함된다: 시각적 요소(문장, 글씨체, 그림, 사진, 색상, 동영상), 청각적 요소(소리, 음악, 음향효과), 후각적 요소(예: 잡지의 향수 광고(향수냄새가 배인 종이), 까페의 커피 향기), 촉각적 요소(예: 잡지의 벽지, 의류 광고 – 실제의 벽지, 옷감 샘플을 만질 수 있게 함), 미각적 요소(예: TV 맛보기(Taste the TV, TTTV) – TV 화면상의 위생 필름을 혀로 핥아 맛을 느낄 수 있도록 하는 장치). 이러한 요소들을 어떻게 제작하고 제시하는가에 따라 광고물의 수준은 달라진다.

여기서는 광고물의 시각 및 청각적 요소의 제작에 대해 살펴본다. 설명의 편의상 글, 그림, 소리로 나누어 설명한다.

1) 글

메시지를 글(문장)로 표현한 것이다. 광고회사의 카피라이터(copywriter)가 담당한다. 카피, 대본, 콘티 등이 이와 연관되는 용어이다.

2) 그림

메시지를 비주얼(visual)로 표현한 것이다. 글이나 말이 문장 표현이라면 그림이나 영상은 비주얼 표현이다. 광고회사의 그래픽디자이너, PD(producer), 크리에이티브 디렉터가 이 부분을 담당한다. 레이아웃, 사진, 동영상, 폰트, 색상, 그래픽 아트, 만화 등이 이와 연관된다.

3) 소리

소리는 인쇄매체에는 보통 해당되지 않는다. 그렇지만 TV, 라디오, 인터넷, 모바일 매체에서는 중요한 제작 요소이다. 배경음악, CM송(commercial message song), 징글, 음색, 음향효과 등이 이와 연관된다.

광고물 제작은 광고 컨셉을 구현하는 것이다. 아무리 좋은 광고 기획안(광고 컨셉 + 크리에이티브 아이디어)을 가지고 있더라도 실제로 구현하는 능력이 부족하다면 최종적으로 산출되는 광고물의 품질은 떨어진다. 이와 반대로 광고물이 아무리 예술적으로 수준 높게 구현되었더라도 (시장의 흐름 및 소비자 마음을 읽는 데 실패하여) 잘못된 광고 컨셉이 기반이 되었다면 이 또한 좋은 광고물은 아니다.

표 10-1 광고 컨셉과 제작물 구현의 다양한 조합과 그에 따른 시장성과

	완성도 높게 구현된 광고물	미흡하게 구현된 광고물
올바른 광고 컨셉	최상의 커뮤니케이션 성과 산출	마케팅 성과는 있겠지만 광고물 임팩트는 적음
잘못된 광고 컨셉	광고물은 눈에 띄지만 마케팅 성과는 미흡	마케팅 성과 거의 없음

이제 광고물의 실제 제작에 대한 내용을 본격적으로 소개한다. 물론 여기서 다루는 내용은 기본적이고 초보적인 수준이다. 실제 우리가 흔히 보는 광고물은 광고회사의 전문가(제작팀)들이 주도하고 그들의 경험, 능력 및 창의력에 기반한다.

- 맛있는 음식, 맛없는 음식의 판단은 누구나 쉽게 한다. 그러나 아무나 맛있는 음식을 만드는 것은 아니다. 마찬가지로 우수한 광고, 허접한 광고의 구별은 누구든 쉽게 한다. 그러나 좋은 광고물의 제작을 위해서는 전문성, 훈련, 경험이 필요하다.

제작에 대한 기본 매뉴얼은 존재하지만 항상 정해진 방식으로 수행되지는 않는다. 제품특성, 시장상황에 맞게 담당자의 관록과 창의력이 발휘되는 영역이다.

- 뼈대는 거의 유사하다. 여기에 살을 어떻게 붙이는가에 따라 사람의 체형과 얼굴은 천차만별이 된다. 디테일이 승부를 가른다.

제작팀이 뛰어난 예술성을 가진 광고물을 만드는 것은 물론 중요하다. 그렇지만 광고는 기업의 마케팅목표 달성을 위한 것이기에 실질적 도움이 되어야 한다. 광고물이 기업에 도움이 되지 못한다면 아무리 예술성 높은 광고물이라도 그것은 실패한 것이다. 그러나 때로 제작팀은 마케팅 성과보다 광고물의 예술성을 중히 여길 수 있기에 이에 대한 균형을 잡아야 한다.

Ⅱ 광고물에서의 글(카피)

광고물에는 언어적 요소인 글과 말(문장)이 포함된다. 이를 광고카피(광고문안)라고 한다.

1. 광고카피(문장적 표현)의 중요성

광고 컨셉은 동일하더라도 이를 문장으로 어떻게 표현하는가에 따라 소비자 반응은 달라진다. 예를 들어 에이스 침대는 '침대를 과학적인 방법으로 만들었습니다'가 아니라 '침대는 가구가 아니다. 침대는 과학이다'라고 표현하였고 그 결과 시장에서 매우 좋은 반응을 얻었다.

- 지하철 문을 닫을 때, '빨리 타세요'와 '문이 닫힙니다' 중 어느 편이 승객을 서두르게 만드는가? 용돈 인상을 요구하는 메시지도 문장의 표현방식에 따라 성과는 달라진다.
- 저자는 반어법을 가끔씩 사용한다. 대화에 유머와 활기를 주는 경우가 많기 때문이다. 그런데 인터넷에서 멋진 반어법을 발견하였다. "최고로 대접해주세요. 가장 가난한 아이들이니까요." – '부산 송도의 성자'로 불리는 미국 출신 소 알로이시오(1930~1992) 신부의 말

광고카피가 매출증대를 불러오고 시장에 엄청난 변화를 가져온 사례는 적지 않다.

- "달리는 차 안에서 들리는 것은 오직 시계의 초침소리뿐이다."(롤스로이스 – '롤스로이스는 세계 최고급승용차'라는 이미지를 소비자 인식에 깊이 심어 놓음); "맞다, 게보린"(삼진제약 – 이 광고를 통해 아스피린, 사리돈, 바랄긴 등이 지배하던 진통제 시장을 중소기업인 삼진제약이 기선제압하였고 1980년대 중반 이후 줄곧 1위를 고수함).

2. 광고카피에서 고려할 요소들

광고카피에는 광고기획 단계에서 고려했던 모든 내용을 반영한다. 즉 시장환경 분석, 마케팅 목표, 마케팅 전략, 광고목표, 광고 컨셉, 소구 방향 등을 포괄적으로 참조하여 광고카피를 작성한다. 또한 광고물에 대한 소비자 반응을 예상하여 작성한다.

광고는 소비자에게 어떤 메시지를 전달하는 것이다. 소비자와의 의미 공유가 올바로 일어나야 한다. 광고카피는 글을 통해 의사소통을 하는 것이므로 글쓰기에 대한 이해가 필요하다.

- 저자가 예전에 광고대행사에 근무하던 시절, 사보(社報)에 글을 쓸 기회가 여러 번 있었다. 글을 완성하면 친한 카피라이터에게 리뷰를 부탁한 경우가 가끔 있었는데, 확실히 카피라이터가 글을 다듬어주면 글이 몰라볼 정도로 좋아졌다.

몇 가지 글 쓰는 요령을 제시하면 다음과 같다. 이러한 내용은 헤드라인, 바디카피, 슬로건 모두에 해당한다.

첫째, 명확하고 이해하기 쉽도록 문장을 작성한다. 때로는 애매모호한 표현이 광고적 효과를 거두기도 하지만, 일반적으로 애매한 표현은 삼가는 것이 좋다. 이러한 표현은 각자 유리한 방향으로 해석하기에 추후 문제가 발생하기도 한다. 또한 가능한 이해가 용이하도록 문장을 작성한다.

- 식품에 '칼로리' 대신 '운동량'을 적는다면? 탄산음료 1캔을 마셨을 때, 그로 인한 열량을 모두 소모하기 위해선 26분 동안 걸어야 한다. 290칼로리짜리 중간 크기 모카커피는 53분 동안 걷거나 28분을 달려야 한다. 피자 2조각은 1시간 23분을 걸어야 한다. 미국 존스 홉킨스 연구팀이 필요 운동량이 적힌 표지판을 상점에 설치했더니, 구매 음료의 평균 칼로리가 203에서 179로 낮아졌다. 영국 공중보건학회 조사에서도 응답자의 50% 이상이 필요 운동량이 적힌 표시를 본 뒤, 선택을 바꿨다. 이러한 점은 칼로리로 표시할 때보다 소비자들이 쉽게 이해할 수 있어, 구매에 더 큰 영향을 미치기 때문이다. 자신이 먹은 칼로리를 소모하기 위해 운동을 어느 정도 해야 하는지 알게 되면 사람들은 훨씬 충격을 받기에 이에 따라 낮은 칼로리 음식으로 선택을 바꾸게 된다. - 출처: 〈식품에 '칼로리' 대신 '운동량' 적었더니 … 효과는?〉, 이언주, MBC뉴스데스크, 2016년 4월 9일
- 타이어의 마모 상태는 타이어 측면에 있는 삼각형(▲) 표시로 확인이 가능하다. 삼각형(▲) 표시 위쪽을 보면 홈 속에 '돌출된 부분'을 볼 수 있는데 이게 마모 한계 표시다. 승용차용 타이어는 마모 한계 표시 높이가 1.6mm인데, 타이어가 마모돼 홈 속에 '돌출된 부위'가 밖으로 나오면 교체해야 한다. 또는 100원짜리 동전을 아무 홈에 넣어 이순신 장군의 감투가 보이면 수명이 다 된 것이라고 한다. 이러한 방식은 자동차 전문가가 아니라도 쉽게 이해되고 또한 직접 해보기도 쉽다.

둘째, 적절한 분량으로 제공한다. 많은 정보를 제공한다고 해서 수신자가 그만큼 많이 정보를 수용하는 것은 아니다.

- 강의실에서 많은 내용을 이야기한다고 해서 많은 지식이 전달되는 것은 아니다; 아이를 붙잡고 오랜 시간 동안 잔소리를 늘어놓는다고 해서 아이의 행동이 바뀌는 것은 아니다.

셋째, 생각할 여유를 주어야 한다. 소비자가 글을 읽고 생각하면서 소화시킬 여백과 여유를 제공해야 한다.
넷째, 충분한 정보를 제공해야 한다. 소비자는 상품을 선택하기 위해 필요한 모든 정보를 얻기 바란다.
다섯째, 재치 있고 유머스럽게 표현한다. 정곡을 찌르는 표현을 사용한다.

- 신장이 171cm인 남자가 '자신은 190cm를 넘지 않는다'고 프로필에 적어 놓는다면, 프로필을 읽은 사람들은 그 사람의 키를 얼마쯤이라고 생각할까?
- 웃음은 위로 올라가 증발되는 성질을 가졌지만, 슬픔은 밑으로 가라앉아 앙금으로 남는다. 이처럼 슬픔은 기쁨보다 오래가는 성질을 가졌는데, 사람들은 그것을 상처라고 부른다. – 공지영(작가)

여섯째, 설득력이 있어야 한다. 이를 위해 표현은 논리적이어야 하고 동시에 임팩트가 있어야 한다.

- Broadly speaking, the short words are the best, and the old words best of all.
  – Sir Winston Churchill
- 아이스크림의 경우, '우리 제품은 맛있고 비싼 성분들이 많이 들어갔기에 5000원으로 책정하였습니다'로 하기보다는 '그래서 △△콘은 5000원입니다!'라고 짧게 강조하는 것이 더욱 강력하다.
- 외국 잡지에 나오는 담배 광고들은 상당히 자극적이다. 가장 유명한 것은 말보로 광고로 광고모델은 모두 카우보이, 광고 문구는 언제나 단 한 줄 'COME TO MARLBORO COUNTRY'이다. 같은 마초 노선으로 '윈스턴'이 있다. 모델은 육체노동자다. 광고 문구는 'AMERICA'S BEST', 분위기는 영화 〈디어 헌터〉 같은 느낌에 가깝다. 타르가 어떻고 니코틴이 어떻고 하는 건 남자답지 않아 하는 분위기다. 나 개인적으로는 이러한 광고에 반발을 느끼지만, 동시에 이 광고들을 보면 그 반발과는 반대로 무작정 담배가 당긴다. 이에 비해 '울트라 저타르지만 좋은 맛이 납니다'(켄트3)라든가, '모두 개운하게 샐럼 스키피츠'(샐럼)라든가, 재즈맨을 모델로 한 쿨의 '플레이하려면 이것밖에는 없죠' 시리즈 같은 온화한 광고는 봐도 특별히 피우고 싶은 마음이 들지 않는다. 그러고 보니 담배라는 것은 본질적으로 마초인 걸까? – 출처: 『더 스크랩』, 무라카미 하루키 저, 비채(2014)

광고물을 보다 보면 처음엔 그럴 듯해 보이지만 설득력이 그다지 없는 것들도 있다. 좋은 광고카피를 쓰려면 일단 많은 광고물을 보기 권한다. 또한 평소에 책을 많이 읽기 권한다. 시(詩)를 읽는 것도 분명 도움이 된다.

- 우연히 읊다(偶吟): "사람들이 바른 선비를 대하는 것은/호랑이 가죽을 좋아하는 것과 같아/살았을 땐 잡아죽이려 하고/죽은 뒤엔 아름답다 떠들어대지." – 조식(曺植, 조선 중기 대학자, 1501~1572)

청산유수와 같이 유려하고 아름다운 표현의 글귀를 만드는 것이 광고카피의 목적은 아니다. 비록 투박하고 표현이 거칠더라도 설득력이 있어야 한다. 설득을 하려면 RTB(reason to believe or buy)가 분명하게 담겨 있어야 한다.

- "우리 가게의 커피는 맛있습니다.", "우리 회사 자동차는 안전합니다."에는 RTB가 없다. "우리 가게 커피는 세계 최상급 △△원두를 사용하고 일주일 이내 로스팅한 커피만을 제공하고 있습니다.", "우리 회사 자동차의 강판은 경쟁회사보다 3cm 더 두껍고, 브레이크는 최신 △△ 성능을 가졌습니다."라고 하면 RTB가 된다.

3. 인쇄매체에서의 카피

인쇄매체(신문, 잡지 등)는 헤드라인, 서브헤드라인, 카피본문, 슬로건 등으로 광고카피가 구성된다.

그림 10-2 인쇄매체의 광고카피

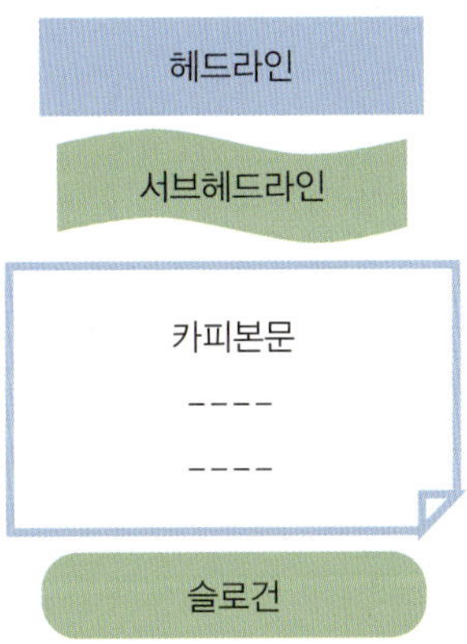

1) 헤드라인(headline)

헤드라인은 광고물의 제목과 같은 역할을 한다. 가장 중요한 핵심 문구(제품의 혜택, 주장 등)를 담고 있다. 좋은 헤드라인은 소비자의 주의를 창의적으로 유도하며 즉각적이고 명확한 소구점을 전달한다.

"세상 사람들! 다른 것보다 일단 이것 좀 봐주세요!"라는 성격을 가진 것이 헤드라인이다. 일단 헤드라인을 통해 소비자의 주의를 끌어야 첫 단추가 꿰어지는 것이다. 정보처리 시간이 제한될수록, 경쟁광고물이 많을수록, 광고에 대한 관심이 적을수록 헤드라인의 역할은 중요하다.

- 인터넷 포털에는 수많은 기사들이 떠 있다. 사람들은 모든 기사를 볼 여유가 없다. 그래서 인터넷 포털의 헤드라인은 중요하다. 때로는 자극적인 제목, 내용 일부만 보여주고 궁금증을 유발해 기사를 클릭하게 만든다.

광고카피를 작성할 때는 소비자, 문화, 언어, 시장 상황에 대한 포괄적 이해가 필요하다. 또한 나라마다 언어의 느낌이 다르기에 국제 광고물의 헤드라인은 특히 주의를 기울여야 한다. 헤드라인의 유형은 다음과 같다.

(1) 뉴스형

방송국의 뉴스처럼 새로운 정보를 제공한다. 이것은 신뢰성이 높은 방식이다. 그렇지만 담담히 팩트를 전달하기에 소비자 주의를 끄는 힘은 약하다.

- 예: '삼성전자, 세계 최초로 640메가디렘 개발', '포스코, 경제정의 기업상 대상 수상', '기아 세피아, 최단 기간 10만 대 돌파!'

(2) 혜택 제시형

자사 제품의 혜택을 단도직입적으로 제시하는 것이다. 이는 상품의 본질 또는 혜택을 제목처럼 눈에 띄게 제시하는 것으로 혜택의 신속한 전달이 중요하거나 소비자 관여도가 낮은 경우에 유용하다. 또한 이미 많은 정보가 알려진 성숙기 상품의 경우, 새로운 혜택만 제시하는 경우에도 적절하다.

- 예: '12시간의 자외선 차단 효과', '30일 복용하면 10kg 감량됩니다', '피자 한 판에 만 원'

(3) 경고형

제품을 사용하지 않을 때의 문제점을 제시함으로써 소비자에게 강한 압박을 전달한다. 문제제기가 쉬운 약품, 교육, 보험 등에서 많이 사용된다.

- 예: '영어 학습! 10세에 시작하면 이미 늦습니다', '유행성 출혈열, 호흡기로도 전염될 수 있습니다'

(4) 질문형

의문문의 사용은 소비자의 주의를 끌고 궁금증을 불러일으킨다. 헤드라인에서 제기된 질문의 답은 카피의 본문에 있기에 카피 본문까지 읽게 만드는 효과가 있다. 즉 소비자는 이러한 질문에 효과적인 답변이 나올 것을 기대하고 바디카피를 읽는다. 한편 질문형 헤드라인에 대해 소비자들의 '모른다, 그런데 별로 알고 싶지 않다.', '내게는 별로 중요하지 않다.'라는 반응을 유발하면 이러한 카피는 실패한 것이다.

- 예: '뼈 건강을 왜 30대부터 신경 써야 하는지 아십니까?', '페인트 회사가 왜 해파리를 공부할까?', '인쇄기인가? 복사기인가?'

(5) 논쟁형

이슈를 부각시켜 관심과 호기심을 불러일으키려는 의도를 가진다. 질문형의 특수 유형으로 볼 수도 있다.

- 예: '우리 파스퇴르 우유는 고름우유를 절대 팔지 않습니다', '당신의 피부색이 당신의 미래를 좌우해선 안 됩니다', '갤럭시가 먼저인가, 아이폰이 먼저인가?'

(6) 명령형

단도직입적으로 소비자에게 어떤 구체적 행동을 지시한다.

- 예: '먹지마세요, 피부에 양보하세요', '앞 유리까지 썬팅하라'

헤드라인 작성에 대한 몇 가지 지침은 다음과 같다: 간결해야 한다(한번에 눈에 들어오는 글자 수는 8~9자에서 최대 13자), 구체적이어야 한다, 브랜드 이름을 포함시킨다, 혜택을 부각시킨다, 비주얼과 조화롭게 어울려야 한다, 본문카피를 읽을 수 있도록 유도해야 한다 등.

- 당신의 일을 한 문장으로 설명할 수 없다면 그 일이 너무 복잡하다는 신호다. - Sam Altman (OpenAI CEO)

2) 서브헤드라인(sub-headline)

서브헤드라인은 헤드라인에 대한 보완적 설명을 하거나 헤드라인과 광고본문 사이의 연결고리 역할을 한다. 이의 위치는 헤드라인과 카피본문의 중간에 위치하는 경우가 많다. 서브헤드라인은 신축성 있게 사용하는 경우가 많다.

3) 카피본문(body copy)

광고물에서 말하고자 하는 상세한 내용을 담는다. 즉 광고 메시지의 본론에 해당한다. 많은 글을 담고 있기에 문장력이 중요하다.

- 만 권의 책을 읽으니 마치 신들린 것처럼 글이 써진다. – 두보(杜甫)
- 프레임(frame): 사람의 지각과 생각은 항상 어떤 맥락, 어떤 관점 혹은 일련의 평가 기준이나 가정하에서 일어난다. 즉 지각과 생각은 진공 상태에서 일어나는 것이 아니라, 어떤 맥락을 가지고 일어난다. 이러한 맥락, 관점, 평가 기준, 가정 등을 프레임이라고 한다. 프레임은 결국 세상을 바라보는 마음의 창(窓)이다. 이런 관점에서 본다면, 동일인에게, 동일 질문을 하더라도 질문 어순 및 방법에 따라 다르게 대답하게 할 수 있다. 문장의 힘이란 이러한 데서 나오기도 한다. – 출처: 『프레임』, 최인철 저, 21세기북스(2016)

카피본문의 작성 요령은 다음과 같다: 소구점에 대한 구체적 내용 또는 근거가 담겨야 한다, 소비자에게 친근감 있게 다가가야 한다(여러 사람이 아니라 바로 당신에게 편지 쓰듯이 작성), 한 가지의 주된 아이디어를 일관성 있게 강조한다, 간결하게 표현한다(불필요한 문장은 억제), 상품이 복잡할수록 쉬운 말로 표현한다, 운율과 리듬감을 준다, 글의 흐름을 논리정연하게 한다, 구체적인 묘사를 한다.

카피본문은 보통 도입부(lead), 중간(interior), 결말(close)로 구성된다.

1. **도입부(lead)**: 헤드라인과 직접 연결된다. 독자의 환기된 주의를 좀 더 많은 관심으로 유도한다.
2. **중간(interior)**: 메시지의 내용을 구체적이면서도 상세히 제시하는 부분이다. 여기서는 주장에 대한 근거를 설득력 있게 제시한다.
3. **결말(close)**: 주의, 관심을 구매의도 및 행동으로 연결시킨다(예: '지금 신청하세요, 전화번호는 ○○○-○○ **증권', '지금 구입하세요, 제한 댓수 00대').

4) 슬로건(slogan)

광고물의 상세 내용에 대해서는 대부분 쉽게 잊혀진다. 이에 비해 슬로건은 오랫동안 기억에 남는 경우가 많다.

- 슬로건의 예: 소화에는 까스명수, 라면은 농심, 또 하나의 가족 삼성, 소화제는 훼스탈, 맞다 게보린, 하이마트로 가요!

슬로건이란 (주로 광고 하단(baseline)에 위치한) 반복적인 문안을 의미한다. 이는 기업의 이념이나 캠페인 주제 등을 짤막한 구호 형식으로 표현한 것이다. 슬로건은 반복 사용을 통해 광고의 연속성을 확보한다. 여러 편의 광고에서 소재와 광고모델이 바뀌더라도 항상 같은 위치에 있기에 광고들 간의 연결고리를 제공한다.

일반적으로 기업은 슬로건을 통해 브랜드를 차별화하기에 고유성을 슬로건에 담는다. 특히 포지셔닝에 근거한 슬로건은 브랜드의 핵심 특징을 보여주고 소비자에게 간결한 인상을 심어준다. 만약 슬로건이 자주 바뀐다면, 포지셔닝을 바꾸는 것만큼이나 크게 소비자에게 혼선을 주게 된다.

슬로건의 문구대로 기업이 실천하지 않는다면 그것은 말뿐인 슬로건에 불가하다. 그렇지만 기업과 창업주의 경영 철학이 담겨 있고 이의 실천이 따라준다면 슬로건은 좀 더 소비자들에게 진정성 있게 다가간다. 또한 우리 삶에 영감을 주기도 한다.

- 애플: 'Think Different', 나이키: 'Just Do It', 파나소닉: 'A Better Life, A Better World'
- 클리셰(cliche): 원래의 의미를 잃어버릴 정도로까지 계속 습관적으로 반복되는 요소를 칭한다. 활판인쇄 시절에 자주 반복되어 사용되는 문구를 아예 미리 조판으로 맞춰놓고 그대로 편리하게 찍던 것에서 유래되었다. 클리셰는 구태의연함을 의미하기도 하지만 유사 장르에서 이것이 빠져 있다면 어딘지 어색하거나 불편하게 느껴지기도 한다.

4. 방송 매체(TV, 라디오)에서의 카피

인쇄광고에서 소개한 대부분의 내용은 방송광고에도 적용된다. 그렇지만 방송광고는 다음과 같은 매체 특성이 있기에 이를 반영한 광고카피를 작성한다.

첫째, 방송광고는 언어적, 시각적 표현뿐 아니라 보조적 커뮤니케이션 도구(화면의 동적효과, 음향효과 등)의 사용이 가능하다.

둘째, 보통 30초 이내의 시간 제약이 있다. 광고카피를 전달하는 데 상당한 제한이 있다(인쇄광고는 시간적 제약이 없는 편).

셋째, 청중은 주어진 제시 순서, 즉 시간 순서에 의해 카피를 접한다.

1) TV의 카피

콘티(단순한 대사), 대본(전체 흐름도) 등이 카피에 해당한다. TV광고의 카피에 대한 일반적 지침은 다음과 같다.

1. 메시지를 시각화(視覺化, visualize)한다. '음식이 맛있다'를 글보다는 표정으로 보여준다.

2. 실연(實演, demonstration)을 한다. 기름으로 찌든 후라이팬이 깨끗이 닦이는 것을 실제로 보여준다.
3. 짧은 시간 동안 메시지를 제시하므로 단순하고 명확한 구조로 한다. 또한 정보의 제시 흐름을 관리한다.
4. 가장 중요한 메시지를 집어넣는다.
5. TV는 저관여 매체이기에 초기에 강하게 시작한다. 즉 도입 부분에서 소비자 주의를 끌어야 한다.
6. 중요한 것은 반복한다. 물론 이러한 반복이 소비자에게 불편함을 주어서는 안 된다.
7. 대화에 가까운 문장으로 한다.
8. 표적시장 소비자들의 언어로 한다.

2) 라디오의 카피

라디오는 청각만을 통해서 정보를 전달하는 매체이다. TV처럼 시간 제약이 있고 메시지를 클러터(clutter) 속에서 부각시킬 필요가 있다. 매체 관여도는 낮은 상태이므로 메시지 전달의 독창성과 명료성이 중요시된다. 라디오 광고의 카피에 대한 일반적 지침은 다음과 같다.

1. 제품의 표적시장을 초기에 밝힌다(예: '전국의 대입수험생들은 들으세요!')
2. 브랜드와 제품을 조기에 확인시킨다. 또한 브랜드명을 확실히 언급한다.
3. 시각적 상상을 유발하는 문장을 사용하고(예: 푸른 하늘, 잔잔한 파도, 깎아지른 절벽) 이와 연관된 음향효과(sound effects) 및 음색을 가진 성우를 활용한다(예: 찌개 끓는 소리, 커피를 졸졸 따르는 소리, 기차 소리 등).
4. TV광고물을 알고 있는 소비자에게는 라디오를 통해 TV광고에 대한 상기효과를 불러일으킨다.
5. 중심이 되는 아이디어와 테마를 반복한다.
6. 메시지를 단순화한다.
7. 회화체에 가까운 문안을 작성한다.
8. 한 가지 강한 아이디어에 초점을 둔다.
9. 시작과 끝을 강하게 한다.

Ⅲ 광고물에서의 그림

광고물의 구현이란 머릿속의 광고 컨셉을 실제 광고물로 만드는 것이다. 그동안 개념적으로만 그려오고 상상했던 크리에티브 아이디어가 실물로 현실화되는 것이다. 여기서는 광고 컨셉, 크리에이티브 아이디어가 어떻게 비주얼(visual: 그림, 사진, 도표, 영상 등의 시각적 요소)로 눈에 보이게 구현되는지를 살펴본다.

- 나라마다 화폐의 디자인은 사람, 동물, 자연, 기하학적 무늬 등으로 모두 다르다. 이러한 시각적 디자인을 통해 각 나라의 철학, 문화, 역사, 가치관 등을 추론해볼 수 있다.

1. 아트디렉션의 의미

광고에서 비주얼을 종합적으로 계획하고 처리하는 것을 아트디렉션(art direction)이라 하고 이를 담당하는 사람을 아트 디렉터(art director)라 한다. 앞서 살펴본 광고카피가 문장을 통한 의미 전달이라면 아트디렉션은 비주얼(형상 및 그림)을 통한 의미전달이다.

그림 10-3 금연에 대한 두 가지 유형의 의미전달

광고의 비주얼 요소로는 레이아웃, 사진 및 그림, 활자체, 색상, 동영상, 일러스트레이션(illustration), 화면구성, 픽토그래프(pictograph), 애니메이션 등이 있다. 아트(art)는 창조활

동이고 그 중심에는 비전(vision)이 있다. 아티스트는 어떤 대상 또는 자극물로 인해 생기는 자신의 느낌이나 인상을 상상력을 동원해서 비주얼로 표현한다.

- 광고대행사에서 제작회의를 하다 보면, 시장 상황, 소비자 욕구, 제품 기능, 광고 컨셉 등의 설명을 들으면서, 빈 종이에 그러한 언어적 내용을 그림으로 스케치하는 그래픽 디자이너의 모습을 종종 목격할 수 있다.
- 비전은 보이지 않는 것을 보는 기술이다(Vision is the art of seeing things invisible).
  – Jonathan Swift
- Geniuses make their thoughts visible. – Michael Michalko, "Thinking Like a Genius," The Futurist, 1998.

2. 광고에서 비주얼의 의미

1) 비주얼의 중요성

첫째, 시각 정보를 통해서만 전달이 가능한 메시지가 있다. '치즈가 함박눈처럼 듬뿍 뿌려진 피자'라고 백 번 말하는 것보다 한 번 보여주는 것이 낫다.

둘째, 시각적 정보는 정보 제공뿐 아니라 감정적 반응을 유발한다. 전쟁의 참상을 보여주는 사진은 정보제공뿐 아니라 격한 감정 반응을 불러일으킨다.

셋째, 소비자 주의를 끄는 힘이 있다. 보통 사람들은 광고를 볼 때 비주얼을 먼저 본 다음 글을 읽는다. 따라서 비주얼은 광고카피를 보게끔 유도하고 동시에 광고카피의 이해를 돕는 역할도 한다.

넷째, 메시지 전달을 보다 직관적이면서도 신속하게 한다.

2) 비주얼에서 유념할 점

시각적 정보는 수신자(소비자)의 주관적 해석이 개입되기에 다음과 같은 점에 주의해야 한다.

첫째, 수신자의 사회적, 문화적 배경을 고려해야 한다.

- 나라마다 선호하거나 기피하는 색이 다르다. 이러한 점은 제품, 브랜드, 포장, 광고물에 반영되어야 한다. 중국에서는 붉은색이 많이 쓰이지만 아프리카에서는 잘 받아들여지지 않는다.
- 아름다움에 대한 판단은 문화에 따라 다르다. 사모아 섬에서는 목이 두꺼울수록 미인이고 동남아시아의 어떤 소수 민족에서는 목이 길수록 미인이다.

둘째, 시각적 정보는 언어적 정보에 비해 수신자의 정보처리 과정에 대한 통제력이 약하다. 이렇게 모호할 경우 시각적 정보의 설득력 및 이해도는 감소한다.

- 동일한 시각적 정보(예: 그림, 사진 또는 이모티콘)에 대한 해석은 사람마다 다를 수 있다. 반면에 언어적 정보는 메시지의 뜻을 비교적 명확히 전달한다.

그림 10-4 다양한 방식으로 해석되는 그림

* 언어적 정보가 없는 그림(왼쪽)은 다양한 방식으로 해석될 수 있다.

- TV방송에서는 어느 순간부터 영상에 자막을 입히는 경우가 많아졌다. 이는 자막을 넣음으로써 그 장면에 대한 시청자의 주관성 및 애매모호함을 방지하고 연출자의 생각을 명확히 전달하고자 하기 위함이다.

3. 비주얼의 관리 항목(인쇄광고)

비주얼의 관리는 크게 둘로 나누어 설명한다.

1) 레이아웃(layout)에 대한 아트디렉션: 비주얼 전체에 대한 관리

레이아웃은 비주얼에 포함된 여러 요소를 전체적으로 어떠한 구조와 느낌으로 관리할지에 대한 것이다. 인쇄광고에는 카피(헤드라인, 바디카피, 슬로건), 사진, 일러스트레이션 등과 같이 글과 그림 요소들이 함께 있다. 레이아웃은 카피를 포함한 모든 비주얼 요소의 구성(構成)과 배치(配置)를 어떻게 할 것인가에 대한 것이다.
시각적 요소들이 동일하게 존재하더라도 배치에 따라 소비자가 느끼는 인식, 감정은 달라진다. 즉 레이아웃에 따라 광고 영향력은 달라지기에 좀 더 효과적인 레이아웃을 구성한다.

그림 10-5 레이아웃의 차이

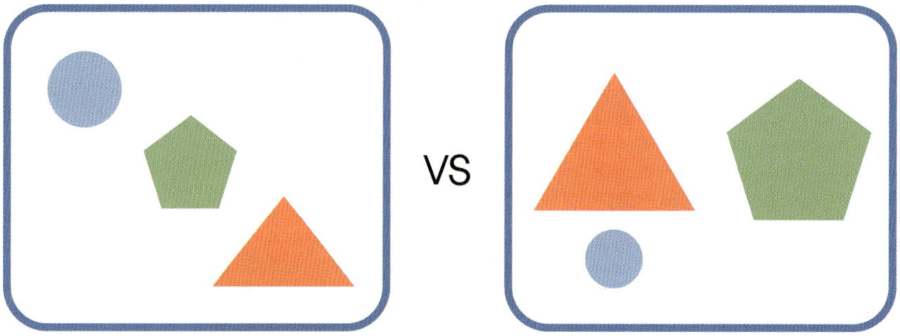

레이아웃에서 결정할 사항들은 다음과 같다.

(1) 구성(composition)

광고물에 어떤 요소를 포함시킬지(또는 제거할지)에 대한 결정이다. 사진가는 촬영할 때 어떤 부분을 넣고 어떤 부분을 뺄지 결정한다. 미술가 역시 캔버스에 무엇을 넣고 뺄지를 결정한다. 구성에 대한 일반적 가이드라인은 있지만 제품, 소비자, 시장 상황에 따라 신축적이고 창의적으로 운영할 필요가 있다.

- 일반적 가이드라인의 예: 사진은 감성을 조성하거나 상품을 자세히 보여주는 경우에 반드시 필요하다. 사진의 비중은 전체 광고의 반 정도를 차지한다; 헤드라인은 독자의 주목을 끌기 위해 필요하다. 비중은 10~15%를 차지하고, 위치는 그림과 바디카피의 사이에 둔다; 포장, 브랜드, 로고타이프는 대개 우측 하단에 집어넣는다; 경계선(borderline)은 소비자의 주의를 끌 수 있으므로 필요하다면 집어넣는다.

(2) 균형(balance)

광고의 시각적 안정감과 연관된다. 광고물에 들어갈 요소들(헤드라인, 슬로건, 사진, 일러스트레이션, 제품, 포장, 브랜드, 광고모델)이 결정되었다면, 이제 각각의 위치 및 크기를 결정해야 한다. 이러한 결정은 균형과 관련된다. 균형은 소비자의 시각적 안정감과 관계된다.

- 카피라이터가 광고물 구성요소의 크기를 맘대로 결정하면 카피 부분을 크게 하고 그림 및 사진을 작게 한다. 그래픽 디자이너가 크기를 결정하면 반대로 그림 및 사진에 더 큰 비중을 둔다.

배열을 균형적으로 처리하면 안정감은 증가하지만, 대신에 진부하고 단순한 느낌을 준다. 경우에 따라서는 불균형적 배열을 사용하기도 한다.

(3) 강조(emphasis)

광고물에 포함된 여러 요소 중에서 특히 강조할 부분을 설정하여 디자인하는 것이다. 그래픽 디자이너는 특정 요소를 강조하기 위해 형상, 크기, 색상을 주로 사용한다.

- 강조를 위해 제품만 컬러로 처리하고 나머지 부분은 흑백으로 처리; 제품의 특정 부분 또는 카피의 특정 부분을 강조하기 위해 그 부분만 과하게 확대 처리 등

(4) 움직임(movement / gaze motion)

움직임은 소비자 시선을 유도하기 위한 의도적 배열과 연관된다. 레이아웃에 포함된 여러 요소(그림, 카피, 브랜드, 포장용기 등)를 보는 순서를 유도한다.

아트디렉터는 소비자가 어떤 순서로 보는 것이 효과적인지를 먼저 결정하고, 이러한 순서로 소비자가 보게끔 유도한다. 참고로 인쇄광고에서 소비자 시선의 움직임은 광고 요소의 위치, 크기 등에 따라 달라지지만 방송광고에서는 시간의 흐름을 통해 통제한다.

사람의 시선은 일반적으로 다음의 순서로 흐른다: 위에서 아래로, 왼쪽에서 오른쪽으로(글을 읽는 문화와 연관됨), 큰 것에서 작은 것으로, 강한 색에서 옅은 색으로, 밝은 곳에서 어두운 곳으로 등. 이를 고려하여 소비자 시선의 움직임을 유도하도록 광고물을 디자인한다.

일반적으로 중요한 광고물 요소(예: 브랜드, 포장, 가격)는 소비자의 시선이 제일 마지막에 머무르는 오른쪽 아래에 위치시킨다.

- 관광지에 가면 사람들은 환한 곳, 사람들이 많은 곳, 웅성이는 곳에 몰려든다. 이와 같이 사람들은 자극의 양상에 따라 움직임이 달라진다. 광고물도 마찬가지이다. 밝고 선명한 부분, 움직이는 부분, 큰 부분에 사람의 시선은 우선 몰리게 된다.

(5) 비중(proportion)

이것은 형상과 배경에 대한 결정이다. 사람들은 자극물을 받아들일 때 일부분을 '형상'으로 보고, 그 이외의 부분을 '배경'으로 지각하는 경향이 있다.

- 멀리서 사람이 오는 것을 보게 되면, 사람은 형상이 되고, 나머지 정경은 배경이 된다.

여기서 형상(figure)이란 자극물에서 보다 두드러진 요소로 받아들이는 부분(영화의 주인공)이고, 배경(background)은 상대적으로 덜 두드러지게 지각되는 부분(영화의 조연)이다. 광고물에서는 제품(브랜드)이 배경이 되지 않고 형상이 되도록 비중을 조절해야 한다.

- 패션쇼에서 모델의 얼굴이 너무 눈에 띄면, 정작 중요한 옷은 배경이 되고 만다.

(6) 일체감(unity)

광고에 포함된 모든 요소 간의 조화를 의미한다. 일체감 있는 광고일수록 효과가 있다. 광고에서는 언어적 정보(광고카피, verbal message), 시각적 정보(조형적 이미지, nonverbal message)가 함께 제공되기에 이 두 가지가 서로 조화를 이뤄야 한다.

- 자동차를 타고 가다 보면, 앞차에 '아기가 타고 있어요'라는 문구를 보게 된다. 늘상 보는 문구이기에 신경이 무뎌지던 중 어떤 경고 스티커는 눈에 확 들어왔다. '까칠한 아기가 자고 있어요'라는 문구와 함께 까탈스런 아기의 모습이 귀엽게 그려져 있었다.
- 차 앞으로 과감하게 끼어든 오토바이가 있었다. 그런데 옷에 크게 쓰여진 'Brabe Tiger'란 잘못된 철자가 눈에 들어왔다. 정말 용감함이 느껴졌다('무식하면 용감하다'란 말이 있듯이). 언어적, 비언어적 메시지가 조화로웠다.

때로는 언어적 정보와 시각적 정보를 일부러 부조화스럽게 제공하는 경우도 있다.

- '아름다운 얼굴'이란 카피를 쓰고 그 옆에 주름이 깊게 패인 얼굴을 보여줌. 그리고 몇 초 뒤 '어머니의 얼굴'이라고 설명함; '아름다운 손'이란 카피를 쓰고 그 옆에 상처투성이의 볼품없는 손을 보여줌. 그런 다음 '어머니의 손'이라고 설명함.

일상적 모습이 아닌 독특하고 부자연스러운 모습이기에 소비자 주의를 끌 수 있다. 또한 소비자들이 왜 그런지에 대한 이해를 하려고 정보처리 노력을 기울이기에 결과적으로 기억에 오래 남는다. 본능적으로 사람들은 논리적으로 문제가 없는 것을 선호한다. 그렇기에 모순된 것을 보면 그러한 모순의 해결을 위해 나름의 해석을 하려고 머리를 쓰게 된다(이렇게 머리를 쓴 것일수록 오래 기억에 남는다).

(7) 여백(white space)

여백은 광고에서 광고문안이나 사진, 그림이 차지하고 남은 부분을 의미한다. 여백은 주목의 효과를 높이는 데 효과가 있다. 또한 광고의 주인공인 제품을 부각시키고 소비자의 관심을 끄는 유용한 수단이 된다. 아무것도 없는 공간인 여백의 적절한 활용을 통해 메시지 전달효과를 높일 수 있다.

- 계속 말을 하다가 잠시 말을 멈추면(즉 여백), 오히려 사람들은 주목하게 된다.

2) 사진, 그림, 색상, 활자체에 대한 아트디렉션: 비주얼의 개별 요소에 대한 관리

(1) 사진

현장감 및 사실감을 주고, 정서적 반응을 유발한다. 또한 정보처리 시간이 빠르다는 장점이 있다. 한 장의 임팩트 있는 사진은 파급효과가 엄청나다.

(2) 만화, 일러스트레이션

일러스트레이션(illustration)이란 제3자에게 의미를 전달하거나 또는 내용 암시를 위해 제작된 그림이며 이는 디자인 작업으로 분류된다.
만화, 일러스트레이션의 특성은 다음과 같다: 사진으로 촬영할 수 없는 장면을 보여준다; 환상적 효과를 제공한다; 상상적이거나 과장된 소구에 적합하다; 표현을 즐겁고 부드럽게 해준다 등.

그림 10-6 파급력이 높은 사진

* 2016년 8월 브라질 리우 올림픽에서 찍힌 한국 여자 체조선수 이은주(17)와 북한 여자 체조선수 홍은정(27)의 셀프카메라 장면(유라시아그룹의 회장 이안 브레머의 트위터). 게시물은 하루 만에 1만 7,931번 리트윗되며 온라인에 퍼졌고, 마음에 든다는 표시를 한 사용자도 1만 8,180명을 돌파했다.

(3) 색상

컬러 마케팅(color marketing)은 색채를 적극적으로 이용해서 소비자 감성과 구매행동에 영향을 미치는 것이다. 사람은 보통 색채에 감성적 반응을 하므로 소비자에게 긍정적 영향을 미치는 색상을 전략적으로 활용한다.

- 호주 정부는 담뱃갑 전체를 황록색(olive-green)으로만 꾸미도록 강제하는 '단순포장법(plain packing law)'을 시행할 계획이다. 담뱃갑을 황록색으로 하려는 이유는 '가장 칙칙하고 덜 끌리는 색깔'로 판단했기 때문이다. 다이어트 음식은 보라색을 많이 쓴다. 보라색은 흔히 식감을 떨어뜨리는 색상이기 때문이다.

- 투우사는 붉은색 천을 사용한다. 그러나 실제로 소는 색맹이기에 색깔을 구분하지 못한다고 한다. 그러나 붉은색은 청중들을 흥분시키는 속성이 있기에 이를 사용한다고 한다.

어떤 대상을 듣고 그에 대한 색채도 동시에 떠오른다면 컬러 마케팅은 성공적이라고 할 수 있다: 코카콜라는 붉은색, 코닥은 노란색, 한국 축구팀은 붉은색, 포카리스웨트는 파란색과 하얀색, 스타벅스는 초록색 등.

(4) 활자체

광고에서 사용된 글꼴(서체, 폰트)에 따라 광고효과는 달라지기에 메시지에 적합한 활자체를 선택한다. 활자체는 가독성뿐 아니라 이미지에도 영향을 미친다. 한편 기업의 모든 메시지에서 동일 활자체를 사용하면 소비자에게 일치된 느낌을 주기에 자신만의 폰트를 개발하기도 한다(예: 스타벅스, 커피빈의 글씨체).

- 광고비주얼의 제작은 과거에는 전문가들이 담당했다. 하지만 기술이 발달하면서 과거 전문가들만 사용 가능했던 테크닉을 이제 일반인도 쉽게 다룬다. 예를 들어 사진의 경우, 전문가가 되려면 필름, 조명, 필터 등 알아야 할 것이 많기에 오랜 시간과 경험이 필요했다. 그렇지만 사진기가 발달한 지금은 초보자도 과거 전문가와 유사한 수준의 사진 작품을 만든다. 이러한 점은 사진에만 해당하지 않는다. 활자체, 색상, 음향 등 모든 면에서 기술 발달은 초보자의 문턱을 낮춰주고 있다.

오래전 수첩 또는 일기를 보면 글씨체에 감정이 실려 있음을 알 수 있다. 직접 손으로 쓴 일기장에는 화가 났을 때의 글씨체, 실망했을 때의 글자체, 행복했을 때의 글씨체, 무언가 표현을 찾지 못하고 공백으로 남겨 놓은 빈칸도 있다. 이러한 감정적 흔적은 디지털 수첩에서는 절대 느낄 수 없다. 어떤 기업의 역사를 오랜 기간 연구했던 교수가 예전에 저자에게 했던 말이 있다. 그 교수는 몇십 년 전 기업 회의록, 품의서, 서신 등을 직접 접하면서 연구하는데 글씨체, 사용 단어, 표현 방식 등을 통해 당시 사람들의 느낌마저도 읽을 수 있다고 했다.

그림 10-7 글씨체에 따른 메시지의 느낌

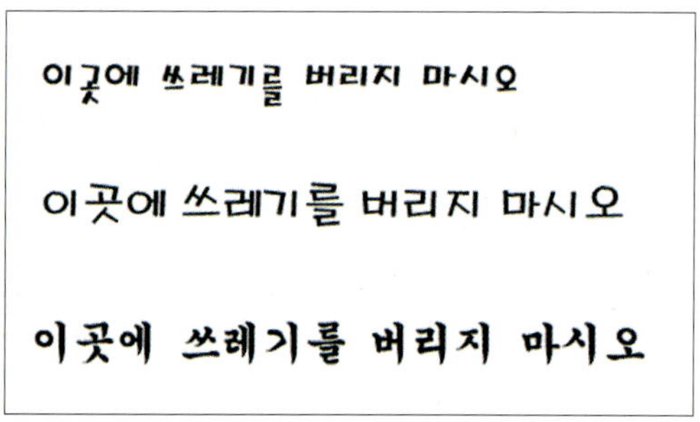

(5) 비주얼에 대한 몇가지 기법

1. **렌티큘러(lenticular) 기법**: 미세한 크기의 반 원통형 볼록렌즈(렌티큘)를 이미지(사진 또는 그림) 위에 나열하고, 양안 시차를 이용해 보는 각도에 따라 이미지를 다르게 보여주는 기법이다. 지폐의 글자가 보는 각도에 따라 색이 다르게 보이는 것도 이에 해당한다. 이 기법을 활용할 경우 프린트된 하나의 광고물에서 각도에 따라 서로 다른 이미지가 보인다.
2. **모자이크 기법**: 서로 다른 의미를 가지는 작은 조각(또는 사진)들을 모아 전체적으로 일정한 형상을 표현하는 미술기법이다.

4. 비주얼의 관리 항목(방송광고)

방송광고(TV, 라디오, 유튜브) 아트디렉션의 많은 부분은 인쇄광고의 내용에 준한다. 다만 인쇄광고와 대비되는 가장 중요한 특징, 즉 정지 광고물이 아닌 동적 광고물임을 고려하여 관리한다. 몇 가지 관리 포인트는 다음과 같다: 영상의 시간적 흐름에 대한 관리, 시각처리 효과(예: 실물 vs 가상, 특수효과, 촬영장소 등).

Ⅳ 광고물에서의 소리: 라디오 광고의 아트디렉션

광고물의 청각적 요소, 즉 소리에 따라 소비자의 주목도, 이해도 그리고 감정은 달라진다. 물론 기억에도 영향을 미친다.

- [주목도에의 영향] △△제약회사의 광고는 처음 시작할 때 언제나 '앗! △△제약'의 소리를 집어넣음으로써 소비자 주목을 일체감 있게 끌고 시작한다. [이해에의 영향] 영화에서는 배경음악을 통해 어떤 시대 또는 장소인지(예: 샹송 – 프랑스, 요들송 – 스위스)를 효과적으로 전달한다. [감정에의 영향] 공포 영화에서 음향효과는 공포심을 극대화하는 효과가 있다. 만약 소리를 없애고 시청하면 공포영화가 그렇게까지 무섭지 않다.

마케팅에서는 예전부터 소리를 전략적으로 활용했다.

- 소닉브랜딩(sonic branding): 어떤 특정한 소리, 음향, 음악 같은 청각적 요소를 자신의 브랜드처럼 활용하는 것이다(예: MGM영화사의 사자의 포효 소리, 펩시콜라의 병 따는 소리). 물론 여기에는 CM송, 징글(jingle) 등이 포함된다.

소리는 방송광고에 주로 해당하는데, 여기서는 라디오 광고의 아트디렉션을 소개한다. 물론 대부분 내용은 TV광고의 청각적 요소에도 해당한다.
라디오 광고는 청각(聽覺)에 의해서만 정보처리가 된다. 광고물 제작 관점에서 본다면 시각을 고려하지 않기에 TV보다 쉽다고 생각하지만, 이러한 제한점 때문에 그리고 소리만 가지고 효과를 얻어야 하기에 오히려 까다롭다. 청각에서의 아트와 관련된 부분은 음성(voice), 음악(music), 음향효과(sound effects) 등이 있다.

1. 음성(voice)

라디오의 정보제공은 주로 성우(聲優)의 목소리에 의해 수행된다. 음색, 음역, 목소리 톤이 아트디렉션에서 다루는 영역이다.

- 베르디는 셰익스피어의 『맥베스』를 오페라로 만들면서, 주인공 맥베스 역에 바리톤을 세움으로써 비극적 전조를 한층 고조시켰다. 일반적으로 오페라의 남자 주역은 테너이다.
- 좀 더 신뢰감 있고 호소력 있는 음성은 어떤 것인지에 대해 정치 분야에서 많은 연구가 있었다. 연구결과, 낮은 목소리 톤, 굵은 목소리, 넓은 음역 폭이 좀 더 영향력 있는 목소리로 밝혀졌다.

2. 음악(music)

음악이 사람의 마음과 행동에 영향을 미친다는 것은 이미 오래 전 입증되었다.

- 사면초가(四面楚歌): 사기(史記)의 항우본기(項羽本紀)에 의하면 초(楚)의 항우가 한(漢)의 유방(劉邦)군에 패하여 해하(垓下)에서 포위되었을 때, 사방을 에워싼 한나라 군사 속에서 초나라 노랫소리가 구슬피 들려오자 크게 놀라, "한나라가 이미 초나라를 점령했다는 말인가, 어째서 (항복한) 초나라 사람이 이토록 많은가."하고 슬퍼하였다 한다. 이것은 한나라 고조가 꾸며낸 심리작전으로, 사면초가라는 말은 여기서 유래되었다.

음악을 마케팅에서 활용한 사례를 찾기는 그리 어렵지 않다.

- 오스트레일리아의 한 도시에 새로 호화로운 쇼핑센터가 생겼다. 남녀노소가 모두 쇼핑과 휴식과 식사를 즐길 수 있도록 마련된 곳이었다. 그러나 어느 사이엔가 젊은이들이 소란스럽게 떼를 지어 쇼핑센터 안을 휘젓고 다니기 시작했다. 그러자 이들에 밀려 어른들의 발길이 멀어졌다. 상점주인들이 모여서 어떻게 하면 좋겠는가를 의논한 끝에 젊은 세대가 좋아하지 않을 음악을 틀어보면 어떻겠느냐는 의견이 나왔다. 그리하여 종일토록 빙 크로스비의 노래나 만토바니 교향악단의 은은한 음악만을 틀기로 했다. 그러자 놀랍게도 청소년들이 몰려들지 않게 되었다는 것이다. – 출처: 홍사중

문화마당, 조선일보, 1999년 9월 6일

음악의 영향력에 대해 많은 사람들은 공감한다. 이제는 구체적으로 어떠한 음악이 어떤 상황에서 어떠한 성향의 사람들에게 영향을 미치는지에 대한 연구가 필요하다.

- 식당에서 모차르트나 베토벤 등의 클래식 음악을 틀어주는 것이 매상을 올리는 데 도움이 되는 것으로 나타났다. 2003년 영국 레스터 대학의 3주 간 실험결과, 클래식 음악이 배경음악으로 깔렸을 때 손님들은 식사비용으로 1인당 평균 24파운드(약 4만 6,000원) 이상을 썼으나, 대중음악이 흐르는 경우는 1인당 22파운드(약 4만 2,000원) 미만을 지출했다고 한다. 클래식 음악이 흐를 때 손님들은 특히 값 비싼 디저트나 와인을 먹는 경우가 많았다고 한다. 이에 대해 연구팀은 클래식 음악이 손님들 자신을 좀 더 부유하다고 느끼게 만들어 돈을 더 많이 쓰게 만드는 것이라 설명했다.

광고물에서 흐르는 음악은 배경음악(background music), CM송, 징글(jingle) 등이 있다.

1) 배경음악

인쇄광고의 배경(ground)과 같은 역할을 한다. 감성광고(경험변형(transformational) 광고)에서는 정서적 반응을 일으키는 데 도움이 된다.

- 카페에서 나오는 배경음악은 우리의 감정을 알게 모르게 좌우한다. 음악에 조예가 깊은 작가들(예: 무라카미 하루키)은 장면을 묘사할 때 구체적인 음악장르 및 연주곡을 글에 집어넣음으로써 그 분위기를 더욱 섬세하게 묘사하기도 한다.

2) CM송(commercial music, commercial message song)

광고물을 위해 새롭게 작사 · 작곡하기도 하지만, 기존의 곡에 광고카피를 입히기도 한다. CM송의 형태(예: 빠르기, 가사의 유무, 가사 내용, 장르 등)에 따라 광고효과는 달라지기도 한다.

3) 징글(jingle)

광고의 짧은 언어적 메시지에 음률을 집어넣어 표현한 것이다. 즉 가락이 있는 짧은 광고문구(예: 브랜드 이름을 짧은 멜로디로 강조하는 것 – '생각대로 T,' '맥도날드') 또는 광고에서 반복되는 짧은 사운드(예: 'Intel inside'의 음율사운드)이다. 학자에 따라서는 징글을 폭 넓게 정의내리고 여기에 CM송을 포함시키기도 한다.

3. 음향효과(sound effects)

라디오는 시각표현이 어려운 환경이므로 음향효과를 통해 카피의 내용을 뒷받침한다(예: 바람소리, 파도소리, 찌개 끓는 소리). 물론 TV광고의 경우에도 장면의 이해를 돕거나 강조하기 위해 음향효과를 활발히 활용한다.

V 광고물 제작의 실무

이 책에서는 광고 현장의 실무에 대해 많이 소개하지 않고 있다. 그 이유는 입문서를 보는 독자들에게 크게 유용하지 않을 것이고, 또한 실무적 용어나 내용은 현장에 입문하면 비교적 손쉽게 익힐 수 있는 내용이기 때문이다.

- PPM(pre-production meeting): 광고 계획을 실제 제작으로 구현하기 전에 광고주와 가지는 사전 제작 미팅을 의미한다. 여기서 광고회사는 광고주와 공감대를 형성하고 일의 원칙을 확실하게 결정해야 추후 발생할 갈등 및 문제를 용이하게 해결할 수 있다.

광고 제작의 실무에 관심 있는 독자들은 이에 대한 내용을 접하게 되면 여기 여백에 채워넣기를 권한다.

VI 광고물에 대한 몇 가지 생각들

광고 컨셉, 크리에이티브 아이디어 그리고 광고물의 제작(글, 그림, 소리)에 대한 일련의 노력은 모두 광고물로 귀결된다. 그런데 소비자가 영향을 받는 것은 그가 접하는 광고물에 달려 있다. 즉 소비자가 접하는 최종적인 광고물이 좋지 못하면 광고주와 광고회사가 얼마나 많은 노력과 돈을 투자하였는지는 아무런 의미가 없다. 광고물 자체가 좋지 않으면 결코 커뮤니케이션은 성공하지 못한다. 좋은 광고물을 만들기 위한 광고인의 노력은 상상 이상이다.

여기서는 광고인들이 제시하는 몇 가지 교훈을 소개한다. 물론 일부의 주장은 지금의 시대에서는 수용하기 어려운 것도 있지만, 대부분 내용은 의미 있는 시사점을 제공할 것이다.

1. David Ogilvy의 위대한 광고를 만드는 11가지 방법

David Ogilvy는 〈TIME〉이 광고의 마술사라고 격찬한 광고인이다. 그는 자신의 경험과 지식을 담은 『어느 광고인의 고백(Confessions of an Advertising Man)』(서해문집, 1993)에서 다음과 같은 11가지 원칙을 제시한다.

1. 말하는 내용이 말하는 방법보다 훨씬 중요하다
2. 광고에 빅 아이디어가 없으면 실패한다
3. 정보를 제시하라
4. 광고가 지루하면 제품을 사지 않는다
5. 점잖아야지 우스꽝스러우면 안 된다
6. 광고는 시대에 맞아야 한다
7. 여러 사람이 광고를 비평할 수는 있어도 여러 사람이 함께 광고를 쓸 수는 없다(광고는 한 명이 구상해야 판매에 가장 효과적이다)
8. 만일 다행히도 좋은 광고를 만들었다면 효과가 없어질 때까지 반복하여 사용하라
9. 자기 가족이 보기를 원하지 않는 광고는 절대로 만들지마라
10. 광고는 제품 이미지에 대한 장기적인 투자이다
11. 남의 광고를 모방하지 마라

또한 좋은 광고란 광고주, 소비자 모두에게 공히 이익을 주어야 한다고 하였다.

- 광고주를 유지하는 가장 좋은 방법은 좋은 광고를 만드는 것이다. – David Ogilvy

2. Steven Johnson의 의사결정 방법

Steven Johnson(과학자)은 광고인은 아니지만, 『미래를 어떻게 결정할 것인가』(프런티어, 2019)에서 제시한 의사결정의 원칙과 방법은 광고를 만드는 데 시사하는 바가 크다. 그는 현명한 결정을 만드는 것은 직관이 아니라 합리적 심사숙고라고 했다.
그가 제시한 불확실성을 최소화하기 위한 의사결정의 원칙과 방법은 다음의 세 단계이다.

[1단계] 찾아낼 수 있는 모든 변수와 가능한 모든 방향에 대한 '마음의 지도' 작성(mapping)이다.
[2단계] 관련 변수들을 고려해 각 방향이 지향하는 결과를 예측(prediction)하는 것이다.
[3단계] 궁극적인 목표를 기준으로 다양한 결과를 비교하고 검토해서 방향을 결정(decision

making)하는 것이다.

만약 광고 컨셉, 크리에이티브 아이디어를 다양하게 열거하고, 그에 따른 예측결과를 비주얼로 만들 수 있다면, 실제 눈으로 확인할 수 있기에 팀원 간 의사소통은 좀 더 명확해지고, 개념을 좀 더 명확히 이해하게 된다. 그리고 이러한 점은 좀 더 합리적 의사결정을 내리는 데 도움이 된다.

CHAPTER 11

매체의 개관 및 유형

Ⅰ. 매체 관리의 중요성

Ⅱ. 매체의 유형

Ⅲ. 매체 유형별 특성에 대한 고찰

Ⅳ. 매체 관리에 대한 제언

들어가기 전에

광고는 TV, 라디오, 신문, 잡지, 인터넷, SNS 등과 같은 매체(媒體, media)를 통해 표적청중에게 전달된다. 여기서 '매체'란 메시지를 전달하는 데 사용되는 수단이다. 이처럼 메시지는 그것을 담는 어떤 운송수단(매체)을 통해 표적청중에게 도달한다. 메시지를 담는 운송수단인 매체가 좋을수록 광고효과는 커진다. 즉 더 많은 사람에게 전달할 수 있고 더 큰 영향력을 미칠 수 있다.

- 말하는 10명이 침묵하는 10,000명보다 더 시끄럽다.

그림 11-1 매체에 대한 개념도

매체를 통해 표적청중은 메시지를 접한다. 정보통신 기술의 발달에 따라 다양한 매체가 등장하였고 이에 따라 커뮤니케이션의 전달 경로는 더욱 많아졌고, 소비자와의 접점 역시 늘어났다. 매체가 많지 않던 과거에는 매체 관리가 그리 복잡하지 않았다(즉 TV, 라디오, 신문, 잡지 등만 관리하면 되었다). 그러나 이제는 상이한 성격의 매체를 다양하게 사용하기에 매체에 대한 종합적 관리는 중요한 과업이 되었다.

광고관리자는 매체 성격을 이해하고 이를 바탕으로 메시지에 적합한 매체를 선정해야 한다. 또한 기술혁신과 함께 새롭게 등장한 매체는 어떤 것들이 있는지, 창의적으로 활용할 만한 매체는 있는지 등에 대해 민감하게 대응해야 한다. 그리고 선정된 매체들 사이의 시너지가 최대한 발휘되도록 통합 관리해야 한다. 11장에서는 광고 매체에 대한 전반적인 내용과 매체 유형에 대해 살펴본다. 그런 다음 12장에서는 매체 계획에 대해 살펴본다.

I 매체 관리의 중요성

매체 관리가 중요한 이유는 커뮤니케이션에 있어서 매체 영향력이 적지 않고 또한 매체 관리에서 고려할 점이 많기 때문이다. 매체에 대한 몇 가지 내용을 살펴보면 다음과 같다.

첫째, 사용되는 매체에 따라 광고효과는 달라진다. 동일 음식이라도 담긴 그릇에 따라 맛이 달리 느껴지는 것처럼, 동일 광고물이라도 그것이 담긴 매체에 따라 소비자가 받는 감동과 신뢰감은 달라진다. 예를 들어 건축자재(벽지, 타일 등)에 대한 광고물을 주택을 전문으로 다루는 교양잡지를 통해 보았는지 아니면 저렴한 대중잡지 또는 전단지를 통해 보았는지에 따라 소비자 반응은 다르다.

둘째, 매체는 광고예산과 연관된다. 정해진 예산에서 최대 광고효과를 거두기 위해서는 매체를 효율적으로 운영해야 한다. 동일 예산을 집행하더라도 매체 구성과 집행 방식에 따라 광고효과는 다르다. 예를 들어 인쇄매체에 집행된 10억 원과 TV매체에 집행된 10억 원의 광고효과는 다르다. 매체별 장단점, 소비자의 매체 접촉행태 및 시장상황을 입체적으로 고려한 매체의 선택이 중요하다.

셋째, 매체는 소비자의 정보처리 과정에 영향을 미친다. 인쇄매체는 자신의 속도에 맞게 읽을 수 있다. 즉 시간적 여유가 있기에 관심 영역을 좀 더 집중적으로 보기도 하고 생각할 여유도 가진다. 따라서 길고 복잡한 제품정보의 제공이 가능하다. 반면에 방송매체는 인쇄매체보다 도달 범위가 넓고 전달 속도 또한 신속하다. 시각, 청각 등의 다양한 자극을 제공하고 비언어적 단서 또한 제공한다. 그래서 쉽거나 짤막한 메시지의 전달, 정서적 반응의 유발에 유리하다. 그러나 시간적 제약이 있기에 수신자가 정보흡수의 속도를 자기 페이스에 맞게 조절하기 어렵다.

- 실시간 인터넷 강의를 듣는 것과 인쇄된 책을 읽으면서 공부하는 것에는 어떤 차이(장단점)가 있는지를 생각해보자.

넷째, 매체 환경을 고려해야 한다. 소비자는 매체 자체에 의해서도 영향을 받지만 매체 환경(또는 시공간 맥락)에 의해서도 영향을 받는다. 예를 들어 자사 제품의 TV광고는 그것이 방영되는 전후 프로그램 및 광고의 성격에 영향을 받는다.

- 의료 보험, 약품 등의 광고는 병원 소재 드라마의 전후에 주로 송출된다. 지금은 시장에서 사라졌지만 '815콜라' 광고는 삼일절 또는 광복절의 TV특집 프로그램에 붙여서 광고됐다.

- 건강, 질병을 다루는 지상파(또는 종편)의 교양 프로그램 방영 시간대에 다른 채널로 돌려보면 홈쇼핑에서 이와 연관된 제품 판매를 하는 것이 종종 발견된다. 예를 들어, 당뇨병에 흑염소 진액의 효과를 보았다는 경험자가 등장하는 교양 프로그램이 방영될 때, 동시간대 홈쇼핑 채널에서 흑염소 진액 판매를 하는 유형이다.

인쇄매체의 경우에도 주변에 게재된 기사, 근접한 다른 광고물로부터 영향을 받는다.

- 일본 식민시대의 경제적 수탈에 대한 기사, 또는 독도에 대한 일본의 억지 주장이 게재된 신문에 일본 자동차 광고를 한다면 효과를 보기 어려울 것이다.
- 나란히 게재된 다른 광고물의 그림은 자사 광고물에 영향을 미친다(예: 맛있는 음식물에 대한 광고물의 바로 옆 페이지에 바퀴벌레 구충약 또는 설사약 광고가 있다면 기분이 어떨 것인가?).
- 1992년 세계적으로 히트친 '보디가드'란 영화가 몇 년 전 뮤지컬로 만들어졌다. 뮤지컬 팜플렛에는 후원사의 광고가 실려있었는데 그 회사는 '△△보안회사'였다.

다섯째, 매체는 제품 또는 메시지와의 적합성을 고려해야 한다.

- 치약 브랜드 콜게이트는 피자 박스를 매체로 이용한 적이 있다. 피자를 먹어 없앨수록 조금씩 위아래 입안이 훤히 들여다보이는 그래픽이 피자 박스 밑에서 등장한다. '당신의 저녁 입냄새가 아침의 잠자리처럼 되게 하지 마세요.'라는 문구는 피자 식사 후의 양치질을 유도한다.
- 불량 청소년을 대상으로 하는 공익광고(예: 폭력 쓰지 말 것, SNS를 통한 집단 괴롭힘 하지 말 것 등)를 클래식 음악 프로그램의 전후에 집행하는 것은 효과가 떨어질 것이다. 표적청중인 불량 청소년이 그 방송의 청취자가 아닐 가능성이 높기 때문이다.
- 이삿짐 센터의 선택은 중요 구매에 해당한다. 흔히 믿을 만한 이삿짐 센터를 알아보기 위해 최근에 이사한 지인에게 물어보는 경우가 많다. 직접 경험해 본 사람에게 물어보는 것이 제일 효과적이기 때문이다. 이와 유사한 제품 또는 서비스로는 자동차, 여행사, 치과 병원 등이 있다. 반면에 콜라, 건전지, 물티슈 등을 사는 경우에는 대중매체의 광고면 충분하다.

여섯째, 클러터(혼잡상태, clutter)를 고려해야 한다. 특정 정규 프로그램을 기준으로 설명한다면, 클러터란 여기에 붙은 광고, 정규 프로그램 안내 메시지, 공영서비스 고지 등과 같이 정규 프로그램 이외의 모든 방영물을 일컫는다. 이러한 잡다한 방영물의 전체 시간이 길어져도 클러터는 심해지고(예: 정규 프로그램 이외의 방영물 시간이 10분에서 15분으로 증대) 동일 시간에 포함된 방영물 개수가 많아져도 심해진다(예: 60초 시간 동안 60초 광고물 한 개 대신 15초 광고물 네 개인 경우). 프로그램의 인기가 높아질수록 혼잡 상태는 증대된다. 즉 인기 프로그램(예: SBS 8시 뉴스)일수록 광고 시간은 길어지고, 광고 개수도 많아진다.

광고물은 보통 다른 것들과 뒤섞여서 소비자에게 전달되는데 클러터가 심할수록 조금 더 혼잡한 상태에 처하게 된다. 소비자 주의를 끌려는 여러 메시지가 특정 시간대에 몰려서 경쟁하기에, 즉 혼잡상태이기에 소비자 주의는 분산되고 광고 메시지 전달은 어렵게 된다. 따라서 클러터가 심할수록 광고제작물의 창의성은 중요하다.

- 식당들이 많은 골목에서는 여러 곳에서 호객행위를 하기에 메시지가 혼잡한 상태이다. 이에 비해 한적한 곳의 식당은 소비자들이 찬찬히 둘러볼 수 있다.

Ⅱ 매체의 유형

매체의 분류 기준은 여러 가지가 있다. 여기서는 인적 채널과 비인적 채널의 구분, ATL과 BTL의 구분, Paid – Owned – Earned Media의 구분에 대해 살펴보겠다.

1. 인적 채널과 비인적 채널의 구분

1) 인적 채널(personal channel)

사람이 매체가 되어 메시지를 직접 나르는 방식이다. 발신자(예: 판매원)와 수신자 사이의 맞대면을 통해, 즉 직접 접촉을 통해 커뮤니케이션하는 방법이다. 인적 매체는 수신자 반응을 신속하고 정확히 파악할 수 있기에 고객 반응에 따른 메시지 내용의 융통성 있는 변경이 가능하다. 대면 상호작용적 개인적 소구는 설득에 있어서 매스 미디어를 통한 비대면 소구에 비해 더욱 효과적이라고 밝혀졌다. 그러나 접촉고객의 수가 제한적이고, 고객 한 사람당 접촉비용이 높다는 단점이 있다(19장 참조).

- 버즈 마케팅(buzz marketing): 인적 채널에 해당한다. 소비자들이 자발적으로 메시지를 주고받으며 상품에 대한 긍정적 입소문을 내게 하는 마케팅 기법이다. 버즈 마케팅은 꿀벌이 윙윙거리는 소리(buzz)에서 따온 말인데, 입소문 마케팅(viral marketing), 구전 마케팅(word of mouth)의 일종이다. Emanuel Rosen은 버즈(buzz)를 '사람들 사이에서 특정 상품에 대하여 주고받는 모든 말의 합산'이라고 정의했다. 특징은 다음과 같다. 첫째, 버즈는 다른 커뮤니케이션과 달리 사람이 주체이다. 둘째, 버즈가 일반 구전과 대조되는 특징은 확산속도가 빠르다는 점이다. 셋째, 버즈는 모든 말의 합산인 만큼 '좋은 말'만 있는 게 아니라 '나쁜 말'도 있다. 참고로 씨앗 심기(seeding)란 버즈를 대대적으로 시장에 출범시키는 행위를 의미한다.

2) 비인적 채널(nonpersonal channel)

발신자와 수신자 사이의 직접적 접촉 없이 메시지가 대량으로 전달된다. 인쇄매체, 방송매체 등과 같은 대중매체(신문, 잡지, TV, 라디오)는 비인적 채널에 해당한다. 대중매체는 짧은 시간 동안 동일 메시지를 많은 사람에게 정확히 전달할 수 있다. 또한 고객 한 사람당 도달 비용이 저렴하다. 그러나 일방적 커뮤니케이션이고, 고객의 주의를 끄는 힘이 약하며, 고객반응의 파악이 늦거나 정확하지 못하다는 단점이 있다.

2. ATL과 BTL의 구분

ATL, BTL 용어는 미국 광고회사가 광고주에게 발행하는 청구서에서 비롯되었다. 매체사로부터 대행수수료를 받는 부분은 청구서의 상단 부분에 기재하기에 ATL(above the line)이다. 이것과 구분하여, 즉 대행수수료를 매체사로부터 받지 않고 광고주로부터 받는 항목들은 청구서 하단(below the line, BTL)에 기재하였다.

과거 광고회사의 대표적 수익은 ATL에 기입되는 매체 대행수수료였다. 전통적인 4대 매체(TV, 라디오, 신문, 잡지)가 이에 해당한다. 이에 비해 BTL은 4대 매체 이외를 모두 일컫는다. 옥외광고, 이벤트, 뉴미디어 등이 있다. BTL에는 기존 ATL의 문제점(불특정 다수의 소비자에게 동일 메시지의 전달, 비교적 비싼 매체비용)을 극복하는 대안 매체들이 다수 포함된다.

- BTL에 해당하는 케이블 TV는 세분시장별로 구분된다. 특정 취미 또는 선호를 대상으로 한 채널(예: 낚시, 패션, 스포츠, 바둑, 종교 등)도 있지만 특정 소비집단(예: 노년, 어린이 등)을 염두에 둔 채널도 있다. 대만에는 2005년 대만 원주민을 위한 전용채널인 '원주민 텔레비전'이 생겼다.

광고예산에서 BTL이 차지하는 비중은 점차 증대하고 있다. 반면에 TV, 라디오, 신문, 잡지 등의 전통적 오프라인 미디어의 광고비 점유율은 2000년대 들어와 갈수록 정체 또는 감소 추세에 있다. 특히 TV, 신문이 그렇다. IT 기술의 발달과 소비자의 미디어 이용 행태의 변화에 따라 뉴미디어(예: 온라인, 모바일, 케이블 TV, SNS, DMB 등) 광고비는 꾸준히 증가할 것으로 예상된다.

또한 최근 수년 동안 국내 광고시장에서 지상파 TV를 비롯한 대부분의 매체 광고비가 감소세를 보이고 있지만, 모바일 광고만큼은 큰 폭으로 성장하고 있다.

- 1990년대는 TV, 신문이 주요 광고매체이고 전 국민이 이를 공통으로 접하기에 당시 광고론 수업 때는 어떤 광고물에 대한 예를 들면 학생들이 무엇인지 바로 알았다. 그러나 오늘날 신문 기사는 인터넷 포털에서 검색하고, 지상파 TV는 거의 본 방송을 시청하지 않는다. 이에 더해 2020년대의

대학생들이 접하는 매체, 저자가 접하는 매체는 다르기에 최신 광고물의 공유 경험이 많지 않음을 새삼 실감하고 있다.

그림 11-2 매체 유형별 광고비(2020, 2021년 옆의 (e)는 추정치를 의미)

(단위: 백만 원)

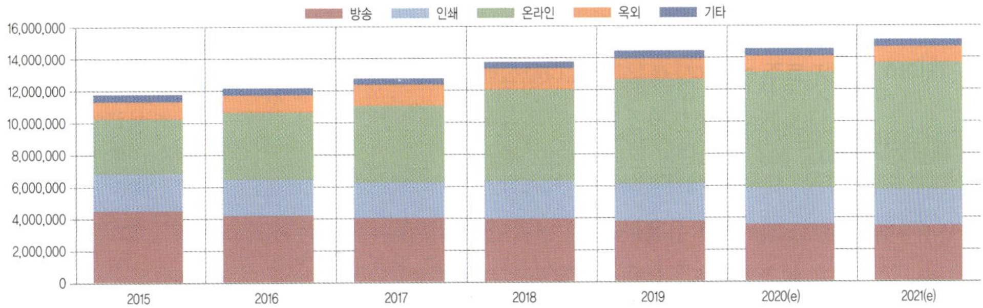

(단위: 백만 원)

매체 유형	2015	2016	2017	2018	2019	2020(e)	2021(e)
방송	4,463,966	4,135,069	3,950,057	3,931,829	3,771,046	3,556,984	3,468,550
인쇄	2,329,706	2,319,341	2,310,264	2,347,956	2,372,993	2,254,852	2,232,215
온라인	3,427,814	4,154,724	4,775,137	5,717,205	6,521,929	7,273,275	7,956,911
옥외	1,061,274	1,088,532	1,305,948	1,329,898	1,256,765	989,906	1,007,713
기타	507,873	464,991	412,056	428,999	504,196	474,518	477,130
총광고비	11,790,634	12,162,657	12,753,463	13,755,886	14,426,928	14,549,536	15,142,519

* 한국방송광고진흥공사의 홈페이지에는 각종 통계조사가 잘 정리되어 있다.

그림 11-3 온라인 광고비(2020, 2021년 옆의 (e)는 추정치를 의미)

(단위: 백만 원)

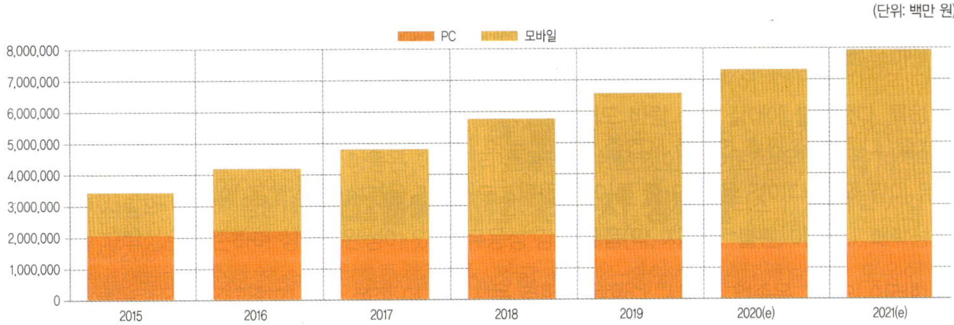

(단위: 백만 원)

온라인 매체	2015	2016	2017	2018	2019	2020(e)	2021(e)
PC	2,053,373	2,173,087	1,909,192	2,055,449	1,871,643	1,748,841	1,799,048
모바일	1,374,442	1,981,637	2,865,945	3,661,755	4,650,286	5,524,434	6,157,863
총계	3,427,814	4,154,724	4,775,137	5,717,204	6,521,929	7,273,275	7,956,911

- 한국갤럽의 2018년 5월~2019년 3월까지 전국(제주 제외) 만 13세 이상 남녀 9,600명의 미디어 · 콘텐츠 서비스 관련 12개 항목별 이용 경험(최근 1년 내 이용률 기준)에 대한 조사결과는 다음과 같다: 모바일 메신저 89%, 소셜 네트워크 서비스/SNS 53%, 라디오 정기 청취 44%, 동영상 사이트 유료 이용 25%, 팟캐스트 청취 18%, 종이신문 유료 구독 12%, 종이잡지 유료 구독 3%.

3. Paid, Owned, Earned Media의 구분

1) Paid Media

Paid Media란 광고주가 매체회사에 매체비용을 지불하고 사용하는 미디어이다. 전통적인 대중매체(TV, 신문, 잡지, 라디오, 옥외광고, 전단지 등)가 여기에 해당한다. 기업, 제품에 대해 잘 모르는 대다수 소비자를 대상으로 초기에 광고할 때 사용한다.

2) Owned Media

Owned Media란 기업 자체적으로 소유한 미디어이다. 기업의 홈페이지, 블로그, 트위터, 페이스북, 판매원, 카탈로그, POP 등이 해당된다. 기업에 대해 어느 정도 지식과 관심이 있는 고객을 대상으로 한다.

그림 11-4 대한항공의 TV광고

그림 11-5 대한항공의 홈페이지

3) Earned Media

Earned Media란 소비자(사용자)의 신뢰와 평판을 통해 소비자로부터 획득한(earned) 미디어이다(예: 개인 블로그, 유튜브 동영상, 매스미디어 보도, 입소문 등). 이러한 미디어는 따로 비용을 지불하지 않지만 홍보효과는 상당한 경우가 많다.

- 2019년 6월 '하고로모' 분필에 대한 유튜브 영상이 900만 이상의 조회수를 기록하며 화제가 됐다. 영상엔 미국 유명 대학의 수학과 교수들이 나와서 자발적으로 분필을 극찬하고 있다.
- A씨는 배드민턴을 즐기기에 라켓에 관심이 많다. 새로 나온 신제품에 대한 정보는 대중매체(잡지)의 광고를 통해서 처음 접하게 된다(Paid media). 이에 대해 좀 더 관심이 생기면 그 제품의 기업 홈페이지에 들어가서 정보를 찾아본다(Owned media). 또한 그 라켓을 사용한 배드민턴 선수 또는 일반 사용자의 유튜브 영상을 찾아보기도 한다(Earned media).

Ⅲ 매체 유형별 특성에 대한 고찰

광고의 매체기획은 가용 매체들을 먼저 파악하고, 각 매체의 특성을 최대한 활용할 수 있도록 수립한다. 이를 위해 광고관리자는 우선 광고매체의 특성을 정확히 이해하고 있어야 한다.
우선 ATL에 속하는 전통적 4대 매체에 대해 살펴본 다음 BTL의 매체 몇 가지를 살펴본다. 참고로 뉴미디어(예: 온라인, 모바일, 케이블 TV, SNS, DMB 등)는 온라인 마케팅을 다루는 장에서 따로 살펴본다.

1. TV매체(방송광고)

1) TV매체의 특성

TV는 가장 대중적 매체이고 또한 영향력이 강한 매체이다. 모든 사람이 쉽게 접근하기에 기업이 불특정 다수에게 메시지를 보낼 때 효과적이다.

- 멕시코 정부는 근로자들의 문맹 퇴치를 위해 갖은 정책을 동원했지만 실패하였다. 그런데 1975년 교실을 배경으로 한 TV 드라마 〈Ven Conmigo(함께 가요)〉가 인기를 끌면서 100만 명 넘는 문맹자가 성인 글쓰기 수업에 등록했다. 이 수치는 그전 해의 아홉 배에 해당한다.

TV매체의 광고가 다른 매체에 비해 소비자에게 강력한 영향력을 발휘하는 이유는 다음과 같다.
첫째, 모든 연령대의 시청자들이 계속해서 자주 보기에 도달범위가 넓다.
둘째, TV광고물은 모든 광고의 교두보 역할을 한다. 일단 TV광고물을 소비자 마음속에 강력하게 심어 두면 추후 이와 연관된 다양한 광고물(옥외광고, 신문광고, 라디오 광고, 모바일광고 등)을 손쉽게 전개할 수 있다.
셋째, 시각, 청각 요소의 활용이 가능하기에 창의적 스타일로 메시지 전달이 가능하다. 상품의 사용방법(문제해결방법), 두드러진 특장점에 관한 정보를 구체적이면서도 생생하게 전달할 수 있다.

넷째, 제품이 요구되는 상황을 자기 일처럼 느낄 수 있게끔 이성적, 감성적 전달이 가능하다. 브랜드에 대한 소비자의 따뜻한 감정을 자연스럽게 유발할 수도 있기에 상품 이미지의 전달에 유리하다.

다섯째, 광고가 삽입되는 앞뒤 프로그램의 내용을 감안하여 광고물을 만듦으로써 광고효과를 극대화할 수 있다. 이를 위해 인접 프로그램의 등장 인물(예: 연기자, 아나운서, 방송출연자)을 광고모델로 활용하기도 한다.

TV매체가 장점만 있는 것은 아니다.

첫째, 전통적 4대 매체 중 매체 비용이 가장 비싸다. 물론 다수에게 광고가 도달되기에 1인당 도달 비용은 비교적 저렴하다.

둘째, 넓은 범위의 정보 전달력은 선별성을 떨어지게 한다. 표적시장 이외의 소비자에게 불필요한 노출이 발생한다.

셋째, 짧은 시간(5초~60초 사이) 안에 전달하기에 소구내용의 전달에 제한이 따른다.

넷째, TV광고물의 제작비는 많이 든다.

다섯째, 혼잡상태에서 전달된다. 그래서 경쟁 광고와의 차별화가 필요하다.

여섯째, 시청자들은 광고가 나오면 채널을 돌리기도 하고 또한 주의를 기울이지 않는 경우가 대부분이다.

- 정규 프로그램 사이에 토막(SPOT)광고, 프로그램(program)광고 등이 삽입되기에 시청자들은 하나의 프로그램이 종료되면 자리를 뜨거나 또는 다른 채널로 돌린다. 한편 일본의 경우에는 하나의 정규 프로그램이 끝나면 바로 이어서 다른 정규 프로그램이 시작되기도 한다. 즉 프로그램 사이에 광고를 하지 않는 경우도 있다. 이렇게 프로그램 사이에 광고를 하지 않는 것은 시청자를 잃지 않기 위한 노력으로 보인다.

2) TV매체의 광고 종류

시청자에게 TV광고는 모두 같은 유형으로 보이지만, TV 방송사 입장에서는 다음과 같이 광고를 분류하고 있다.

1. **방송프로그램광고**: 방송프로그램 전후에 붙여서 집행되는 광고이다. 해당 프로그램 시간의 10/100 이내로 가능하다. 토막광고와 다르게 방송권역별 개별 광고방영은 허용되지 않는다.

2 중간광고: 1개의 동일한 방송프로그램이 시작한 후부터 종료되기 전까지의 시간 사이에 방송프로그램을 중단하고 편성되는 광고이다.

3 토막광고(station break, SB): 정규 프로그램 사이에 끼어들어 가는 광고이다. 방송권역별로 광고물을 다르게 집행할 수 있기에 지역 광고(지방 광고)의 비율이 높다.

4 자막광고('곧이어 광고'): 방송 순서, 방송국 명칭의 고시 시간대에 방영하는 자막 형식의 텍스트 위주 광고이다. 화면 하단에 1/4 크기로 10초 정도 방영한다. 제작비와 광고비가 저렴하다.

5 시보광고: 현재시간을 고지할 때 함께 방송되는 광고이다.

6 간접광고: 방송프로그램 안에서 상품을 소품으로 활용하여 그 상품을 노출하는 형태의 광고이다.

7 가상광고(버추얼 광고, virtual ad): 방송프로그램에 컴퓨터 그래픽을 이용하여 만든 가상 이미지를 삽입하는 형태의 광고이다. 스포츠 경기 중계 도중에 컴퓨터그래픽을 통해 경기 흐름을 끊지 않고 로고, 브랜드, 실제 제품 등과 같은 광고주의 영상 이미지를 방송한다. 방송 중간에 광고가 나올 때 채널을 돌려 버리는 경우를 방지할 수 있고 소비자들의 심리적 흥분 상태를 제품과 연관 지을 수 있는 효과가 있다.

3) TV매체의 광고물에 대한 지침

TV매체는 다른 어떤 매체보다도 소비자에게 강력한 영향력을 발휘한다. 그렇지만 광고 제작비용 및 매체비용 측면에서 TV는 가장 비싼 광고매체에 속한다. 따라서 기업은 TV광고물의 제작과 집행에 많은 정성을 기울이고 있다.

TV광고의 효과를 극대화하기 위한 지침은 여러 가지가 있는데, 이에 대해서는 광고물의 제작(10장)에서 설명했다. 몇 가지 열거하면 다음과 같다: 그림 및 영상을 활용하라, 핵심장면을 집어넣어라, 시청자 주목을 끌어라(초기의 1~3초 이내에 승부를 걸어라), 쉽게 만들어라, 상표명을 인식시켜라 등.

4) 방송광고 판매방식

매월 일정량의 광고분량을 정기적으로 판매하는 '정기물 판매'가 있다. 이것 이외에도 방송광고 거래활성화를 기하고 광고주, 광고회사의 구매욕구를 충족시키기 위해 'UPFRONT,' 'PREEMPTION,' 'CM 순서 지정판매,' 'GRPs 보장판매' 등의 다양한 판매방식이 있다. 이러한 판매방식은 향후 시장과 매체 상황에 따라 다양하게 변형 · 발전할 것으로 예상된다.

2. 라디오매체(방송광고)

1) 라디오매체의 특성

첫째, 프로그램별로 청취 집단이 다르다. 물론 전 연령층을 상대로 하는 프로그램이 없는 것은 아니지만 주부, 청소년, 클래식 애호가, 재즈 애호가, 전통국악 애호가 등과 같이 프로그램별로 집단이 나뉜다. 따라서 표적청중에 대한 선별력이 비교적 강하다. 물론 선별력이 좋다는 점은 청취자 집단이 너무 제한적이라는 단점이 되기도 한다.

- 라디오는 시간대별로 표적청중이 다르다. 오전 시간대 진행하는 '여성시대'나 오후 4시~6시에 방송하는 '지금은 라디오 시대'는 주부를 중심으로 한 어느 정도 나이 든 계층이다. 반면에 '별이 빛나는 밤에'와 같은 프로그램은 청소년이 주된 청취층이다. 이러한 청중에 맞춰 그들이 선호하는 방송진행자, 내용, 노래, 초대 손님 등을 구성한다. 또한 여기에 따라붙는 광고 역시도 청취자 특성에 따라 다르다. 만약 10대부터 70대까지 모두 만족시키려는 프로그램을 구성한다면 어떤 연령층의 고객도 만족시키지 못할 수 있다. 한편 인터넷 다시 듣기 앱(예: KBS 콩)이 생기면서 라디오 광고의 집행도 변화를 꾀하고 있다.

둘째, 시각적 효과가 없는 매체이다. 청취자가 소리를 통해 스스로 상상하도록 유도하는 여백의 매체이다.

셋째, 라디오는 CPM(cost per mille, cost per thousand: 1,000회 광고를 노출하는 데 사용되는 비용)이 가장 낮게 드는 매체이다. 또한 제작 및 집행에서 융통성 있다.

넷째, 개인에게 직접적이며 친밀하게 다가갈 수 있는 매체이다. 라디오 청취자의 입장에서 보면 대중매체라기보다 개인 생활의 일부가 되는 매체이다. 또한 다른 일을 하면서도 들을 수 있는 매체이다. 경우에 따라서 라디오는 다른 어느 매체보다도 섬세한 광고정보를 개인만의 세계에 제공할 수 있다.

2) 라디오매체의 광고 종류

라디오 광고의 종류는 TV광고와 유사하다. 물론 광고비용, 시간의 길이, 운영 방식 등은 다르다: 프로그램광고(프로그램의 스폰서로 참여, 프로그램 전후에 시행), 토막광고(프로그램과 프로그램 사이에 들어가는 광고), 시보광고(현재시간 고지할 때 내보내는 광고) 등.

3) 라디오매체의 광고물 지침

라디오 광고의 효과를 극대화하기 위한 지침은 여러 가지가 있고 이에 대해서는 광고물의 제작(10장)에서 설명했다. 몇 가지 열거하면 다음과 같다: 청취자 선별성이 강한 점을 활용하라,

청취자의 상상력을 유발하라, 특이한 소리(또는 성우의 음색)를 활용함으로써 주의를 끌라, 한 가지 아이디어만 제시하라, 표적소비자를 일찍 밝혀라(예: 전국의 수험생 여러분, 고혈압으로 고생하시는 분들, 손발이 저린 주부님들 등), 상표명과 혜택을 일찍 말하라, TV광고와의 연계를 활용하라, 신속성의 장점을 살리라(최근 일어나고 있는 행사, 사건 등과의 연결), 음악을 이용하라, 청취자가 어떤 행동을 하게끔 구체적으로 요구하라(예: 지금 전화하세요!) 등.

3. 신문매체(인쇄광고)

인쇄매체는 방송매체와 다른 특징을 가지기에 이에 적합한 접근을 해야 한다. 인쇄매체에는 신문, 잡지가 있다. 우선 신문에 대해 알아본다.

1) 신문매체의 특성

신문매체는 짧은 시간에 광범위한 도달률을 달성할 수 있다. 신제품 광고에서도 효율적 매체이지만, 이미 오랜 기간 소비자 마음에 확고한 이미지를 확립한 기존 상표에 대해서도 기억과 태도를 강화하는 데 효과적이다. 또한 구매를 앞두고 정보를 탐색하려는 소비자에게 신문광고는 충분한 정보를 제공한다(이러한 경우 광고가 길고 복잡해도 정보 가치가 있기에 구매의향자는 읽게 된다).

방송매체는 시청자가 자극에 수동적인 편이다. 이에 비해 인쇄매체의 구독자는 자발적이면서도 적극적으로 정보를 처리한다는 특성이 있다. 인쇄광고는 비교적 자주 광고물을 갱신한다. 이에 비해 방송광고는 제작시간이 길고 많은 비용이 소요되기에 한번 제작한 것을 비교적 장기간 반복 사용한다. 자주 갱신하여 인쇄광고에 대한 광고회사의 스트레스는 높은 편이다.

- 우리나라 업계의 관행상 광고주는 특정 신문사 한 곳에만 광고를 게재하기는 어렵다. 예를 들어 M경제신문에 광고를 게재하면 이와 동시에 경쟁신문인 H경제신문에도 광고면을 구입해야 한다. 그래야 필요할 때 언론의 협조를 구하기 용이하다.

2) 신문광고의 종류

광고가 실리는 위치에 따라서 다음과 같이 나뉜다.

1. **광고면 광고**: 신문 하단의 광고면으로 지정된 영역에 하는 광고이다.
2. **기사 중 돌출광고**: 신문사마다 다양하게 집행된다. 기사 제목의 하단 또는 측면, 만화/TV 프로그램/증권/일반 기사의 돌출이 있다.
3. **전면광고**: 한 페이지에 단독으로 광고를 소개하는 특징이 있다.

4 변형광고: 신문의 가운데 페이지의 양면으로 집행되는 브릿지 광고이다. 기타 다양한 변형 형태가 있다.

- 신문을 펼치자 신문기사의 글자들 사이에 수많은 바퀴벌레의 그림이 보였다. 바퀴벌레들은 어떤 한 방향을 향해 집중적으로 몰려가고 있었는데 그 방향에는 바퀴벌레 유인약 광고가 있었다.

신문광고는 1단(세로) × 1cm(가로)의 크기로 요금이 정해져 있다. 여기서 1단은 3.4cm이다. 광고란은 하단부터 5단, 7단, 8단, 10단, 15단 식으로 구분된다.

4. 잡지매체(인쇄 광고)

1) 잡지광고의 특징

첫째, 잡지는 명확한 표적집단을 가지기에 독자 선별성이 강하다. 특정 표적집단을 향한 광고 도달에 있어서 잡지는 중요한 역할을 한다.

- 일반 가정주부를 대상으로 하는 잡지는 추후 좀 더 세분화된 잡지(예: 신혼 주부, 인테리어 관심 주부 등)가 등장하면 해당 독자층이 잠식된다. 그렇지만 극세분화된 잡지는 그 범위의 제한성으로 인해 잡지매출의 제한을 겪는다는 문제점이 있다. 그래서 다시 또 독자 범위를 조금씩 확장하려는 시도를 한다.
- 커피애호가를 위한 잡지, 여행자를 위한 잡지 등 세분시장별로 특화되어 있다. 미국에서는 라이더를 위한 잡지가, 일본에는 휠체어 타는 사람들의 생활과 여행에 대한 정보를 제공하는 잡지가 있다.

둘째, 잡지광고의 수명은 비교적 길다. 신문은 길어야 하루 이틀이지만, 잡지는 수개월 또는 수년에 걸쳐서 여러 사람에게 반복적으로 읽힌다(예: 미용실, 병원에 수북하게 쌓인 잡지들). 이런 점에서 볼 때, 상당히 길고 구체적으로 설득이 필요한 광고도 잡지에는 게재가 가능하다.
셋째, 잡지는 독자들이 높은 관여도를 보이는 매체이다. 독자들은 잡지에 실린 기사에 관심이 많다. 그래서 잡지 성격과 어울리는 광고는 독자의 높은 관심을 유발할 수 있다. TV, 신문광고보다 잡지광고의 신뢰도가 높은 이유는 이러한 높은 관여도와 연관된다.

- 〈월간지 山〉에 실린 광고는 주로 아웃도어 의류, 신발, 용품(배낭, 스틱, 캠핑도구 등)에 관한 광고물이다. 이외에도 〈신부〉 – 신혼살림에 대한 광고, 〈아름다운집〉 – 인테리어에 대한 광고, PC전문지 – 컴퓨터에 대한 광고 등이 있다.

2) 잡지광고의 유형

잡지광고는 매우 다양한 유형이 존재한다. 우선 전통적 유형을 소개하면 다음과 같다.

1. 다른 광고물의 왼쪽 면에 게재하는 '좌수광고', 오른쪽 면에 게재하는 '우수광고'
2. 기사면을 기준으로 '기사대면좌수광고', '기사대면우수광고'
3. 두 면에 이어져 나가는 '두쪽폴더(folder)', 한쪽이 세로로 접히는 '두쪽변형폴더'
4. 연속되는 여러 면에 한 회사의 여러 브랜드 및 제품을 광고하는 '카탈로그형 여러 쪽 광고'

잡지광고는 기존 유형에 해당되지 않는, 즉 전에 없던 새롭고 창의적 형태가 지속해서 등장하고 있다.

- 잡지는 인간의 오감을 자극하는 광고물을 게재할 수 있다. [후각] 제품의 향과 냄새를 뿜는 광고물. [시각과 청각] 스마트폰 앱을 잡지의 특정 부분에 접촉하면 동영상 재생. [촉각] 벽지, 옷감 등을 내장한 광고물, 충격을 가하면 입체적으로 부풀어 오르는 광고물. [미각] 제품 샘플을 부착한 광고물.

5. BTL – 옥외광고

옥외광고(out of home media, outdoor media)는 외부의 일정 장소에서 일정 기간 게재됨으로써 지속해서 시각적 자극을 주는 광고물을 의미한다. 이러한 광고물은 그 공간에 거주하거나 왕래하는 불특정 다수를 대상으로 한다.

옥외광고는 광고를 게시하는 스페이스를 제공하는 옥외 구축물을 의미했지만, 최근에는 집 밖(out-of-home) 광고매체라는 용어를 사용함으로써 다양한 형태의 외부 광고물(예: 간판, 네온사인, 광고탑 등)을 포괄적으로 수용한다.

그림 11-6 옥외광고(러시아, 미얀마)

그림 11-7 버스터미널 구두수선 가게 앞의 광고물

1) 옥외광고의 특성

첫째, 24시간 광고물의 게재가 가능하기에 지속적이고 반복적인 노출이 가능하다.

둘째, 설치되는 장소에 따라 주목률은 달라진다(차량 정체구간, 입장권 구입 창구 등). 따라서 설치 입지가 중요하다.

셋째, 특정 공간에 설치되므로 지역적 선별성이 높다. 따라서 특정 지역의 소비자 공략에 유용하다. 다만 누구나 볼 수 있기에 인구통계적 선별성은 낮다.

넷째, 새로운 소재, 기술의 발달로 인해 과거에 없던 특수 효과를 발휘하기도 한다.

그림 11-8 일본 지하철의 디지털 사이니지(digital signage, DID(digital information display))

* 기둥, 벽, 지하철 등에 LED 모니터를 설치하고 날씨, 시간대, 요일에 따라 내용을 변화시킨다.

다섯째, 많은 정보를 제공하기 어렵다. 짧은 문구, 큰 일러스트레이션, 강한 카피, 명료한 제품 제시 등이 중요하다.

여섯째, 옥외광고는 광고효과에 대한 객관적 자료의 수집이 비교적 어려운 편이다. 참고로 CCTV, RFID 등의 도구가 활용될 여지도 있다.

일곱째, 초기 설비투자비용이 비교적 크다. 그러나 창의력을 발휘하면 비용을 대폭 절감하기도 한다(예: 맥도날드 해시계).

그림 11-9 맥도날드 해시계 광고

* 맥도날드의 오전 메뉴를 보여주는 옥외광고이다(Leo Burnett와 공학자 Chris Huff가 만든 실제의 해시계, 미국 시카고). 시간에 따라 변화된 시침은 특정 메뉴를 가리킨다. 이러한 역동적 변화를 전기료 등을 들이지 않고 운영한다.

여덟째, 옥외광고는 사람들이 함께 거주하는 공간의 중요 부분(특히 눈에 잘 띄는 부분)에 커다란 광고물이 들어선다는 점에서 다른 공간시설물과 자연스러운 조화를 이루는 것이 중요하다. 따라서 옥외광고 관계자는 주변환경과의 조화를 고려하고 동시에 사람들에게 피해를 끼치지 않아야 한다.

2) 옥외광고의 유형

옥외광고가 게재되는 장소에 따라 분류하면 다음과 같다.

1. **옥상광고**: 건물을 이용하는 것이다. 옥상에 부착된 광고, 네온사인 광고, 전광판 광고 등이 있다.

그림 11-10 옥상광고

* 건물의 옥상뿐 아니라 건물 전체를 광고면으로 활용하기도 한다.

그림 11-11 네온사인 광고(일본 삿포로)

그림 11-12 서울역의 전광판 광고

2 교통광고: 교통수단에 따라 지하철광고, 버스광고, 택시광고, 트럭광고, 기차광고, 공항광고 등으로 구분된다.

그림 11-13 교통광고(이삿짐 트럭: 서울, 택시: 미얀마 양곤)

그림 11-14 교통광고

* 지하철 객실 내의 광고(일본), 비행기의 연결통로 외부에 부착된 HSBC 은행광고(캐나다)이다.

3 **경기장 광고**: 야구장, 축구장, 육상경기장 등의 펜스광고, 애드벌룬, 에어보드 등이 있다.

4 **기타의 옥외 광고**: 건물, 운송도구, 경기장을 활용하는 것 이외에도 다양한 형태의 옥외광고가 있다.

그림 11-15 길거리의 다양한 옥외광고(독일, 미얀마의 빌보드(billboard) 광고(옥외 광고탑, 광고 패널))

기술 발달에 따라 새로운 형태의 옥외광고는 계속 등장할 것이다. 시선을 끌어당기는 참신성, 운영비 절감(예: 자연 변화를 이용한 옥외광고 - 맥도날드의 해시계, 레블론의 머리 염색약), 동적 움직임, 실감 나는 표현, 소비자와의 상호작용 등은 새로운 형태의 옥외광고에 있어서도 여전히 중요시되는 요소들이다.

6. BTL – 구매시점 광고

구매시점 커뮤니케이션(point-of-purchase communication, POP)은 소비자가 제품을 구매하는 바로 그 시점(point-of-purchase)에 구매결정에 영향을 미치기 위해 사용하는 다양한 커뮤니케이션을 의미한다.

그림 11-16 광화문 교보문고에 설치된 구매시점 광고

구매시점 커뮤니케이션에 활용되는 방식은 다양하다.

1. 매장 내에서 제공하는 쿠폰 및 샘플, 시음 행사
2. 쇼핑카트에 부착된 광고판
3. 통로 및 진열대(또는 바닥)에 부착된 광고물
4. 슈퍼마켓 현장에서 들리는 방송 또는 호객행위
5. 상품 진열대 근처의 소형 모니터 또는 즉석 쿠폰 기계
6. 눈에 띄는 제품진열

슈퍼마켓, 서점, 약국, 영화관에는 구매시점 광고와 연관된 설치물을 많이 볼 수 있다. 대부분의 경우 미리 계획한 제품의 구매보다 점포 안에서 최종 상표를 결정한다는 연구결과(예: 구매한 것의 74%는 점포 내에서 결정)에 근거할 때, 구매시점 광고의 영향력은 크다고 평가된다. BTL에 해당하는 매체는 이외에도 여러 가지가 있다(예: 온라인, 모바일, 케이블 TV, SNS, DMB, 메타버스 등). IT 기술로 인해 새로운 매체의 등장은 계속되겠지만 그 방향과 파장은 과거에 비해 조금 더 급진적이고 충격적일 것으로 예상된다.

- 농경시대에 수백 년 걸리던 과학 기술 변화가 2000년에는 1년 만에 바뀌고, 2025년에는 2~3일 만에 바뀐다. – James Dator(『Advancing Futures』의 저자)
- 삼류 기업은 위기에 의해 파괴되고, 이류 기업은 위기를 이겨내며, 일류 기업은 위기 덕분에 발전한다. – Andrew Grove(인텔 명예회장)

Ⅳ 매체 관리에 대한 제언

현대는 광고의 시대이다. 광고는 소비자들의 관심을 유도하고 설득해 상품을 팔거나 자기 생각에 동조(또는 공감)하게 만드는 기술이다. 광고가 소기의 목적을 달성하려면 일단은 매체를 통해 우리에게 다가와야만 한다. 매체 성공이 없다면 광고를 접하지 못하기에 아무리 잘 만든 광고물일지라도 의미가 없다.

몇 가지 매체 관리에 대한 제언을 하면 다음과 같다.

첫째, 뉴미디어 등장에 따른 소비자 행태의 변화: 새로운 매체들이 꾸준히 개발되고 있다. 인터넷, 디지털, 스마트폰 등은 기업과 소비자, 소비자와 소비자 간의 새로운 상호작용을 가능하게 한다.

커뮤니케이션은 푸시(push)형(기업이 제작한 메시지를 대중매체를 통하여 일방적으로 소비자에게 전달하는 방식)에서 풀(pull)형(소비자에게 유익하고 즐거운 정보를 제공함으로써 소비자 스스로가 메시지를 조금 더 적극적으로 탐색하게끔 유도하는 방식)으로 바뀌고 있다.

둘째, 새로운 매체의 발굴 및 개발: 매체는 창의력이 발휘되기 좋은 영역이다. 새로운 매체가 발견되기도 하고 창의적으로 개발되기도 한다. 또한 기존 매체가 창의적으로 집행되기도 한다. 몇 가지 예를 들면 다음과 같다.

- 미국에서는 교육예산이 대폭 삭감되자 교사들이 자기 돈을 털어 교재를 구입하는가 하면 복사비 마련을 위해 시험지에 광고를 게재하는 사례까지 나타났다. – 출처: 〈美교사, 시험지에 광고실어 복사비 마련〉, 안수훈, 연합뉴스, 2008년 12월 3일

사실 눈에 보이는 것, 사람의 감각을 사로잡을 수 있는 것 모두는 매체로 활용 가능하다. 그것을 먼저 발견하는 사람이 그 매체의 주인이 된다(예: 지하도의 연결 통로, 지하철 객실 내부 등은 처음에는 광고매체로 활용되지 않았음).

- 중봉(中縫)광고란 우리나라에 없는 광고기법으로, 신문의 가운데 접히는 선이 있는 흰 공백에 광고를 하는 것이다. 중국의 최고 갑부인 황광위는 이러한 기회를 착안하고 신문사를 졸라서 싼 가격에 인쇄해달라고 하였다. 이 부분은 가격은 싸지만 광고효과는 높은 편이다. – 출처: 〈30% 확신만 있으면 움직여라〉, 박승준, 조선일보, 2006년 9월 30일
- 우리의 시선을 조금이라도 사로잡는 것에는 광고가 부착되어 왔고, 앞으로도 그러할 것이다: 컴퓨터 화면보호기, 전화카드, KTX 기차표, 음료수 캔의 겉면, 달걀이나 소시지 표면, 카페 진동벨, 지하

철 안전도어, 공원의 벤치, 쓰레기 분리수거함 등

셋째, 매체 간의 시너지 극대화: 다양한 매체들이 복합적으로 사용되고 있기에 시너지 극대화는 중요한 과제가 된다.

- 예전 TV광고의 마지막 문구에는 '자세한 내용은 내일 아침 △△신문을 참조하세요'라는 것이 있었다. 이틀 후 동일한 TV광고의 마지막 문구에는 '자세한 내용은 어제 아침 △△신문을 참조하세요'였다.

광고회사는 IMC 차원에서 ATL, BTL을 통합적으로 활용하여 이들 간 시너지 효과를 극대화할 필요가 있다.

넷째, 매체집행의 창의력: 동일한 매체예산을 사용하더라도 이를 창의적으로 집행하면 광고효과는 배가될 수 있다. 창의력에는 제한이 없다.

- 광고 인지도를 최대로 높이기 위해 소비자의 기상심리를 파악하고 적기에 광고를 낼 수 있는 전략을 세운다. 날씨에 따라 소비자가 광고를 받아들이는 자세가 달라진다는 점을 이용, 미국에서는 '애드버타이밍(Advertiming)'이라는 광고회사가 새로운 사업을 탄생시켰다. 이 회사는 하루나 이틀 후의 기상정보에 따라 CM방송을 가장 효과적으로 내도록 도와준다. 예를 들어 날씨가 갑자기 추워진다는 예보가 있으면, 차가운 스프 대신에 뜨거운 스프 광고로 바꾸어서 제품 인지도를 높이는 것이다. 또한 여러 광고를 내고 있는 회사에서는 그날의 날씨에 어울리는 광고만을 선택 방송해서 광고효율을 극대화시킨다. 이러한 경우 방송국에서 광고를 교체할 시간적 여유를 주어야 하기 때문에 최소 24시간 이후의 정확한 일기예보가 필요하다. 또한 날씨는 TV시청율, 신문판매부수에도 영향을 미치므로 매체집행에도 이를 활용할 여지가 있다. – 출처: 사보 〈엘지애드〉, "기상마케팅," 1996년 8월(20~23쪽)

매체가 발달함에 따라 이제 광고는 공기처럼 우리 주변 어디에나 존재한다. 현대를 살아가는 우리는 광고물에 파묻혀 살아가고 있다.

- 신문, TV 등 전통 매체에 더해 유튜브, 페이스북, 트위터 등 새로운 매체들에 둘러싸여 있는 현대인들은 언제 어떤 촉매제에 의해 어떤 영향을 받을지 예상하는 것조차 불가능하다. 우리는 우리의 생각과 행동과 감정이 마치 처음부터 우리 자신에 의한 것이라고 착각한다. – Lee Daniel Kravetz(미국 과학전문 작가)

CHAPTER 12

매체 계획

Ⅰ. 매체의 목표

Ⅱ. 매체 계획의 수립에 도움되는 여러 내용

들어가기 전에

11장에서 배운 매체에 대한 기본 이해를 바탕으로 이제부터는 매체를 효과적으로 집행하기 위한 매체 계획에 대해 살펴본다.

매체 계획(media planning)이란 표적고객에게 메시지를 전달하는 가장 효과적이고 효율적인 매체를 선정하고 이를 세부적으로 실행하는 계획이다. '어떤 매체 목표를 가지고, 어떤 예산 규모로, 구체적으로 어떤 매체들을 사용하여, 어떤 시점에 어느 정도의 기간과 규모로 표적고객에게 메시지를 전달할 것인지'에 대한 내용이 포함된다.

그림 12-1 매체 계획의 흐름

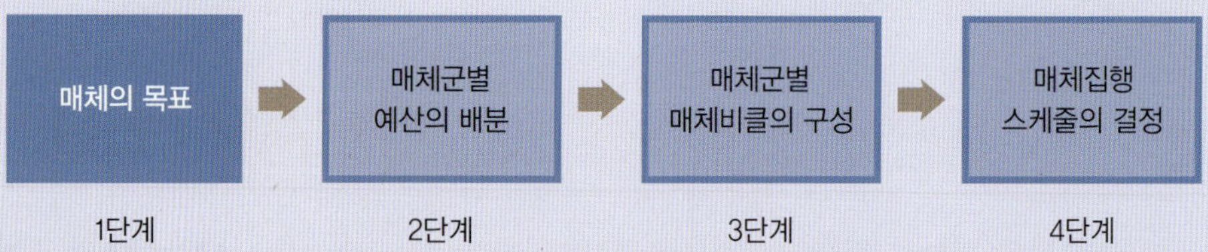

여기서는 1단계인 매체의 목표를 중심으로 설명한다. 매체 계획에 포함되는 그 밖의 의사결정 내용들(2~4단계)은 주요 개념을 중심으로 비교적 간략하게 소개한다.

I 매체의 목표

매체 계획의 첫 번째 단계는 매체의 목표를 수립하는 것이다. 매체 목표는 일반적으로 도달범위, 도달횟수를 기준으로 설정한다. 광고 메시지를 얼마나 많은 사람들이 보았는지(범위) 그리고 그것을 얼마나 여러 번 보았는지(빈도)가 매체 목표 및 평가에서 중요시되기 때문이다.

- 마케팅목표는 일반적으로 시장점유율, 매출액, 이익 등으로 설정하고, 광고목표는 매출목표, 커뮤니케이션 목표를 중심으로 설정한다(참조: 6장). 한편 매체 목표는 도달범위, 도달횟수를 기준으로 설정한다.

1. 도달범위, 도달횟수에 대한 이해

1) 도달범위(reach)

주어진 기간 동안 적어도 한 번 이상 특정 광고에 노출된 청중의 수(또는 비율)를 의미한다. 즉 광고스케줄에 포함된 광고물을 한 번이라도 시청한 시청자의 수(비율)이다. 예를 들어 새로운 브랜드의 광고물을 방영한 한 달 동안 시청자 중 30%가 한 번이라도 광고를 보았다면 30%가 도달범위가 된다.

그림 12-2 도달범위 30%(♡은 광고물을 본 사람을 의미)

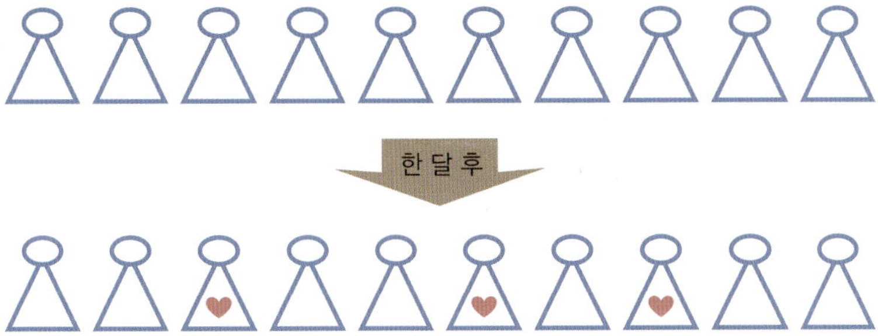

2) 도달횟수(빈도, frequency)

청중들이 특정 기간 동안 광고 메시지에 노출되는 횟수를 의미한다. 예를 들어 새로운 브랜드의 광고물이 방영된 한 달 동안 어떤 소비자가 광고에 노출된 횟수가 6번이라면 도달횟수는 6번이다.

그림 12-3 도달횟수 6번(6개의 ♡로 표시)

표적시장 전체를 대상으로 하는 경우에는 개별 소비자의 도달횟수보다는 시장 전체의 평균도달횟수가 유용하다. 이는 표적청중 내 도달된 시청자 한 명이 광고 메시지에 노출된 평균횟수를 의미한다. 즉 '도달된 청중'이 평균 몇 번 보았는가를 의미한다.

그림 12-4 **평균도달횟수 = 3번(총 9번의 도달횟수, 총 3명의 청중)**

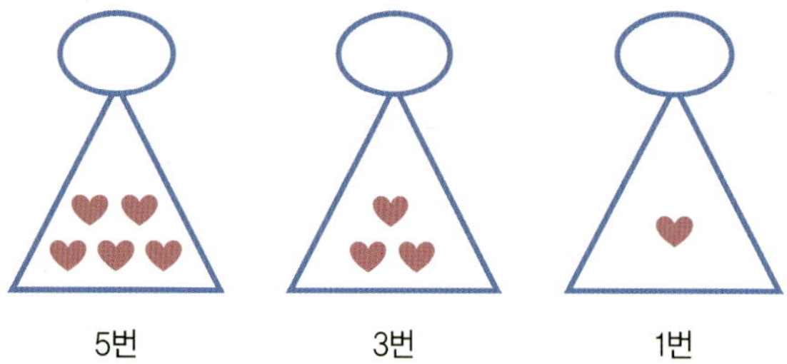

그림 12-5 **평균도달횟수 = 5번(총 10번의 도달횟수, 도달된 청중 3명)**

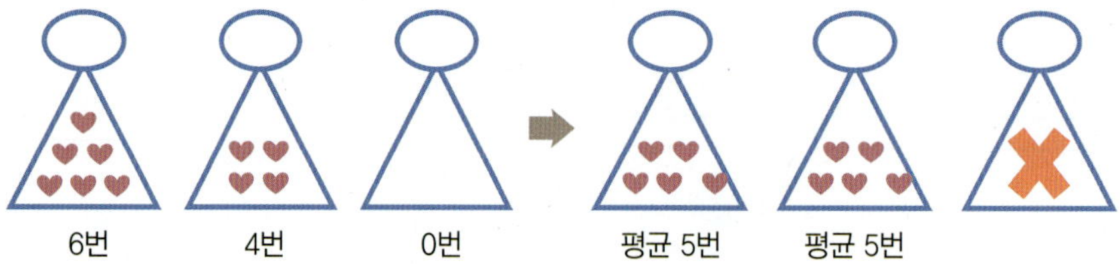

* 한번이라도 도달된 청중은 2명. 즉 이 2명이 기준이 되기에 평균도달횟수는 5번이다.

광고에서 반복효과는 중요하다. 메시지 학습이론(17장)에 따르면 반복은 메시지에 대한 주의, 이해, 기억을 강화시킨다. 또한 메시지의 반복을 통해 수신자의 수용은 촉진된다.

- 연구결과, 배심원들은 변호사의 변론에 한 번 노출된 것보다는 세 번 노출될 때 그 변론에 대해 더 많은 동의를 보였다.
- 행복은 기쁨의 강도가 아니라 빈도다(Happiness is the frequency, not the intensity, of positive affect). - Edward F. Diener
- 10번을 이야기하지 않으면 한 번도 이야기하지 않은 것과 같다. - Jack Welch
- 거짓말도 백 번 하면 진실이 된다. - Joseph Goebbels(나치 독일의 국가대중계몽선전 장관)

3) GRP(총접촉률, gross rating point)

GRP는 총접촉률(총도달률)을 의미한다. 이는 특정 광고스케줄에 노출된 총접촉률(또는 중복된 시청자의 수)을 의미한다. 계산식은 GRP(총접촉률) = reach(도달범위) × frequency(도달횟수)이다.

GRP가 1 rate란 의미는 '표적청중 1% 도달률에 1회의 반복'을 의미한다. 예를 들어 100명의 표적청중이 있다고 하자. 1 rate는 1명의 청중(1%)이 1회 노출된 것이다. 만약 1 rate를 도달된

청중의 이마에 빨간 도장을 한 번 찍는다고 가정한다면, 100 GRP는 청중 100명의 이마에 도장이 한 개씩 찍힌 것이다(또는 극단적으로 단 1명 청중의 이마에 도장이 100번 찍혀 있어도 된다). 500 GRP는 청중 100명의 이마에 도장이 5개씩 찍혀 있거나 또는 단 1명 청중의 이마에 500번의 도장이 찍혀 있는 것이 된다.

GRP는 이와 같이 도장의 숫자를 의미한다. 도장이 찍혔다는 것은 광고 메시지가 청중에게 도달했다는 것을 의미하고, 이러한 도장이 많이 찍혀 있다는 것은 그만큼 매체 효과가 좋다는 것을 의미한다. 따라서 GRP가 큰 매체일수록 그 매체의 구입비는 비싸진다.

- GRP는 총접촉률(총도달률)로 특정 광고스케줄에 노출된 총접촉률(또는 중복된 시청자의 수)을 의미한다. GRP가 1,000 이라면, 100%가 10번을 중복해서 봤다는 것을 의미하기도 하고 또는 10%가 100번을 중복해서 봤다는 것을 의미하기도 한다.

평균도달횟수는 GRP(gross rating point)를 통해서 산출된다. 예를 들어 총 표적소비자의 숫자는 1,000,000명이고, [표 12-1]과 같은 도달횟수, 도달범위가 달성되었다고 가정하자. 50만 명은 한 번도 광고를 보지 못하였고, 20만 명은 1회, 10만 명은 2회, 10만 명은 3회, 10만 명은 4회를 보았다. 이 경우 GRP는 110이 되고, 평균도달횟수는 2.2회가 된다.

일반적으로 TV광고는 프로그램별로 계약하기보다는 여러 프로그램을 하나의 스케줄로 계약하는 것이 일반적이다. 이때 스케줄에 포함된 전체 광고의 시청률이 중요한 관심사가 되는데 GRP는 이러한 정보를 제공한다.

표 12-1 GRP에 대한 가상 사례

도달횟수	표적고객 숫자(도달범위)	표적소비자에 대한 GRP
0	500,000명(50%)	0(=0×50)
1	200,000명(20%)	20(=1×20)
2	100,000명(10%)	20(=2×20)
3	100,000명(10%)	30(=3×10)
4	100,000명(10%)	40(=4×10)
	표적소비자 도달범위: 50%	총계 110
	평균도달횟수: 110 / 50 = 2.2회	

2. 도달범위와 도달횟수의 관계

매체 계획의 목표는 도달범위, 도달횟수에 대한 수치를 중심으로 설정한다. 예를 들어 '전체 표적소비자의 60%에게, 평균 7회 정도 광고 메시지 전달하기'가 매체 목표라면, 이때의 GRP 목표는 420(= 60×7)이 된다. 이와 같이 GRP를 중심으로 목표를 설정하면 'GRP 1,000, 또는 30,000'과 같이 목표를 세울 수 있다.

한편 도달범위, 도달횟수, GRP 간의 관계는 다음과 같다.

첫째, GRP가 크다는 것은 매체효과가 높다는 것을 의미한다. 일반적으로 GRP가 큰 매체일수록 효과적인 매체이므로 매체비용은 비싸다.

둘째, GRP(총접촉률) = reach(도달범위) × frequency(도달횟수)이므로, GRP를 높이기 위해서는 도달범위 또는 도달횟수를 높이면 된다.

셋째, 만약 GRP가 일정하다면 도달범위와 도달횟수는 서로 상충관계이다(예: GRP = 1,000 = reach(도달범위) × frequency(도달횟수) = 100 × 10 = 50 × 20 = 1 × 1,000).

Ⅱ 매체 계획의 수립에 도움되는 여러 내용

여기서는 매체 계획에 포함되는 매체 목표(1단계) 이외의 과정(예: 매체군별 매체비클의 구성(특정 매체의 지명), 매체집행 스케줄의 결정)을 이해하는 데 도움되는 개념 및 내용을 살펴본다.

1. 매체군 및 매체비클

매체군(medium)이란 메시지를 전달하기 위해 사용하는 매체범주를 의미한다(예: TV, 라디오, 신문, 잡지, 옥외광고, 인터넷 등). 그리고 매체비클(media vehicle)이란 매체군에 속하는 특정한 매체 수단을 의미한다(예: 신문이란 매체범주에는 중앙일보, 경향신문, 한겨레, 조선일보, 매일경제 등의 매체비클이 있음).

매체군별로 예산이 배정되면, 세부적으로 어떤 매체비클을 얼마나 사용할지를 결정한다. 비용효율성은 이의 판단 기준이 된다(방송매체의 예: Cost/GRP = CPRP, 이는 1 GRP를 얻는 데 드는 비용을 의미함).

2. 표적청중(target audience)의 매체 행동에 대한 이해

- 브라질 리우 올림픽 중계방송의 영향으로 심야 시간대 온라인쇼핑 매출이 크게 늘어난 것으로 나타났다. 여기에 폭염과 열대야가 이어지면서 잠을 이루지 못한 소비자들이 주로 스마트폰을 통해 여행상품, 식품, 냉방가전 등을 사들이며 '쇼핑'으로 무더위를 달래고 있기 때문이다. 심야 시간대 쇼핑은 30~40대 이상 중장년층이 주도하고 있다. 연령대별 심야 쇼핑 구매액 비중을 나눠보면, 30대가 46%로 가장 컸고 40대 이상도 28%나 차지했다(20대는 26%). 늦은 밤 가장 많이 팔린 품목(매출 기준)은 해외여행 상품이었고, 냉방기기를 비롯한 가전 · 디지털 제품과 출산 · 유아동용품이 뒤를 이었다. – 출처: 〈[리우 올림픽] 올림픽+열대야 … 심야 온라인쇼핑 매출 급등〉, 온라인뉴스팀, 스포츠경향, 2016년 8월 15일

마케팅은 시장세분화, 표적시장, 포지셔닝(segmentation, targeting, positioning, 즉 STP)의 흐름으로 진행된다. 물론 커뮤니케이션도 이러한 내용에 기반하여 결정된다. 표적고객의 매체 사용행태를 이해할수록 이들에 대해 비교적 정확히 접근할 수 있다.

매체 비용이 광고예산에서 차지하는 비중은 매우 크다. 비용효율적으로 표적고객에게 도달하기 위해서는 표적고객을 충실히 이해하고 이들의 매체 행태를 파악해야 한다.

- 한국방송광고진흥공사(KOBACO)는 1999년부터 매년 전국의 소비자를 대상으로 '미디어소비자조사(media consumer research, MCR)'를 실시하고 있다. 이는 소비자의 매체이용, 라이프스타일 및 제품구매행태에 관한 자료를 수집하고 유기적, 종합적 분석을 통해 과학적인 미디어 광고전략 수립에 도움을 주기 위한 목적이다.

3. 매체 집행의 시기

같은 말을 하더라도 그것을 언제 어떠한 상황에서 하는가에 따라 그 효과는 달라진다. 광고물도 집행 방식에 따라 광고효과가 달라지므로 최대 효과를 거둘 수 있도록 집행계획을 수립해야 한다.

1) 외부 상황과 걸맞게 집행한다

경제상황, 국민적 관심, 사건과 사고 등을 고려해서 시의적으로 적절한 시점을 선택한다.

2) 고객의 심리 상태를 이해하고 타이밍 맞게 메시지를 보내야 한다

- 리우 올림픽에서 한국 국가대표팀의 선전과 함께 동시간대 홈쇼핑 주문량이 늘어난 것으로 나타났다. 2016년 8월 11일 △△쇼핑에 따르면 브라질 리우데자네이루에서 진종오 선수의 남자 50m 권

총 부문 금메달 획득과 한국 축구 대표팀의 8강 진출 소식이 전해진 이날 새벽 홈쇼핑 방송 매출이 급증했다. 관계자에 따르면, 한국 대표팀의 경기 성적이 좋을 때 TV홈쇼핑 주문량이 전주 대비 최대 7배 상승했다며 평소 재방송으로 홈쇼핑 진행되던 새벽 시간대에 생방송 홈쇼핑으로 경기 실적에 맞게끔 수시로 방송 계획을 바꾼 덕분이라고 하였다. – 출처: 〈리우 올림픽 금메달 소식에 홈쇼핑 매출도 '환호'〉, 오정민, 한국경제, 2016년 8월 11일

여행 상품 메시지에 대한 수용도가 가장 높은 시점은 휴가시즌 또는 황금연휴를 앞두고 여행 계획을 세울 때이다. 학원이나 학습지 광고는 자녀의 초라한 성적표를 받으면 수용도가 높아진다. 이러한 순간, 즉 정보를 받아들이는 마음 자세가 되는 순간을 열린 틈(apertures)이라고 부른다. 커뮤니케이션의 최적 시점은 잠재고객의 열린 틈의 순간이다.

평소 사람들의 마음은 단단한 갑옷을 입고 있는 것과 같다. 따라서 쉽게 마음을 열지 않고 지갑도 쉽게 열지 않는다. 그렇지만 어떤 계기로 인해 열린 틈이 생기면 광고 메시지를 쉽게 수용한다. 이와 같이 제품 및 서비스는 사람들에게 특별히 잘 수용되는 시점, 장소, 상황(time, place, occasion, TPO)이 있다. 특정 제품, 특정 서비스별로 절호의 기회는 따로 있다. 잠재고객의 제품 욕구가 최고조 상태에 도달했을 때, 이와 관련된 메시지를 보게 된다면 좀 더 주의를 기울이고 관심을 가지게 되며 더 나아가 행동까지 하게 된다.

- 용돈 인상에 대한 요구도 학교 성적이 올랐거나, 부모님이 승진 또는 보너스를 받았을 때와 같은 상황에서 하는 것이, 부모님이 피곤하고 짜증난 상태일 때 하는 것보다 훨씬 성공 가능성이 높다.
- 고맙다는 인사는 빨리 할수록 좋다. – 그리스 속담
- 다른 지역에서의 재난 발생 뉴스는 그렇지 않은 지역에도 재난물품에 대한 수요를 자극한다. 친구 결혼식에 다녀온 노총각, 노처녀에게 결혼정보회사의 광고는 훨씬 눈에 잘 들어온다.
- 우화: 성질 급한 원숭이는 복숭아가 채 익기도 전에 따 먹고는 복숭아는 떫어서 맛이 없는 과일이라고 생각을 굳혔고, 느림보 원숭이는 너무 익어버린 복숭아를 따 먹고는 복숭아는 시큼해서 맛이 없는 과일이라고 규정지었다.

원숭이와 같은 어리석음을 기업에서도 쉽게 범한다. 새로운 캠페인의 전개 시점, 광고 집행의 시간 결정에서 제일 중요한 것은 최적 타이밍이다. 드라마, 공포 영화, 코미디도 결국 타이밍의 싸움이다.

3) 매체와 관련된 시장, 소비자의 전체적 흐름을 읽을 수 있어야 한다

2014년 브라질 월드컵은 여러 면에서 재미도 있었지만 유용한 시사점도 많이 얻을 수 있었다. 그중 하나의 시합이 네덜란드와 코스타리카의 8강전이었다.

- 반 할 감독이 이끈 네덜란드는 코스타리카와의 8강전에서 승부차기로 힘겹게 승리했다. 경기 내내 네덜란드는 불운했다. 네덜란드는 전반부터 연장 후반까지 골대만 3번을 때렸다. 전후반 90분을 향해 가고 있었지만 반 할 감독은 좀처럼 움직이지 않았다. 가능한 빨리 끝내려 공격자원을 넣어야 함에도 반 할 감독은 급하지 않았다. 90분 동안 교체 자원이라고는 후반 21분에 한 것이 전부였다. 분명 소극적이었다. 연장전이라고 다르지 않았다. 반 할 감독은 연장 전반에야 새로운 선수를 교체하였다. 이미 3장의 카드를 다 쓴 코스타리카와 달리 반 할 감독은 계속해서 1장을 아껴뒀다. 승부차기까지 각오한 반 할 감독의 마지막 카드는 크룰 골키퍼였다. 반 할 감독으로선 이미 경기의 흐름을 무승부로 파악하고 마지막 승부수를 띄운 셈이다. 객관적 전력에서 앞선 네덜란드가 보여주기엔 다소 소심한 선택이었지만 효과는 대단했다. 크룰 골키퍼는 코스타리카 선수들의 페널티킥 습성을 모조리 파악한 듯 승부차기 내내 코스를 완벽하게 읽어냈고, 2명의 페널티킥을 막아내는 수훈을 펼쳤다. 경기를 짧게 보지않고 길게 내다본 반 할 감독의 인내심은 소극적이라는 평가를 단숨에 뒤집었고 명장다운 용병술로 네덜란드를 준결승으로 이끌었다. – 출처: 〈120분을 참은 반 할의 인내심, 이러니 그가 명장이다〉, 조용운, 엑스포츠뉴스, 2014년 7월 6일
- 人無遠慮難成大業(인무원려난성대업: 사람은 멀리 생각하지 못하면 큰일을 이루기 어렵다) – 안중근 의사

4. 광고스케줄의 집중 형태

광고스케줄의 집중 형태로는 단기집중형, 연속형, 규칙적 파동형, 불규칙적 파동형 등이 있다.

1) 단기집중형(blitz)

이 방식은 비교적 짧은 기간 동안 광고예산의 대부분을 소진하는 전략이다. 단숨에 모든 것을 쏟아 붇기에 초기에 판매 모멘텀(momentum)을 자극할 수 있다. 광고예산이 적거나 또는 경쟁광고가 많은 경우에 이러한 방법으로 승부를 걸면 소비자 주목을 받을 가능성이 크다.

- moment는 정지 상태로부터 무언가 움직임이 변화하는 순간의 인식을 의미한다. moment는 라틴어 momentum으로부터 유래되었는데, momentum은 '움직임/움직이는 힘/변화'를 의미한다.
- 블리츠크리그(blitzkrieg)는 전격전을 의미하는 독일어이다. 이는 기동성 있는 전차 사단, 보병과 공군의 이점을 살려 적이 예상 못하게 빠른 기습으로 작전을 수행하는 것이다. 2차세계대전 초기, 독일은 이러한 전략으로 프랑스를 항복시켰다.

2) 연속형(even)

광고를 일정 수준으로 지속하는 방식이다. 동일 소비자에게 반복광고가 필요한 경우에 적절한 방법이다. 망각률이 높은 경우 꾸준히 기억을 유지시키는 효과도 있다. 일정액을 꾸준히 구매

하기에 매체 선정이나 시간대 선정에서 유리하다. 비구매 시기에도 광고를 함으로써 언제 소비자가 상품을 구매하더라도 기억을 유지하는 효과가 있다. 그러나 광고 예산 집행의 융통성과 신축성을 발휘하지 못하고 지나친 노출로 인해 광고의 지침효과가 나타날 수 있다는 문제점이 있다.

3) 규칙적 파동형(regular pulsing)

일정 시간을 기준으로 높은 광고비와 낮은 광고비를 반복 투입하여 광고의 강약을 규칙적으로 조절하는 방식이다. 이 방식은 광고비용의 효율성을 높여서 소비자 기억을 극대화하고, 소비자 구매주기에 맞추어 광고를 집행할 수 있다. 만약 경쟁사가 연속형 광고를 한다면 규칙적 파동형이 유리하다. 광고노출을 상대적으로 높이는 효과가 있기 때문이다. 그렇지만 정해진 패턴을 취하기에 소비자가 강약을 예상할 수 있으므로 광고스케줄의 의외성을 통해 나타나는 효과를 기대하기 어렵다.

4) 불규칙적 파동형(irregular pulsing)

높은 광고비와 낮은 광고비를 반복 투입하되 지속시간이 일정하지 않은 방식이다. 이 방식은 구매주기가 불규칙적인 경우 광고를 맞춰 진행한다. 또한 제한된 예산을 필요에 따라 집중함으로써 효율을 극대화한다. 그러나 구체적으로 어느 시점에 광고시기와 광고량을 집중할지에 대한 판단이 쉽지 않다.

그림 12-6 광고스케줄의 집중 형태

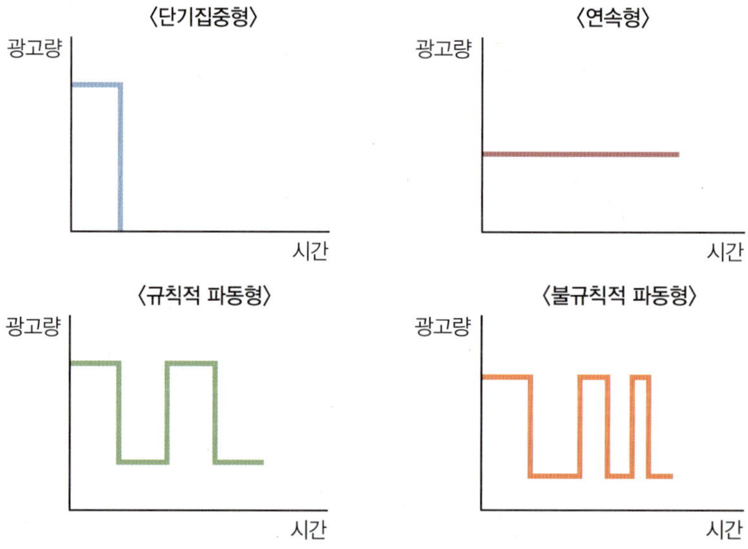

CHAPTER 13

광고효과의 측정

Ⅰ. 광고효과 측정 시 고려할 사항

Ⅱ. 광고효과 조사의 유형

들어가기 전에

광고효과(advertising effectiveness)란 일정 기간 집행된 광고 활동을 통해 광고목표가 달성된 정도를 의미한다. 즉 광고를 통해 표적고객들로부터 얻고자 했던 광고목표를 어느 정도 성취하였는가(how well a company's advertising accomplishes the intended)를 말한다. 다음은 광고효과를 측정하는 데 고려할 사항이다. 이는 광고효과의 본질을 이해하는 데도 도움이 된다.

첫째, 광고 집행에 앞서 설정해둔 광고목표는 집행 성과를 평가하는 기준이다. 따라서 광고효과는 이미 설정해둔 목표 차원(측면)에서 파악해야 한다. 광고목표와 광고효과는 동전의 양면이다. 참고로 광고목표는 6장에서 언급한 바와 같이 여러 차원에서 설정할 수 있다(예: 주의, 이해, 기억, 태도, 매출 등).

- 학기가 시작하기 전에 우수한 학점 취득을 목표로 세웠다면, 학기 말에 취득한 평점의 측정을 통해 목표달성 정도를 파악한다. 반면에 출석률(또는 새로운 친구 사귐)을 목표로 세웠다면, 취득 평점이 아니라 출석률(또는 새롭게 사귄 친구 수)로 목표달성도를 측정해야 한다.

둘째, 광고효과는 지난 기간 해왔던 것의 잘잘못에 대한 평가이기도 하지만 동시에 개선 방향을 제시하기도 한다. 원래 의도한 목표를 달성하지 못하면 이는 광고 집행을 제대로 못한 것이며 결국 기업의 자금 낭비, 시장 기회의 손실이다. 광고 활동에 대한 평가는 그동안 잘못 집행되거나 비효율적으로 운영된 부분을 노출시킴으로써 더 이상의 잘못을 막아준다. 또한 이러한 경험 지식은 추후 보다 나은 광고를 기획하고 집행하는 데 도움이 된다.

- 달을 향해 로켓을 발사하면 폭음을 내며 하늘 높이 치솟아 순식간에 시야에서 사라진다. 하지만 우리는 추적장치를 통해 로켓의 위치를 언제든 알 수 있다. 로켓이 달 표면에 착륙할 때까지 몇만 킬로미터라도 시시각각 추적할 수 있다. 추적한다는 것은 로켓의 행로를 파악해서 계획 대비 성과를 알아간다는 것이고, 동시에 현재 상황과 문제까지도 파악한다는 의미다. 그저 발사만 해놓은 채 추적하지 않으면 아무런 의미도 없다. 그것은 불필요한 낭비일 뿐이다(저자의 주석: 로켓 발사 자체가 목적이 아니고 달에 착륙시키는 결과 산출이 목적이기에 이를 위한 성과 추적은 중요하다). – 출처: 『마쓰시타 고노스케, 위기를 기회로』, 마쓰시타 고노스케 저, 청림출판(2010)

광고효과의 측정은 이같이 중요하지만 현실적으로 이를 적시에 제대로 평가하기는 쉽지 않다. 그 이유는 광고효과가 가진 여러 복잡한 속성 때문이다. 이번 장에서 관련 내용을 살펴본다.

Ⅰ 광고효과 측정 시 고려할 사항

1. 광고효과의 몇 가지 속성

광고효과 측정을 제대로 하기 위해서는 광고효과의 속성을 이해해야 한다. 여러 속성이 있지만 여기서는 계층성, 이월효과를 중심으로 소개한다.

1) 광고효과의 계층성

광고목표에서 이미 살펴본 바와 같이(6장), 광고에 대한 소비자 반응은 '인지 → 태도 → 행동의도 → 행동(예: 매출)'과 같이 일련의 단계(계층)를 순차적으로 거친다. 광고는 소비자의 이러한 반응 계층별로 각기 영향을 미친다(= 광고효과의 계층성). 광고효과는 계층성을 가지기에 이를 파악하기 위해서는 계층별 광고효과를 측정해야 한다. 한편 광고주 및 광고회사의 구성원들은 각자 맡은 역할에 따라 각기 다른 계층에 대한 광고효과에 관심을 가진다.

그림 13-1 광고효과의 계층성

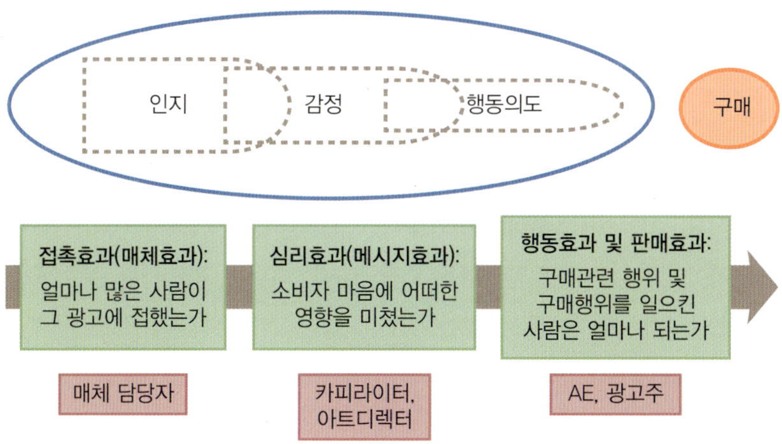

(1) 매체 담당자

자신이 수립하고 집행한 매체가 얼마나 효율적, 효과적이었는지 관심을 가진다. 이 결과는 매체효과(접촉효과)를 통해 파악된다. 매체의 가장 중요한 기능은 표적청중이 메시지를 접하게 만드는 것이다. 아무리 잘 만든 광고물이라도 일단은 메시지가 표적청중에게 도달되어야 한다. 가능한 많은 사람들이 여러 번 광고를 접할수록 매체활동은 성공적이었다고 평가된다. 표적청중 중 몇 명이나 광고를 보았는지(reach), 얼마나 자주 광고를 보았는지(frequency)가 매체 담당자의 주요 관심 측정항목이고 이러한 것들이 매체효과이다.

(2) 광고제작물 담당자

광고 메시지가 표적고객에게 얼마나 의사전달되었는지 관심을 가진다. 이 결과는 메시지효과(심리효과)를 통해 파악된다. 메시지효과란 광고물이 표적고객에게 미친 심리적 효과를 의미한다. 즉 광고물이 소비자의 심리 및 정보처리에 어떠한 영향을 미쳤는지를 의미한다. 광고를 접촉한 소비자의 심리 상태를 측정하는데, 주로 인지와 감성과 관련된 지표를 측정한다. 이러한 효과는 카피라이터, 아트디렉터가 관심을 가진다.

(3) 광고주, 광고기획 담당자

광고의 궁극적 목표인 매출증대에 관심을 가진다. 따라서 행동효과, 매출효과를 파악하고자 한다. 이 중 매출효과는 광고로 인해 유발된 매출액 증대효과를 의미한다. 광고주 그리고 광고회사 AE가 가장 관심을 가지는 측정지표이다. 이런 효과가 미약하다면 매체효과, 메시지효과가 좋더라도 그리 만족스럽지 못하다.

- 훌륭한 광고는 광고 자체에는 주의를 끌지 않으면서 상품을 판매해야 한다. – David Ogilvy
- 크리에이티브 상(광고물의 예술적 가치를 인정받아 수상한 상)을 받은 광고주가 수상 시점에 다른 대행사로 옮겨가는 것은 업계에서 가끔 있는 일이다. 우수한 상을 받은 것은 기쁘지만 그 광고물이 매출에 그다지 기여하지 않은 불만 때문이다. 참고로 칸느(Cannes) 국제광고제, 클리오(Clio) 국제광고제, 뉴욕페스티벌이 세계 3대 광고제에 속한다.

광고를 하는 궁극적 이유는 사실 매출증대에 있기에 광고효과는 매출액, 시장점유율 등과 같은 판매 차원의 측정이어야 한다고 많은 광고주는 주장한다. 그러나 광고로 인한 순수 매출효과의 측정은 어렵기에 측정에 대한 논란은 여전하다.

한편 행동효과는 구매에 앞서 발생하는 행동(예: 정보 탐색 행동, 매장 방문 등)을 의미한다. 행동효과는 쿠폰을 동봉한 우편물 광고를 진행했을 때 배부한 쿠폰이 얼마나 회수되었는지, 광고를 보고 매장을 방문한 사람 수는 어느 정도인지, 전화 문의 횟수는 어떠한지를 가지고 측정한다. 행동효과는 매출효과와 밀접한 연관성이 있기에 그 중요성이 인정된다.

- 광고주는 광고로 인해 실제 매출이 발생하기를 기대하기에 광고비와 매출액 간 관계를 중요시 여긴다. 그렇지만 광고를 아무리 잘해도 그 역할은 매장으로 고객을 오게 하는 데까지이다. 제품이 별로이거나 매장 서비스가 불량하다면 매출은 결코 발생하지 않기 때문이다. 따라서 광고는 매출에 대한 가교 역할만 할 뿐이라고 광고회사는 주장한다. 그러므로 매출효과는 제외하고 매체효과, 메

시지효과(커뮤니케이션 효과), 행동효과에 대해서만 책임을 지는 것이 합당하다고 주장한다.

2) 광고효과 발현의 시간적 모호성

광고효과가 즉각적으로 나타나고 얼마 후 깨끗하게 사라진다면 광고효과 측정은 비교적 간단한 작업일 것이다.

- 어떤 사람이 자동차딜러에게 광고효과가 있더냐고 물었다. "그럼요. 금방 효과가 나타나던걸요. 한번은 우리 회사의 경비견이 없어졌는데 찾아주는 사람에게 사례금을 주겠다고 광고를 냈었지요." "그래서 개를 바로 찾았나요?" "그게 아니라 바로 그날밤 자동차를 3대나 도둑맞았지요." - 출처: 〈리더스 다이제스트〉, 1993년 1월호

광고효과가 단기간에 바로 나타나는 경우도 있지만, 그렇지 않은 경우도 적지 않다. 즉 반복노출에 따른 누적효과가 나타나기까지 시간이 걸리는 경우가 많다. 이런 경우에는 특정 제품의 태도가 좋아지고 매출액이 늘어난 것이 이번 기간의 광고에 의해서만은 아니다. 지난(또는 지지난) 기간 전개해왔던 광고 활동의 누적 결과이다.

그림 13-2 이월효과

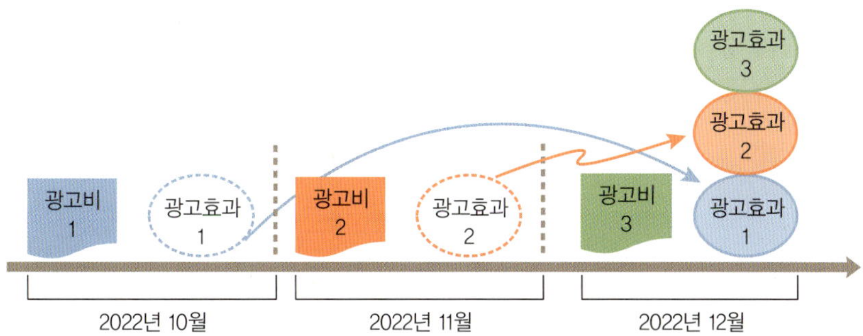

* 어떤 시점(10월, 11월)에서는 광고효과가 과소평가되지만, 다른 시점(12월)에서는 광고효과가 과대평가된다.

광고가 해당 기간뿐 아니라, 일정 시간이 지나서까지 영향을 미치는 것을 광고의 이월효과(carryover effect)라고 한다. 이월효과는 광고 영향력이 시간 흐름에 걸쳐서 지속적으로 나타나는 현상을 의미한다. 즉 특정시점의 광고는 해당시점뿐 아니라 그 이후의 시점에도 영향을 미친다.

- 교육학 관점에서 볼 때 학습 및 훈련 효과는 바로 나타나는 경우도 있지만, 시간이 흐른 후에야 나타나는 경우도 있다.

이월효과에는 여러 유형이 존재하지만, 여기서는 지연반응, 고객유지 효과에 대해 알아본다.

그림 13-3 지연반응, 고객유지 효과

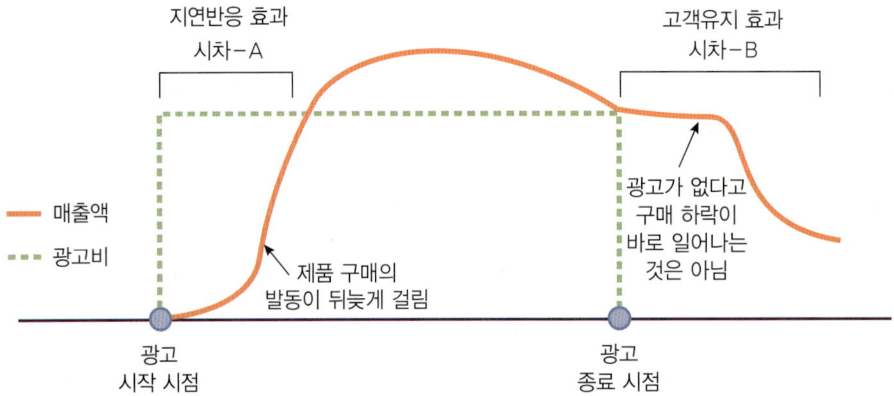

(1) 지연반응 효과

광고를 집행하면 소비자가 바로 제품을 구매하는 것(즉 시장이 움직이는 것)이 아니다. 이와 같이 광고를 집행하기 시작한 시점과 소비자가 제품을 구매하기 시작하는 시점 사이에 어느 정도의 시차가 생기는 것을 지연반응 효과라고 한다. 구매결정에 오랜 시간이 걸리는 소비재(주로 내구재), 산업재의 경우에 자주 나타난다.

(2) 고객유지 효과

광고에 노출되어 자사 제품을 구매한 고객이 향후에도 예전 광고의 영향을 받아 제품을 지속적으로 구매하는 효과이다. 광고가 중단된 후에도 제품을 구매하기에 고객유지가 된다. 이와 같이 광고 집행을 그만두더라도 광고효과는 바로 사라지지 않고 일정 기간 동안 지속적으로 나타난다. 평생을 가는 트라우마 경험처럼 광고의 영향도 오래 가는 경우가 있다.

- 한 번 생겨나는 사랑은 영원한 자리를 갖고 있다. - 출처: 『내 생애 단 한번』, 장영희 저, 샘터(2010)
- 사무실 화장실에 3년 동안 "가래침을 뱉지 마세요"라는 문구가 소변기 앞에 크게 붙어 있었다. 그런데 얼마 전 그 문구를 쓴 종이가 제거되었다. 그렇지만 그 자리에 있던 것이 기억되기에 화장실을 사용하는 사람들의 행동에는 지속적으로 영향을 미치게 된다.
- 소비자가 제품성과를 객관적으로 판단하기 어려울 경우, 광고는 소비자의 주관적 판단에 큰 영향을 미친다. 즉 제품사용 경험이 애매모호(ambiguous)하여 제품품질의 판단이 어려울 때는 과거에 노출되어 기억 속에 확연히 남아 있는 광고 내용이 평가에 영향을 미친다. 즉, 광고의 반복노출로 인

한 신뢰할 만한 광고문구의 기억은 애매모호한 제품품질의 평가에 영향을 미친다. 예를 들어 2012년 KT올레의 '빠름 빠름'이란 광고는 스마트폰의 속도에 대한 소비자의 주관적 판단에 오랜 기간 영향을 미쳤다.

- 지연반응과 유지반응의 연관성은 어떠할 것인지 생각해보자. 예를 들어, 지연반응이 길다면 유지반응 역시 길게 나타날까? 그 이유는?

이밖에도 자기부상(磁氣浮上, magnetic levitation), 시험구매자, 재고보충 효과 등이 이월효과로 거론된다.

만약 광고효과에 계층성, 이월성의 성격이 존재하지 않는다면 광고효과 측정은 그다지 복잡하지 않을 것이다. 따라서 이러한 속성을 이해하고 감안한 측정을 해야 한다.

2. 광고효과 측정에서 유념할 사항

1) 순수한 광고효과만을 분리하기 어렵다

광고만의 순수 효과를 분리해서 파악하기는 쉽지 않다. 특히 매출효과의 경우, 매출에는 광고 이외에도 경제 여건, 경쟁사, 소비자, 마케팅(예: 가격, 포장) 변수들이 영향을 미치기에 광고에 의한 판매효과만을 분리측정하기 어렵다. 물론 이러한 점은 매출효과에만 해당하는 것은 아니다(예: 경쟁광고, 국가 간 알력, 정치 등으로 인해 특정 브랜드의 태도가 영향을 받을 수 있음).

- 광고가 집행될 당시의 시장배경에 대한 이해는 광고만의 순수 효과를 짐작하는 데 도움이 된다. 시장배경과 관련된 변수로는 광고 전/후의 소비자 수준, 광고비 투입량, 매체 활동의 효율성, 광고 이외의 마케팅 변수, 외부시장 요인들이 있다. 광고효과 측정 자료는 이 변수들을 반영하여 좀 더 정확하게 해석할 수 있다.

2) 적절한 시점에 광고효과를 측정해야 한다

언제 광고효과를 측정하는가에 따라 광고효과의 측정값은 달라진다. 따라서 측정시점에 대한 판단이 중요하다. 특히 이월효과가 있는 경우에는 이를 고려할 필요가 있다.

광고효과 측정의 시점과 빈도는 관리와 통제적 관점에서 결정한다. 빠른 개선이 요구되는 상황이라면 이른 시점부터 짧은 간격으로 효과 측정을 한다.

- 만약 모든 것이 끝나고 더 이상 손을 쓸 수 없는 상황에서 효과측정을 한다면 별로 의미가 없다. 참고로 학기 중 기말고사만 한 번 보는 것보다는 중간고사도 같이 보는 것이 성적 향상의 기회를 제공한다.

3) 조사방식에 따라 응답결과는 달라진다

어떤 휴형의 응답자에게 언제, 어떠한 환경에서, 어떠한 측정도구를 통해, 어떠한 조사주체가 측정하였는지에 따라 광고효과의 측정값은 달라진다.

- 2007년 미국 콜로라도, 텍사스 A&M대학 공동연구팀이 기혼 여성 4,884명을 대상으로 외도 여부를 조사한 결과, 일대일 면접조사 땐 1%가 외도 사실을 인정한 반면 컴퓨터 설문조사 땐 6% 이상이 불륜 사실을 고백했다.

특히 측정도구의 선정에 주의를 기울여야 한다. 측정도구의 신뢰성, 타당성이 확보되어야 한다. 불완전한 측정도구를 통해 나타난 자료는 의사결정에 오히려 방해가 된다.

3. 4차 산업혁명과 광고효과의 측정

우리는 4차 산업혁명의 시대에 살고 있다. 4차 산업과 연관된 기술로는 ABC(AI, big data, cloud), 5G, 사물인터넷(IoT), 로봇, 무인자동차, 드론, O2O, 핀테크, 가상현실(VR/AR/XR), 3D 프린팅, 센서 등이 있다. 광고효과 측정도 이러한 신기술에 의한 영향을 많이 받고 있다.

- 케이블TV 업계 점유율 1위 기업인 LG헬로비전은 최근 지능형 광고 플랫폼을 개발했다. 이 플랫폼은 시청이력 등 비식별 데이터에 기반해 시청자 성향에 맞는 광고를 보여준다. 광고주는 광고 품목에 맞게 타깃 성향, 채널, 시간, 지역 등의 옵션을 선택함으로써 비용 대비 광고효과를 최대화할 수 있다. 여기서는 광고효과를 분석할 수 있는 계량화된 결과 리포트도 제공한다. 프로그램 시청률에 따라 광고효과를 유추하는 기존 방식에서 벗어나, 초 단위 데이터로 광고 도달률까지 상세하게 파악할 수 있다. 이를 통해 광고주는 파급력이 큰 옵션을 조합해 다양한 광고전략을 실행할 수 있게 됐다. – 출처: 〈광고가 지루하다고? AI 기반 맞춤형 광고 뜬다〉, 이경탁, 조선비즈, 2020년 1월 27일

Ⅱ 광고효과 조사의 유형

광고효과의 측정은 분류 기준에 따라 다양한 유형으로 구분된다.

1. 측정대상에 따른 분류: 무엇을 대상으로 측정하는가?

광고제작물, 매체, 예산은 광고효과에 영향을 미친다. 예를 들어, 광고제작물을 구성하는 요소들의 변화에 따라 광고효과는 달라진다. 따라서 광고제작물, 매체, 예산에 속하는 여러 변수들은 광고효과에 영향을 미치기에 광고효과의 측정대상이 된다.
측정대상에 따른 유형은 다음과 같다.

1. **정보원천효과(source effect)**: 광고모델에 대한 효과 측정
2. **메시지효과(message effect)**: 광고물의 글과 그림에 대한 효과 측정
3. **매체효과(media effect)**: 매체에 따른 효과 측정
4. **예산효과(budget effect)**: 예산(예: 크기, 배분)에 따른 효과 측정

그림 13-4 측정대상에 따른 조사 유형

이러한 효과 측정을 통해 구성요소들이 어떠한 방식일 때 광고제작물, 매체, 예산 방법이 좀 더 효과적인지를 파악할 수 있다.

2. 측정 장소에 따른 분류: 어디서 측정하는가?

측정 장소에 따라 실험실 조사와 현장 조사로 나눌 수 있다.

1) 실험실 조사

실험실 실험(laboratory experiment)은 조사자가 원하는 조건을 만든 다음에 제반 변수들을 통제하고 조작한다. 즉 실험 조건이 구축된 장소에서 광고물의 효과를 측정한다. 실험 조건을 설정하거나 조정할 수 있기에 조사 환경의 통제가 용이하고 시간과 비용을 여건에 맞게 조정할 수 있다. 그러나 실험실 여건은 현실과는 다르고, 실험실 결과가 현장 결과와는 다를 것이

라는 생각에서 실험실 실험을 주저하기도 한다. 예를 들어 인위적 장소에서 실험 참가자는 광고물에 대한 관심을 현실보다 더 높게 가질 가능성이 크다.

2) 현장 조사

현장 실험(field experiment)은 실제 자연적 상황에서 조사자가 실험 조건을 통제하고 독립변수를 조작한다. 광고의 경우에는 광고가 실제 노출된 시점에 광고효과를 조사하는 것이다. 현장 조사는 현실과 유사하게 통제를 최소화할 수 있을 뿐 아니라 광고물 주변의 프로그램 콘텐츠, 경쟁 메시지까지도 반영해서 해석한다는 장점이 있다. 현실성이 높기에 결과의 일반화 가능성이 높다는 장점도 있지만 실험실 조사에 비해 외생변수의 통제가 어렵다는 한계점이 있다(즉 외적타당성은 높지만 내적타당성은 낮다). 또한 시간과 비용이 많이 소모되고 조사 과정에서 경쟁사에게 조사내용이 노출될 위험성도 있다.

3. 측정시기에 따른 분류: 언제 측정하는가?

광고의 집행 시점을 전후로 사전(事前)조사와 사후(事後)조사로 구별된다. 사전조사는 광고 집행을 하기에 앞서 하는 조사로 이를 통해 개선된 광고 집행 자료를 얻고자 한다. 반면에 사후조사는 집행 처리된 광고 성과를 평가하고 차후의 광고제작 및 집행에 도움되는 자료를 얻기 위한 조사이다.

사전, 사후로 광고효과 조사를 분류하면 [그림 13-5]와 같다. 여기에는 조사 유형과 밀접히 연관된 기법도 표시하고 있다.

그림 13-5 사전조사와 사후조사

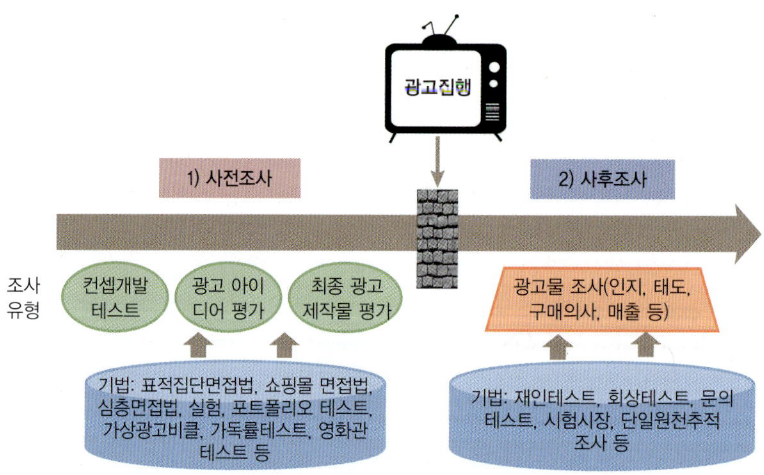

1) 사전조사

사전조사는 광고가 매체를 통해 소비자에게 제시되기 전에 광고물 효과를 측정하는 것이다. 이러한 사전조사를 통해 보다 나은 광고물을 위한 아이디어를 얻기도 하고 막대한 광고비가 잘못 집행될 위험을 사전에 방지할 수도 있다. 사전조사 방법으로는 컨셉개발 과정에서 하는 컨셉개발 테스트, 초기 광고물 제작 과정에서 하는 광고 아이디어 평가, 광고물 제작 완료 후에 하는 최종 광고제작물 평가 등이 있다.

사전조사에서 주의할 점은 다음과 같다. 첫째, 컨셉개발 테스트에서는 새로운 컨셉을 발견하거나 또는 선정된 광고 컨셉이 적절한지를 판정하는 조사이다. 주로 면접법을 통해 이런 성격의 조사를 수행한다. 면접을 통해 얻는 정보의 양과 질은 면접진행자의 능력에 좌우된다(참조: '4. 면접 조사에서 고려할 내용'). 광고 컨셉 개발을 위한 소비자 조사를 원하지 않는 광고회사도 있다.

- 새로운 아이디어를 얻기 위해 시장조사를 하는 것은 어리석은 짓이다. 우리의 목표는 일반인들을 이끄는 것이다. 그들은 무엇이 가능한지 모른다. 과거 단순 생산 라인에서도 포드사의 결정은 시장조사가 아니라 직관을 통해서였다. 헨리 포드가 만일 일반인들에게 무엇을 원하냐고 물었다면 그들은 아마도 자동차가 아닌, 더 빠른 말이라고 대답했을 것이다. – 모리타 아키오(소니 창업자)

둘째, 광고물 효과를 객관적으로 예측하는 데 있어서 가장 큰 장애물은 광고물을 만든 주체인 경우가 많다. 자신이 옳다고 생각한 것이 '정답'이라고 결론지어버리는 확증편향(confirmation bias)에 치우쳐 자신의 결정을 과신하는 성향이 문제가 된다. 확증편향의 위험을 피하려면 외부 사람들의 다양하고 객관적인 의견, 추정, 자료 등이 필요하다. 이와 연관된 방법으로는 사전부검(premortem), 레드팀(red team)이 있다.

- 사전부검: 어떤 일을 시작하기 전에 그 일이 실패했다고 미리 간주하고, 이유를 철저하게 찾아보는 것이다. 레드팀: 조직 내 전략의 취약점을 발견해 공격하는 역할을 맡은 팀과 방화벽을 만드는 팀이 있다면, 이를 해킹하는 팀도 있어야 한다.

2) 사후조사

사후조사는 광고를 집행한 다음에 그 결과를 평가하는 것이다. 소비자 정보처리 및 의사결정 단계에 광고가 미친 효과를 확인한다. 광고물(제품, 브랜드 등)에 대한 인지(재인, 회상), 태도, 구매의사, 매출 등의 조사가 여기에 해당한다. 광고의 사후조사 방식으로는 재인테스트, 회상테스트, 문의테스트 등이 있다.

(1) 재인테스트(recognition test)

어떤 기억보조물을 제시하고 이것을 본 적이 있는지에 대한 기억을 테스트하는 것이다.

(2) 회상테스트(recall test)

(보조물을 제시하지 않고) 소비자 스스로가 인출해내는 광고물, 제품, 브랜드에 대한 내용을 파악하는 조사이다.

- 회상테스트는 세부적으로 다음과 같이 분류되기도 한다. ① 비보조회상(unaided recall): 어떤 단서나 힌트를 제공하지 않고 회상능력을 측정. ② 보조회상(aided recall): 응답자에게 정보를 인출하는 데 도움이 되는 작은 단서나 힌트를 제시하면서 측정.

회상(recall)은 어떤 질문을 던지고 이와 관련하여 생각나는 것들을 자유롭게 응답하게 하는 것이다. 반면에 재인(recognition)은 광고물을 제시하고 이를 알고 있는지의 여부를 물어보는 것이다. 즉 기억의 보조물(브랜드, 포장, 광고모델 등과 같은 광고물 정보)이 제공된다. 특정 광고물을 기억으로부터 재인하는 것은 회상하는 것보다 쉽다. 그래서 회상은 재인에 비해 보다 깊고 공들인 수준에서 이루어진 기억이다.

- 재인이 객관식 시험문제처럼 주어진 보기 중에서 답을 구별하는 기억 수준이라면, 회상은 주관식 시험문제와 같이 어떤 단서가 주어지지 않은 상태에서 빈 답안지에 쓸 답을 기억해내는 것이다.
- 범죄 목격자가 범인의 몽타주를 빈 종이 위에 그리는 것이 회상이라면 여러 사진들을 보면서 범인을 골라내는 것은 재인이다.

소비자가 브랜드를 보면서 구매결정을 하는 상황(예: 슈퍼마켓에서 장보기)에서는 재인이 중요하지만, 브랜드를 보지 않고 구매결정을 하는 상황에서는 회상이 중요시된다.

(3) 문의테스트(inquiry test)

집행된 광고에 대해 소비자들이 문의한 결과를 토대로 광고효과를 측정하는 것이다. 이 방법의 문제점은 다음과 같다: 소비자 반응을 측정하는 데 오랜 시간이 필요하다; 문의 횟수만으로는 광고효과를 정확히 평가하기 어렵다. 즉 광고에 관심이 있어도 시간적 제약, 문의 접근방식의 불편함 등의 이유로 문의하지 않을 수 있다;

4. 면접 조사에서 고려할 내용

다음 내용들은 응답자의 의견을 풍성히 도출하는 데 도움이 된다.

1) 질문 방식

만약 소비자에게 다음과 같은 두 가지 방식으로 질문을 던졌다고 하자: ① 당신은 어떠한 집을 원하는가? ② 현재 살고 있는 집에서 불편한 문제들은 어떤 것들이 있는가? 아마도 질문 방식에 따라 얻게 되는 정보의 양과 질은 다를 것이다.

만약 고객에게 "어떠한 샴푸를 원하는가?"라고 묻는다면 고객들은 현재의 샴푸를 기준으로 답변할 것이다. 즉 자신이 알고 있는 현재 속성을 기준으로 조금 더 나은 것을 원한다고 답변할 것이다. 예를 들면 깨끗한 세척, 좋은 향, 저렴한 가격 등과 같은 천편일률적이거나 예상 가능한 뻔한 대답을 한다. 이는 소비자들이 현재 사용하는 제품 중심으로만 생각하므로 그것을 벗어난 속성을 생각하기 어렵기 때문이다.

그러나 만약 "당신의 머릿결 또는 머리카락 관리에 어떤 어려움을 겪고 있나요?"라고 묻는다면 자신이 실제 겪는 문제를 기반으로 답변하기에 내용은 풍성할 것이다. 탈모, 두피 가려움, 염색 문제, 머리 손질 어려움, 며칠간 머리 못 감는 상황 등과 같은 샴푸와 무관한 답변도 나올 것이다. 사람들마다 경험한 문제가 다르기에 다양한 사람들로부터 각기 다른 문제점, 희망사항에 대한 정보를 다채롭게 수집할 수 있다. 이러한 정보는 신제품 아이디어의 도출에 도움이 된다(예: 염색도 되는 샴푸, 물이 필요 없는 샴푸). 이와 같이 어떠한 질문을 던지는가에 따라 우리가 얻는 답변의 양과 질은 현격한 차이가 난다.

- "이상적인 교육자는 어떤 사람인가"라고 묻지 말고 "어떤 선생님이 가장 기억에 남고 그 선생님은 어떠하였는지"를 질문하는 것이 보다 풍성한 답변을 유도할 것이다.

좋은 질문은 소비자 개인의 경험에 초점을 맞추거나, 혹은 제품으로부터 바라는 최종 결과나 혜택(outcomes, benefits)에 대해 묻는 것이다. 이러한 방식의 질문은 신제품 아이디어, 서비스 개선사항에 대한 아이디어 획득에 도움이 된다.

2) 래더링(laddering) 기법

심층면접 과정에서 어떤 제품이나 브랜드가 제공하는 '속성 – 혜택 – 가치'가 계층적으로 어떻게 서로 연결되는지를 찾아내는 방법이다.

(1) 속성

특정 제품이나 브랜드를 선호하거나 구매하는 이유를 묻는다. 소비자는 제품의 특정 속성 때문이라고 응답한다.

(2) 혜택

왜 그러한 속성이 중요한가, 특정 브랜드를 사용할 때 연상되는 혜택은 무엇인가에 대해 질문한다. 소비자는 위에서 답변한 제품속성이 어떤 혜택을 제공하기 때문이라고 한 번 더 깊이 있게 생각하고 응답한다.

(3) 가치

위에서 답변한 혜택으로부터 궁극적으로 얻는 개인적 가치는 무엇인지를 묻는다. 소비자는 앞에서 언급한 혜택들이 자신이 추구하는 가치를 충족시키기 때문이라고 응답한다.

이러한 일련의 과정을 통한 연속적인 질문 방식(꼬리에 꼬리를 무는 방식)을 통해 소비자가 가지고 있는 생각(또는 의식의 흐름)을 점진적으로 깊이 있게 밝혀 나간다. 마치 사다리(ladder)를 타고 올라가듯이 구체적, 표출적 이유인 속성으로부터 고차원적이고 추상적인 이유가 되는 가치에 대한 소비자 생각을 파악하는 것이다.

- '보습제 성분'을 함유하기에 △△샴푸를 선택한다[속성]. 보습제 성분은 나의 머릿결을 메마르지 않고 촉촉하게 해준다[혜택]. 촉촉한 머릿결은 내가 건강하고 아름다운 머릿결을 가진 매력적인 사람임을 보여준다[가치].

3) Probing 기법

Probe란 무언가를 철저히 조사하다, 정밀 조사하다의 뜻을 가진다. 평상시에 그리 많은 생각을 하지 않았던 제품(예: 생수, 건전지, 초콜릿, 샴푸 등)에 대해 응답자들이 다양한 생각을 해 볼 수 있도록 질문하면서 생각하기를 도와줌으로써 응답자 의견을 유도하는 것이다. 몇 가지 방법을 예로 들면 다음과 같다.

- 두 가지 상표에 대한 선호도, 차이점, 유사점을 이야기하도록 한다. 일반적으로 두 가지의 비교가 상대적으로 용이하다.
- 세 가지 상표를 제시한 후 유사한 상표 두 개와 다른 상표를 분류하도록 하고, 그 이유에 대한 응답자 의견을 유도한다.
- 응답자들에게 가상의 상황을 제시하고 이에 대한 반응을 확인한다(예: 스마트폰이 없다면? 샴푸를 사용할 수 없다면? 명품브랜드가 없어진다면?)

때로 소비자들은 자신의 느낌, 태도, 소망 등을 구체적으로 표현하기 어려워하는 경우도 많다. 질문 방식의 변화는 응답자들이 가지고 있는 생각(또는 저변에 묻혀 있던 생각)을 좀 더 다각적이면서도 원활하게 이끌어내는 데 도움이 된다.

PART 4

마케팅 커뮤니케이션과 연관된 소비자 이해

마케팅 커뮤니케이션(marketing communication)은 시장(market)을 대상으로 하는 의사소통(communication) 활동이다. 따라서 의사소통의 대상이 되는 시장에서 과연 어떠한 과정을 통해 커뮤니케이션을 받아들이는지에 대해 이해해야 한다.

시장을 구성하는 주요 주체로는 소비자, 경쟁사, 유통업자, 공급업자, 정부 및 규제기관, 일반 대중이 있다. 여기서는 소비자를 중심으로 광고의 정보처리 과정(14~16장), 태도 형성 및 변화(17장)를 살펴본다.

소비자의 마음을 이해하는 것 그리고 이들의 행동을 예측하는 것은 어렵다. 어떤 때는 품질, 어떤 때는 가격, 어떤 때는 디자인 그리고 어떤 때는 주변의 눈을 의식해서 구매하기 때문이다. 그러나 시장에서 살아남으려면 소비자 판단과 결정이 잘못되었더라도(또는 어리석거나 비합리적이더라도) 그들의 선택을 '있는 그대로' 받아들여야 한다. 또한 소비자의 '본심(本心)'에 귀를 기울이고 끊임없이 여기에 다가가는 혁신 기업만이 생존과 성장의 대열에 합류할 수 있다.

- 벤츠 자동차를 구입한 고객에게 구입 이유를 물으면 "품질이 너무 좋아서"라고 답할 것이다. 하지만 그건 소비자의 본심이 아니다. "나는 사람들 앞에서 뽐내고 싶어!" 벤츠가 만약 이런 소비자들의 속마음을 읽지 못한다면, 마케팅에 실패할 수밖에 없다. – 출처: 필립 코틀러 교수와의 인터뷰, 조선일보, 2007년 8월 11일
- 기업은 소비자에 관한 명확한 개념이 없을 때 실패의 위험에 빠집니다. 그렇기 때문에 항상 물어야 합니다. "그럼 이 소비자가 다른 기업이 아닌, 우리 기업 제품을 사게 만들려면 어떻게 해야 하지?" 이 질문에 답하지 못하면 결국 실패합니다. – Brian Tracy(성공학의 대가)
- 평생 좋은 제품을 많이 만들었지만, 점유율 면에서 전 세계 시장을 장악한 적은 한 번도 없었다. 젊은이들의 삶을 몸소 체험하고 나서야 뒤늦게 성공의 열쇠를 찾았다. – Steve Jobs(전 애플 CEO 및 창업자).

마케팅 커뮤니케이션을 기획하고 집행하는 광고전문가는 소비자가 어떻게 정보를 처리하고(그들이 어떤 정보에 좀 더 주목하고, 이를 어떻게 이해하는지? 관여도와 기억은 이러한 정보처리에 어떠한 영향관계를 가지는지?), 어떻게 태도를 형성하고 또한 기존의 태도를 변경하는지에 대해 이해해야 한다. 이러한 정보처리, 태도 형성(변경)에 대한 지식은 보다 효과적이고 효율적인 커뮤니케이션을 수행하는 데 도움이 된다.

제4부에서는 소비자의 정보처리 과정(14장), 이에 영향을 미치는 관여도(15장)와 기억(16장) 그리고 태도의 형성 및 변화(17장)에 대해 살펴본다.

- 광고를 정보처리하는 소비자 심리 과정에 대해 다양한 이론이 있다. 이론을 이해하지 못한다고 해서 광고 업무를 못하는 것은 아니다. 실제로 훌륭한 광고물을 만들거나 또는 광고업계의 성공한 사람들 중에는 이런 학술적 이론에 해박하지 않은 사람들이 적지 않다. 그렇지만 이론을 알고 있다면 광고업무를 체계적으로 수행하는 데 분명 도움을 받을 것이다.

CHAPTER 14

정보처리 과정

Ⅰ. 소비자의 광고 반응: 정보처리 모형

Ⅱ. 노출: 정보처리 과정의 1단계

Ⅲ. 주의: 정보처리 과정의 2단계

Ⅳ. 이해: 정보처리 과정의 3단계

들어가기 전에

시장의 가장 중요한 주체는 소비자이다. 따라서 광고의 주요 대상 역시 소비자이다. 소비자의 정보처리 과정에 대한 이해는 성공적인 광고물을 위해 어떤 노력이 필요한지를 알려준다.

그동안 독자들은 마케팅 커뮤니케이션에 대한 많은 내용을 배웠다. 이제 다시 근본적인 질문을 하겠다. “마케팅 커뮤니케이션이란 무엇이고, 왜 하는가?” 여러 답변이 가능하겠지만 “마케팅목표의 달성을 위해 무언가를 알리고 설득하는 활동이다. 이러한 결과를 얻기 위해 사람의 인식, 태도 및 행동에 영향을 미치고자 한다.”고 할 수 있다. 이러한 영향력이 작동하려면, 광고물은 소비자의 머릿속에서 정보처리되어야 한다. 따라서 소비자 머릿속 정보처리 과정을 이해한다면 이를 기반으로 좀 더 적절한 광고 활동을 할 수 있을 것이다.

마케팅 및 광고 학자들은 사람 머릿속의 정보처리 과정을 연구해, 여러 개념적 모델을 개발했다. 그중에서 1920년대 등장한 광고의 계층효과 모형(hierarchy of effects model)은 현재까지도 많이 채택되고 있다. 이 모형에 따르면 사람은 어떤 정보(또는 자극)에 노출되면, 인지(cognitive), 감성(affective) 그리고 행동의도(conative)의 반응 순서를 거친 뒤, 행동반응을 나타낸다고 한다(참조: 6장 ‘광고목표’).

그림 14-1 계층효과 모형에 대한 개념도

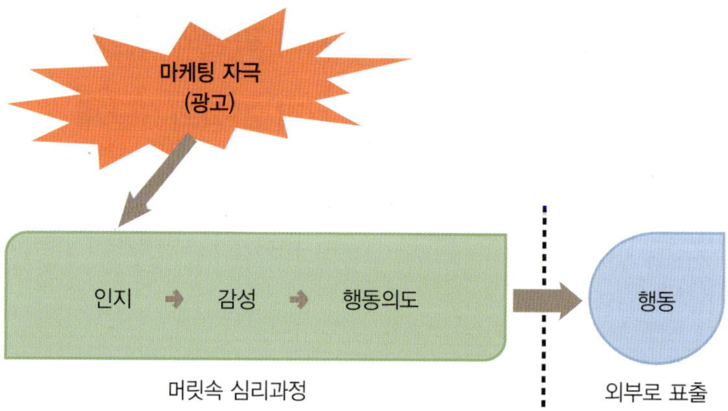

이러한 계층효과 흐름은 다음과 같이 다시 도식화할 수 있다. 마케팅 자극은 인지적 정보처리 과정을 거치고, 이를 통해 태도(감성, 행동의도)가 형성되고, 형성된 태도에 의해 행동이 일어난다.

그림 14-2 정보처리 과정(14~16장)과 태도 과정(17장)

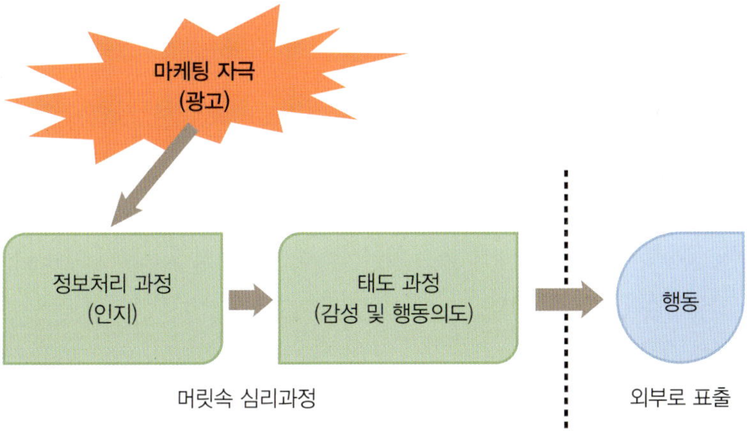

여기서는 광고에 대한 소비자 반응 중에서 우선 정보처리 과정에 대해 살펴본다. 이후 이러한 정보처리 과정에 영향을 미치는 관여도(15장), 기억(16장)을 살펴본다. 그런 다음 정보처리 과정을 토대로 하여 새롭게 형성되거나 변화되는 태도(17장)에 대해 살펴본다.

I 소비자의 광고 반응: 정보처리 모형

정보처리 모형(information-processing model)은 광고에 노출된 소비자가 그 정보를 처리하는 과정을 설명하는 모형이다. 이 모형은 광고에 노출되고, 광고에 주의를 기울이고, 이를 이해하는 과정으로 이루어진다.

그림 14-3 '노출 – 주의 – 이해'로 이뤄진 정보처리 과정

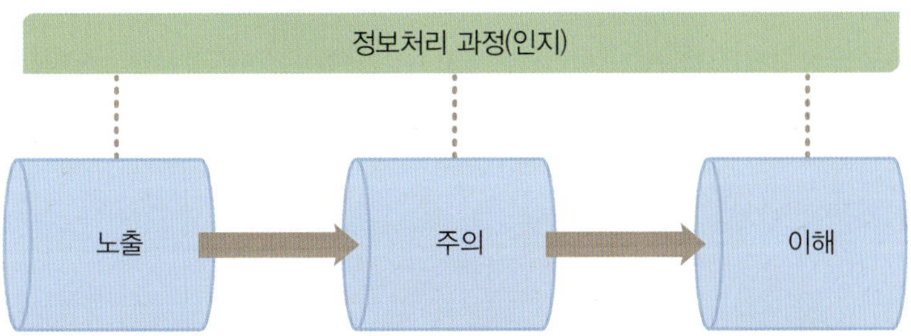

* 바로 전에 제시된 그림에서 정보처리 과정(인지)만을 중심으로 다시 묘사한 그림이다.

Ⅱ 노출: 정보처리 과정의 1단계

정보처리 과정의 첫 단계는 마케팅 자극(stimuli)에 대한 노출(exposure)이다. 노출이란 사람이 어떤 외부 자극을 접하면서 그로 인해 감각기관이 활성화되는 것이다. 외부자극을 인지하는 데 사용하는 인간의 감각기관은 시각, 청각, 후각, 미각, 촉각 등(sight, hearing, taste, smell, touch) 모두 다섯 가지이다. 감각기관에 외부 자극이 닿으면서부터(외부 자극에 노출되면서부터) 정보처리는 시작한다.

- 다섯 감각 이외에도 외부 자극을 알아차리는 감각들은 있다. 예를 들어 지진의 진동을 감지하는 것은 다섯 감각과는 다른 감각기관을 통한다. 또한 온도, 통증, 균형 등을 느끼는 감각 역시 다섯 감각과는 다르다. 보통 인간은 22~23가지의 감각을 느낄 수 있다고 한다.

감각의 특성 몇 가지를 언급하면 다음과 같다. 첫째, 다섯 감각은 각기 고유의 인식 영역이 있다. 그래서 어떤 감각이 다른 감각을 대체하지 못한다. 예를 들어 고소한 향기를 느끼는 후각을 청각, 시각이 대신할 수는 없다. 따라서 어떤 감각기관에 문제가 생기면 그에 해당하는 자극을 인지하지 못하게 된다.

- 방귀에 대한 인식: 소리(청각), 냄새(후각), 옷의 흔들림 / 물방울(시각), 바람 세기(촉각)

그림 14-4 감각기관과 자극물

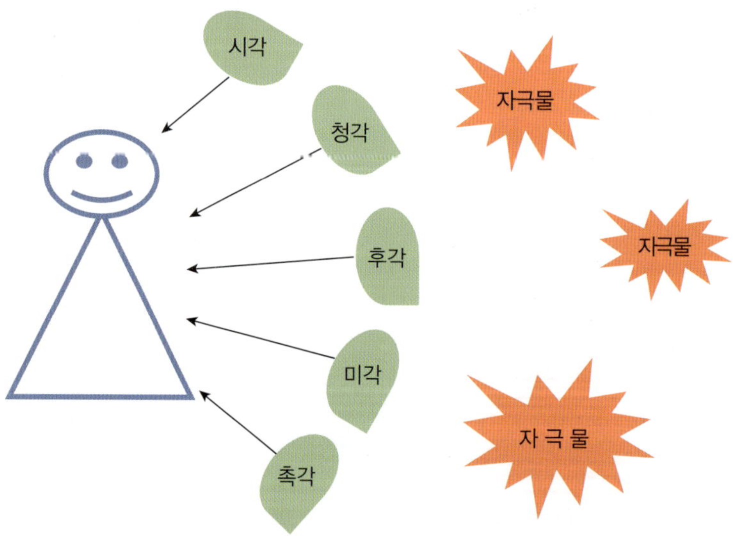

- 음악 서적을 읽는 것으로 음악을 배우는 것은 편지로 사랑(육체적)을 나누는 것과 같다.

  – Luciano Pavarotti(20세기 최고의 테너)

둘째, 감각기관 활성화의 총량에는 한계가 있다. 어떤 하나의 감각이 과도히 작동하면 다른 감각기관이 인식하는 정보가 축소되거나 방해받는다. 예를 들어 외부 소리의 강렬함으로 인해 청각 정보처리에 두뇌가 과도하게 할당되면, 다른 감각기관(예: 시각, 미각 등)의 인지는 방해를 받는다.

- 음식의 강한 냄새(후각)로 인해 맛을 느끼기 힘들거나(미각), 영화 장면에 몰입하여(시각 및 청각) 모기에 물린 것을 느끼지 못한다(촉각). 또는 시끄럽고(청각) 번잡스러운(시각) 식당에서는 맛을 제대로 느끼지 못한다(미각). 그래서 어떤 감각에 집중하기 위해 우리는 다른 감각들을 잠시 접어 두어야 한다. 예를 들어, 음악을 듣거나(청각) 키스할 때(촉각) 눈을 감는다(시각).
- 마음이 거기에 있지 않으면 보아도 보이지 않고, 들어도 들리지 않으며, 먹어도 맛을 모른다.

  –『대학(大學)』

셋째, 감각들은 상호작용을 한다. 예를 들어 음식이 보기 좋고(시각) 식감이 좋고(촉각) 향긋한 냄새가 난다면(후각) 이는 음식의 맛(미각)에도 영향을 미친다(예: 보기 좋은 떡이 맛도 좋다, 아삭한 식감의 사과가 더 맛있다, 향긋한 커피가 더 맛있다 등).

- 패키지 포장의 디자인 및 색상(시각)은 미각에 영향을 미친다. 캔커피의 캔 컬러는 제품의 구별 기능도 있지만 어떠한 맛을 좀 더 느끼게 하는 데 도움이 된다(예: 블랙은 진한 맛, 블루는 연하고 달콤한 맛).

1. 노출에 대한 이해

노출은 다음과 같은 속성을 가지고 있다.

1) 선택적 노출

사람들은 주변의 마케팅 자극물 모두를 향해 자신의 감각기관을 노출시키지 않는다. 자신이 원하는 대상(자극물)을 향해 의도적으로, 즉 선택적 노출을 하기도 한다. 추후 설명하겠지만 이러한 선택에는 관여도, 기억이 작용한다.

- 전철역으로 통하는 골목길이 여럿 있다면, 이 중에서 흥미로운 골목길을 일부러 선택한다(선택적 노출). 선택한 골목길에서도 음식점들이 많이 있는 왼편만을 계속해서 바라본다(오른쪽 의류 상점가는 선택적 노출을 통해 배제).

이와 같이 원하는 대상에 선택적 노출을 함으로써 수많은 마케팅 자극(광고물) 중에서 불필요한 노출(낮은 관여도)은 하지 않으려 한다(예: 드라마가 끝나면 화장실을 가거나 미뤄두었던 전화 통화를 함으로써 광고물을 회피). 의도적으로 노출을 선택하기에(즉 사람들은 광고에 별로 관심이 없기에) 광고효과는 감소한다.

2) 노출에 대한 개인별 차이

감각기관의 역량 및 작동 방식은 성별, 연령별 차이가 있다.

- 감각 능력에 있어서 성별 차이가 있음은 여러 연구를 통해 밝혀졌다. [시각] 여성들은 색상에 민감한 반면에 남성들은 색깔 차이에 둔감하다. 남성은 여성들의 색조 화장품을 구별하지 못하지만, 여성들은 차이를 구별하기에 그만큼 다양하게 존재한다. [청각] 남자들은 소리가 나는 방향을 잘 인식하는 반면, 여자들은 소리의 종류를 잘 구분한다. 진화심리학자에 의하면, 원시시대부터 남자들은 밖에서 사냥을 하고 여자들은 동굴에 남아서 많은 아이들을 돌봐야 했던 상황과 관련이 있다고 본다. 남자들은 사냥을 나가서 사냥감 포착을 위해 소리가 나는 방향에 대한 민감성을 발전시켜야 했다.

감각은 나이가 들면서 퇴행한다. 이러한 퇴행으로 인해 외부 자극에 대한 인식은 신속, 정확하지 못하며 때로 전혀 인식을 못하기도 한다(예: 노인 운전자, 노인 보행자의 빈번한 사고).

- 노령화가 가속화됨에 따라 노년층을 대상으로 하는 광고물이 많아지고 있다. 그렇지만 노인은 시각, 청각 등이 무디기에 이를 감안한 광고제작물을 만들어야 한다.

3) 자극의 감지와 연관된 식역 수준

식역(識域)이란 무언가를 알아차리는 영역(또는 그 경계선 문턱)을 의미한다. 식역의 유형으로는 절대적 식역, 차이 식역, 식역하 지각 등이 있다.

(1) 절대적 식역(absolute threshold)

감각기관이 자극을 감지할 수 있는 최소한의 자극 에너지(문턱)를 의미한다. 마케팅 자극의 강도가 증가할수록 소비자가 자극을 감지할 가능성은 증가한다. 예를 들어 작은 사이즈보다는 큰 사이즈, 조용한 소리보다는 큰 소리의 감지가 더욱 용이하다.

- 나이가 들면서 절대적 식역은 변화한다. 그래서 스마트폰의 글씨체도 크게 키우고, 볼륨도 높이게 된다.

그림 14-5 세 가지 식역에 대한 개념도

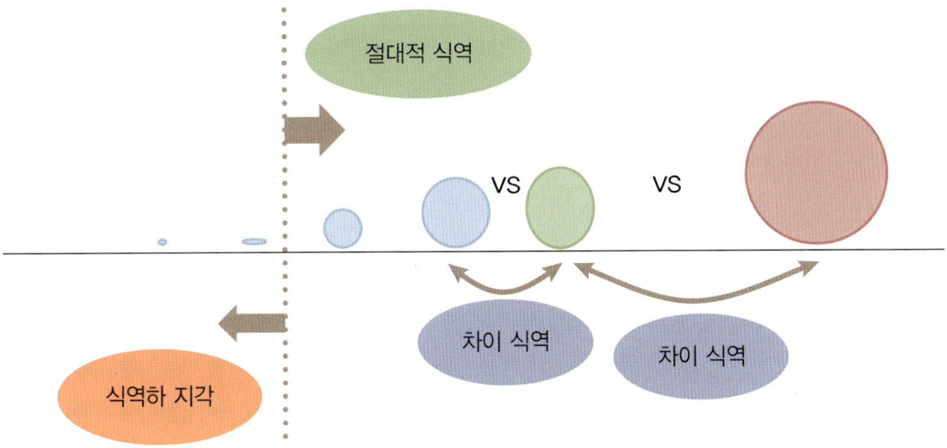

(2) 차이 식역(differential threshold)

두 개의 자극이 서로 다른 것이라고 지각하는 데 필요한 자극 강도를 의미한다. 이를 감지하기 위한 최소한의 차이(문턱)를 JND(just noticeable difference)라고 한다. JND보다 자극 간 차이가 작다면 두 개의 자극을 분별하지 못한다.

- 라마단은 무슬림 의식의 하나로 한 달 동안 해가 뜰 때부터 질 때까지 물과 음식을 입에 대지 않는 금식 기간을 의미한다. 금식은 자신의 마당에 매달아 둔 흰색 실과 검은색 실을 방 안에서 구별할 수 있는 새벽부터 시작해서 해가 질 때까지 계속된다.

차이 식역과 관련하여 Weber의 법칙(Weber's Law)이 있다. 초기자극의 강도와 JND 크기의 관계에 대한 법칙으로 초기 자극의 강도가 클수록, JND도 증가한다는 법칙이다.

JND=I×K(여기서 I는 초기 자극 강도, K는 상수)

새로운 자극이 초기 자극으로부터 변화하였음을 감지하는 데 필요한 자극 변화의 최소치(JND)는 초기 자극 수준에 비례한다. 예를 들어 한 달 용돈으로 10만 원 쓰는 사람과 1,000만 원 쓰는 사람이 있다고 하자. K의 값이 0.1이라고 가정하면, 0.1=JND/I=만 원/10만 원=100만 원/1,000만 원이 된다. 즉 한 달 용돈으로 10만 원 쓰던 사람은 만 원 이상, 1,000만 원 쓰던 사람은 100만 원 이상 증액해서 써야만 지출금액 차이가 발생했다는 것을 인식하게 된다.

- K의 값이 0.05일 경우, 100원이던 껌의 가격은 5원 이상 내려가야(5%의 차이) 가격변화를 실감한다. 반면에 1,000원이던 껌의 경우에는 50원 이상 내려가야(5%의 차이) 비로소 가격변화를 실감한다. 한편 K의 값이 0.02일 경우, 몸무게가 50kg 사람은 1kg 이상 감량해야(2%의 차이) 체중변화를 인지하지만, 100kg이던 사람은 2kg 이상 감량해야(2%의 차이) 비로소 체중변화를 알아차린다.

Weber의 법칙은 마케팅에 다음과 같은 전략적 시사점을 준다. 불리하거나 나쁜 것(예: 가격 인상, 용량 축소, 개수 삭감)은 JND 이하로 하여 그 차이를 소비자가 인식하지 못하게 한다. 이에 비해 좋거나 자랑하고 싶은 것(예: 가격 인하, 성능 향상)은 JND 이상으로 하여 변화를 인식시킨다. 즉 좋은 쪽으로의 변화는 'JND 이상'으로, 나쁜 쪽으로 변화는 'JND 미만'으로 한다.

- 초콜릿 제품은 원가 상승이 발생해도 가격 인상을 하지 않는다. 매출감소가 발생하는 가격 인상을 하기보다는 내용물을 줄이는 방법을 많이 쓴다. 차이 식역 이하로 용량을 줄여, 사람들이 이렇게 나쁘게 변화한 것을 눈치채지 못하게 한다.

(3) 식역하 지각(subliminal perception)

자극의 강도가 절대적 식역에 미치지 못해도 사람들은 이를 무의식 중에 지각한다. 이를 식역하 지각이라고 한다. 매우 짧은 시간 동안의 자극 제시(빠르게 말하거나 순간적으로 보여줌), 미약한 자극의 제시(들릴 듯 말 듯 또는 보일 듯 말 듯한 자극)가 이에 해당한다.

일반적으로 자극이 강해야 노출이 활성화된다. 따라서 굳이 식역하 자극의 광고를 하는 것은 의미 없다고 볼 수 있다. 그러나 때로 식역하 광고는 세간의 관심을 불러일으켜 소비자 주목을 끌기도 한다.

식역하 광고가 영향을 가지는 이유를 설명하는 이론은 몇 가지 있다. 첫째, 점증적 효과 이론(incremental effects theory)이다. 가랑비에 어느 순간 옷이 흠뻑 적는 것처럼 식역하 자극에 빈번히 노출되면 서서히 자신도 모르는 사이에 신경체계 내에 그 자극에 대한 표상(representation)이 구축된다는 것이다. 그리고 이런 자극의 누적이 일정 수준을 넘어서게 되면 표상은 행동에 필요한 최소한의 식역 수준으로 올라선다. 이로 인해 사람의 행동은 변화가 발생하지만 정작 자신의 행동을 변화시킨 원인에 대해서는 의식하지 못하기도 한다.

- 사소한 짜증들이 쌓이고 쌓여서 어느 순간 폭발함, 피곤과 스트레스가 누적되어서 사람이 병에 걸림

둘째, 심리동태적(psychodynamic) 환기 이론이다. 휴화산처럼 원래 안쪽에 마그마가 있는데, 여기에 작은 충격파를 전달하여 이를 일깨운다는 것이다. 즉 무의식 중에 잠재하던 욕구가 있었기에 식역하의 작은 자극만으로도 활성화된다고 보는 것이다. 참고로 점증적 효과 이론은

원래 그런 욕구는 없었는데 무의식 중에 미미한 자극을 조금씩 전달받으면서 자극이 누적되어 가는 것으로 본다.

- 안쪽에 내재된 어떤 울분 덩어리가 작은 충격으로 폭발함.

2. 노출의 커뮤니케이션에 대한 시사점

정보처리 과정이 시작되려면 일단은 노출이 일어나야 한다. 광고를 만드는 입장에서는 노출이 반드시 일어나게끔 해야 한다. 노출 강화를 위한 방법은 다음과 같다.

첫째, 광고물을 흥미롭게 만든다. 적어도 광고물에 대한 좋은 경험과 기억을 심어줌으로써 사람들이 추후 이에 대한 선택적 노출을 하게끔 만든다.

둘째, 광고물을 사람들의 감각기관에 최대한 강하게 노출시킨다.

- 동일 시간대 모든 채널에 같은 광고물을 내보냄으로써 채널을 다른 쪽으로 돌려도 광고에 노출되게 한다.
- 일정 공간을 자사의 광고물로만 채운다.

그림 14-6 지하철 광고

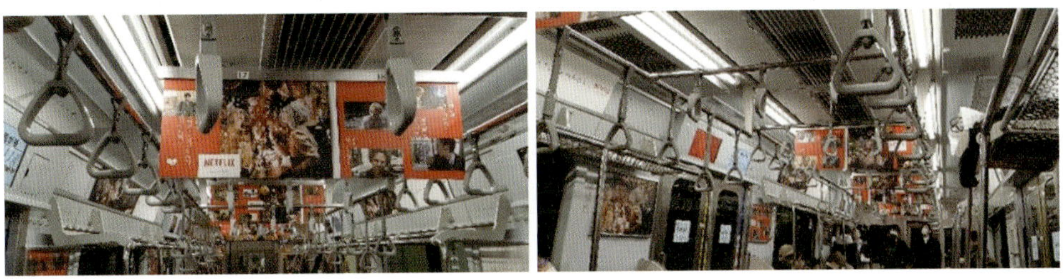

* 지하철 한 칸 모두를 하나의 광고물로 도배함으로써(동영상 모니터, 포스터, 손잡이 등) 전철 승객의 시선을 사로잡은 예시이다.

엠비언트 미디어(ambient media)의 사용을 통해 소비자와 광고가 만나는 접점을 최대한 많이 만든다.

- 영국 유명 완구 백화점 '헨리스 토이'는 택시에 배너 광고를 붙이고 택시 지붕에 대형 태엽을 달아 고객이 보기에는 대형 장난감 택시 수백 대가 런던 시내를 돌아다니는 것처럼 보이게 했다. 한편 2000년대 초반 수많은 선영이라는 이름을 가진 사람들의 마음을 떨리게 했던 사건이 있었다. 길거리 여기저기의 현수막에는 '선영아 사랑해'라는 까만 글씨 이외에는 아무것도 없었다. 이것은 사실 광고('마이클럽')였는데, 그걸 모르는 사람들의 궁금증을 자극하여 사람들로 하여금 이리저리 알아

보게 했고 또한 엄청난 바이럴 마케팅 효과를 불러 일으켰다.

그림 14-7 '다방'에 대한 엠비언트 미디어

Ⅲ 주의: 정보처리 과정의 2단계

자극(정보)에 노출되어도 그러한 자극들 모두가 이해 단계를 향해 나아가는 것은 아니다. 이해의 단계로 진입하려면 그러한 정보에 주의(attention)가 기울여져야 한다(즉 주의의 단계를 거쳐야 한다).

그림 14-8 정보처리 과정 - 주의

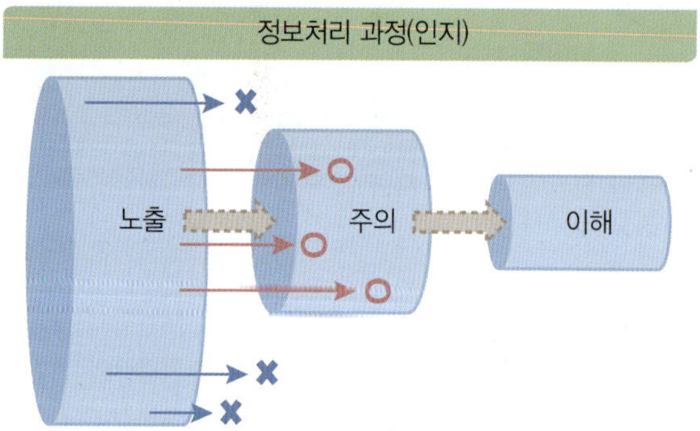

* 주의가 기울여지지 않은 노출 자극(X)은 더 이상 정보처리 진행이 되지 않는다.

- 지금 자신의 주위를 한번 둘러보자. 평소와 다르게 주의 깊게 살펴보면 전에는 의식하지 못했던 것들(예: 사람, 점포, 건물, 물건 등)이 보일 것이다. 광고도 마찬가지이다. 주의를 기울여보면 주변에 수없이 노출된 광고물이 보일 것이다. 이와 같이 우리 일상은 무수한 광고에 노출되고 있다. 그렇지만 우리는 모든 광고물에 주의를 기울이지 않는다. 그중 극소수에만 주의를 기울인다.

매체 집행을 잘해서 노출에 성공했더라도 사람들의 주의를 끌지 못하면 그것은 실패한 광고물이다. 일단 주의를 끌어야 다음 단계인 소비자 인지과정(이해)에 들어갈 수 있다. 주의 단계로 진입하지 못하면 결국 그 광고물은 소비자에게 아무런 영향력을 행사하지 못한다.

1. 주의의 개념과 유형

주의(또는 주목)란 특정 자극에 대해 수신자의 제한된 정보처리 능력을 집중적으로 할당하는 것이다. 사람의 감각기관이 그저 활성화되는 것이 노출이라면(예: 무언가 귀에 그냥 들림, 무언가 눈에 보임), 주의는 노출 단계에서 일어난 감각기관의 활성화를 좀 더 높이 유발하는 것이다(예: 귀를 쫑긋 세우고 들음, 눈에 불을 켜고 봄). 주의가 일어날 때, 신체적으로는 혈압상승, 뇌파 변화, 맥박 증가, 동공 확대 등이 수반된다. 주의는 의도성 여부에 따라 자발적 주의, 비자발적 주의로 분류된다.

1) 자발적(선택적) 주의

어떤 적극적 의도를 가지고 주의를 기울이는 경우이다. 개인적 관련성이 높은 제품정보를 탐색하는 과정(예: 문제해결 및 목표달성)에서 이러한 성격에 부합하는 정보를 접하면 좀 더 주의를 기울이게 된다.

- 스마트폰을 구입하려는 소비자는 TV광고물을 무심코 보다가 스마트폰 광고가 나오면 좀 더 주의를 기울인다; 자동차를 구입하려는 소비자는 도로에서 운전하다가 평소 관심 있던 차종이 옆으로 지나가면 그것을 유심히 본다; 애완견을 키우고 있다면 애완견과 연관된 점포, 제품, 광고물, 방송 프로그램 등에 주의를 기울인다.

그림 14-9 미국 뉴욕의 거리, 라오스 비엔티엔의 재래 시장

* 사진에는 다양한 자극물이 담겨 있는데, 이 중에서 여러분의 주의를 끄는 것은 무엇인가? 그것에 왜 주의가 끌렸는가? 다른 사람도 당신과 똑같을 것인가?

2) 비자발적 주의

의도는 원래 없었지만 자극의 특징으로 인해 저절로, 즉 비자발적으로 주의가 기울여지는 것이다. 현재의 목표나 활동과 무관하더라도 광고물이 강렬, 독특, 재미, 예상 밖 내용이라면 자연스럽게 주의가 기울여지는 것이다. 즉 자극물의 특이성으로 인해 사람의 의식을 잡아 끌어당기는 것이다.

2. 주의의 커뮤니케이션에 대한 시사점

사람들은 어떠한 경우에 광고에 주의를 기울이는가? 주의가 작동되는 원리를 알고 있다면 광고제작자는 소비자 주의를 끄는 데 성공할 가능성이 높다.

- 어떤 메시지가 수신자에게 영향을 미치기 위해서는 일단 수신자의 주의를 끌어야 한다. 이를 위해 그 자극을 주의 깊게 볼 만큼 만들어야 한다. 특히 처음 부분이 중요하다. 예를 들어, 연속 드라마는 첫 회가 중요하다, 광고는 처음의 3초가 중요하다, 인터넷 포털에 떠 있는 기사는 헤드라인이 중요하다.

소비자 주의를 높이는 데 관련된 변수는 다음과 같다.

1) 소비자와의 관련성

자발적(선택적) 주의에서 언급한 바와 같이 개인적 관련성이 높은 정보는 자발적으로 주의를 집중하게 된다. 소비자 욕구를 충족하거나 문제해결에 부합하는 정보, 그동안 애써 찾던 정보, 몹시 좋아하는 대상에 관한 정보가 이에 해당한다. 따라서 노출되는 상황 및 여건에 적절하거나 적합한(pertinent) 정보를 지니면 주의를 끌 수 있다. 소비자 관련성이 높은 정보는 자극이 강하지 않더라도 주의를 끌게 된다.

- 수돗물 오염이 심한 상황에서는 정수기 광고; 불경기에서는 가격파괴 광고; 노후자금이 불안할 때는 안심을 약속하는 보험 광고 등.
- 우리나라의 경우, 1953년 6.25 전쟁이 끝나고 모든 것이 궁핍하던 시기, 사람들은 필요한 물건을 살 수만 있다면 만족했었다. 이 당시 기업이 가장 역점을 두었던 것은 물건을 값싸게 대량으로 제조해 유통시키는 것이었다. 그러다 이러한 상황이 어느 정도 해결된 1970년대가 되면서 소비자들은 튼튼한 제품, 성능 좋은 제품 등을 요구하게 되었다. 따라서 기업은 제품개발 및 기술력에 집중하게 되었다. 이처럼 소비 상황과 적합한 정보를 지닌 광고물을 만들지 못하고 시대에 뒤처진 광고를 만든다면, 그러한 광고물은 주목받기 힘들 것이다.

소비자 관련성은 결국 관여도(15장)와 연관된다. 다시 말해 자극에 대한 관여도가 높을수록 소비자는 그 자극에 주의를 기울인다. 이를 위해 관여도와 연관된 소비자 욕구(문제 또는 목적 등)를 사전에 파악하고 있어야 한다.

(1) 인지적 관여도

당면한 문제해결에 관련성이 높은 자극을 제시하면 그러한 정보를 처리하려는 동기가 크기에 이에 주의를 기울인다.

- 충전 시간에 불만이 있던 소비자에게는 '빠른 충전의 스마트폰 광고'; 체중 감소에 관심 있는 사람에게는 '다이어트 식품 광고'; 휴대용 가스버너의 폭발 위험을 걱정하는 여행객에게는 '폭발 위험 없는 부탄가스 광고' 등.

(2) 쾌락적 관여도

사람들은 자신이 좋아하거나 즐거움을 느끼는 정보에 주의를 기울인다.

- TV광고를 무심코 보다가도 자신이 좋아하는 아이돌이 나오면 그 광고를 좀 더 유심히 보게 된다. 여행과 식도락을 좋아하는 사람이 멋진 경관과 이국적 음식을 소개하는 관광지 광고를 보면 눈을 크게 뜨고 본다.

2) 광고 정보, 즉 신호의 자극 강도(signal strength)

개인적 관련성뿐 아니라(-자발적 주의), 자극 그 자체의 강도 역시 주의를 끌 수 있다(-비자발적 주의). 이러한 특성으로는 진기성(주변의 평범한 자극에 대비되는 특이성), 강렬성(자극 자체의 절대적 크기) 등이 있다.

(1) 진기한 자극

이는 현저성(salience)을 의미하고 주변의 다른 경쟁정보들에 비해서 상대적으로 눈에 돋보이는 특성을 의미한다. 일상적이지 않은 자극, 색다르거나 독특하거나 예상 밖의 자극이 여기에 해당한다. 예를 들어 모두 검은색 머리인데 한 명만 금발(또는 대머리)이면 그 사람에게 주의를 기울인다.

그림 14-10 진기한 자극(♥)

(2) 강렬한 자극

유사한 자극들이 서로 경쟁하고 있다면 그 중에서 좀 더 강렬한 쪽으로 주의가 기울여진다. 일반적으로 소리가 더 세거나, 형태가 더 크거나, 보다 빠르게 움직이는 것에 시선이 집중된다. 또한 생생함(vividness)이란 본질적으로 자극이 강하다는 의미로 여기에 해당한다. 구체적으로 묘사된 정보, 이미지를 연상시키는 정보, 호기심을 자극하거나 재미있는 정보, 감정을 자극하는 정보, 사진이나 그림으로 된 정보는 생생함에 해당된다.

그림 14-11 강렬한 자극(유사한 모양이지만 훨씬 눈에 띄는 자극)

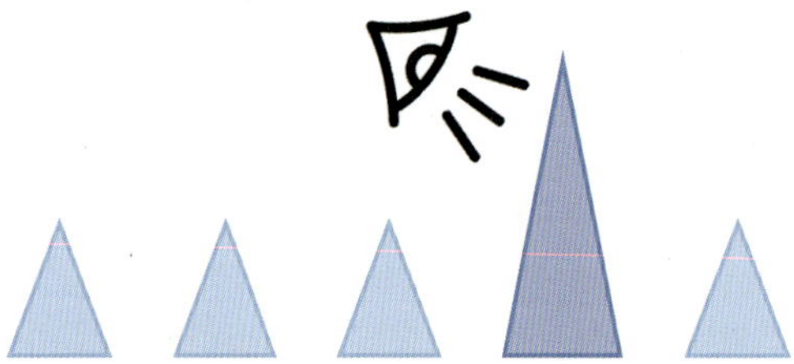

3) 정보원천(광고모델)

일반적으로 파워, 명성, 전문성, 신뢰, 매력이 높은 사람이 입을 열면 거기에 사람들은 주목하게 된다. 가장 높은 지위를 가진 사람이 말을 할 때, 그 분야에 대해 가장 많이 알고 있다고 인정되는 사람이 말을 할 때, 매력적인 사람이 말을 꺼낼 때 집중한다.

- 때로는 광고모델이 말의 내용(콘텐츠(contents))보다 중요하다. 일단 사람들로부터 주목과 집중을 받지 못하면, 콘텐츠가 아무리 충실하더라도 커뮤니케이션 영향력은 미약하다. 이런 점에서 본다면 콘텐츠를 충실히 준비하는 것도 중요하지만 주목도 높은 광고모델을 선정하는 것 역시 중요하다.

Ⅳ 이해: 정보처리 과정의 3단계

메시지가 설득력을 가지려면, 일단 주의를 끌어야 하고 그런 다음 이해(comprehension)가 되어야 한다. 이해란 사람이 자극 요소들을 조직화하고, 이를 해석하는 과정이다.
연구결과, 양호한 이해 상황에 있는 사람들이 더 많이 설득되었고 메시지 주장을 더 많이 기억했다. 반면에 열악한 이해 상황에 있는 사람들은 적게 설득되었고 기억하는 주장의 수도 적었다.

- 강의에 참석한 학생들은 강의 내용에 '노출'(선택적 노출)이 되는 상태이다. 그러나 수업 내용 및 교수의 강의 노력에 따라 또한 학생들의 피로 상태에 따라 '주의' 정도는 달라진다. 한편 앞쪽에 앉은 학생들은 마이크 상태(또는 화면의 선명도)가 불량하더라도 양호한 이해 상황에 있다. 이에 비해 뒷편에 앉은 학생들은 마이크 잡음 또는 끊김으로 인해 동일한 주의를 기울이더라도 열악한 이해 상황에 놓이게 된다.

동일 정보에 노출되더라도 사람마다 주의를 기울이는 정도는 다르다. 또한 주의의 정도가 유사하더라도 이를 이해하는 정도는 다르다. 광고 정보가 영향력(인지 및 설득)을 발휘하려면, 소비자들은 광고를 가능한 많이 이해해야 하고, 또한 올바로 이해해야 한다(이해의 양적/질적 수준).

- 인간은 오로지 가슴을 통해서만 올바로 볼 수 있다. – 출처: 『어린 왕자』, 생텍쥐페리 저(1943)

그림 14-12 **이해의 수준 차이에 대한 개념도**

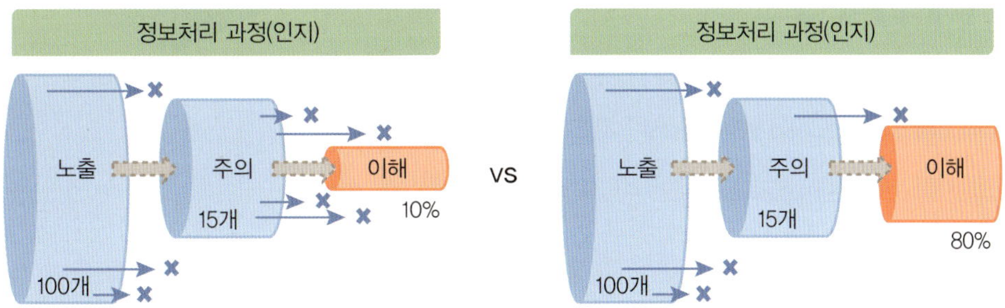

* 동일 노출 및 주의가 일어났더라도 이해의 수준은 차이가 날 수 있다.

1. 이해의 주관성 및 오류

동일 자극물에 대해서도 사람마다 이해하는 내용이 다른 경우가 많다. 그 이유는 사람마다 자신이 지닌 경험, 기대, 기억 등이 다르고 이해의 과정도 다르기 때문이다.

- 자연재해, 사회, 정치적 사건이 발생했을 때, 동일 사건에 대해서도 사람마다 이해하는 내용과 정도가 다르기에 그에 대한 평가도 다르다. 어떤 사건과 사고에 대한 상이한 댓글을 보면 이러한 현상을 쉽게 발견할 수 있다.
- 우리를 망치는 건 사건이 아니라 그 사건에 대한 우리의 판단이다. – 그리스의 스토아 학파(stoicism)

나름대로 최선의 의사결정을 내리려 해도 어처구니없는 실수를 하거나 잘못된 판단을 하는 경우가 적지 않다. 현명하고 뛰어난 사람도 마찬가지이다. 사람에게는 인간적 한계 또는 특질로부터 기인하는 일련의 편향성이 있기에 이를 완전히 극복하기 어렵다.

- 인간의 합리성은 '제한된 합리성'일 뿐이다. – Herbert Simon(노벨경제학상 수상자)

비합리적 판단과 모순된 행동에 이끌리는 이유는 사람의 판단을 흐리게 하는 여러 심리적 저류가 있기 때문이다. 의사결정 과정에서 발생하는 인지적 편향성(cognitive bias)의 유형은 다음과 같다.

1) 특정 준거점(準據點)을 기반으로 생각하는 '준거점 의존 성향'(anchoring bias)

어떤 행동이나 판단을 할 때 임의적 정보(또는 기준)에 얽매이는 심리적 편향성을 의미한다. 배가 한 번 닻(anchor)을 내리면 좀처럼 움직이지 않는 것을 빗댄 표현이다. 이러한 편향은 초기 입력된 어떤 기준을 쉽게 수정하지 않는다(실제로 이러한 임의적 기준은 모든 상황에 적합하지 않지만, 이를 진실이라고 믿기에 잘못된 고정관념으로 작동한다). 이러한 임의적 기준의 초기 형성 과정은 다양하다. 어떤 사람은 처음 접한 정보에 쉽사리 편향되고, 또 어떤 사람은 가까운 사람에게서 받은 정보를 더 신뢰한다.

- 예: 독일 제품은 모두 고장 없이 단단하다, 커피가 맛있는 스타벅스는 샌드위치도 맛있다, △△나라에 대한 생각은 처음 접하거나 자주 접한 △△인에 의해 형성된다.

다음은 이와 관련된 용어들이다.

- 가치귀착(value attribution): 사람이나 물건에 처음 지각된 가치를 바탕으로 일관된 특성만을 계속 부여하려는 경향이다. 객관적 데이터보다는 지각된 가치를 바탕으로 사람이나 사물에 어떤 특성을 부여한다. 과학계는 무명의 Eugene Dubois(1858~1940)가 호모에렉투스를 발견했을 때는 인정하지 않다가 유명 영국 고고학자였던 Charles Dawson(1864~1916)이 가짜 유골을 내놓았을 때는 원시인류 화석이라고 호들갑을 떨었다.
- 진단편향(확증편향, confirmation bias): 사람이나 상황에 대한 최초 평가와 상충되는 증거를 제대로 인식하지 못하는 성향이다(예: 의사들이 환자인 아이의 엄마가 아이 증상을 병적으로 과장해서

설명하는 부류의 사람이라고 판단함으로써 그냥 돌려보냈다가 결국 아이를 죽게 만든 사고).

2) 본능적으로 이익보다는 손실에 커다란 가중치를 부여하는 '손실 회피 성향'(loss aversion)

사람들은 '돈을 잃었을 때의 상실감'을 '돈을 벌었을 때의 만족감'보다 훨씬 크게 느낀다. 그러한 성향, 즉 손실을 크고 절실하게 느끼기 때문에 이런 불편한 감정을 가능한 회피하려고 한다. 주식투자로 50만 원을 잃었을 때의 상실감을 50만 원을 벌었을 때의 만족감보다 더 크게 느끼는 것이다.

이러한 점은 광고에도 응용할 수 있다. 예를 들어 에너지 절약 캠페인을 제작하는 경우, '당신이 에너지를 절약하면 연간 50만 원을 벌 수 있다'란 메시지를 '당신이 에너지 절약을 하지 않으면 연간 50만 원을 잃게 될 것이다'로 하는 것이 훨씬 강력하기에 실질적 절약 효과를 거둔다.

- 손실은 지금 상태에서 마이너스(−)가 되는 것이다. 이에 비해 이익은 지금 상태에서 플러스(+)가 되는 것이다. 따라서 이익은 설혹 발생하지 않더라도 지금 상태로부터 손해보는 것은 없다. 그래서 지금 상태에서 놓치게 된 이익에 대해서 크게 타격받지 않는다.
- 행동경제학에는 '처분 효과'와 '보유 효과'가 있다. 처분 효과는 사람들은 이익 실현을 손실 처분보다 선호하기에 이에 대한 행동이 신속하다는 것이다. 예를 들어, 10% 오른 주식은 쉽게 판다. 반면에 20% 떨어진 주식은 팔기 어렵다. 이와 같이 이익을 본 주식을 처분함으로써 그 이익의 빠른 실현을 추구하지만 손실 본 주식은 그냥 버티면서 손실의 실현을 가능한 지연시키려 한다. 그런데 일반적으로 상종가를 치는 주식은 추후 더 오를 가능성이 높지만 하한가를 치는 주식은 기업 또는 제품 문제가 있기에 추후 더 하락할 가능성이 크다. 손실 본 주식은 처분하고 이익을 본 주식은 더 보유하는 것이 합리적인데 이와는 반대로 행동한다. 참고로 보유 효과란 자신의 소유물에 애착이 생겨서 그 가치를 왜곡되게 더 높이 평가하는 현상이다. 내가 보유한 주식과 아파트는 현재 시장에서 제대로 된 (높은) 평가를 받고 있지 않다라는 생각, 즉 착각은 이와 연관된다.

3) '확률에 대한 주관적 환상'의 작동을 통한 왜곡

우리 주변에서 발생하는 모든 일들은 확률적으로 일어난다(예: 비가 올 확률, 벼락 맞을 확률, 어떤 사람을 지하철에서 만날 확률, 로또 당첨 확률). 이러한 확률은 어떤 사람이 강렬히 소망한다고 해서 더 크게 또는 작게 변하는 것은 아니다. 그렇지만 사람들은 욕구와 소망을 가지고 사물을 바라보는 경향이 있다. 즉 소망적 사고(hedonic consistency or wishful thinking)의 경향이 있기에 확률 예측에 주관성(또는 왜곡)이 작용한다. 즉 사람들은 전제, 결론에 대한 확률을 자신이 소망하는 방향으로 지각한다. 이러한 현상은 지적 수준, 교육 수준이 낮을수록 더욱 크게 나타난다.

- 타인이 로또를 사면 확률적으로 당첨은 어려울 것이라고 합리적 판단을 한다. 그렇지만 내가 신중하게 고른 숫자로 로또를 사면 꼭 될 것이라는 생각을 가진다; 내가 구입한 주식, 아파트는 떨어질 확률보다는 오를 확률이 더 크다고 생각한다.

4) 자극적인 경험을 중심으로 시간적인 기억을 왜곡하는 성향

오래 전에 겪은 일보다는 최근 경험한 일에 대해 보다 강한 느낌을 가진다거나 매우 자극적인 경험을 중심으로 시간적 기억이 왜곡되는 현상을 의미한다. 사실 시간은 객관적으로 흘러가는데, 우리 자신이 느끼는 시간은 주관적이다.

- 여름방학 기간은 짧게 느껴지지만 학기 중의 시간은 너무도 길게 느껴진다. 여행지에 가는 시간은 길게 느껴지지만 돌아오는 길은 짧게 느껴진다.

5) 자기가 보고 싶은 것만을 보려는 '선택적 프레임'

프레임(frame)은 기본 틀, 또는 뼈대라는 뜻으로 인간이 성장하면서 생각을 더 효율적으로 하기 위해 생각의 처리 방식을 공식화한 것을 의미한다. 인간은 어떤 조건에 대해서 거의 무조건적으로 반응하는 경향이 있기에 프레임을 마음의 창에 비유한다. 따라서 어떤 대상 또는 개념을 접했을 때(예: 일본인, 중국인, 오토바이 타는 사람) 평소 어떤 프레임을 갖고 있느냐에 따라서 사람마다 해석이 다르다.

사후 확신 편향(hindsight bias)은 중간 과정에서 일어난 모든 내용을 곧이곧대로 기억하는 것이 아니라, 최종 결과의 좋고 나쁨에 따라 중간 과정에 있던 내용들의 기억이 영향을 받는 현상이다. 결과가 좋다면 결과를 좋게 이끄는 것과 밀접히 연관된 내용들이, 결과가 나쁘다면 이와 연관된 내용들이 선택적으로 기억에 남는 것을 의미한다.

- 역사는 언제나 이긴 자의 편이다. 그래서 패배한 자가 되면 결함은 더 크게 그려지고 장점은 빛 없이 묻혀버린다. – 출처:『이문열 삼국지』, 나관중 저, 이문열 역, 민음사(2002)

사람의 판단을 흐리게 하는 이러한 심리적 저변의 흐름을 이해한다면, 오류를 방지하는 데 도움이 된다. 특히 판단의 오류에 빠질 수 있음을 겸허히 인정하고 항상 자신의 생각과 마음을 객관적으로 관찰하는 자세가 중요하다. '나도 틀릴 수 있다'는 오류의 가능성을 열어두고, 이러한 점마저도 반영해서 의사결정을 하면 좀 더 나은 의사결정이 될 것이다.

2. 이해의 과정

이해가 일어나는 과정은 자극 요소들을 '조직화'하는 과정, 그리고 이를 '해석'하는 과정으로 구성된다.

그림 14-13 **이해가 일어나는 과정**

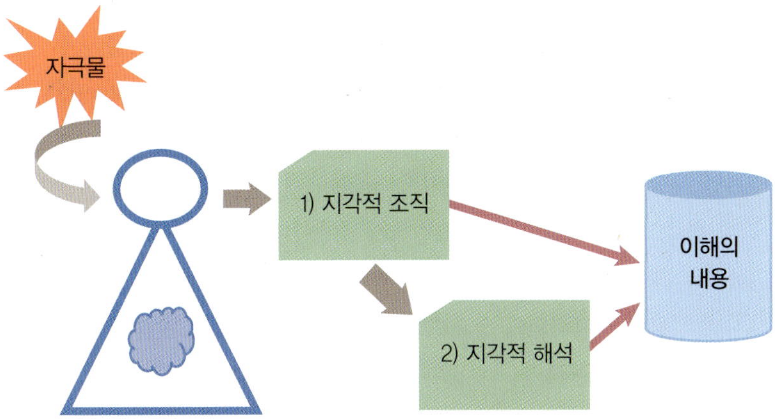

* 어떤 자극에 대한 이해는 지각적 조직, 지각적 해석의 두 가지 과정으로 분류된다.

우선 자극을 편의에 따라 구분(분류, 조직화)한다. 그런 다음 자극을 편의에 따라 해석하고 추론한다. 유입된 정보를 지각적 조직화(범주화)하는 방식에 따라 해석이 달라지므로 결국 이해의 결과물은 달라진다. 한편 지각적 조직화를 유사하게 하더라도 지각적 해석 및 추론이 다르게 이뤄진다면 그러한 이해의 결과물 역시 달라진다.

1) 지각적 조직화

정보처리의 대상물(광고)은 여러 요소로 구성된다. 사람들은 이러한 요소 각각을 있는 그대로 지각하지 않고, 자신의 주관적 방식대로 통합하거나 조직화한다. 즉 주어진 정보 그대로가 아니라 자기 나름대로 재구성 또는 조직화를 한다. 이해를 쉽게 하기 위한 사전작업적 성격으로, 이를 지각적 조직화(perceptual organization)라고 한다. 지각적 조직화를 통해 자극물의 개별 요소는 어떤 '의미 있는 뭉텅이 또는 전체'로 간략하게 형성된다.

- 어린아이들은 영화 또는 드라마를 볼 때 등장인물을 우선 좋은 사람(자기 편), 나쁜 사람(나쁜 편)으로 구분하고 시청하려는 경향이 있다.

사물을 지각하는 방식(즉 조직화하는 방식)은 이해의 초기 단계에 주로 이뤄진다. 조직화를 통해 가공된 정보가 바탕이 되어 후속 단계인 지각적 해석과 추론이 일어난다. 따라서 초기 단계의 조직화 방식이 달라지면 결국 이해의 최종 결과물도 달라진다.

- 사람의 얼굴에 대한 인상의 형성은 개별이 아닌, 전체적 느낌으로 지각한다. 이에 비해 로보트, AI는 자극 요소를 있는 그대로 인지한다. 어떤 제품(또는 기업)에 대한 사람의 지각 역시 디자인, 성능, 무게, 포장 등을 모두 뭉뚱그려서 제품에 대한 전반적인 하나의 지각으로 형성한다.

지각적 조직화와 연관된 이론으로는 사회판단 이론, 독일 베를린 대학의 게슈탈트(gestalt, 형태) 심리학 등이 있다.

사회판단 이론에 따르면 사람들은 자신의 입장(준거점, anchor)에 따라 메시지나 이슈를 범주화한다. 그리고 이러한 범주화의 성격에 따라 태도변화가 발생한다. 따라서 어떤 사람의 태도변화를 예측하기 위해서는 그 사람이 사물을 어떻게 범주화하고 있는지를 알아야 한다.

사회판단 이론에 의하면 사람들은 자극의 구성요소를 통합하여 전체적으로 지각할 때는 가급적 단순한 범주로 묶어서 지각하려는 경향을 가진다(simplicity, 단순화). 즉 실제보다 더 유사한 것으로 지각(동화효과)하거나 또는 이와 반대로 자극들 간 차이를 실제보다 과장되게 지각(대조효과)하려는 경향이 있다. 동화, 대조효과 모두는 결국 자극을 흑백으로 단순화하려는 성향이다. 즉 회색 영역을 두지 않고 이를 양쪽 흑백으로 양분하는 것이다. 자세한 내용은 태도이론(17장)에서 소개한다.

- 대조효과(contrast effect)란 개인 자신의 입장에서 멀리 있는 태도적 입장의 대상을 보다 멀리 떨어진 것으로 지각하는 현상이다. 예를 들어 찬물에 담궜던 손을 미지근한 물에 넣으면 보다 뜨겁다고 느낄 것이다. 면접심사원의 경우, 한동안 우수한 지원자들만 면접하다가 평범한 지원자를 면접하면 보다 나쁜 평가를 내릴 수 있다. 한편 동화효과(assimilation effect)란 대조효과와 반대로 자신의 준거점의 방향 쪽으로 판단을 전환하는 것이다. 즉 자신에게 가까운 것들에 대해서는 실제보다 가까운 것으로 보려는 경향성이다.

새로운 자극이 기존 자극의 안쪽 영역에 속하면 동화효과가 발생하지만 그 경계선의 바깥쪽 영역에 있으면 대조효과가 발생한다. 동화효과, 대조효과 모두는 판단의 왜곡현상이다.

사회판단 이론에 따르면 사람들은 범주화의 명확한 기준이 없을 경우에도 새로운 자극을 심리적 차원에서 질서있게 배열하려는 경향을 갖는다고 본다. 또한 어떤 자극에 대한 경험이 부족하거나 판단에 대한 명확한 기준이 없을 때는 극단적인 자극 또는 최신의 자극이 중요한 기준점으로 작용한다고 보고 있다. 이를 간단히 말하면 '지금 여기'의 강력한 사람과 상황을 보다 중시한다.

게슈탈트(gestalt, 형태) 심리학에서의 지각적 조직화에 해당하는 내용으로는 완결, 근접성, 유사성 등이 있다.

- 완결(closure): 자극이 불완전할 때, 이러한 불완전한 부분을 소비자가 스스로 완전한 것으로 메우면서 가급적 완전한 전체로 지각하려는 경향.
- 근접성(proximity): 공간적으로 서로 가까운 자극요소들을 연결 지어 같은 것으로 지각하는 경향(주변친구들에 의해 그 사람의 속성을 규정 – 近墨者黑 近朱者赤).
- 유사성(similarity): 자극 요소들 중 유사한 성격의 것들을 밀접히 연결하여 지각하는 경향.

2) 지각적 해석 및 추론

외부 자극은 주관(또는 가공)적인 이해의 단계를 거친다. 여기에는 첫째, 앞서 설명한 지각적 조직화가 있다. 즉 있는 그대로의 자극(정보)이 아니라 주관적으로 지각적, 조직화된 정보로 가공하는 것이다. 둘째, 이렇게 조직화된 정보를 자신이 가지고 있는 기존의 사고 틀을 이용하여 주관적으로 해석 및 추론한다. 본 항에서는 두 번째의 지각적 해석 및 추론에 대해 살펴본다.

- 어떤 사람의 얼굴을 보니 그가 현재 매우 피곤한 상태라는 것을 알게 되고(지각적 해석), 어제 부부싸움을 했거나 또는 향후 30분 내에 수면에 돌입할 것으로 짐작한다(지각적 추론); 음식 먹는 옆사람의 얼굴을 보니 음식이 맛없다는 것을 알게 되고(지각적 해석), 그 표정의 강도로 보아 주인에게 조만간 뭐라고 할 것 같다(지각적 추론).

(1) 지각적 해석(perceptual interpretation)

◆ 스키마(도식)의 이해

사람 머릿속에는 '인지'라는 지식의 요소들(조각들)이 가득 들어차 있다. 그런데 이러한 인지들은 각기 존재하는 것이 아니라 어떠한 인지 체계를 형성하고 있다. 즉 인지들은 따로 떨어져 있기보다는 상호 연결된 구조로 되어 있다.

이러한 연결 방식에는 긍정적(예: 상추～쌈장, 햄버거～콜라, 커피～크림), 부정적(예: 사랑～미움, 천사～악마), 무관련(예: 황소～바늘, 땅콩～비행기, 달력～주삿바늘) 등의 세 가지 패턴이 있다. 물론 이러한 인지 체계는 사람마다 다르다.

사람의 인지 체계를 이해하기 위해 학자들은 스키마란 개념을 만들었다(Bartlett, 1932). 스키마(schema)는 어떤 유형의 정보(즉 새로운 정보)를 선택적으로 수용하거나 보게 만드는 통제적 기재이다. 이것은 사람 머릿속에 이미 수립된 이해 방식이나 경험이다. 다시 말해 스키마란 어떤 대상 또는 자극과 관련하여 떠오르는 연상들의 집합이다. 예를 들어 사과를 떠올릴 때, '사과는 빨간색이다', '맛이 시다', '비타민 C가 풍부하다', '먹기 편하다' 등의 연상을 떠올린다.

- 군고구마, 아이스크림, 바다, 우산, 프랑스 등에 대해 어떠한 연상들이 떠오르는지 한번 적어보기 바란다.

그림 14-14 사람마다 다른 스키마에 대한 개념도

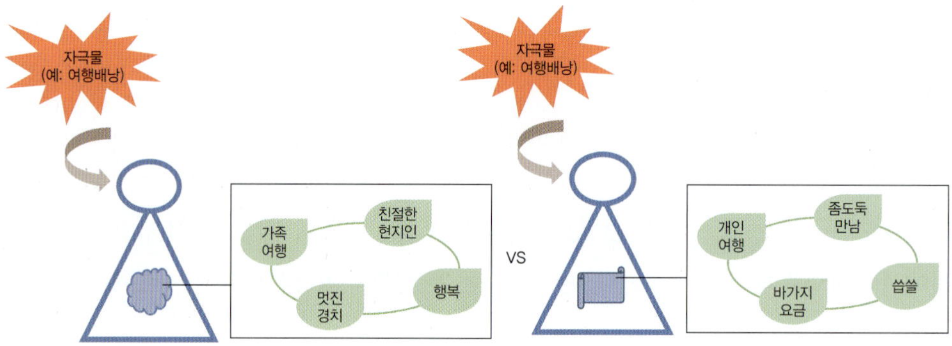

* 마음속 도식이 다르기에 각기 다르게 연결된다.

사람들은 기존에 가지고 있는 스키마(도식)를 바탕으로 새로 유입된 정보를 수용한다. 그렇기에 (어떤 사람이 가지고 있는 특정한) 스키마는 정보의 이해 과정에 영향을 미친다.

스키마는 개별 이슈나 신념에 대해 어떤 체제 또는 구조를 제공하는 것이기에 이미 가지고 있는 편견이기도 하다. 스키마는 어떤 것에 주목하고 어떤 것을 무시할 것인지의 결정을 돕기도 하고, 사람들에게 정보의 다른 조각들이 어떻게 연관되는지를 말해준다.

인지 체계는 사람의 내적 세계를 구축하고 있다. 결국 사람들은 자신의 인지 체계에 따라 생각하고 행동하기에 그 사람의 내적 세계를 이해하고 예측하는 데 도움을 준다. 다시 말해 어떤 사람의 태도와 행동을 예측하려면 그들이 가진 인지 체계를 먼저 파악할 필요가 있다.

그림 14-15 **오토바이에 대한 사람(A, B)의 스키마의 개념도**

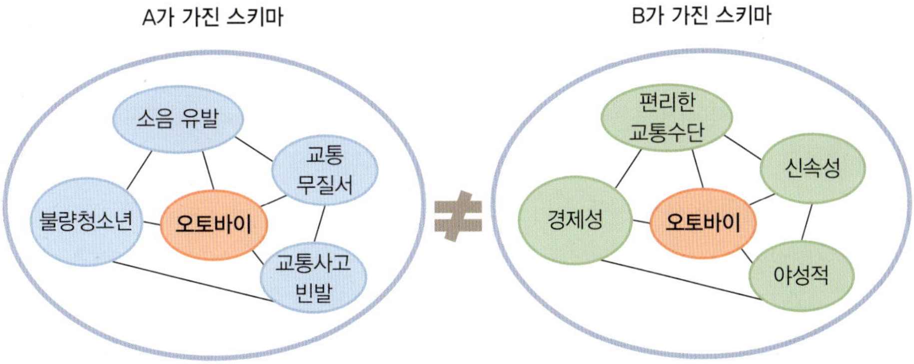

◆ 스키마의 작동원리

인지 요소들은 조직적이고 효율적인 체계를 형성하기 위해 상호 연결된다. 물론 이러한 인지 체계는 고정된 것이 아니고 새로운 정보의 유입으로 말미암아 유동적으로 새롭게 재편되기도 한다. 즉 새로운 정보를 수용하기 위해 변화를 겪기도 한다. 예를 들어 새로운 정보가 기존 인지 요소들 사이에 존재하던 균형을 파괴하면 어떤 변화의 동기가 발생한다. 이러한 동기적인 힘은 인지 요소들(예전 것과 새로운 것)이 다시 조화롭고 평화롭게 되도록 요소들의 체계를 재조정하는 역할을 수행한다.

'불안'이란 어떤 평형 상태가 파괴되었을 때 나타나는 현상으로 이러한 경우 사람들은 불편함을 느낀다. 이에 비해 '균형'이란 인지 요소들 사이의 관계가 가장 유쾌하고, 바람직하고, 안정되고, 기대되는 상태이다. 따라서 평형 상태가 파괴가 되면 평형화의 작동을 통해 조화로운 관계를 형성시킴으로써 균형을 얻으려는 어떤 유기체적 본능이 있다(참조: 17장 태도이론 중 동기이론).

- 사람은 스키마라는 인지 체계를 가지고 있고, 이를 바탕으로 날마다 들어오는 엄청난 자극을 지속적으로 정리하면서 살아간다. 새로운 정보가 기존의 인지 체계에 부합하면 기존의 스키마에 따라 해석하고 분류하는 동화(assimilation)가 발생한다(예: △△회사의 제품은 좋다고 생각하고 있는데, 새로 출시된 △△제품 역시 좋다). 반면에 새로운 정보가 기존의 인지 체계를 벗어난 것이라면 필요에 따라 기존의 스키마를 수정하는 조절(accommodation)이 일어난다(예: △△회사의 제품은 좋다고 생각하고 있는데, △△제품에서 유독성 물질이 발견되었다). 스키마의 작동에 대한 기본 원리는 인간은 평형화(equilibration)를 추구하는 본능이 있기에 이를 중심으로 작동한다는 것이다.

◆ 지각적 범주화(perceptual categorization)를 통한 해석

어떤 대상 또는 자극물은 언제나 기존에 자리 잡고 있던 스키마와 연결되어 해석된다. 소비자가 새로운 자극에 노출되면 그 자극을 기억 속에 가지고 있던 기존 스키마와 연결시킨다. 이를 통해 자신만의 스키마 방식으로 자극을 이해한다. 예를 들어 새로운 자극이 스키마 (A)와 연결되면 A의 범주로 해석되지만, 스키마 (B)로 연결되면 B의 범주에 속한 것으로 해석된다. 이러한 현상이 있기에 기업은 자사 제품이 되도록이면 유리한 스키마와 연결되고, 불리한 스키마와는 연결되기를 피한다.

그림 14-16 경마장의 마권 구입에 대한 지각적 범주화에 따른 해석

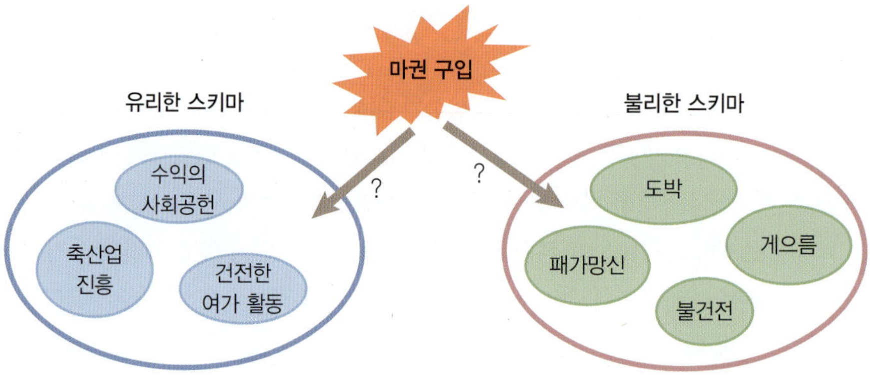

* 이러한 현상을 이해하기에 한국마사회의 광고는 수익의 사회환원, 축산업 진흥을 강조한다.

어떤 스키마와 연결될 것인가는 스키마와 연결되는 파이프라인에 달려 있다. 파이프라인이 굵거나 짧을수록 연결이 잘 된다. 기업들은 유리한 스키마에 연결되는 확률을 높이기 위해 마케팅 커뮤니케이션 노력을 기울인다. 이는 결국 유리한 파이프라인을 굵고 짧게 하려는 시도인 것이다.

- 애플 제품은 사람의 마음속에 유리한 스키마(예: 첨단기능, 뛰어난 디자인, 타인에 대한 과시욕 등)와 불리한 스키마(예: 높은 가격, 불편한 AS, 한국 시장 홀대 등)를 동시에 가지고 있다. 불리한 스키마로 가는 파이프라인이 크다면 애플 제품은 선택되지 않을 것이다.

(2) 지각적 추론(perceptual inference)

주어진 정보로부터 다른 정보를 추리하는 것을 의미한다. 주어진 정보에 대한 이해를 토대로 그 이상의 (또는 그것을 넘어서는) 지식(신념)을 개발하는 것이다. 이를 추론적 신념(inferential belief)라고도 한다. 예를 들어 권투시합에서 A가 B를 이겼고, B가 C를 이겼다는 것을 직접 관찰에 의해서 알게 되면, 관찰하지 않더라도 A가 C를 이길 것이란 신념을 가지게 된다.

- 문일지십(聞一知十)이란, 하나를 듣고 열을 안다는 고사성어이다. 이것은 하나의 원리나 법칙을 듣고서 그것을 다른 지식이나 행동으로 응용하거나 유추해가는 것이다.

사람들은 어떤 대상에 대해 이해를 할 때 직접 접촉 및 경험을 하지 않고서도 다른 지식 및 정보들로부터 새로운 것을 추론하게 된다. 그런데 이러한 지각적 추론 역시 주관성이 개입되기에 잘못된 이해의 결과를 초래하기도 한다. 여기에 해당하는 것으로는 후광효과(9장), 가격-품질 연상 심리(price-quality inferences) 등이 있다.

- 값비싼 식당에서 나온 스테이크는 맛있을 것이란 기대를 가지게 된다. 그리고 실제로도 맛있다고 느낀다. 한편 가격이 높아야 뇌는 만족하는 것으로 나타났다. 미국 캘리포니아공대(Caltech) A. Rangel 교수는 소비자들은 실제 제품의 질과는 상관없이 일단 가격이 높을수록 좋은 제품으로 여긴다고 생각했다. 이를 알아보기 위해 20명을 대상으로 와인 시음 실험을 실시했다. 연구팀은 실험 참가자들에게 5종의 카베르네 소비뇽 와인을 시음한다고 알려줬다. 와인에는 가격표가 각각 5, 10, 35, 45, 90달러로 붙여졌다. 그러나 실제로 실험에 사용된 와인은 3종이었다. 실제 가격이 90달러인 와인을 10달러로 표시했고, 5달러 와인은 45달러로 가격을 부풀려 표시했다. 실험 결과 예상대로 가격이 높을수록 높은 점수를 받았다. 심지어 똑같은 와인임에도 불구하고 가격이 높게 표시된 쪽이 더 좋은 평가를 받았다. 반면 눈을 가리고 시음을 했을 때나 실험 8주 후 가격표를 떼고 시음을 했을 때는 저가든 고가든 별 차이가 나지 않았다고 한다.

3. 이해의 커뮤니케이션에 대한 시사점

사람들은 대상에 대해 더 많이 이해할수록 그 대상에 대해 호감을 가지게 된다.

- 수업에 대한 이해도(또는 이를 측정한 학점)와 강의평가 점수는 일반적으로 비례하는 것으로 나타나고 있다. 수업 내용의 이해가 어렵다고 느끼는 학생일수록 강의평가 점수를 나쁘게 주는 편이다.

물론 이해와 태도의 관계가 반드시 비례하는 것만은 아니다.

- "우리 아들은 자라서 정치가로 성공할거야." 남편이 아내에게 말했다. "저 녀석이 하는 얘기를 들어보면 아주 그럴듯하거든. 그게 무슨 얘기인지 알 수는 없지만 말야." - 출처: 〈리더스 다이제스트〉, 1994년 11월호

일반적으로 이해가 부족하면 그만큼 커뮤니케이션 효과는 떨어지기에 이해를 용이하게 도와주는 커뮤니케이션 방법을 강구해야 한다.

- 뉴스는 일반 대중을 대상으로 짧은 시간에 많은 정보를 제공해야 한다. 따라서 시청자들이 이해하기 쉽게끔 전달하는 것이 중요하다. 이를 위해 모형물, 3차원 그래픽, 만화, 동영상, 포스트잇 등을 활용한다. 5년 전 뉴스와 현재의 뉴스 전달 방식을 비교해보면 이러한 변화를 느낄 것이다. 또한 다른 나라의 뉴스를 보면 이해를 위해 얼마나 다양한 노력을 기울이는지 알게 될 것이다.

이해의 정도와 내용에 영향을 미치는 요인들로는 기존에 지니고 있는 관련 지식, 선입견, 이해하려는 동기(관여도와 연관됨) 등이 있다. 광고하는 입장에서는 타겟청중의 이해와 관련된 요소에 대한 사전 정보는 이해를 돕는 커뮤니케이션을 기획하고 집행하는 데 도움이 된다.

특정 강의에 출석했다는 것은 그 강의란 정보에 '노출'(선택적 노출)되었다는 것을 의미한다. 노출로 인해 이제 강의(정보)처리 과정은 시작된다. 강의실에 앉아 있다고 해서 모든 학생들이 동일한 '주의'를 기울이는 것은 아니다. 학생의 여건(피로도, 감정상태 등), 교수의 강의 방법, 수업주제, 옆자리 학생 등에 따라 주의가 기울여지는 정도는 다르다. 한편 주의를 기울인 정도가 유사하더라도 강의 내용을 '이해'하는 양과 질은 학생들마다 다르다. 일반적으로 노출, 주의, 이해의 수준이 높을수록 강의 내용이 학생에게 미치는 영향력(정보의 영향력)은 크고 그러한 경우 강의는 성공적이라고 볼 수 있다. 한편 이러한 노출, 주의, 이해에는 다음 장에서 다루는 '관여도'가 영향을 미친다. 예를 들어 다음 주에 시험이 있다면(고관여 상황), 노출, 주의, 이해의 정도는 전반적으로 높아진다. 또한 노출, 주의, 이해에 있어서 머릿속에 있는 기존의 '기억'도 영향을 미친다. 현재의 강의 내용과 관련된 기억 내용이 많으면 주의, 이해에 그만큼 영향을 미친다. 이와 동시에 노출, 주의, 이해의 수준은 추후 기억으로 저장되는 내용에 영향을 미친다. 강의 대신에 광고물을 대입해도 마찬가지이다.

그림 14-17 정보처리 과정, 관여도, 기억 간의 상호 관련성

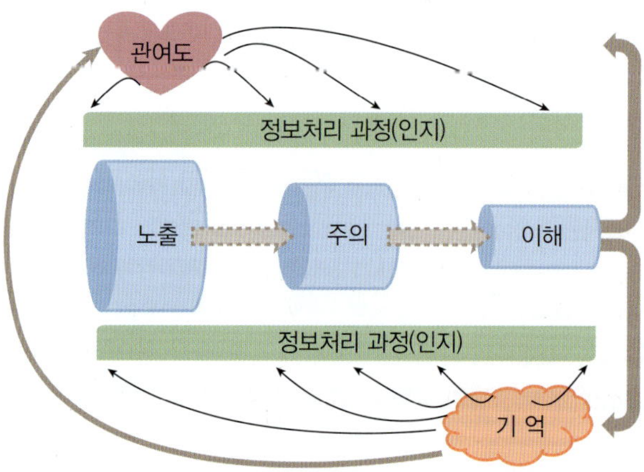

CHAPTER 15

관여도: 정보처리 과정에 영향을 미치는 요소(1)

Ⅰ. 관여도의 개념

Ⅱ. 관여도의 유형

Ⅲ. 관여도와 연관된 몇 가지 이론

들어가기 전에

사람들은 자극물(예: 광고, 정보, 사람 등)에 대해 동일 크기로 노출, 주의, 이해의 노력을 기울이지 않는다. 사람마다 다르고 자극물에 따라 다르다. 또한 동일인, 동일 자극이라도 해당 시점의 내적 여건과 외적 상황에 따라 다르다. 정보처리 과정에 영향을 미치는 대표적 요인으로는 관여도, 기억 등이 있다. 여기서는 관여도를 중심으로 살펴본다.

그림 15-1 정보처리 과정에 영향을 미치는 관여도

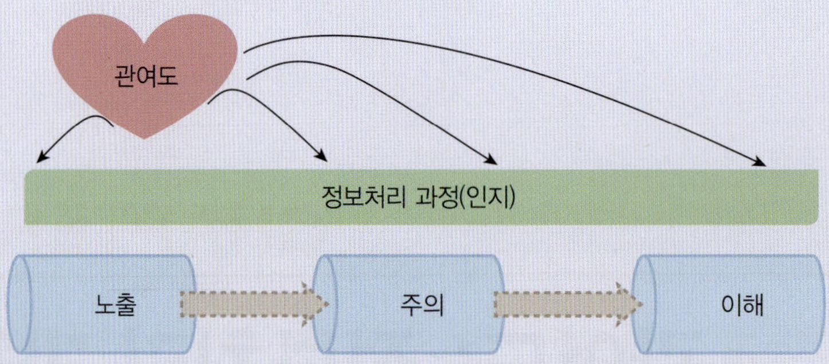

I 관여도의 개념

관여도(involvement)란 주어진 상황에서 특정 대상에 대한 '개인적 관련성에 대한 지각(perceived personal relevance)' 혹은 그 대상의 '개인적 중요성에 대한 지각(perceived personal importance)'을 의미한다. 특정 대상(제품, 브랜드, 매체, 광고물, 사람 등)에 대해 어떤 개인이 느끼는 자신과 그 대상과의 관련성 또는 중요성이 바로 관여도이다.

관여도는 특정 대상에 대해 어떤 정도로 반응할지에 대해 영향을 미친다. 다시 말해 구매 과정에서의 신중함, 정성을 들이는 정도 등은 관여도 수준(the level of involvement)에 따라 달라진다.

- 목돈이 들어가는 자동차 구매에 쏟는 고민과 일회용 티슈(또는 건전지, 청량 음료, 껌)에 쏟는 고민의 내용과 크기를 비교해보면 관여도 개념이 쉽게 와닿을 것이다.
- 유권자 입장에서 볼 때, 자기 지역 국회의원 선거는 타 지역 국회의원 선거보다 관여도가 높다. 그러나 타 지역 국회의원 선거일지라도 후보로 나온 사람이 자신과 밀접하다면 그 선거에 대한 관여도는 높다.

관여도란 사람(주체)과 대상(객체) 간 심리적 거리감을 의미한다.

그림 15-2 관여도에 대한 개념도

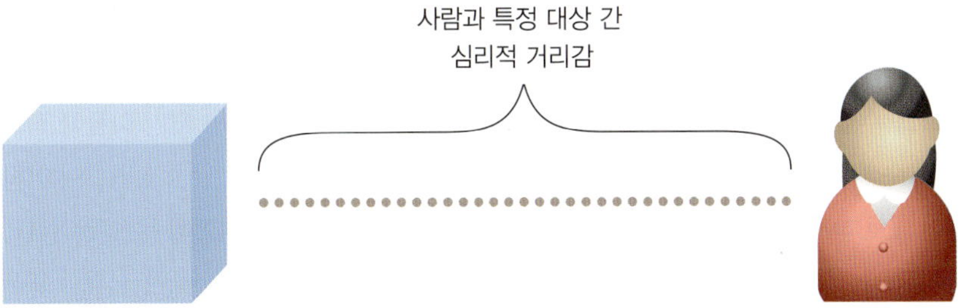

심리적 거리가 가까울수록(즉, 고관여) 특정 대상에 기울이는 관심의 정도는 높아진다. 심리적 거리가 가깝다는 것은 그만큼 자신에게의 직간접 영향력이 크다는 것을 의미한다. 영향력이 크면 고관여, 적으면 저관여이다. 예를 들어 광고 제품이 자신에게 매우 중요하거나, 자신의 가치관이나 자아 이미지와 밀접하다면 해당 광고물에 대한 관여도는 높아진다. 관여도가 높아질수록 광고에서 제시된 제품 정보의 처리에 보다 많은 인지적 노력을 기울인다.

그림 15-3 고관여와 저관여의 차이

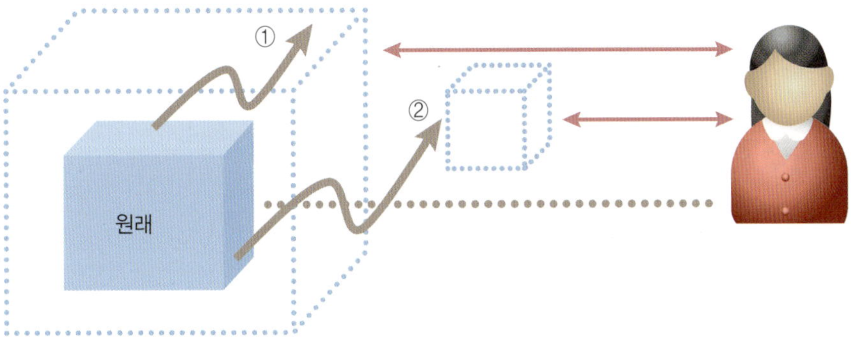

* 특정 대상의 중요도가 커지거나(①) 또는 관련성이 밀접할수록(②), 사람과 대상 간의 심리적 거리는 좀 더 짧아진다(원래 위치보다 ①, ②의 위치에서의 거리가 더 짧음).

- 교수 연구실이 있는 복도의 휴게 공간에 가끔 학생들이 와서 수다를 떨곤 한다. 소음 피해를 보던 어떤 교수가 휴게실 벽면에 '교수님들의 연구에 방해되니 조용히 대화를 해주세요'라고 붙여 놓았다. 그래도 개선되지 않자, 이번에는 다음과 같은 문구로 바꿨다. '여러분의 대화 내용이 옆방 교수님 귀에 들어올 수 있습니다.' 이러한 문구를 붙인 다음부터 말소리가 크게 줄었다고 한다. 처음의

문구는 교수가 혜택을 보지만, 두 번째 문구는 학생들이 피해 당사자가 될 수 있다는 차이가 있다. 이런 점에서 볼 때, 당사자에게 직접적 이해관계가 있는 문구로 바꾸는 것이 훨씬 강력한 메시지가 된다.

- "아무리 중요한 것일지라도 우리하구 직접 관련이 없으믄 무의미하다는 거지." – 출처: 『둔황의 사랑』, 윤후명 저, 은행나무(2016)
- 치명적 질환으로 수술을 기다리던 아버지가 다른 유능한 의사들도 많은데 굳이 자기 아들이 집도하기를 원했다. 수술 직전 아버지가 의사인 아들에게 말했다. "얘야, 난 이제 살 만큼 살았으니 어찌 되어도 괜찮다. 긴장하지 말고 최선을 다해라. 다만 수술이 잘 안 되어 이 애비한테 무슨 일이라도 생긴다면 아마도 네 어머니가 너희 집에 가서 평생 함께 지내야 할 것 같구나." 아들은 심각한 표정을 지으며 한참 동안 말이 없다가 혼신의 힘을 다해 수술했다. 그날 며느리와 손자들까지 총동원돼 수술실 앞에서 간절히 기도를 올렸고 수술은 대성공이었다.

1. 관여도에 영향을 미치는 요인

소비자가 느끼는 관여도는 여러 요인들로부터 영향을 받는다. 대표적인 요인 몇 가지를 열거하면 다음과 같다.

1. **제품**: 일반적으로 가격이 높고, 사회적 가시성이 높고, 제품구매 및 사용에 따른 위험이 수반되는 제품은 관여도가 높다(예: 자동차, 스마트폰, 아파트, 신혼여행지 등).
2. **광고(마케팅 자극)**: 소비자의 이성과 감정을 고양시키는 광고물은 관여도를 증가시킨다.

그림 15-4 관여도에 영향을 미치는 요인들

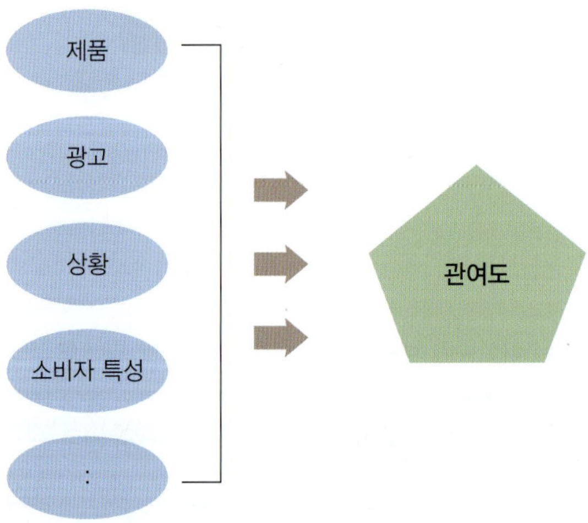

③ **상황**: 구매 상황은 소비자가 느끼는 관여도에 영향을 미친다. 예를 들어 구매 시 주변에 사람들이 있다면 이들을 의식하기에 좀 더 깊이 생각하게 된다.

④ **소비자 특성**: 소비자의 성격, 개성, 취향, 체면 민감도, 위험회피 성향, 주머니 사정 등은 그의 관여도에 영향을 미친다.

2. 관여도의 구성 요소

관여도 개념은 마케팅 현상을 설명하는 유용한 개념이다. 이러한 개념을 활용하기 위해서는 일단 크기를 측정해야 한다. 관여도의 측정 방법은 여러 가지가 있는데 이 중 한 가지는 관여도의 구성 요소를 구분하고 이를 분석하는 것이다. 흔히 다음의 네 가지 구성 요소가 거론된다.

그림 15-5 관여도의 네 가지 구성 요소

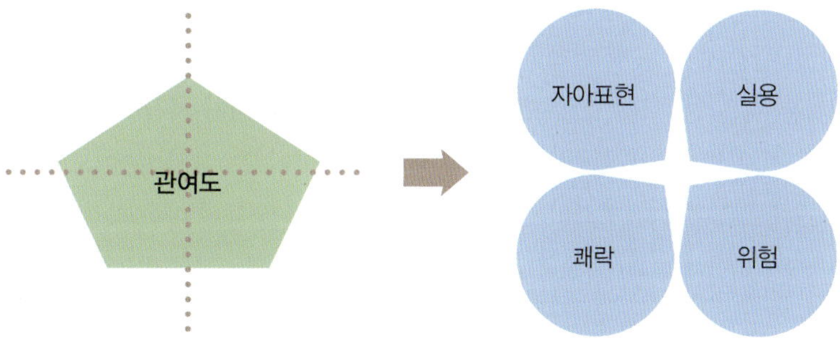

구성 요소별 크기를 측정하면 그 제품의 관여도 크기를 측정할 수 있다.

① **자아표현의 중요성(self-expressive importance)**

자아 이미지를 타인에게 표현하는 데 중요한 제품일수록 소비자 관여도는 높다. 예를 들어 외출복, 모자, 머리핀, 염색약, 자동차 등이 있다.

② **실용적 관련성(practical relevance)**

높은 실용적 혜택을 제공하는 제품일수록 소비자 관여도는 높다. 예를 들어 자동차, 세탁기, 냉장고, 컴퓨터, 스마트폰, 기능성 속옷, 약품 등이 있다.

③ **쾌락적 가치의 중요성(hedonic importance)**

사람들은 삶에서 실용성만 추구하지 않는다. 즐거움, 행복 등의 쾌락을 추구하기도 한다. 쾌락적 가치가 높은 제품일수록 소비자 관여도는 높다. 예를 들어 술, 초콜릿, 자동차, 여행 상품, 음악회 티켓, 게임기 등이 있다.

4 구매위험(purchase risk)

잘못 선택할 확률이 높거나 또는 잘못된 선택에 따른 부정적 결과의 강도가 큰 제품일수록 소비자 관여도는 높다. 예를 들어 자동차, 아파트, 연금 상품, 피임약, 병원 등이 있다.

- 과자 한 봉지를 살 때와 집(또는 자동차)을 살 때 소요되는 시간과 노력은 다르다. 이는 과자를 잘못 샀을 때 나에게 미치는 (부정적)영향(예: 정신적 괴로움, 육체적 타격, 금전적 손실 등)과 집을 잘못 샀을 때 나에게 미치는 (부정적)영향의 강도가 다르기 때문이다.

네 가지 요소가 모두 높게 형성되는 제품도 있지만(예: 자동차, 집 등), 특정 차원에서만 비교적 높게 형성되는 제품(예: 머리핀은 자아표현의 중요성, 담배와 술은 쾌락적 관련성)도 있다.

3. 관여도의 높낮이 통제

소비자들의 높은 관여도가 기업 활동에 도움이 되는 경우도 있지만, 때로는 낮은 관여도가 도움이 되기도 한다. 이런 관점에서 볼 때 기업에게 도움이 되는 방향으로 소비자의 관여도 수준을 통제하거나 관리하는 것은 전략적으로 중요하다. 물론 관여도는 소비자 지각의 영역이기에 이를 통제한다는 것은 쉽지 않다. 앞서 설명한 관여도에 영향을 미치는 요인, 관여도의 구성요소에 대한 지식을 기반으로 통제나 조작이 어느 정도 가능한데 예를 들면 다음과 같다.

20대의 투표 관여도: 20대는 일반적으로 투표(예: 대통령선거, 국회의원선거, 지방자치선거)에 관심이 적다. 이는 20대의 투표 관여도가 낮기 때문이다. 관여도를 구성하는 네 가지 요소를 통해 이유를 들자면 다음과 같다.

(1) 자아표현: 20대부터 정치적 성향을 자아표현으로 인식하는 사람들도 없지 않지만 그 규모는 다른 연령대에 비해 많지 않은 편이다.
(2) 실용적 관련성: 투표를 통해 즉각적으로 자신에게 이익이 되는 부분이 별로 없다고 생각한다. 즉 투표로 대통령이 바뀐다고 해서 당장 20대를 위한 지원금이 책정되거나 갑자기 세상이 바뀌는 경우는 드물다.
(3) 쾌락적 가치: 투표는 쾌락적 가치와 즐거움과는 거리가 먼 행위이다. 또한 투표날은 공휴일인데 그 시간을 즐겁게 사용할 데가 20대는 더 많다.
(4) 구매위험: 당장 투표를 안 하거나 관심을 갖지 않는다고 해서 부정적 결과(위험)가 초래되지 않는다고 생각한다.

이상과 같이 투표는 자신에게 크게 관련도 없고 중요하지 않기에 여기에 시간과 에너지를 소비할 이유가 없다고 생각한다. 그러나 20대의 투표 관여도를 높이는 것은 건전한 사회를 만들기 위해 중요하다. 다음의 몇 가지 방법을 생각해볼 수 있다.

① 후보자의 공약이 20대에게 미치는 혜택, 비용, 위험을 알기 쉽게 표현해준다. 또한 투표를 통해 사회가 어떻게 좋은 방향으로 나아갈 수 있을지 쉽게 이해시켜준다. 고교 교육, 광고 등은 이러한 데 사용 가능하다.
② 20대에게 유리한 공약을 개발한다. 이를 통해 투표가 자신과 직접 연관된 일이란 점을 강조한다.
③ 20대들이 자주 보는 매체를 활용한다.
④ 20대 성향에 적합한 콘텐츠를 개발한다. 주로 정치인들은 트위터, 페이스북을 통해 장황하게 글을 쓰는데 그것보다는 짧고 간결하게 압축하여 핵심만 전달하는 것이 좋다. 요즘 MZ세대들은 내용이 길면 대부분 읽을 시도조차 하지 않는다. 또한 글보다는 직관적 그림, 사진, 영상 등을 활용한다.

Ⅱ 관여도의 유형

관여도는 크기, 지속성에 따라 분류할 수 있다.

1. 관여도의 크기에 따른 분류: 고관여 vs 저관여

소비자의 관여도 크기에 따라 마케팅 자극에 대한 정보처리가 다르다. 고관여의 경우에 소비자는 제품을 이해하려는 동기가 강하기에 광고 메시지를 보다 깊이 생각하는 경향이 있다. 기업은 가능한 충실하고 자세한 정보를 제공해서 깊은 이해를 도와줘야 한다. 반면에 저관여의 경우에는 얕은 수준의 정보처리만 일어난다. 제품은 주로 이미지 광고를 하는데, 이는 광고 메시지의 즉각적 이해와 이미지 및 감정적 반응의 형성에 도움이 되기 때문이다. 따라서 기업은 광고전략을 수립할 때 우선 표적소비자들의 관여도 크기를 파악해야 한다.

2. 관여도의 지속성 여부에 따른 분류

1) 지속적 관여도(enduring involvement)

이는 어떤 개인이 특정 대상에 대해 지속해서 관여도를 높게 가지는 것이다. 예를 들어 자동차(또는 핸드백, 외출복, 스마트폰)에 많은 관심을 가지는 사람은 자동차에 대한 신문기사, 광고, 제조 기술, 브랜드, 가격 동향, 모델 등의 정보에 대해 항상 높은 수준의 정보처리를 한다.

2) 상황적 관여도(situational involvement)

특정 대상에 대해 일시적으로 높은 관여도를 가지는 것이다. 빼빼로, 초콜릿에 평소 관심이 없던 사람도 빼빼로데이, 밸런타인데이에는 관여도가 잠시 높아진다.

Ⅲ 관여도와 연관된 몇 가지 이론

1. FCB grid 광고기획 모형(Foote, Cone & Belding 광고대행사, FCB)

FCB grid는 관여도와 뇌 특화 이론을 결합한 모델이다. 관여도는 뇌의 활성화 수준과 연관된다. 관여도가 높을수록 소비자는 제공된 제품 정보를 깊이 처리하기에 뇌가 높은 수준으로 활성화된다. 그런데 이렇게 뇌가 활성화될 때 어느 쪽의 뇌가 더욱 활성화되는지는 제품에 따라 다르다. 뇌 특화 이론에 따르면 좌뇌는 합리적, 인지적 사고과정을 주로 담당하고(사고, thinking), 우뇌는 시각적, 감정적 기능을 주로 담당한다(느낌, feeling).

관여도 수준(고관여, 저관여)에 뇌 특화 이론(좌뇌, 우뇌)을 결합하면 네 가지 유형이 도출된다. FCB grid 광고기획 모형은 유형을 네 가지로 분류하고 각 유형별 광고전략을 제시한다는 점에서 의미가 있다. 즉 제품의 유형(관여도: 높음과 낮음, 뇌의 특화: 좌뇌와 우뇌)이 파악되면 이에 적합한 광고전략을 파악할 수 있다는 점에서 유용한 모형이다.

네 가지 유형을 간략히 소개하면 다음과 같다.

그림 15-6 FCB grid 광고기획 모형에 따른

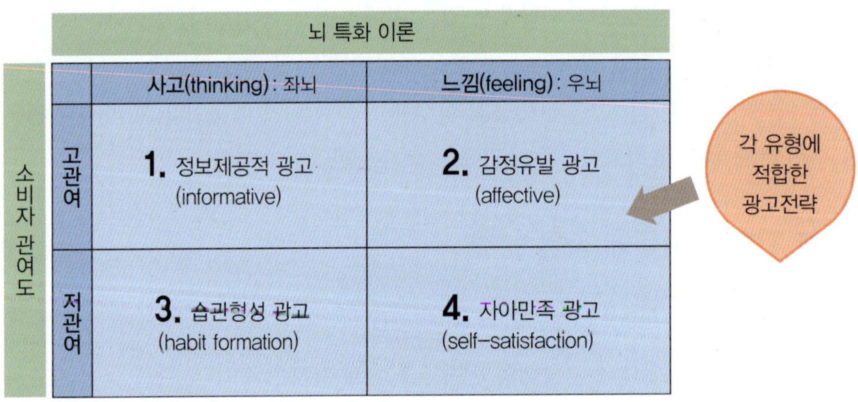

1) 고관여 & 사고

정보제공적 광고가 적절하다. 여기에 해당하는 제품으로는 자동차, 집, 가구, 병원 등으로 높은 수준의 합리적 판단을 필요로 한다. 관여도가 높은 소비자는 정보를 적극적으로 받아들이고 이성적으로 사고하려고 한다. 소비자 반응은 '인지 - 감정 - 행동'의 순서를 따른다.

2) 고관여 & 느낌

감정유발 광고가 적절하다. 여기에 해당하는 제품으로는 보석, 화장품, 패션의류 등이 있는데, 이러한 제품은 중요하기에 높은 수준의 관여도가 적용된다. 또한 이러한 제품에 대한 판단은 합리적, 이성적보다는 감각적, 쾌락적 판단이 더 중요시된다.

고관여이고 높은 수준의 감정처리가 중요하므로 광고물의 감정유발에 많은 노력을 기울여야 한다. 때로는 소비자에게 전에 가진 적 없던 감정을 불러일으키는 것도 중요하다. 소비자 반응은 '감정 – 인지 – 행동'의 순서를 따른다.

3) 저관여 & 사고

습관형성 광고가 적절하다. 여기에 해당하는 제품으로는 기능적 유용성을 중시하는 생활 약품(비타민, 반창고, 감기약), 가정용품, 주방세제, 건전지 등이 있다.

이들 제품은 소비자에게 그리 중요한 것은 아니기에 저관여 상황이다. 따라서 복잡하고 정교하게 정보를 전달하기보다는 중요 기능 하나를 중심으로 한 단순 내용의 전달이 바람직하다. 즉 고객이 얻는 기능적 유용성을 간결히 전달하는 것이 효과적이다(예: 오래 가는 건전지, 찌든 때를 닦아내는 세제). 태도의 변화 없이 구매의도가 유발될 수 있다. 소비자 반응은 행동부터 발생하는 경우가 많기에 '행동 – 인지 – 감정'의 순서를 따른다.

4) 저관여 & 느낌

자아만족 광고가 적절하다. 여기에 해당하는 제품으로는 기능보다는 쾌락적 요소가 중요시되는 담배, 술, 캔디, 청량음료, 스낵, 꽃 등이 있다. 이 제품들은 소비자에게 그리 중요하지 않기에 저관여이다. 기능보다는 쾌락적 요소가 더 강하기에 우뇌가 활성화된다. 이러한 경우에는 감성적 소구를 주로 활용한다(예: 성적 소구, 자아 소구). 또한 이미지를 연상시키는 시각적 효과도 중요시된다.

광고 태도가 브랜드 태도로 단순하게 연결되기 쉽기에 광고물 자체에 대한 호감도를 높이는 노력이 중요하다. 또한 광고의 장기간 반복이 의미 있는데 이는 정보제공형과 같은 단판승부보다는 누적 이미지가 중요하게 작용하기 때문이다. 소비자 반응은 저관여이기에 행동이 먼저 발생한다. 그리고 우뇌가 활성화되기에 '행동 – 감정 – 인지'의 순서를 따른다.

2. 저관여 상황에서의 태도 형성 및 변화에 대한 이론

고관여 상황에서 소비자는 광고에서 제공되는 제품 정보를 토대로 먼저 속성에 대한 신념(인지, belief)을 형성한다. 그런 다음 이러한 인지에 근거하여 태도를 형성하고 구매행동을 하게 된다. 그러나 저관여 상황에서는 이러한 과정을 따르지 않는다.

우리의 일상 소비생활은 고관여보다는 저관여인 경우가 대다수이다. 즉 모든 제품을 공부하듯이 정보를 수집하고 비교하면서, 거기에 어떤 신념과 태도를 형성하고 이에 기초하여 최선의 제품을 공들여 선택하지는 않는다. 이렇게 매번 피곤하게 살지는 않는다.

저관여 상황에서의 태도 형성을 설명하는 이론은 몇 가지 있지만 여기서는 다음의 두 가지를 소개한다.

1) Krugman의 저관여 하이어라키(low involvement hierarchy)

TV광고가 일반화되면서 학자들은 '소비자가 반드시 능동적으로 광고 정보를 수용하는가'에 대해 의문을 가지기 시작했다.

H. Krugman(크루그만)은 반복적인 TV광고가 상표에 대한 인지도와 회상에는 영향을 미치지만, 소비자의 태도에는 그리 영향을 미치지 못하는 이유를 알고자 했다. 그의 연구에 따르면 TV는 저관여 매체이고 그래서 TV광고의 효과는 기존과 다르다는 것이다.

이러한 점은 TV광고의 특성과 연관된다. 즉 TV광고에 노출된 소비자는 자신이 원하는 대로 광고물을 보는 속도를 (신문을 보는 것처럼 능동적으로) 조절할 수 없다. 시간적 여유를 갖지 못하기에 TV광고물을 깊이 생각하고 그에 따른 태도를 형성할 기회를 가지기 어렵다. 따라서 TV광고에 노출된, 즉 저관여 매체에 노출된 소비자는 기억 속에 있는 자신의 기존 신념을 광고 메시지와 비교하는 것과 같은 깊은 수준의 인지적 노력을 기울이지 않는다. 그저 수동적으로 광고 정보를 받아들일 뿐이다.

그러나 TV광고물에 반복적으로 노출되면 소비자의 지식구조에 약간의 변화가 일어난다. 물론 TV광고를 통해 얻어진 소비자 신념은 태도변화를 유발할 정도로 강하지는 않다. 단지 광고된 상표에 대한 기본적 정보(예: 브랜드, 광고주제, 슬로건)를 단순 학습하는 정도에 그친다. 그렇지만 단순한 제품주장을 반복해서 보게 될수록 그러한 주장에 대한 소비자의 기억과 신념은 강화된다.

훗날 광고된 상표가 속한 제품군을 구매하는 상황에서 소비자는 기억 속에 저장된 정보(예: 브랜드, 포장)를 자연스럽게 인출하기에 구매와 연결된다. 구매 상표에 대한 태도는 이러한 사용경험이 있은 다음에 형성된다. 그래서 Krugman 모형은 '광고정보 – (생각) – 행동 – 태도형성(감성반응)'의 과정을 제시한다.

TV광고의 반복 노출은 인지구조에 변화를 가져오지만 그 정도는 크지 않다(점선으로 작게 표기함). 물론 이러한 인지구조의 변화는 구매행동에 영향을 미친다.

여기에 적합한 광고 메시지 전략은 다음과 같다. 저관여 상황의 소비자는 제품광고에 노출되

없을 때 제품 정보를 소극적, 수동적으로 처리한다. 메시지의 내용보다는 메시지 외적인 요소들(non-message)에 더 관심을 가지므로 이러한 요소에 좀 더 공을 들일 필요가 있다.

- Krugman은 소비자가 광고정보를 받아들이는 과정이 소비자의 관여도(involvement)가 높은 상태와 낮은 상태에서 전혀 다르다고 주장했다. 관여도가 높은 상황이라면 어떤 상표를 구매하기에 앞서 그 상표에 대한 태도(brand attitude)가 형성되어 있다. 그러나 관여도가 낮은 상황이라면 상표태도가 제대로 형성되지 않은 상태에서 구매가 먼저 일어나고, 구매결과에 따라 추후 상표태도가 형성된다고 주장했다. 소비자의 구매 의사결정에 대한 관여수준이 낮고, 상표대안들 간에 차이가 거의 없으며, 대중매체를 이용한 광고가 중요한 매체수단일 경우에는 주로 저관여 하이어라키의 발생 가능성이 크다고 보았다.

그림 15-7 Krugman 저관여 하이어라키 모형

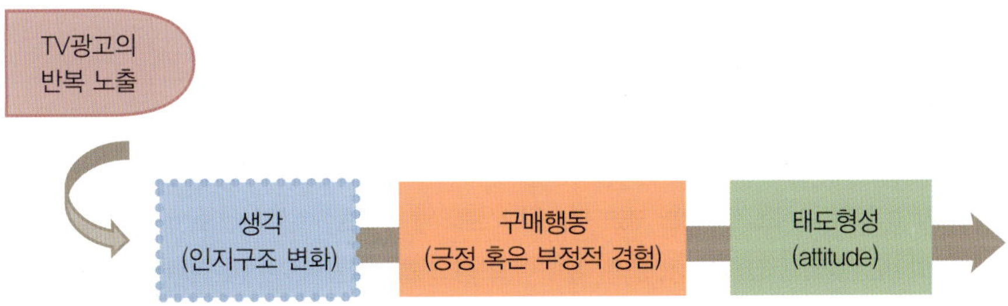

2) Zajonc의 단순노출 효과(mere exposure effect)

R. Zajonc(자욘스 또는 자욘츠)는 사람이 '생각하는 과정'과 '무엇을 느끼는 과정'은 서로 독립된 메커니즘에 의해 나타난다고 주장했다. 즉 인지 반응과 감성 반응은 서로 무관하게 독립적으로 나타날 수 있다는 것이다. 심한 거부감이 없는 상표라면 자주 반복적으로 보는 것만으로도 아무런 생각의 형성 없이, 즉 생각과 무관하게 그 상표를 좋아하게 될 수도 있다. 그래서 Zajonc는 '광고정보 – 감성반응 – 행동 – 생각'의 과정을 제시하고 있다.
생각을 많이 하지 않더라도 감성 반응이 (독립적으로) 일어날 수 있다는 주장은 다음과 같은 경우를 보더라도 설득력이 있다.

- 첫눈(즉 아무런 인지 정보가 없는 상태)에 어떤 사람, 사물, 상표 등을 좋아하거나 싫어할 수 있다.
- 자꾸 보게 되거나 또는 만나는 접촉빈도 수가 높아질수록 호감도가 올라간다. 즉 어떤 사람을 자주 보거나 목소리를 자주 듣게 되거나 하면 그에 대한 호감도는 올라간다. 예를 들어 뉴스 앵커가 새로 바뀐 경우, 초기에는 낯설지만 계속 보다 보면 자연스럽게 호감도(호의적 태도)를 가지게 된다.

그림 15-8 Zajonc 단순노출 효과 모형

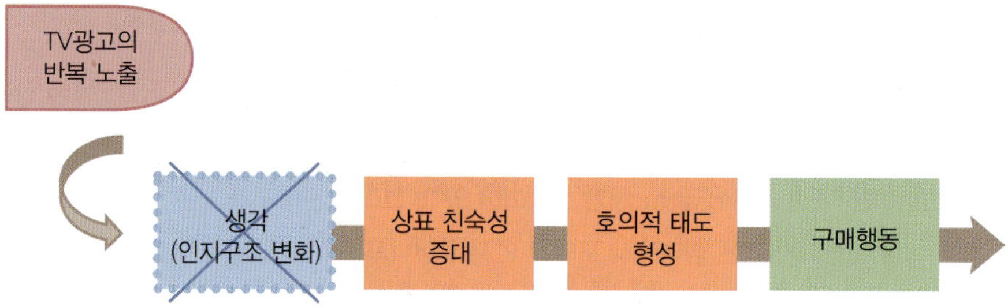

어떤 광고물은 (제품 정보를 거의 담지 않고서도) 반복광고만을 통하여 은연 중에 소비자에게 긍정적 태도를 형성시킬 수 있다. 소비자들이 광고물에 반복적으로 노출되면 그 자체만으로도 상표에 대한 호의적 태도를 갖는 경향이 있기 때문이다. 따라서 (제품 정보에 그다지 많은 관심을 가지지 않는) 저관여 제품의 경우에는 반복광고, 또는 친숙감을 느끼게 하는 광고전략이 요긴하다.

- Zajonc는 실험 대상자들에게 '시각적 기억 연구'라는 가짜 설명과 함께 낯선 사람들의 사진을 보여주었다. 실제의 실험 목적은 '사진을 보는 횟수와 호감도의 관련성'을 조사하는 것이었다. 각기 다른 사진을 보여준 후에 사진 속의 인물에 대해 어느 정도 호감도를 갖게 되는지 측정했다. 측정결과, 낯선 사람인데도 사진을 본 횟수가 많을수록 호감도는 비례해서 높아졌다. 참고로 보기 싫은 사람, 범죄자 얼굴을 가지고 실험했을 땐 오히려 호감도가 떨어졌다는 다른 실험 결과도 있다.

CHAPTER 16

기억: 정보처리 과정에 영향을 미치는 요소(2)

Ⅰ. 기억의 개관

Ⅱ. 기억의 유형(구조)

Ⅲ. 기억의 작동 메커니즘: 단기와 장기 기억 간의 상호작용

Ⅳ. 기억 이론의 커뮤니케이션에 대한 시사점

들어가기 전에

소비자에게 특정 브랜드를 기억시키기란 쉽지 않다. 기억의 작동 메커니즘을 파악하여 이를 커뮤니케이션에 어떻게 활용할 수 있는지 알아보자.

I 기억의 개관

기억(memory)은 획득한 정보를 시간이 흐른 후에도 필요한 시점에 이용할 수 있도록 머릿속에 저장하는 과정이다. 기억은 사람의 모든 심리 및 행동에 영향을 미친다. 정보처리, 관여도, 태도 등에 대한 기억의 영향력은 다음과 같다.

1) 정보처리 과정에 대한 기억의 영향

전술한 바와 같이 관여도는 정보처리 과정에 영향을 미친다. 이와 유사하게 전방위적으로 영향을 미치는 요소로 기억이 있다.

그림 16-1 정보처리 과정과 기억의 관계

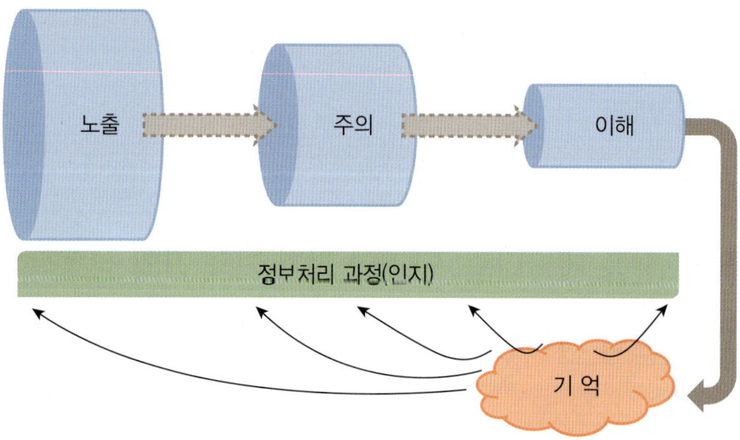

기억은 정보처리 과정 전반에 영향을 미친다. 소비자들은 자신의 기억에 기반하여 자극을 예상하기에 선택적 '노출'을 한다(예: TV프로그램의 순서를 기억하기에 채널을 돌려 원하는 방송에 노출, 길을 걷다 갈래길이 나오면 좀 더 흥미로웠던 길로 이동). 그리고 기억에 기반하여 특정 자극에 '주의'를 기울인다(예: 인사담당자는 자신의 경험에 근거해서 지원자의 말투, 몸

짓, 표정에 있어서 조금 더 주의를 기울일 부분을 기억). 또한 기억을 토대로 자극 의미를 '이해'한다(예: 엄마는 울음 소리와 표정을 보고 아기가 원하는 바를 기억을 통해 이해).

이와 같이 기억은 자극에 대한 선택적 노출을 하게 하고, 특정 자극에 선택적 주의(인지적 자원의 할당)를 하게 한다. 또한 자극 의미를 빠르게 이해하는 데 도움이 된다. 물론 해당 기억이 없어도 정보처리는 가능하다. 그렇지만 기억이 있다면 효율적, 효과적 정보처리가 가능하다. 때로는 과거 기억으로 인해 현재의 정보처리가 방해받기도 한다.

- 쇼핑센터에서 미술작품 전시회가 열리고 있었다. 엄마와 딸처럼 보이는 10대 소녀가 어떤 전시물 앞에 서서 말 없이 열심히 들여다보고 있었다. 어머니가 딸에게 이렇게 말하는 게 들렸다. "아무리 생각해봐도 다시 가게로 가서 그 청바지를 사는 게 좋을 것 같다."

2) 기억의 관여도에 대한 영향

관여도 역시 기억이 바탕이 되어 일어나는 심리 현상이다. 관여도에 대한 내용은 기억 속에 간직되며, 또한 관여도가 기억으로부터 재생되어야 관여도는 작동한다.

그림 16-2 관여도와 기억의 관계

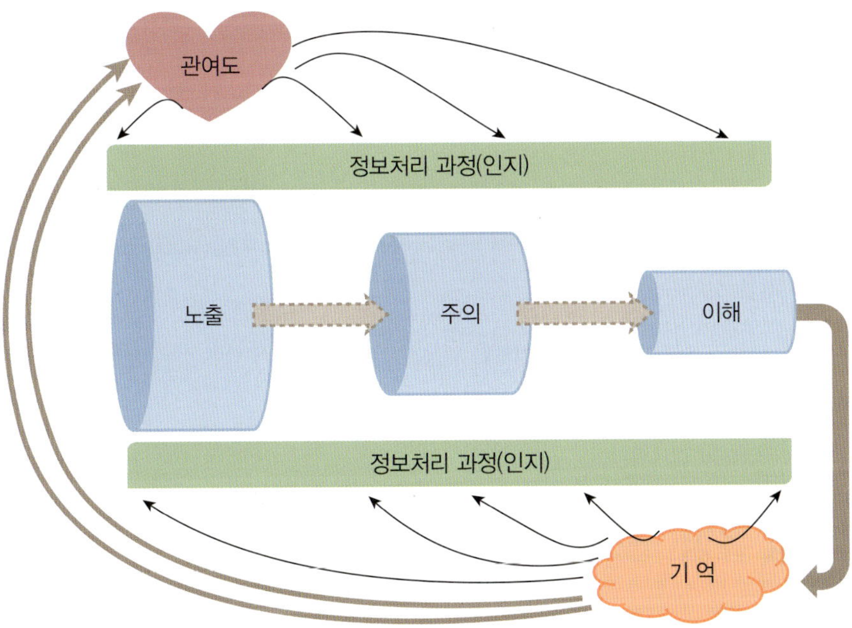

3) 태도에 대한 기억의 영향

우리가 어떤 대상에 대한 태도를 가지고 이를 유지한다는 것은 기억과 연관된다. 기억이 사라진다면 감정도 사라지기에 태도 역시 약해질 것이다.

- 미움과 증오의 감정도 시간이 지나면 점차 그 강도가 약해진다. 이는 그 대상을 실제로 용서했다기보다는 그러한 기억이 조금씩 사라졌기에 그리 될 가능성도 있다.
- 노인들은 젊은 사람에 비해 강렬한 태도를 유지하기 힘들다. 여러 이유가 있겠지만 기억력 약화도 여기에 해당할 것으로 보인다.

그림 16-3 **태도와 기억의 관계**

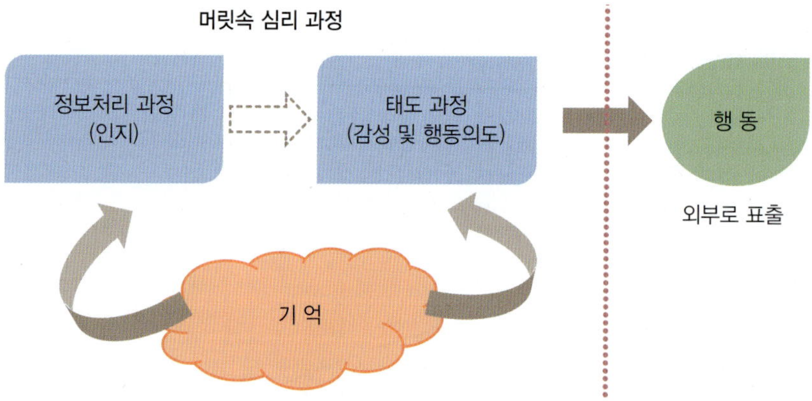

기억이 없다면 우리는 삶에 필요한 정보, 지식, 느낌을 얻기 위해 아마도 매 순간 학습을 반복해야 할 것이다. 또한 새로운 정보를 이해하는 데 도움되는 기존 자료가 머릿속에 전혀 없기에 학습 역시 쉽지 않을 것이다.

- 한 개인의 정체성은 결국 그가 보유한 기억의 내용과 같다. 치매가 무서운 것은 이러한 자신의 정체성을 잃어버리기 때문이다.

Ⅱ 기억의 유형(구조)

기억은 감각기억(sensory memory), 단기 기억(short-term memory, STM) 그리고 장기 기억(long-term memory, LTM)으로 구분된다. 새롭게 들어온 정보는 이러한 순서로 기억이 진행된다. 즉 기억에는 세 개의 방(구역)이 있는데, [감각기억 → 단기 기억 → 장기 기억]의 방으로 기억 내용이 전달된다. 그러한 진행에서 일부는 탈락되기도 하고 또한 변형되기도 한다.

그림 16-4 기억의 구조

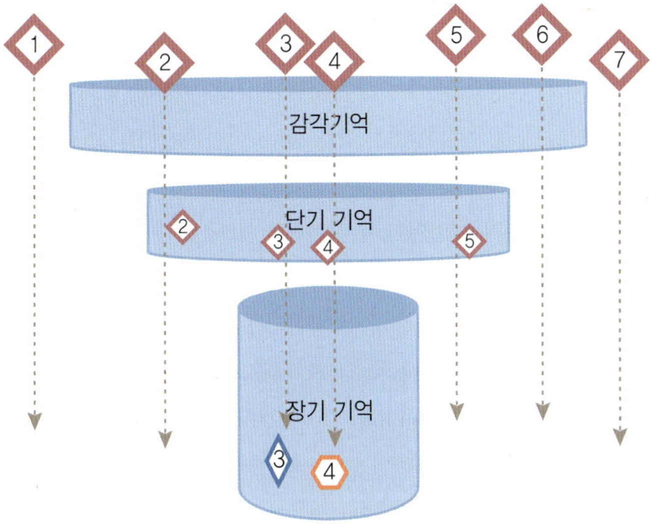

* ◇은 자극물을 의미하며 7개 중 3, 4번만 장기 기억으로 이동한다. 그러나 원형 그대로 유지를 못하기도 한다.

- A와 B가 함께 길을 걷다가 만두가게를 지나게 되었다. 그때 A는 십여 분 전 깨진 스마트폰 액정의 처리를 고민하던 중이었고, B는 주변 가게들을 찬찬히 살펴보고 있었다. A, B 모두는 만두가게에서 흘러나온 냄새를 맡았다(A, B 모두 '감각기억'에 만두 냄새가 저장되었다). 그러나 동일 자극에 노출되었음에도 불구하고 A는 방금 맡은 만두 냄새에 대한 추가적 정보처리를 하지 않았다. 반면에 B는 '만두 냄새가 좋은걸! 맛있겠다, 이따 저녁 때 먹으러 올까?'라는 생각을 추가적으로 하면서, 가게 위치에 대한 정보처리를 더 하였다. 만두 냄새라는 외부 자극이 A, B의 감각수용기관에 잠시 들어왔지만 A는 주의를 기울이지 않았기에 단기 기억으로까지 들어가지 않았고, B는 주의를 기울였기에 단기 기억 상자에 집어넣은 것이다. A의 단기 기억에 만두가게가 들어가지 않았기에 장기 기억에도 만두가게에 대한 정보는 들어간 게 없다. 하지만 B는 추후 노력의 정도에 따라 만두가게가 장기 기억에 보관될 수 있다. 예를 들어 그날 저녁 만두가게를 재방문하거나, 만두가게에서 옛 연인을 만난다면 그 만두가게는 장기 기억에 보관될 가능성이 높아진다.

1. 감각기억(sensory memory)

모든 자극은 일단 사람의 감각기관을 통하게 된다. 감각기관은 외부 자극이 가장 먼저 거치는 장소다. 이러한 외부 자극은 잠시나마 감각기억 그릇에 저장된다. 첫 번째 기억의 방인 감각기억은 자극 또는 정보가 감각의 수용기관(청각, 미각, 시각, 후각, 촉각 등)에 최초로 보관되는 기억이다.

자극은 감각의 수용기관을 활성화시키고 잔영이 남기에 소비자는 이를 감각하고 짧게나마 기억한다. 감각기관의 활성화에 의해 형성된 즉각적 인상은 아주 짧은 시간 동안(0.25~4초) 감각기억 속에 남아 있다.

그렇지만 이러한 자극에 대한 정보처리가 추가로 일어나지 않는다면 바로 사라지는 기억이다. 물론 아주 소멸되는 것은 아니고 기억 저편 어딘가에 아련히 남아 있거나 그것이 들어왔었다는 흔적이 남을 수 있다. 예를 들어 굳이 기억하거나 의식하지 않더라도 조금 전 삼켰던 음식의 맛, 바로 전에 지나쳤던 카페의 향기, 어떤 지역의 냄새, 스쳐 지나간 사람이 입은 옷에 대한 것은 무의식적으로 남아 있다. 따라서 이에 대한 재인(recognition)을 물으면 기억해내기도 한다.

2. 단기 기억(short-term memory, STM)

감각기억에 대해 특별히 주의를 기울이고 이에 대한 추가적 정보처리를 하게 되면, 정보는 이제 단기 기억으로 이전된다. 라면 냄비를 가스렌인지 위에 올려놓고 불을 켠 다음 '5분 후쯤 물이 끓을 때 다시 와서 라면을 집어넣어야지'.하는 생각은 단기 기억의 예이다. 단기 기억에 대한 내용 몇 가지를 살펴보면 다음과 같다.

첫째, 단기 기억은 감각기억에 비해 지속기간이 더 길지만, 일시적으로만 존재한다. 짧은 시간 동안 눈 앞에 펼쳐진 그림, 숫자, 또는 사람 이름을 기억하지만 몇 시간 뒤면 이러한 내용은 깔끔하게 기억에서 사라지기도 한다.

둘째, 단기 기억은 제한된 정보처리 용량을 가진다. 프린스턴 대학의 인지심리학자 George A. Miller의 연구결과, 평균적인 사람은 특정 시점에 7±2개의 정보묶음(chunks)만을 동시에 처리할 수 있다고 한다(the magical number 7). 단기 기억이 처리할 수 있는 것보다 더 많은 정보를 소비자에게 제공하면 정보과부하(information overload)가 일어난다.

- 1시간 후의 시험을 위해 머릿속에 가능한 많은 정보를 집어넣는다. 이것은 단기 기억이란 상자에 물건을 집어넣는 것이다. 그런데 상자 크기에 비해 너무 많은 것을 한꺼번에 집어넣으면 소화하지 못하고 터지게 된다.

정보과부하(information overload), 즉 단기 기억이 처리할 수 있는 양보다 더 많은 정보가 제공되면, 오히려 혼란이 초래되어 의사결정 능력이 현격히 떨어진다.

- 증권회사에 오래 근무한 사람들은 주식으로 많은 돈을 벌었을 것으로 생각되지만, 오히려 손해 본 사람이 적지 않다고 한다. 주가 관련 정보가 너무 많기에 주식 매도와 매수 시점을 잘못 판단하는 경우도 있고, 일반인에 비해 참을성이 부족하게 되기 때문이다. 매일 부지런히 컴퓨터 화면에서 눈을 떼지 않는 사람보다는 오히려 느긋한 마음으로 시장을 크게 보고 여유를 가지는 사람이 조금 더 현명한 의사결정을 한다.

당면한 문제를 해결하려면, 이와 관련된 정보를 가능한 머릿속에 많이 올려놔야 한다. 내부 및 외부정보를 끌어모아서 단기 기억이란 그릇 위에 올려둔다. 단기 기억의 용량이 큰 사람은 이를 조금 더 많이 올려놓는다. 아마도 등장인물이 많고 연결고리가 복잡한 장편소설을 쓰는 작가의 단기 기억 용량은 클 것으로 짐작된다.

셋째, 단기 기억으로 들어온 자극들 모두가 장기 기억으로 이전되는 것은 아니다.

어떤 특별한 조치가 취해진 정보들이 장기 기억에 이전될 가능성이 높다. 중요한 자극이기에 좀더 공들인 정보처리를 한 것 또는 특이한 자극이기에 정보처리 능력이 많이 할당된 것 등이 장기 기억으로 이전된다. 한편 '시연(rehearsal)'은 장기 기억으로의 이전과 연관된다. 시연이란 (마음속으로) 어떤 것을 반복하는 것을 의미한다. 새롭게 받은 정보를 보다 많이 시연할수록 그 정보는 장기 기억에 저장될 가능성이 높다.

- 새로운 영어단어를 장기 기억으로 옮기기 위해 여러 번 노트에 쓰거나, 반복해서 암송하거나, 이것이 사용된 문장들을 여러 번 보는 것은 시연의 예가 된다.
- 어떤 모임에서 새로 소개받은 사람을 한 번만 본 경우보다는, 그 사람을 여기저기서(예: 화장실, 음식을 가지러 갈 때, 다른 사람들 만날 때 등) 보게 되면(즉 시연을 하면), 더 오랫동안 기억하게 된다.
- 지난 학기 우리 반에는 총명한 학생이 있었다. 한 번 보고 들은 것은 머릿속에 그대로 입력되는 것 같았다. 특히 외우기에서 진가를 발휘했다. 다른 학생들에게도 쉽지 않았겠지만 특히 외우기가 잘 되지 않는 나는 정말 죽을 맛이었다. 한 학기 내내 교과서 녹음 테이프가 늘어나도록 듣고 또 들으면서 읽고 써야 했다. 어느 때는 한 과를 외우는 데 3~4시간이 넘게 걸렸다. 그러나 중급반이 된 지금은 그 학생이 나를 몹시 부러워하고 있다. 단계가 올라갈수록 초급반에서 배운 것들이 중요한 기초가 되는데, 자기는 지난 학기에 외웠던 것들이 기억나지 않는다고 한다. 잘 외워지는 것만 믿고 30분 만에 그냥 머리 위에 살짝 올렸다가 내려놓았을 뿐이라며 후회막급이다. 반대로 그때 힘 들이고 시간 들이고 공 들여서 외운 문장들이 내 머릿속에는 고스란히 남아 있어 얼마나 유용한지 모른다. – 출처: 『한비야의 중국견문록』, 한비야 저, 푸른숲(2006)

3. 장기 기억(long-term memory, LTM)

1) 장기 기억의 특성

단기 기억에서 처리된 제품정보 중 일부는 장기 기억으로 이전되어 저장된다. 장기 기억은 단기 기억에 비해 무제한 용량을 가지고 있다. 또한 지속시간도 길어서 어떤 것은 한평생 가기도 한다.

- 형태가 있는 것은 언젠가는 사라진다. 형태가 없는 것 역시 언젠가는 사라진다. 남는 것은 기억뿐이다. - 출처: 『비밀의 숲』, 무라카미 하루키 저, 문학사상(2007)

장기 기억의 창고에 저장된 기억의 편린들은 필요할 때 다시 인출되어 새로운 자극에 대한 정보 처리에 동원된다.

- 미국 캘리포니아 대학교 연구팀에 따르면, 스트레스를 반복적으로 받으면 장기 기억력 등에 관여하는 뇌의 해마 부위가 줄어드는 것으로 나타났다. 정신을 항상 선명하게 유지시키려면 스트레스에 의해 생기는 노화를 퇴치해야 한다.
- 호주 브리스번에 사는 27세의 여성 레베카 샤루크(Sharook)는 태어난 지 열흘이 된 시점부터 지금까지의 모든 일을 사진 찍은 것처럼 낱낱이 기억한다. 전 세계에 이런 사람들은 약 60명 정도 있다고 한다.

2) 장기 기억의 유형

장기 기억에 저장된 지식의 유형은 절차 기억(procedural memory), 서술 기억(declarative memory)으로 구분된다. 그리고 서술 기억은 다시 일화 기억(episodic memory), 의미 기억(semantic memory)으로 구분된다.

그림 16-5 장기 기억의 유형

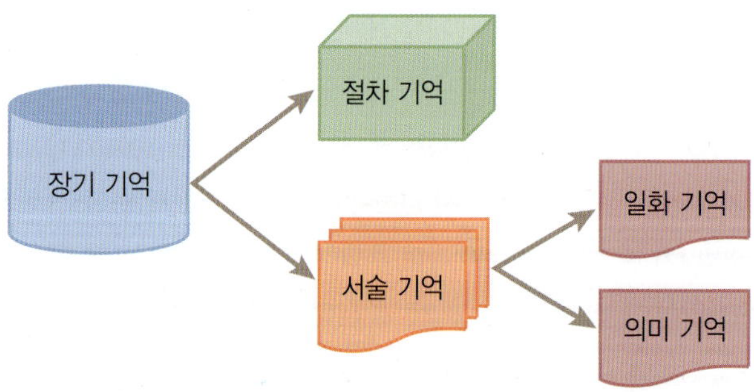

(1) 절차 기억(procedural memory)

절차적 기억은 자주 사용함에 따라 의식적 노력이 없어도 자동으로 접근하여 사용할 수 있는 것이다. 자전거를 몰거나, 자동차를 운전하거나, 수영을 하거나, 춤을 추는 행동은 반복을 통해 무의식적, 자동으로 수행된다.

- 아침에 일어나서 하는 루틴(routine) 역시 절차 기억에 해당한다(기지개를 펴고, 물을 한 컵 마시고, 사과를 먹고, 화장실을 간 다음 샤워를 하는 등의 일련의 활동).

(2) 서술 기억(declarative memory)

서술 기억은 학습을 통해 얻은 지식을 저장한 후 이를 의식적으로 회상(recall)하는 기억을 말한다. 서술 기억은 기억의 획득과 회상을 위해 의식적으로 노력해야 한다는 점에서 반복에 의해 무의식적으로 저장되고 필요시 반사적으로 바로 사용할 수 있는 절차 기억과 다르다.

■ 일화(逸話) 기억(삽화적 기억, episodic memory/knowledge)

구체적, 자서전적 사건들에 대한 기억으로 공간, 시간적 맥락 정보를 포함한다. 언제, 어디서 그 사건이 발생했는지에 관한 기억이다. 기억의 주체인 개인이 과거에 경험하고 느꼈던 크고 작은 사건들, 예를 들면 초등학교에 처음 입학한 날의 교실 풍경, 친구 생일파티에 갔던 일, 수능 시험날 아침에 혼났던 경험, 첫 번째 키스 등과 같이 기억에 남아 있는 사건들이다. 이것은 사람들이 일상생활에서 경험한 구체적 경험 또는 사건들에 대한 기억이다. 또한 사람들이 경험한 사건의 의미(또는 감정)에 대한 기억이다.

- 어제 직장 부서의 회식을 삼겹살집에서 했다. 추운 겨울날 식당은 고향 집의 따뜻함을 떠올리게 했다; 10살 때 할머니 댁에 갔다가 개에게 물렸다. 개에게 물리던 순간은 너무 무시무시했다.
- 어떤 사람은 수첩에 그날 있었던 일을 기록하면서 그때 자신이 느꼈던 감정도 기록한다고 한다. 그러면 다시 그 기록을 꺼냈을 때 생생하게 그때의 사건과 사람에 대한 기억이 난다고 한다.

어떤 사건은 주변에 함께 있던 사람과 동일하다. 그렇지만 일화 기억은 그 사건에 개인의 주관적 느낌이 덧씌워지기도 한다. 개인적 느낌과 주관적 해석이 따라붙기에 사람마다 다르다.
동일 시간, 동일 공간 그리고 동일 경험을 해도 사람마다 다르게 받아들이기에 사람들 간의 기억 내용은 다르다. 패키지 여행을 같이 다녀와도 사람마다의 기억은 다르다.

- 그렇지만 가끔 냄새에도 감정이 있다는 생각을 해본다. 즉 기쁜 냄새, 슬픈 냄새, 미운 냄새, 반가운 냄새가 있는 것이다. 물론 그것은 물리적인 사실과는 상관없이 각자의 경험에 의해 그 냄새에 감정을 투사하기 때문이다. 예를 들어 사랑하는 연인이 이별을 고하며 준 꽃 냄새는 아무리 아름다운

향기라도 영원히 슬픈 냄새로 기억될 수 있고, 어렸을 때 콩서리하여 구워 먹다 새카맣게 타버린 콩 냄새는 그리운 냄새일 수 있다. – 출처: 『이 아침 축복처럼 꽃비가』, 장영희 저, 샘터(2010)

■ 의미(意味) 기억(semantic memory/knowledge)

정보의 의미에 대한 기억이다. 일화 기억이 특정 사건이나 개인적 경험과 관련된 기억인데 반해 의미 기억은 보다 일반적이고 개념적인 지식과 관련된 기억이다.

- 의미 기억은 '고양이는 어떤 동물이다'라고 알고 있는 기억이다. 이에 비해 '내가 3년 전 키웠던 고양이에 대한 기억'은 일화 기억이다.

의미 기억은 외부 세계로부터 받아들이는 다양한 사실에 기반하여 형성된다(예: 사실과 개념, 일반 사실 그리고 여러 법칙이 문제해결 전략 및 사고기술과 함께 저장됨). 개인적 특수경험 및 그러한 경험이 만들어진 시공간적 맥락으로부터 자유로운 편이다. 물론 의미 기억 중 일부는 일화 기억으로부터 비롯된 것도 있지만, 의미 기억은 그 자체로서 독립적인 지식체계라고 볼 수 있다.

- 색상에 대한 지식(빨간색은 분홍색보다 더 진하다는 지식), 미역은 먹을 수 있는 음식이라는 지식, 한국산 제품들은 가성비가 높다는 지식, 한국 사람들은 부지런하다는 지식 등은 의미 기억에 해당한다.

의미 기억의 대다수는 추상적, 관념적이며, 언어적 상징이 가지는 의미 체계와 연관되어 있다. 또한 음성적인 것과 시각적인 부호와 함께 연관되어 저장되며, 이러한 의미 기억은 명제와 심상, 도식의 형태 등으로 저장된다.

3) 장기 기억 중 의미 기억(지식)의 중요성

어떤 대상(예: 오토바이를 탄 사람, 명품으로 치장한 사람 등)에 대한 개인의 생각과 태도는 그 사람이 그 대상과 관련하여 어떤 의미적 지식을 간직하는가와 연관된다.

- 현대자동차에 대해 어떤 사람은 긍정적인 의미 지식을 많이 가지고 있다. 반면에 현대자동차로 인해 좋지 않은 의미 지식을 많이 지닌 사람도 있다. 현대자동차에 대한 태도는 결국 이러한 의미 지식의 복합적, 총체적 성격에 영향을 받게 될 것이다.

장기 기억에 저장된 의미 지식은 네트워크 형태로 상호연결되어 있다(14장, 스키마). 이러한 지식 간의 네트워크는 감자 줄기다발, 이슬 맺힌 거미줄처럼 마디들(nodes: 장기 기억에 저장된 의미 지식, 또는 단편조각 지식들)과 이들을 연결하는 고리(link: 마디와 마디 간의 연결 관계, 참고로 특정 마디가 다른 마디와 관련이 높을수록 연결고리는 짧고 굵다)로 구성된다.

- 하나의 의미 지식이 활성화될 때, 이와 함께 기억에서 떠오르는 관련된 연상의 집합을 설명하는 개념이 스키마(schema)이다. 스키마란 어떤 한 대상과 관련된 지식으로 구성된 네트워크를 의미한다.

그림 16-6 기억망의 마디와 고리

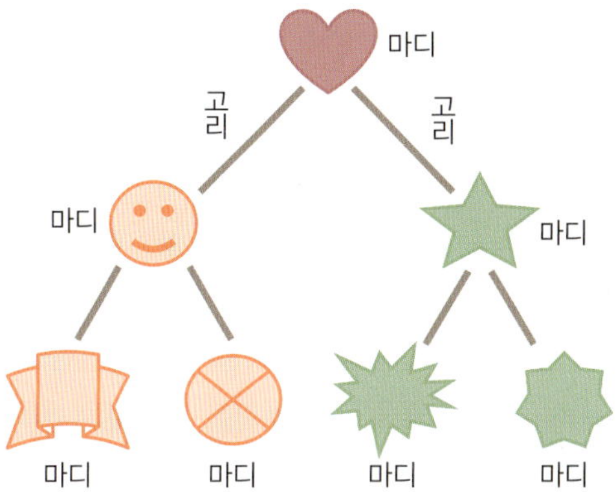

그림 16-7 이슬 맺힌 거미줄

* 기억도 이렇게 거미줄처럼 내용들이 연결되어 있다.

장기 기억에서 활성화의 확산(spreading activation)이란 하나의 의미 지식이 먼저 활성화되면, 그와 연결된 다른 지식도 연속적으로 활성화되는 것을 의미한다. '원숭이 – 사과 – 바나나 – 기차 – 비행기 – 백두산'으로 연결되는 것과 유사하다.

Ⅲ 기억의 작동 메커니즘: 단기와 장기 기억 간의 상호작용

단기 기억과 장기 기억의 상호작용은 부호화, 인출의 개념을 통해 설명된다. 부호화(encoding)는 처리된 정보를 장기 기억에 오랫동안 저장시키기 위해 단기 기억에서 장기 기억으로 이전시키는 과정이다. 한편 인출(retrieval)은 단기 기억에서 어떤 제품정보를 해석하고 이해하는 데 활용하기 위해 장기 기억의 창고에서 관련된 기억을 끌어내는 것이다.

- 010-1988-3369이란 전화번호를 오랜 기간 기억하려 한다고 하자. 그러면 숫자 그대로 외우려 하지 말고, "88올림픽에 3명이 369게임한다"라고 부호화하여 기억한다면 조금 더 쉽게 외울 수 있다.

그림 16-8 부호화, 인출의 개념도

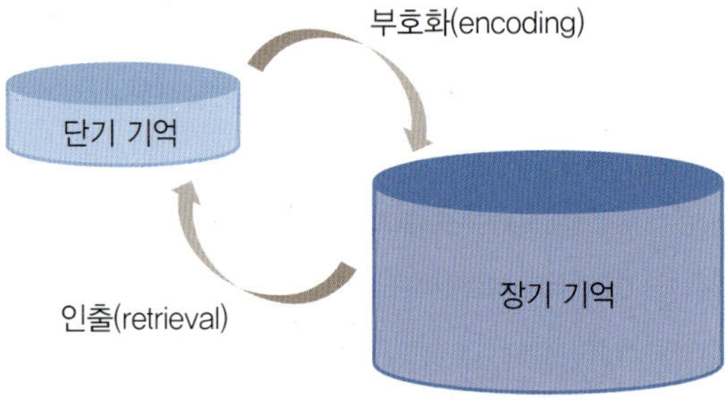

1. 부호화(encoding)

부호화란 소비자가 광고에 담긴 제품 정보에 대해 자신의 방식대로 의미를 부여하는 것이다. 그렇게 의미 부여된 내용(꼬리표 부착)에 따라 장기 기억 속에서 어떤 자리를 차지하게 된다 (예: 새 책이 도서 분류번호를 부여받고 도서관 서가에 자리 잡음).

단기 기억에서 정보의 부호화 방식은 정보의 신속한 이전, 장기 기억에서의 정확한 배치 (placement: 단기 기억으로부터 이전된 정보가 장기 기억의 스키마에 연결되는 메커니즘)에 영향을 미친다(서가에 한번 잘못 꼽히면(배치되면) 이를 찾기가 무척 어렵다). 마찬가지로 한 번 잘못 입력된 지식은 이를 바로 잡기가 좀처럼 쉽지 않다. 부호화에 대해 밝혀진 몇 가지 내용은 다음과 같다.

첫째, 단기 기억에서 이루어지는 부호화 과정은 주로 청각부호를 사용한다. surprise란 단어는 한국 학생들에게는 '서프라이즈'란 청각부호(즉 발음나는 대로)로 기억된다. 그래서 r은 발음이 되지 않기에 'suprise'로 잘못 부호화되어 기억된다. alcohol도 '알콜'로 한국식 발음하기에 'alcol'로 잘못 기억된다.

둘째, '시연(rehearsal)'의 양적 횟수가 많아질수록 부호화는 더 빠르게 진행된다.

셋째, 새로운 정보와 장기 기억의 관련도가 높을수록 처리 시간은 단축된다. '새롭거나 낯선 정보'와 이와 연관된 '장기 기억에 저장된 관련 지식'을 서로 연결시키는 능력(범주화하는 역량)이 높을수록, 처리된 정보가 장기 기억으로 이전 저장되는 데의 소요 시간은 단축된다. 즉 새로운 정보에 대해 이와 연관된 지식을 이미 많이 보유하고 있다면, 새로운 제품정보를 그물망으로 쉽고 빠르게 끌어당긴다. 그러나 관련된 기존 지식이 별로 없다면 새로운 지식이 들어와 고착될 만한 네트워크가 없기에 쉽게 소멸된다.

- 새로운 영어단어를 접하게 될 때, 이와 연관된 영어단어들을 많이 알고 있거나 또는 문장들을 많이 알고 있는 사람은 그렇지 않은 사람에 비해 새로운 영어단어를 잘 기억한다. 이는 새로운 단어를 연결시켜 잡아줄 다양한 그물망을 이미 가지고 있기 때문이다. 예를 들어 미국사람, 한국사람이 공히 모르는 새로운 영어단어를 접하였을 경우, 미국사람이 그 단어를 더 잘 기억한다.

넷째, 부호화 다양성(encoding variability) 가설은 한 가지 방식보다는 다양한 방식으로 입력된 정보에 대한 기억이 증가되는 현상을 의미한다. 예를 들어 다양한 통로를 통해 광고를 제공하면, 광고의 노출가능성을 높일 뿐 아니라 소비자의 제품 정보 기억을 향상시킬 수 있다.
시각 자료만 제공하는 것보다 시청각 자료를 같이 활용하는 것이 더 좋다. 하나의 매체경로(예: TV)만 사용하기보다는 다양한 매체경로(예: TV, 라디오, 신문, 옥외광고 등)를 입체적으로 활용하는 것이 더 좋다; 한 가지 메시지만 사용하기보다는 여러 변형된 메시지를 함께 사용하는 것이 더 좋다. 이와 같이 광고 메시지, 광고모델, 매체 등의 다각적 활용을 통한 정보 제공이 소비자의 기억 향상에 도움이 된다.

2. 인출(retrieval)

장기 기억에는 무제한 정보가 영구히 저장되고 있지만, 저장된 정보 중의 극히 일부만이 필요 시점에 인출된다.

- '자발적 기억'이란 어떤 것을 머릿속으로부터 기억해내려고 하는 것을 의미한다. 예를 들어 단어시험을 볼 때 머릿속 기억을 적극적으로 탐색하는 것이 이에 해당한다. 반면에 '비자발적 기억'이란 노력 없이도 어떤 자극물(예: 음악, 장면, 사람, 대화 등)을 접하면 자연스럽게 머릿속 기억이 연상되어 떠오르는 것을 말한다. 이런 점에서 볼 때 행복한 사람이란 비자발적으로 떠오르는 기억들이 즐겁고 기쁜 것이 많은 사람이라고 볼 수 있다.

광고에서 제시되었던 제품 정보나 상표명이 구매시점에 인출되지 못하면 자사 제품이 선택될 확률은 낮아진다. 기업은 기억이 원활히 인출되도록 도와주어야 한다. 예를 들어, 포장지 겉면에 광고모델의 얼굴을 집어넣는 것이 여기에 해당한다. 이에 대한 자세한 방법은 다음 항에서 설명한다.

1) 망각의 개념 및 발생 이유

장기 기억에 저장된 제품 정보를 인출하지 못하는 것을 망각(forgetting)이라고 한다. 망각이 발생하는 이유는 여러 가지가 있다.
첫째, 쇠퇴이론(decay theory)에 의하면 시간이 경과하면서 기억의 상실 또는 망각이 일어난다. 즉 기억 속의 정보를 자주 써내서 이용하지 않으면 시간 흐름에 따라 기억이 쇠퇴하거나 또는 사라지는 것이다. 기억되지 않는다는 것은 기억의 마디 자체가 어떤 정신적, 육체적 충격으로 사라질 수도 있고 또는 기억 마디 간을 연결하는 링크가 약해지기 때문일 수도 있다.

- 자동차 번호판: 자신의 오래전 자동차 번호들은 기억에 가물가물해진다. 초등학교 친구: 몇십 년만에 보는 친구들은 이름도 잘 기억나지 않는다.

둘째, 간섭이론(interference theory)에 의하면 기억은 방해를 받는다. 즉 새로운 다른 정보에 주의를 기울이면서 이전의 기억이 무뎌진다. 여기에는 선입정보방해(proactive interference: 과거에 먼저 학습되었던 정보가 보다 최근에 학습된 정보의 인출을 방해하는 현상)와 후입정보방해(retroactive interference: 나중에 학습된 정보가 이보다 먼저 학습되었던 정보의 인출을 방해하는 현상) 등이 있다.

- 대학에서는 학과 사무실의 조교가 매년 바뀐다. 조교 이름 기억에 간섭 현상이 발생한다.

그림 16-9 선입정보방해, 후입정보방해

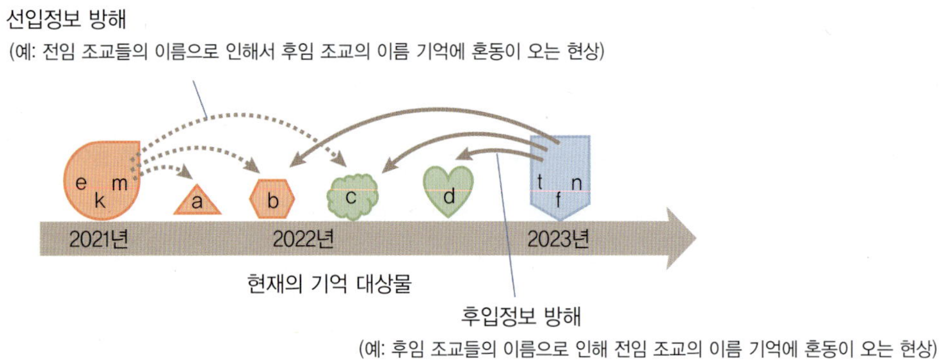

셋째, 힘들었던 과거 기억은 무의식적으로 기억을 억제하는 경향이 있기에 이런 성격의 기억은 못할 수도 있다. 이러한 점은 개인의 감정적 망각과 연관된다.

- Blessed are the forgetful, for they get the better even of their blunders(망각한 자는 복이 있나니, 자신의 어리석었던 행동들에 대한 망각으로부터 더 큰 축복을 얻기 때문이다). – Friedrich Nietzsche

이와 같이 망각 현상은 일상생활에서 항상 다양한 정보에 접근함으로써 발생하며 또한 시간의 경과에 따라 자연스럽게 일어난다.

2) 망각의 전략적 활용

망각이 반드시 부정적인 것만은 아니다. 예를 들어, 우발적 또는 우연적 사건과 사고는 사회적 공포감(social phobia)과 부정적 감정을 유발한다. 이러한 부정적 기억은 국가 또는 기업의 정상적인 회복 활동(resilience)을 지연시키기도 한다. 부정적 정보를 희석시키거나 또는 확산을 최소화시키는 대책을 통해 심리적 회복을 시간상 앞당길 수 있다. 이러한 회복 활동을 위해서는 망각의 작동 방식에 대한 이해가 선행되어야 한다. 이와 연관된 몇 가지 내용을 소개하면 다음과 같다.

- 특정 사건의 내용을 구체적으로 기억하지 못하더라도 이에 포함된 감정은 일정 시간 지속되어 남아 있다. 한편 긍정적 정보보다 부정적 정보를 쉽게 망각하지 않고 오래 기억하는 경향을 보이며 이러한 기억은 태도와 구매행위에 장기적 영향을 미친다. 따라서 부정적 정보에 대한 객관적 해명이나 설명도 중요하지만 묵은 감정은 역시 새로운 감정을 통해 해결해야 한다. 따라서 감정에 소구하는 커뮤니케이션이 요구된다.
- 소비자들은 기업이나 브랜드를 접할 때, 이와 관련된 특정 사건에 대한 기억을 떠올리지 않고도 기업이나 브랜드에 대한 감정을 부지불식간에 느낄 수 있다. 예를 들어, 대한항공의 땅콩 사건이 무엇이었는지 기억이 자세히 나지 않지만 그와 연관된 부정적 감정은 떠오를 수 있다.
- 부정적 감정의 최초 발생 강도도 중요하지만, 부정적 감정의 발생 강도와 상관없이 특정 감정이 오래 지속되는 데 영향을 미치는 요소들(예: 발생 빈도, 실마리 등)에 대한 규명 노력이 필요하다.

Ⅳ 기억 이론의 커뮤니케이션에 대한 시사점

기억이란 모래를 손안에 움켜쥔 것과 마찬가지이다. 시간이 지나면서 스르르 빠져나간다. 아무리 광고물을 잘 만들고 매체활동을 대량 집행했더라도, 그 광고에 대한 내용이 기억되지 못한다면 광고효과는 전혀 없는 것이다. 소비자들이 광고를 기억해야 한다. 그리고 물건을 구입하는 시점에 머릿속에서 떠올라야 한다.

- 90개를 공부했는데 40개만 기억하는 학생보다는 60개를 공부했지만 50개를 기억하는 학생의 시험성적이 더 높다.

기억은 소비자 구매행동에 영향을 미친다. 기억에 대한 메커니즘을 이해하면 이를 바탕으로 기억을 돕는 광고물을 만들 수 있다. 다음 몇 가지 기억 증대를 위한 광고전략을 열거한다.

1. 시각적 정보를 활용

광고 속의 시각적 정보는 언어적 정보보다 더 잘 기억된다. 특히 저관여 상황에서는 더욱 그러하다.

1) 광고물에 텍스트만 넣지 말고 의미 있는 사진, 그림 등을 함께 제시

- 영어 단어장에 언어적 정보만 있는 것보다는 그와 관련된 그림을 같이 집어넣는 것이 기억에 도움이 된다. 한자 단어장에 글자와 그 뜻을 의미하는 그림의 일부를 집어넣는다.

2) 구매시점에 시각적 정보를 제시

구매시점(POP) 광고는 구매시점에 기억을 도와주는 역할을 한다. 구매시점 광고는 특히 시각적 정보의 제시가 중요하다.

3) 광고카피에 심상을 쉽게 떠올리게 하는(high-imagery) 단어를 사용

예를 들어 '밀크'란 브랜드(한국제지의 복사지)는 밀크(우유)의 비주얼 이미지를 쉽게 연상하게 해준다. 사람 이름도 그 사람의 생김과 잘 어우러지는 경우 더 잘 기억된다.

2. 기억증진 기법(mnemonic technique)을 활용

이는 기억을 향상시키는 특정 방법을 의미한다. 기억해야 할 정보를 이미 알고 있는 지식과 연결시킴으로써 나중에 인출이 용이하도록 조직화하는 것이다. 예를 들어 자사 상표명과 이와 연관된 어구를 연결시키는 것이다(예: 바로 코 밑에 있잖아요 – '바로코민', 팍팍 캐내십시오 – '캐토톱', 바비다비다(밥이 답이다) 등).

3. 반복광고(repetitive advertising)를 활용

반복광고는 제품 정보에 대한 기억을 생성하고 이를 유지하는 데 도움이 된다. 정보처리된 어떤 내용이 기억에 비록 들어갔더라도 반복처리가 오랫동안 없다면 그 정보의 기억 가능성은 점점 작아진다.

- 고등학생 시절 2년 동안 독일어 수업을 받았고 시험준비를 위해 열심히 외우기도 했다. 그런데 그 후 사용할 기회가 오랫동안 없다 보니 단어, 문장은 거의 기억나지 않는다.

교육에 있어서 예습, 복습의 중요성이 강조되는 것처럼 광고에서도 반복 학습은 중요하다. 그러나 지나친 반복은 광고효과의 감퇴(advertising wearout), 즉 소비자들이 광고에 주의를 더 이상 기울이지 않게 되거나 지루함, 부정적 사고를 갖게 하기도 하므로 주의해야 한다.

4. 메시지 내용의 제시 순서를 활용

메시지 내용의 제시 순서(order of presentation)는 기억에 영향을 미친다(9장). 가장 중요하거나 핵심적 메시지(message points, strongest selling points)는 처음(초기효과) 또는 마지막(최신효과)에 제시하도록 한다.

5. 정서와 기억의 관계를 활용

비가 오면 "비가 오면 생각나는 그 사람~"이란 노래가 생각난다. 확실히 어떤 특정 기억은 그와 부합되는 어떤 상황이나 상태가 되었을 때 잘 기억난다. 이와 같이 소비자의 정서 상태는 장기 및 단기 기억의 저장과 인출에 영향을 미친다.

- 외국어 단어도 그 단어에 해당하는 감정과 느낌이 실감 나는 영화 장면을 보면 더욱 기억이 잘 된다. 욕에 해당하는 단어가 쉽게 기억되는 것도 이와 무관하지 않다.

기억할 때 우리의 뇌는 사실뿐 아니라 그 당시의 감정, 배경(상황) 등도 함께 기억한다. 즉 정보만 기억하는 것이 아니라 당시의 감정, 정서, 맥락도 묶어서 덩어리로 기억에 입력된다. 이렇게 정보와 감정이 밀착되어 기억되기에 정보와 감정을 분리하여 기억하지 않는다. 즉 이 둘은 개별적, 독립적이지 않다. 그 결과 다음과 같이, 즉 하나가 떠오르면 다른 하나도 연이어 떠올려지는 현상이 있다.
첫째, 어떤 정보를 기억하는 당시의 감정 상태가 추후 그 정보의 기억 가능성에 영향을 미친다. 예를 들어 기억할 때의 감정 상태와 유사한 감정 상태에 빠져들거나 도달하면 예전의 그 일(또는 사건)이 더 잘 기억난다.

- 슬펐을 때 기억된 어떤 일 또는 사건은 나중에 슬픈 감정의 상태일 때 더 잘 생각난다.

둘째, 어떤 사건 또는 일에 대한 기억을 하게 되면 그때의 감정도 동시에 살아난다.

- 미국 예일대학교 연구팀이 실험 참가자들을 대상으로 스트레스를 받았던 과거의 특정 사건에 대해서 질문을 하고 뇌를 스캔한 결과, 스트레스와 감정을 통제하고 충동을 조절하는 데 관여하는 뇌 부위의 회색 물질이 줄어든 것으로 나타났다.
- 저자가 느낀 바로, 라오스 언어에 대한 공부는 겨울보다는 여름, 특히 무더운 한여름에 조금 더 머리에 잘 들어오는 것 같다.

한편 기분 상태와 정보 속성 간에도 연관이 있는 것으로 밝혀졌다. 긍정적 기분일 때는 긍정적 정보, 부정적 기분일 때는 부정적 정보의 연결성이 높았다. 이는 자신의 당시 기분과 일치하는 속성의 정보에 더욱 주목하고 평가하고 또한 기억한다는 것을 의미한다. 결국 소비자의 기분 상태는 '기억', '주목', '평가'에 직 · 간접적 영향을 미친다.

- 연구결과, 긍정적 기분의 소비자는 긍정적 내용의 제품 정보에 더 주의를 기울이고(그 결과 그러한 긍정적 기억을 더욱 잘하고), 또한 긍정적 제품지식을 주로 장기 기억에서 인출하는 경향이 있다. 또 다른 연구에서는 부정적 기분일 때보다 긍정적 기분일 때 상품에 대한 판단이 더욱 긍정적으로 나타났다.

이러한 점은 다음과 같이 응용된다.

- 인적 판매원의 고객 방문, 텔레마케터의 전화 접촉 등은 고객 기분이나 상황이 좋은 시점일 때 성공률이 높기에 이를 반영한다. 예를 들어, 금요일 오후, 연휴가 시작되기 전, 월급날 등이 있다.
- 수험생(또는 취업준비생)은 여러 과목의 공부를 하는 과정에서 다양한 감정이 오간다. 이때 일관적인 감정 상태를 가지고 공부하는 것이 중요하다. 만약 어떤 것을 슬픈 마음으로 공부한다면 해당 내용을 공부하거나 기억할 때마다 슬픈 감정들이 떠올라 힘들 수 있다.
- 사람의 기분을 즐겁고 가볍게 해주는 유머를 담거나 흥겨운 음악을 담은 광고는 사람의 마음을 긍정적으로 만들기에 제품/브랜드의 긍정적 요소를 더 보게 하고 결과적으로 긍정적 인식의 형성에 도움이 된다.

6. 기타의 여러 방법

기억을 증진시키는 방법은 여러 가지가 있다.
짧고 명확한 문구의 제시, 반복적인 슬로건, 징글과 CM 송의 제시, 옴니버스 광고물, 광고 속에 광고내용을 기억하는 방법의 제시 등을 들 수 있다. 아마도 학교에서 시험을 앞두고 독자들이 기억을 위해 사용했던 방법들 모두는 광고에서도 응용될 수 있다.

- 우리나라 조선시대 왕조를 "태정태세 문단세~"로 외우는 것도 기억 전략의 예가 된다.

광고의 가장 중요한 목적은 결국 광고 제품(브랜드)에 대한 소비자 태도와 행동에 긍정적 영향을 미치는 것이다. 이러한 목적달성을 위해서는 소비자가 상품을 구매하는 시점에서 또는 타인의 구매에 영향력을 행사하는 시점에서 광고 내용이 긍정적으로 기억되어야 한다.

CHAPTER 17

태도에 대한 이해

Ⅰ. 태도에 대한 개관

Ⅱ. 태도를 설명하는 이론

Ⅲ. 태도 이론의 마케팅 커뮤니케이션에의 시사점

들어가기 전에

기업은 오랜 시간의 정성과 적지 않은 비용을 들여서 소비자들과 커뮤니케이션하려 한다. 그 이유는 커뮤니케이션을 통해 자사 제품(또는 브랜드, 기업, 점포, 최고경영자, 구성원 등)에 대한 소비자 태도 및 행동에 좋은 영향을 미치고 싶기 때문이다.

- 커뮤니케이션을 통해 소비자 태도가 변하면, 이는 다시 소비자 행동의 변화로 연결된다. 그리고 이는 결국 기업 성과(예: 매출, 시장점유율, 주가 등)로 귀결된다. 즉 태도의 변화는 문제해결의 첫 단추이다.
- 너의 생각에 주의해라, 생각은 말이 되기 때문이다. 너의 말에 주의해라, 말은 행동이 되기 때문이다. 너의 행동에 주의해라, 행동은 습관이 되기 때문이다. – 탈무드

커뮤니케이션은 보통 태도란 중간 과정을 거쳐서 행동에 영향을 미친다. 물론 커뮤니케이션이 소비자 태도란 중간 과정을 거치지 않고 행동에 직접 영향을 미치는 경우도 있다.

- '오늘부터 3일간 △△피자의 전 품목 50% 할인'이란 광고물은 사람들의 구매행동을 촉발한다. 이러한 광고물은 △△피자 브랜드에 대한 태도변화를 거치지 않고 즉각적 행동을 일으킨다.

그림 17-1 커뮤니케이션, 태도, 행동의 관계

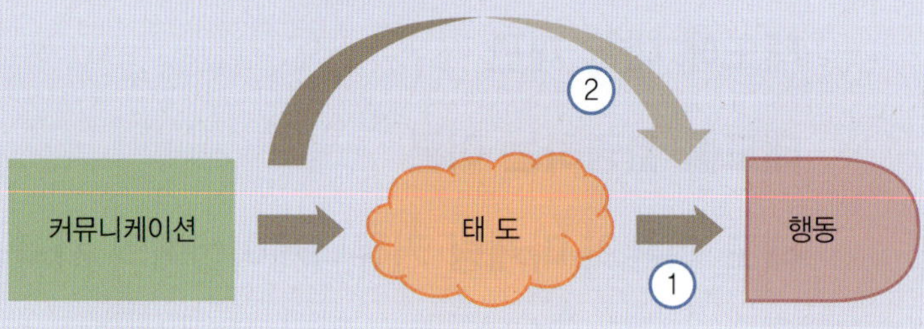

* ① 태도를 통한 행동에의 영향, ② 행동으로의 직접 영향

기업이 행하는 모든 커뮤니케이션 노력은 시장(소비자) 태도와 행동에 영향을 미치는 것과 연관된다. 여기서는 태도에 대한 제반 내용(개념, 이론, 시사점)을 소개한다.

Ⅰ 태도에 대한 개관

1. 태도의 개념 및 특성

태도(態度, attitude)란 어떤 사람이 특정 대상(사물, 사람, 조직, 아이디어, 이슈 등)에 대해 품고 있는 일반적이고 지속적인 감정(긍정적(+)/부정적(-))을 의미한다. 개인이 품고 있는 이러한 사전(事前) 성향, 즉 태도는 어떤 자극물을 대하는 선택적, 감정적, 선호적 반응의 상태이다.

- 태도의 뜻: 어떤 일이나 상황에 직면했을 때 가지는 입장이나 자세, 어떤 대상을 대했을 때 드러나는 표정이나 몸짓.

태도는 다음과 같은 성격을 가지고 있다. 첫째, (태도를 느끼는) 어떤 대상을 가진다. 둘째, 방향성(+/-, 즉 긍정적 또는 부정적)과 강도(1-2-3-4-5, 즉 태도의 세기)를 가진다. 셋째, 인지적, 정서적, 행동적 요소로 구성된다. 그리고 이 요소 모두는 지속적인 반응 경향이다. 넷째, 태도는 학습된다.

이 중 세 번째로 언급된 내용은 연구자에 따라 다르게 주장되기도 한다(태도=인지+정서+행동 vs 태도=정서). 여기에서는 논의의 편의를 위해 태도는 주로 정서적 요소를 의미하는 것으로 보려고 한다.

- 인지, 정서, 행동의 세밀한 개념 구분은 학술적 연구에서는 의미가 크다. 그렇지만 실무에서는 이를 복잡하게 생각하지 않아도 된다. 결국 광고를 하는 이유는 '△△라면에는 신선하고 영양가 많은 재료가 사용되었다'고 믿게 만들고(신념 및 생각의 변화), '△△라면은 좋다'라는 느낌을 증가시키고(정서의 변화: 소비자 기분을 좋게 만드는 광고모델, CM송, 장면 등을 사용), 구매결정 상황에서 '△△라면을 사고 싶다'가 되도록 하는 것이다(행동의 변화: 바겐세일 정보, 마감시간 제시 등을 사용).

다음은 태도를 이해하는 데 도움되는 몇 가지 내용이다.

1) 태도의 다양성 및 변동성

동일 대상에 대해서도 사람들마다 가지는 태도는 다르다(예: △△라면을 좋아하는 사람도 있지만 싫어하는 사람도 있다). 또한 동일인도 같은 대상에 대한 태도는 외적/내적 상황, 시간 등에 따라 변화한다(예: 쌀쌀한 날에는 라면이 좋지만, 후덥지근한 날에는 라면이 내키지 않는다).

- 세상에서 가장 어려운 일은 사람이 사람의 마음을 얻는 일이란다. 각각의 얼굴만큼 다양한 각양각색의 마음이, 순간에도 수만 가지의 생각이 떠오르는데, 그 바람 같은 마음을 머물게 한다는 건 정말 어려운 거란다. – 출처: 『어린왕자』, 생텍쥐페리 저(1943)

2) 생각과 정서의 차이 간 관계

본 서에서 태도는 주로 정서적 요소를 중심으로 보고 있다. 정서(affect)는 생각(신념, belief, 즉 인지적 요소)과 대비된다. 생각은 어떤 대상에 대해 알고 있는 정보인데, 이러한 정보는 사실 또는 의견이다.

- 생각(신념)의 예: 와인의 알코올 도수는 대략 10~15%이다, 국내여행 경비는 30만 원 가량 소요된다, 'BTS'는 7명으로 구성되어 있다 등.
- 정서의 예: 와인을 좋아한다, 여행은 가슴을 들뜨게 한다, 'BTS' 노래는 기분을 밝게 해준다 등.

태도(정서)는 생각을 기반으로 형성된다. 다시 말해 생각은 태도 형성에 기여한다. 따라서 전혀 정보가 없기에 어떠한 생각도 할 수 없는 대상에 대해서는 태도를 가지기 어렵다. 이와 같이 태도는 어떤 개인이 특정 대상에 관해 가지고 있는 여러 생각을 기반으로 하여 형성된다. 그리고 여기에 각 사람만의 좋다/싫다라는 감성적 반응이 깃들여져서 형성된다. 참고로 AI, 로봇 등은 정보의 방대한 축적은 가능하겠지만, 인간과 같은 감성적 반응을 개성적으로 가지기는 쉽지 않을 것이다.

- 인지와 감정 간의 관계에 대해서는 오랜 논쟁이 있었다. 인지와 감정에 대한 상이한 견해가 존재하는데 이는 크게 두 가지로 정리된다. 첫째, 인지가 감정의 선행요인이라는 입장, 둘째, 인지와 감정은 독립적이라는 입장이다. 이를 부연설명하면 다음과 같다. 소비자 행동에 대한 초기 연구시기에서는 합리적, 이성적 소비자를 전제로 한 인지적 관점에 집중하여 소비자 행동을 설명하고자 했다. 이 시기에는 감정은 인지적 과정에서 나타나는 부차적 요소로 여겼다. 그러다 1980년대부터는 인지적 관점으로 소비자 행동을 설명하는 것의 한계를 느끼고 감정을 인지와 독립된 개념으로 보게 되었다. 즉 인지의 과정 없이도 감정이 발생할 수 있다는 연구들이 발표되었다(사실 어떤 사전 지식이 없는 아기들도 뱀을 보면 싫어하는 감정이 생긴다). 이 시기에는 감정의 구성요소들의 발견 및 소비자 의사결정에서 감정의 역할에 대한 연구가 이뤄졌다. 예를 들어 소비자의 감정반응을 긍정적 감정(positive effect)과 부정적 감정(negative effect)으로 구분했다(긍정적 감정은 관심과 기쁨의 두 가지 차원으로 제시됨. 반면에 부정적 감정은 외부감정(분노, 혐오, 멸시)과 내부감정(부끄러움, 죄의식, 두려움, 슬픔)의 두 가지 차원으로 구분됨). 또한 인간은 특정한 환경에 대해 먼저 감정적인 반응을 경험하게 되며, 이로 인해 발생된 긍정적 감정에 의해서 행동적 반응이 유도된다고 보았다.

그리고 긍정적 감정은 소비자의 신체적, 주관적, 행동적 반응까지 일으키게 하고 더 나아가 태도, 만족과 행동에 영향을 끼치는 것으로 밝혀지기도 했다.

- 이보게 P! S박사의 말이 옳아. 그 여자가 계속 불안해한다면 그 불안감이 B에게로 전해질 거고, 그렇게 되면 절대로 용납할 수 없는 상황이 벌어지게 돼. S박사가 그 여자를 설득할 수는 있겠지만 P 자네가 할 수 있는 정도로까지는 아니야. 생각을 바꾸기보다 감정을 바꾸기가 얼마나 더 어려운지를 생각해 봐. 그리고 혹시라도 S박사가 그 여자의 마음을 잠시 동안 돌린다고 해도 언제든 다시 원래의 마음으로 돌아와 우리가 손쓸 수 없는 말썽을 일으킬 수도 있어. – 출처: 『모레』, 앨런 폴섬 저, 넥서스(2005)

3) 태도의 복합적 차원

태도란 용어에는 기분, 감정, 정서 등이 포함된다. 이러한 유사 용어들 간 차이는 다음과 같다.

1. **기분(feeling)**: 특정 시점과 상황에서의 개인의 정서적 상태(affective state)라고 정의된다. 기분은 좀 더 일반적이고, 순간적으로 스쳐 지나가는 감정 상태로서 후속 행동에 직접적 영향을 미치기보다 간접적 영향을 미친다. 예를 들어, '오늘은 아침부터 왠지 기분이 찌뿌둥하다', '신록으로 물든 숲을 걸으니 기분이 좋다' 등이다. 일반적으로 기분은 감정보다 지속시간이 길지만 강도가 낮은 특징을 갖고 있다. 또한 감정은 특정 자극 대상을 향하는 반면, 기분은 특정 대상을 향하지 않는 막연한 특성을 갖고 있다.

2. **감정(emotion)**: 기분에 비해 좀 더 강한 심리상태로서 선행 사건이 분명히 지각되며, 대상이 뚜렷하고, 독특한 얼굴 표정과 생물학적 과정을 수반하며, 행동(준비성)에 변화를 가져온다. 예를 들어, '△△의 무례한 행동으로 인해 △△에 대한 감정이 상했다'라고 할 수 있다. 감정에는 사랑, 증오, 공포, 분노 등의 다양한 것들이 포함된다.

3. **정서(affect)**: 기분과 감정 모두를 포함하는 광범위한 느낌을 지칭하는 용어이다. 즉 정서는 일반적으로 기분과 감정을 수반한다. 주관적 느낌 상태에 의해 특징 지어지는 정신 현상의 부류라고도 정의된다. 예를 들어, '오랜만에 고향의 부모님 댁을 방문하니 정서가 안정된다', '한국인의 최근 정서를 반영하여 영화를 만들었다' 등이 있다. 기존에는 정서를 좋아함 – 싫어함, 긍정 – 부정, 찬성 – 반대 등과 같이 양극성(valence)을 가진 일차원 구조로 보았다. 그러나 현재는 극성(valence)과 환기(arousal)의 이차원 구조로 보고 있다.

4) 태도의 역할

태도는 인간 관계 및 커뮤니케이션에서 매우 요긴한 역할을 한다. 예를 들어 태도는 다양한 생각들을 편리하게 묶음으로 요약해준다. 또한 태도를 통해 상대방이 나에게 기대하는 바를 알게 해준다. 상대방의 태도를 알면 그의 행동을 보다 정확히 예측할 수 있기에 우리는 타인의 태도를 알고 싶어 한다.

- 어떤 남자가 자기가 좋아하는 야구경기에 여자친구를 데려갔다. 야구장에서는 여러 일들이 있었다(비싼 좌석에서 관람, 맛있는 식사, 유니폼 선물, 극적 역전승 등). 헤어지면서 여자친구에게 "오늘 어땠어?"라고 물었더니 "그냥 그랬어."(태도)라는 반응을 보였다면, 또다시 야구장에 같이 가지는 않을 것이다.

2. 태도와 행동과의 관련성

소비자 연구의 주요 주제 중 하나는 바로 태도이다. 이는 태도와 행동 간 관련성이 있기 때문이다. 태도는 행동에 중요한 영향을 미치므로 현재의 소비자 태도를 알 수 있다면 미래 행동(구매)을 예측할 수 있다.

태도와 행동과의 관련성은 다음 특성이 있다.

1) 태도와 행동의 측정 방식

태도와 행동의 측정 방식이 비교적 일치할 때(즉 분석단위의 통일성), 좀 더 관련성이 높게 나타났다. 참고로 분석단위는 특정한 어떤 것과 일반적인 것으로 구분할 수 있다.

- 특정한 어떤 것: 서울우유, 현대자동차 그랜져, 롯데백화점, 배달의 민족, 농심 신라면 등.
  일반적이거나 전반적인 것: 우유, 자동차, 백화점, 음식배달업, 라면 등.

다시 말해 특정한 어떤 대상에 대한 개별적 태도의 측정은 그러한 특정 대상에 대한 행동(일반적이거나 전반적 행동보다는)을 보다 강하게 예측할 수 있다. 역으로 일반적인 태도의 측정은 (어떤 개별대상의 특정 행동보다는) 일반적인 행동을 보다 잘 예측한다.

2) 태도와 행동의 측정 사이에 존재하는 경과 시간

두 가지 측정 사이에 시간이 많이 경과할수록 태도와 행동 간의 상관 관계는 낮다.

3) 태도의 기억 용이성

태도가 기억되기 쉬울수록(환기 수준이 높을수록) 그 사람의 행동에 태도가 미치는 영향은 크다. 일반적으로 직접 경험에 근거해서 형성된 태도들이 보다 잘 기억된다.

4) 태도나 행동이 측정될 때 피험자들이 자신의 내적 상태에 주의를 기울이는 정도

내적 상태가 같은 맥락일수록 피험자는 더욱 자기 인식을 하게 되므로 태도와 행동의 일관성은 높아진다(예: 주변 상황 또는 주변에 있던 사람들을 똑같이 두고 하는 태도와 행동의 측정 > 조건이 각기 다른 태도와 행동의 측정).

- 같은 대상을 염두에 둔(또는 같은 맥락에 기반한) 응답을 확보해야 연구결과는 의미 있는 해석이 가능하다. 논리적으로 전혀 관련 없는 구성개념 간에도 간혹 통계적으로 유의적인 상관관계는 나타날 수 있지만 논리적 연관성 자체가 없기에 이런 상관관계에 어떤 의미를 부여하기는 어렵다.

5) 태도 예측 함수식에의 추가 요소의 반영

사람들이 행동과 연관하여 생각하는 규범을 예측 함수에 추가적으로 반영한다면 개인의 행동은 보다 근접한 예측이 가능하다(조합이론의 하나인 행위추론 이론, the theory of reasoned action, Fishbein and Ajzen, 1975).

태도와 행동의 관련성에 대해서는 아직도 많은 연구가 필요하다. 분명한 것은 서로 연관성이 있다는 사실이다. 따라서 행동변화를 위해 태도를 타겟으로 한 커뮤니케이션은 여전히 유효하다. 기업은 제반 커뮤니케이션 노력을 동원하여 자사의 이미지나 제품에 대한 선호도를 높이는 등 소비자 태도를 긍정적으로 만들려고 한다. 또한 현재의 태도가 부정적이라면 이를 변화시키기 위해 끊임없는 노력을 기울인다.

일반적으로 한 번 형성된 태도는 쉽게 바뀌지 않는다. 그리고 부정적으로 바뀐 태도를 다시 원상태로 되돌리는 데도 적지 않은 시간과 노력이 소요된다(예: 갑질 횡포로 세상을 들썩이게 했던 기업들에 대해 소비자들은 상당기간 부정적 태도를 유지함).

3. 태도의 측정

마케팅 관리자는 소비자들이 갖고 있는 생각(신념), 감정이 어떠한 상태인지를 파악하고 있어야 한다. 태도의 현재 상태를 정확히 이해한 다음에 커뮤니케이션 및 여타의 마케팅 활동(예: 가격 책정, 유통망 구축)을 전개해야 좀 더 효과를 거둘 수 있다.

사실 태도를 정확히 측정하지 못한다면, 광고 등의 커뮤니케이션 노력을 통한 태도의 변화가 발생하였는지를 파악하기 어렵다. 즉 광고효과를 객관적으로 파악하지 못한다. 태도 연구의 발전을 위해 태도 측정방법의 개발은 필수적이다.

태도 측정방법은 직접적 접근법과 간접적 접근법으로 구분된다. 직접적 접근법은 응답자 자신이 느낀 태도를 스스로 응답하는 것이다. 여기에는 써스톤 척도, 리커트 척도, 어의차이 척도 등이 있다. 이에 비해 간접적 접근법은 위장된 자기보고, 행동결과로 남은 흔적조사, 생리적 및 뇌파의 측정 등이 있다.

태도 측정과 연관된 내용은 광고효과의 측정(13장)에서 일부 소개했다. 태도 측정을 자세히 설명하는 것은 이 책의 범위를 벗어나기에 좀 더 알고 싶은 독자들은 마케팅 조사론을 참조하길 권한다.

Ⅱ 태도를 설명하는 이론

사람의 태도가 어떻게, 왜 형성되고 이렇게 형성된 태도가 어떻게, 왜 또 변화하는지를 설명하려는 시도는 많았다. 그러한 시도들 중 인정 받은 것은 하나의 이론으로 정립되었다. 이들 이론은 태도의 이해에 대해 상당 부분 공헌하였다. 그렇지만 어떤 하나의 이론만으로 태도와 연관된 다양한 현상 모두를 설명하기는 어렵다. 태도 이론이 여럿 존재하는 이유이다.

- 진실은 순수하기가 힘들고, 결코 단순하지 않다(The truth is rarely pure and never simple).
  – Oscar Wilde

태도 이론은 동일한 목적을 지향한다. 설득을 일으키는 중요 변인들을 규명하고, 더 나아가 이러한 변인들이 태도변화를 유발하는 과정을 설명하고자 한다. 이론에 따라 중요시 되는 변인들은 다르며 또한 상이한 메커니즘을 전제로 한다. 이론마다 특색이 있기에 태도 영역별로 설명을 잘하는 이론이 따로 있다. 여기서는 여러 태도 이론들 중에서 몇 가지를 추려서 소개한다.

그림 17-2 여기서 다루는 태도 이론들

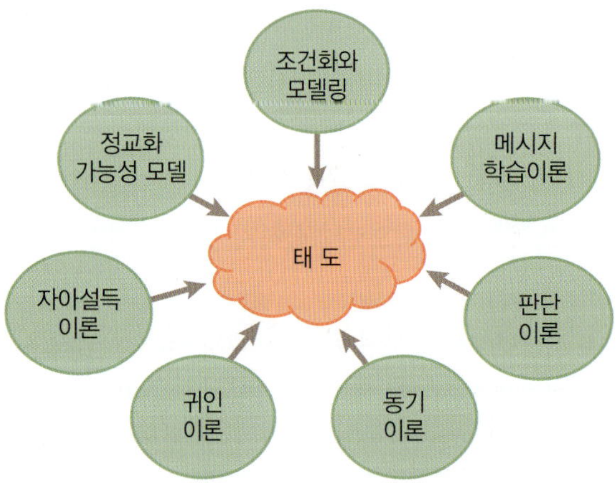

1. 조건화와 모델링(conditioning and modeling approaches): 태도는 알게 모르게 학습된다.

1) 이론에 대한 설명

태도는 학습을 통해 형성된다(예를 들어, 삼성전자, 대한항공에 대한 태도를 태어나면서부터 천성적으로 가진 것은 아니다). 학습은 경험으로부터 기인되는 심리 및 행동적 변화이다. 태도가 학습된다는 명제에 대부분 동의하지만 학습이 일어나는 과정에 대해서는 연구자마다 각기 다른 주장을 펼쳤다. 여기 소개하는 고전적 조건화(classical conditioning)는 의식적이거나 인지적인 학습이 아닌, 무의식적으로 조건화되는 학습이다.

고전적 조건화는 이반 파블로프(Ivan Pavlov)의 실험을 통해 나타났다. 개에게 먹이(무조건자극(unconditioned stimulus, UCS): 어떤 생리적 반응을 자연스럽게 유발하는 자극)를 주면 침을 흘린다(무조건반응(unconditioned response, UCR): 선천적인 생리적 반응). 한편 파블로프는 개에게 먹이를 줄 때마다 종을 울리는 것(중립자극: 어떠한 반응도 일으키지 않는 자극)을 반복했다. 그랬더니 나중에는 먹이를 주지 않고 종을 울리기만 해도 개의 침샘에서 침이 분비되는 사실을 발견했다. 즉 무조건자극(먹이)과 짝지은 반복적인 중립자극(종 울림)을 주게 되면, 이러한 중립 자극이었던 종 소리는 조건자극(conditioned stimulus, CS)으로 학습된다. 즉 무조건자극(먹이)이 없더라도, 조건자극(종 소리)만 주더라도 침을 흘리는 반응(조건 반응(conditioned response, CR): 조건자극에 의해 유발된 반응)이 나타난다.

- 무조건자극(UCS)은 무조건반응(UCR)을 자연적으로 일으킨다. 그런데 조건자극(CS)이 무조건자극(UCS)과 짝을 이뤄 반복적으로 제시되면 무조건자극이 없을 때도, 즉 조건자극만 있어도 무조건반응과 유사한 반응을 일으킨다. 이러한 반응을 무조건반응(UCR)과 구별하기 위해 조건반응(CR)이라고 한다.
- 잉어들이 노닐고 있는 연못에 사람이 접근(조건자극)하면 잉어들은 그리로 몰린다(조건반응). 이것은 평소에 직원이 연못에 가깝게 와서 먹이(무조건자극)를 주는 것이 학습되었기 때문이다; 고모(중립자극)는 집에 방문할 때마다 7살인 내가 좋아하는 초콜릿(무조건자극)을 사온다. 이것이 여러 번 반복되면 나중에는 고모(조건자극)만 와도 기분이 좋아진다(조건반응); 크리스마스(조건자극)가 되면 즐거운 상상이 저절로 떠오른다(조건반응). 그렇지만 12월 25일은 365일 중의 그저 하루일뿐이다(중립자극). 이렇게 된 이유는 어린 시절부터 크리스마스에 선물(무조건자극)을 받아서 즐거운(무조건반응) 경험을 여러 번 반복했기 때문이다.

고전적 조건화는 연계적 학습(associative learning)의 하나의 유형(참고로 그 밖의 유형으로 조작적 조건화(operative conditioning)가 있음)으로 중립적 (조건)지극과 무조건반응을 유발하는 무조건자극과의 반복적인 연합을 통해 형성되는 학습기제이다.

- 참고로 학습이론은 연계적 학습(associative learning)과 인지적 학습(cognitive learning)으로 구분된다. 연계적 학습이란 유기체가 환경 내의 사건들을 서로 연결(또는 결합)시키면서 일어나는 학습이다. 연계적 학습에는 고전적 조건화와 조작적 조건화가 있다. 반면에 인지적 학습은 과거에 획득한 정보, 또는 지식을 근거로 사고과정을 통해 현재의 자극에 대한 인식을 해석해 나가면서 새롭게 문제해결을 하는 방법이다.

조건화를 통한 학습은 자신이 직접 경험하지 않은 대리적 학습(vicarious learning)을 통해서도 나타난다. 학습 영향을 미치고자 하는 대상(A)에게 보상이나 처벌을 직접 가하는 것에 초점을 맞추는 것이 직접 학습이다. 이에 비해 어떤 태도의 표현으로 인해 다른 사람(B, C, D 등)이 보상받거나 처벌받는 것을 여러 번 관찰하는 행위를 통하여 대상(A)에게 어떤 효과를 발생하게 만드는 것이 대리적 학습이다. 사람들은 다른 사람들의 행위결과를 관찰함으로써 (자신이 직접 경험하지 않더라도) 반응이 보상되거나 보상받지 못하는 것을 통해 대리학습을 한다.

- 일벌백계(一罰百戒): 한 사람을 벌주어 백 사람을 경계한다는 뜻으로, 다른 이에게 경각심을 불러일으키기 위하여 본보기로 중한 처벌을 내리는 일.

고전적 조건화와 연관된 이론 중의 하나로 감정적 점화(affective priming)가 있다. 이것은 사전에 형성된(또는 예비지식이 준비된, primed) 어떤 감정이 그와 함께 제시된 중립자극에 대한 평가에 영향을 미친다는 것이다. 즉 어떤 광고물을 보게 되면 먼저 광고모델, 장면, 음악 등을 접하면서 자연적인 감정이 유발된다(즉 사전에 형성된다). 그러면 이미 유발되거나 고양된 감정 상태에서 함께 제시된 마케팅 자극(중립자극: 브랜드, 제품, 기업 등)에 대한 후속 평가에도 같은 맥락의 감정을 주게 된다는 것이다. 이러한 현상은 주로 저관여 제품에서 발생한다.

- 기분 좋게 하는 음악이 배경이 된 상태에서 함께 제시되는 제품, 브랜드는 음악 덕분에 제품마저도 기분 좋게 느끼게 한다. 장군(사장)들은 군인(사원)들이 도열해 있는 상황에서 멋진 팡파레와 함께 등장한다. 이런 것이 반복되면 우연히 거리에서 장군(사장)만 봐도 팡파레가 울리는 권위 있는 모습이 떠올려진다.

2) 조건화의 커뮤니케이션에 대한 시사점

광고물에 중립자극(브랜드, 포장, 제품, 기업 등)과 함께 무조건자극(소비자들이 평소 선호하는 광고모델, 음악, 장면 등. 흔히 이들은 주변단서로 제공됨)을 연합하여 제시한다. 그러면 이들의 연계적 학습을 통해 고전적 조건화가 이뤄진다. 소비자들은 광고물에 반복 노출됨으로써 광고물에서의 무조건자극에 의해 유발된 호의적 감정(무조건반응)이 중립자극에 대해서도 호의적 감정(조건자극)으로 전이된다. 즉 고전적 조건화를 통해 소비자 태도를 변화시킬 수 있다.

- 중립자극(브랜드)과 무조건자극(기분 좋게 하는 음악 및 장면)을 연합하여 제시함으로써, 결과적으로 조건자극(브랜드)에 의해서도 조건반응(기분 좋음)이 나타나게 만든다. '맥도날드 + 행복하게 웃는 어린아이' 광고물은 맥도날드(조건자극)만 봐도 기분 좋아지게 만든다(조건반응).
- 연구 사례: 학생들에게 그들이 좋아하는 음악 또는 싫어하는 음악(무조건자극) 중 하나를 들려주는 동안에 두 가지 종류의 볼펜(중립자극)을 제시했다. 이후 학생들에게 볼펜을 하나 선택하도록 요구했을 때, 대부분의 학생들은 그들이 좋아하는 음악과 연합되었던 볼펜을 선호했다(조건반응).

광고물에서 대리적 조건화(vicarious conditioning)를 제공함으로써 학습을 유발(태도변화)하기도 한다. 예를 들어, △△보험에 가입한 부부가 노년에 전원주택에서 안락하고 편안하게 사는 모습을 보여주면, 이를 시청한 소비자들이 '△△보험 = 행복한 노후생활'의 대리적 학습을 하게 된다.

2. 메시지 학습이론(the message-learning approach): 태도는 교육을 받는 것처럼 학습을 통해 형성된다.

메시지 학습이론은 1940~50년대 예일대학교의 호브랜드(C. I. Hovland) 연구로부터 시작되었다. 이 이론은 태도변화의 과정을 '교육을 통한 학습 과정'과 동일시한다. 그래서 학습이론적 관점에서 태도, 설득을 살펴보고 있다(주의, 이해, 기억, 평가, 반복학습 등).

이 이론에서는 메시지 학습을 태도변화에 있어서 가장 중요한 요소로 보고 있다. 태도변화는 학습을 통해 발생하므로 어떤 주제(또는 주장)를 잘 받아들이게 하기 위해서는 학습이 용이한 설득 메시지를 만드는 것이 중요하다.

- 학교 선생님들이 교안을 만들 때 가장 중시하는 요소 중 하나는 '어떻게 해야 쉽게 아이들을 이해시킬 것인가?'이다. 어려운 내용(예: 수학의 미적분, 양자역학, 철학)을 쉽게 이해시키는 것은 그리 쉬운 일이 아니다.
- 이해시키기 쉬운 제품(예: 커피, 샴푸, 건전지, 변비약 등)도 있지만 그렇지 않은 제품도 많다. 광고는 이러한 모든 제품을 대상으로 한다. 광고는 쉬워야 한다. 소비자들이 광고를 공부하듯 들여다보지는 않는다.

학습에 영향을 미치는 변수로는 정보원(광고모델), 메시지, 수용자(수신자), 채널(매체) 등이 있다. 변수의 방식에 따라 메시지에 담긴 주장을 수신자들이 수용(예: 주의, 이해, 추종, 기억 보유 등)하는 정도는 달라진다.

메시지 학습이론의 연구자들은 어떠할 때 가장 효과적 학습이 일어나는지에 관심을 가졌다. 본 서의 대부분 내용은 메시지 학습이론을 토대로 하고 있다. 특히 메시지 구조, 광고모델, 광고물 제작 등에서 다룬 효과적 방법은 이러한 연구결과에 기반한 것이다.

3. 판단 이론(judgmental approaches): 무얼 기준으로 판단하는가? 사람마다 각기 다른 판단 기준을 가지고 있고 그에 따라 서로 다른 태도를 형성한다.

어떤 대상, 사건, 정보 등에 대한 평가는 자신이 가지고 있는(또는 자신에게 이미 형성된) 어떤 준거점을 근거로 평가된다. 준거점은 사람마다 다르기에 동일대상에 대한 평가도 다르다.

- 90kg 몸무게는 무거운가, 아니면 가벼운가? 보통의 경우에는 무거운 편으로 평가되지만, 씨름 선수 집단에서는 가볍다고 평가될 것이다. 그렇다면 180cm 신장은 큰 편인가, 아니면 작은 편인가?
- 술을 처음 마시거나 자주 마시지 않는 사람에게 있어서 소주의 맛은 독하고 쓴 편이기에 쉽게 손이 가지 않는다. 그러나 만약 소주보다 더 쓰고 독한 술을 마신 다음이라든가, 아니면 인생에서 쓴맛을 본 사람은 소주가 전혀 쓰다고 느끼지 않을 것이다. 소주 맛을 제대로 알려면 삶에 어느 정도의 관록이 필요할지도 모른다.

어떤 메시지에 대한 평가는 '수신자가 자신의 입장을 어떻게 판단하고 있는가'(이미 가지고 있는 태도적 입장, 개인적 준거 척도의 상태)에 따라 달라진다. 그리고 이는 태도의 변화 수준에 영향을 미친다.

이 이론에 대한 내용은 다음과 같다(14장 참고).

첫째, 어떤 새로운 자극이 적응수준(adaptation level: 기존에 판단된 모든 자극들의 가중치를 부여한 기하학적 평균)으로부터 일정 수준 이상으로 떨어져 있을 때는 대조효과(contrast effect)가 발생한다. 이는 자신의 입장에서 멀리 떨어져 있는 태도적 입장의 대상물을 보다 멀리 떨어진 것으로 지각하는 현상이다.

- 찬물에 담궜던 손을 미지근한 물에 넣으면 보다 따뜻하게 느낀다. 면접심사원의 경우, 한동안 우수 지원자들만 면접하다가 평범한 지원자를 면접하면 보다 나쁜 평가를 하게 된다. 150km 이상의 빠른 구속을 던지는 투수들과 계속 상대하다가 갑자기 140km를 던지는 투수를 상대하면 볼이 느리게 오는 것처럼 보인다.

이와 반대로 자신의 준거점 방향 쪽으로 판단을 전환하는 것을 동화효과(assimilation effect)라고 한다. 자신에게 가까운 대상물에 대해서는 비록 격차가 존재하고 또는 반대되는 입장이 있더라도 실제보다 더 가까운 것으로 보려는 경향성을 의미한다.
새로운 자극이 기존 자극의 일정 범주의 안쪽에 속하면 동화효과가 발생하지만, 그러한 경계의 바깥쪽에 있으면 대조효과가 발생한다. 즉 상대적으로 자신의 입장과 근접하다고 느끼면 태도는 실제보다 더욱 가깝게 있다고 판단하여 동화효과가 발생하고, 반대의 경우에는 대조효과가 일어난다. 동화효과, 대조효과 모두 판단의 왜곡현상이다.

그림 17-3 동화효과, 대조효과에 대한 개념도

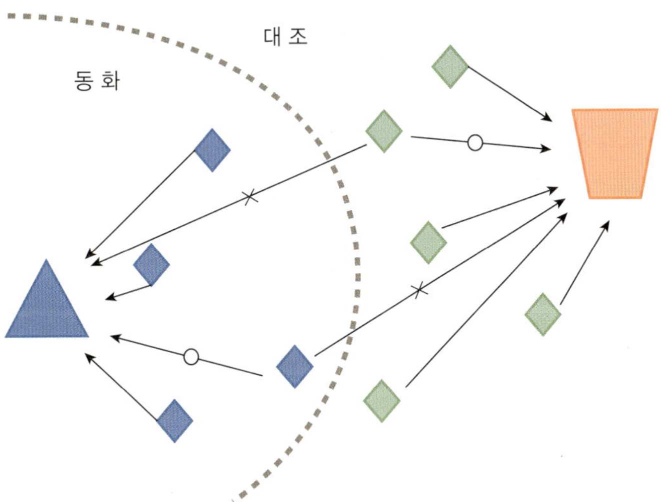

* 어떤 일정 경계(점선)를 기준으로 해서 화살표의 방향이 양극단으로 갈라진다.

둘째, 판단이론에 속하는 관점가변 이론(the variable perspective approach)에 따르면, 어떤 대상에 대한 판단은 그 대상을 향한 관점(준거점, anchor)에 달려 있다. 따라서 대상을 보는 기준(관점)을 변화시킴으로써 설득목표를 달성시킬 수 있다.

- 받아쓰기 60점을 맞은 아이는 자기보다 높은 점수를 받은 친구보다 낮은 점수를 받은 친구의 이야기만 늘어 놓는다.
- 어머니 전상서. 그동안 안녕하셨어요. 전 어머니 염려 덕분에 몸 건강히 잘 지내고 있어요. 그런데 어머니, 제가 갑자기 돈이 필요하게 되었어요. 야외 훈련 나갔다가 박격포를 잃어버렸거든요. 빨리 돈 좀 보내주세요. 그래도 전 나은 편이에요. 이웃 소대의 어떤 친구는 탱크를 잃어버렸대요. 걔네는 아마 집을 팔아야 할 거예요.

4. 동기 이론(motivational approaches): 어떻게 태도를 변화시켜야 마음이 편해지는가?

(학습이나 판단적 과정에 의해서라기보다는) 동기적 과정에 의해 태도변화가 생긴다는 이론이다. 이 이론에 따르면 사람들은 자동난방 장치와 유사하게 마음속의 조화로운 상태를 유지하려는 자동 조절 또는 항상(恒常) 장치를 가진다고 가정한다. 그래서 불균형, 불유쾌함이 발생하면 자동 장치가 작동하여 태도변화를 일으킨다고 본다.

사람 머릿속은 '인지'라는 지식의 요소들로 구성된다. 이러한 인지는 상호 연결되고 조직화되어 인지 체계를 형성한다. 사람들은 인지 체계 요소 사이의 조화(일관성)를 유지하려는 강한 동기를 가지고 있다. 조화로울 때 마음이 평화롭기 때문이다. 그런데 어떤 원인으로 인해 조화가 깨지면, 기존의 인지 구조에 새로운 변화(태도변화)를 발생시킴으로써 또 다른 조화를 찾으려 한다. 이와 같이 태도변화의 동기는 평형화 또는 조화를 다시 찾기 위해 작동하는 시스템에 의한 것이다. 동기 이론은 기존의 인지와 정서의 이분법을 극복하는 새로운 대안이기도 한다. 동기 이론에 해당하는 일부 내용은 14장에 이미 소개된 바 있다. 동기 이론에는 균형 이론, 일치 이론, 인지부조화 이론 등이 포함된다. 여기서는 균형 이론, 인지부조화 이론을 소개한다.

1) 균형 이론

사람은 자신의 신념을 논리적으로 인지적, 일관성 있게 유지하려는 욕구가 있다고 전제한다. 어떤 두 가지 인지 요소(dyads), 또는 세 가지 인지 요소(triads) 간 일관성에 대한 작동 구조를 설명하는 것이 균형 이론(balance theory)이다(F. Heider).

- 어떤 여성(A)이 결혼하고 싶은 남성(B)이 생겼는데, 평소 자신이 사랑하고 존경하는 아버지(C)가 이를 반대한다면, 심적으로 불편한 상황에 처할 것이다. 이를 극복하기 위해 여성은 어떻게 행동할 것인가? 아마도 그 남성을 아버지 마음에 들게 바꾸거나, 남자친구 아니면 아버지와의 관계를 정리할 것이다.

광고모델(A)에 대한 소비자 태도와 광고 제품(B)에 대한 소비자 태도의 방향(+/−)에 따라 불협화음이 생길 수 있다. 이러한 불편한 상황에 처할 경우, 균형을 회복하려는 방향으로 태도는 변화한다. 심리적 균형 회복을 위해 발생하는 태도변화는 다음과 같다. 일반적으로 소비자들은 어떤 대상, 즉 브랜드, 기업, 사람 등과 관련된 인지적 요소(신념, 태도, 행동) 간의 일관성(균형)을 추구한다. 그런데 이러한 일관성이 깨지는 불편한 상황에 처하면, 그 내용 중의 일부를 변화시킴으로써 다시 일치(또는 균형, 조화, 평형)된 상태로 회복하고자 한다.

예를 들어 소비자가 평소 호감을 가지고 있던 연예인(예: △△)이 자신이 평소 싫어하던 브랜드(예: ◎◎)의 광고모델로 등장해서 그 브랜드가 좋다고 광고한다고 가정하자. 이럴 경우 소비자는 인지적으로 불편한 상태에 처하게 된다. 이를 해소하고자 소비자들은 가능한 가장 손쉬운 방식으로 이러한 불편을 해소하기 위해 노력한다. 어떤 요소들 사이의 관계는 확고한 반면, 어떤 관계는 다소 느슨하다. 보통은 느슨히 형성된 관계를 변화시키는 것이 가장 손쉬운 방식이다. 앞서 언급한 어떤 여성(A)의 경우에도 느슨히 형성된 관계를 먼저 변화시킬 것이다(예: 사귄 지 얼마 되지 않은 남자라면 그와 헤어질 것이다).

세 가지 요소들 간 관계는 삼각형으로 표시할 수 있다. 여기서 각 변은 어떤 감정 관계(sentiment relation)을 의미한다. 그 방향성은 (+), (−), (0) 등이 가능하다. 균형 이론은 삼각형의 세 변 간 균형이 이뤄질 때 편한 상태가 된다.

삼각형은 세 가지의 호의 또는 부정적 관계를 보여준다. 이때, 부정적 관계(−)의 총 개수가 홀수인 경우(또는 세 가지 관계를 곱해서 나온 것이 (−)인 경우)에 소비자들은 불일치성을 느낀다(불균형의 예: 소비자의 △△에 대한 생각(+), △△의 ◎◎에 대한 호의적 평가(+), 소비자의 ◎◎에 대한 생각(−)).

그림 17-4 균형 이론의 개념적 도식

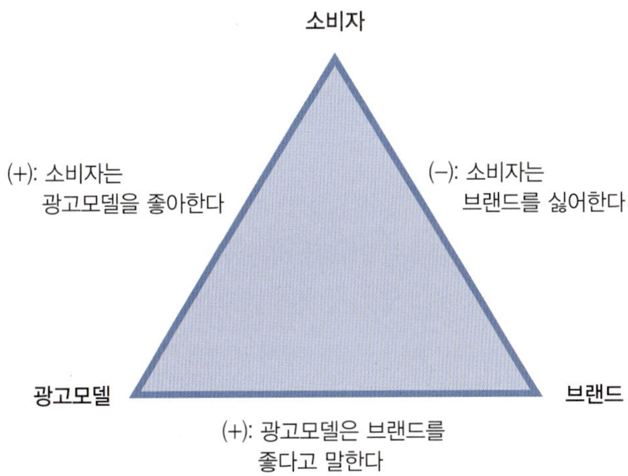

* 도식은 심리적 불균형 상태를 의미한다. 광고모델, 브랜드에 다양한 내용을 기입해서 생각해보자. 예: 광고모델(예: BTS, 김태희 등), 브랜드(예: 보신탕, 일본자동차 등).

이러한 인지적 긴장, 또는 불편함의 해소 방안은 다음과 같다. 첫째, 자기가 좋아하는 연예인이 특정 브랜드의 광고모델로 등장해서 광고 속에서 브랜드에 대한 호감을 표시하지만 실제로 호감은 없을 것이라고 생각한다. 둘째, 자기가 싫어하는 브랜드에 대해 좋게 이야기하는 연예인을 다소간 싫어하는 것이다. 셋째, 브랜드에 대한 지금까지의 부정적 태도를 버리고 긍정적으로 태도를 바꾼다. 소비자들로부터 평소 미움을 받던 브랜드 광고주는 사실 세 번째 효과를 기대하기에 소비자들이 호감을 갖는 광고모델을 고용한다. 광고주는 소비자들이 신뢰하고 매력적으로 생각하는 광고모델이 자사브랜드를 권유하는 정보를 제공함으로써 소비자 마음속 불균형 상태를 초래하길 원한다. 그리고 이를 통해 소비자 인지구조의 변화(태도변화)가 일어나기를 바란다.

- 어떤 여성이 평소에 김태희를 좋게 생각하고 있었는데, 남자친구도 김태희를 무척 좋아한다는 것을 알게 되었다면, 이것은 균형상태인가 아닌가? 그 여성의 김태희, 또는 남자친구에 대한 생각은 어떻게 변화할 것인가? 김태희가 아니라 배구선수 김연경이라면 이와는 어떻게 다를 것인가?

2) 인지부조화 이론

인지부조화(cognitive dissonance)는 Leon Festinger(1957년)가 제안한 이론이다. 그에 따르면 인지 내용 간 상충되는 내용이 없을 때 조화를 이룬다. 예를 들어 '인삼은 건강에 좋다'와 '인삼을 구입한다'는 두 가지 내용은 조화롭다. 이에 비해 두 가지 인지 내용이 충돌하면 부조화가 발생한다. 예를 들어 '담배는 건강에 해롭다'와 '담배를 핀다'는 두 가지 내용은 부조화이다. 이러한 부조화는 불편함을 주기에 이를 감소하는 방향으로 태도의 변화 동기가 발생한다.

- 굶주림이 동기화하듯이 인지 부조화도 동기화한다. 인지부조화는 부조화를 줄이거나 제거하는 방향으로 지향된 행동을 일으킬 것이다. 부조화의 성공적 감소는 굶주린 사람에게 식사가 보상인 것과 같은 의미에서의 보상이다. – Leon Festinger(1957)

부조화는 두 가지 요소(예: 행동과 인식)의 불협화음(불균형)에서 비롯된다. 즉 행동은 A인데(술을 즐겨 마신다), 인식은 B(술은 건강에 나쁘다)와 같이 서로 다를 경우 부조화가 발생한다. 그렇지만 수행한 행동과 인식의 내용이 모두 동일한 A(또는 B, 아니면 이도저도 아닌 제3의 대안 C)로 일치한다면 부조화는 발생하지 않는다.

표 17-1 인지부조화의 예

	인식	행동
텔레마케터	소비자에게 권유하는 제품이 좋지 않음을 알고 있다	좋지 않은 제품의 구매를 권유하고 있다
소비자	핫도그는 건강에 해로운 음식으로 알고 있다	핫도그를 즐겨 먹는다
흡연자	담배는 폐암을 일으킨다	담배를 하루 한 갑씩 피고 있다
외제차 구매자	국산 자동차를 사용하는 것이 애국이다	외제 자동차를 타고 있다

행동과 인식 사이의 부조화를 극복하는 방법은 세 가지가 있다. 첫째, 어떤 한 요소를 변화시킨다. 예를 들어, 인식을 바꾸거나(술은 건강에 해롭다 → 술은 건강에 도움이 되기도 한다), 행동을 바꾼다(술을 마신다 → 술을 더 이상 마시지 않는다). 둘째, 조화롭게 하는 인지 내용을 새롭게 추가한다. 즉 행동에 대한 생각 자체를 조정하는 방법이다(술을 마시지만 그리 자주 마시는 편은 아니다, 술은 건강에 해롭지만 나의 건강 상태는 매우 양호하기에 피해는 적다). 셋째, 인지의 중요성을 변화시키는 것이다(술을 마시면서 얻는 즐거움이 이를 마시면서 나빠지는 간 기능보다 더 크다).

인지부조화 이론에 따르면 사람은 어떤 결정을 내리고 난 후에 더욱 부조화를 경험한다. 그 이유는 선택하지 않은 대안의 장점을 포기하고, 자신이 선택한 대안의 단점을 받아들인 심리적 불유쾌 때문이다. 제품 구매 후에 느끼는 '구매 후 부조화(postpurchase dissonance)'는 이와 관련된다. 이것은 만족, 불만족과는 다른 차원의 감정이다. 구매 후 부조화란 소비자가 무언가를 구매하고 난 다음에 찾아오는 심리적 불편함으로 자신이 선택한 것에 대해 느끼는 불안감, 불유쾌함, 찝찝한 감정이다. 즉 '구매행동(선택)'과 '구매 후 생기게 된 인식' 사이의 부조화이다. 예를 들어 자신이 구매한 브랜드가 의사결정 과정에서 고려되던 다른 대안보다 더 나은 것이 확실한가에 대한 심리적 갈등이다.

- 무더위가 기승을 부리던 2016년 여름, 몇 년간 구매를 미뤄왔던 에어컨을 구매했다. 구매 제품은 에어컨을 잘 만들기로 유명한 L전자 제품이었다. 디자인도 좋고 냉방 성능도 우수하였기에 구매 후 만족도는 높았다. 그러던 중, 친구들과의 모임에서 에어컨 얘기가 나왔는데, 대부분 친구들이 최근 들어 S전자의 에어컨이 매우 좋아졌다는 말을 하였다. L전자의 에어컨을 이미 구매하였는데(행동), S전자 에어컨이 여러 면에서 더 낫다는 생각이 새롭게 들었기에(인식), 이를 몰랐을 때는 L전자 에어컨을 만족스럽게 사용했는데 그 다음부터는 사용할 때마다 마음이 편하지 않았다.

구매 후 부조화의 개념이 중요한 이유는 구매 후 부조화가 추후 불만족으로 연결되기 때문이다. 하지만 구매 후 부조화가 발생하는 경우에도 가까운 친구나 판매원이 자신의 구매결정에 긍정적 확신을 주면 감정은 감소한다. 따라서 기업은 자사제품의 소비자가 구입에 대한 후회가 들지 않도록 확신을 제공해야 한다. 판매 후 마케팅 커뮤니케이션(예: 강화광고(reinforcement advertising): 선택을 잘했다는 칭찬 메시지를 주는 것)은 이와 연관된다. 제품을 판 순간 장사가 끝났다고 생각하고 더 이상 고객을 배려하지 않는 기업보다는 제품을 판 순간부터가 장사 시작이라고 생각하는 기업의 장기적 기업 성과가 더 좋다.

- 탈무드에서는 두 가지 경우에는 거짓말을 하라고 가르친다. "첫째, 이미 누군가가 사버린 물건에 대해서 의견을 구해왔을 때는 설령 그것이 나빠도 훌륭하다는 거짓말을 해도 좋다. 둘째, 친구가 결혼했을 때에는 반드시 부인이 대단한 미인이며 행복하게 살 것이라고 거짓말을 하라."
- 언어가 생각을 감추기 위해 존재한다면, 몸짓은 생각을 드러내기 위해 존재한다.
  - John Napier(로그(log)를 창안한 스코틀랜드 수학자)

한편 고객과의 관계(customer relations) 형성이 빈번한 서비스 종업원에게 나타나는 현상 중 하나로 감정부조화(emotional dissonance)가 있다. 자신의 업무과정에서 수행해야 하는 역할과 이에 대한 자신의 지향성(가치관)과의 불일치에 따른 갈등이다. 즉 '조직에서 자신이 해야 하는 것'과 '자신이 원하는 삶의 방식(가치관)' 사이의 불일치이다. 예를 들어 집에서는 대접을 받으며 생활하지만(또는 학창시절 리더 역할을 하였지만), 직장에서는 을의 역할(예: 커피 봉사, 복사 심부름, 잡무 담당 등)을 요구받는다면 이로 인해 감정부조화가 발생한다. 감정부조화는 조직에서 요구되는 규범적 감정표현과 내면의 실제적 감정이 서로 상충될 때의 불편한 느낌이나 갈등상태로, 감정노동의 심리적 결과이다. 감정부조화의 원리는 인지부조화의 원리와 비슷하다.

서비스 제공과정에서 종업원은 자신의 감정 상태를 항상 타인 지향적으로 맞춰서 조절해야 한다(규범적 감정표현). 본인의 내적감정과 다르게 표면행동을 해야 하기에 갈등이 발생하고, 이것이 장기적으로 지속되면 긴장이 발생한다. 이때 종업원은 자신이 느끼는 감정 그 자체를 바꾸거나, 또는 가장된 가짜 모습을 통해 긴장을 줄이려고 노력한다.

- 세상에는 마음으로 받아들이지 않더라도 마땅히 취해야 하는 이성적 행동들이 많고, 심지어 생각과 행동이 따로 노는 것이 오히려 다행스러울 때도 있다. 사람들이 모두 마음 내키는 대로 행동한다면 세상은 엉망이 될 것이다. 사상과 양심에 따른 생각은 자유롭게, 그러나 행동은 법과 질서의 테두리 안에서 하는 약속이 시민사회의 다양성과 안전을 보장한다. – 출처: 〈불복하면 안 되나요?〉, 박성희, 조선일보, 2017년 3월 13일

심리적으로 조화로운 상태에서는 태도를 변화시킬 동기가 발생하지 않는다. 따라서 어떠한 태도변화를 일으키길 원하는 기업은 평온한 소비자 마음에 부조화를 일으킬 돌출 정보를 제공해야 한다.

5. 귀인 이론(attributional approaches): 표출된 행동(결과)의 원인이 무엇인가에 대한 인식이 태도에 영향을 미친다.

귀인(attribution)이란 어떤 일이 발생하게 된 이유, 또는 어떤 사람(또는 자기 자신)이 무언가 행동하거나 말하게 된 이유에 대해 행하는 추론이다. 귀인 이론(attributional approaches)은 사람들은 관찰되는 어떤 언어적, 표출적 행동으로부터 그것의 원인이 되는 태도나 의도를 추론한다는 것을 전제로 한다. 그리고 이러한 원인에 대한 추론이 태도변화의 가장 직접적 선행 요인이라고 여기고 있다.

그림 17-5 **귀인에 대한 개념도**

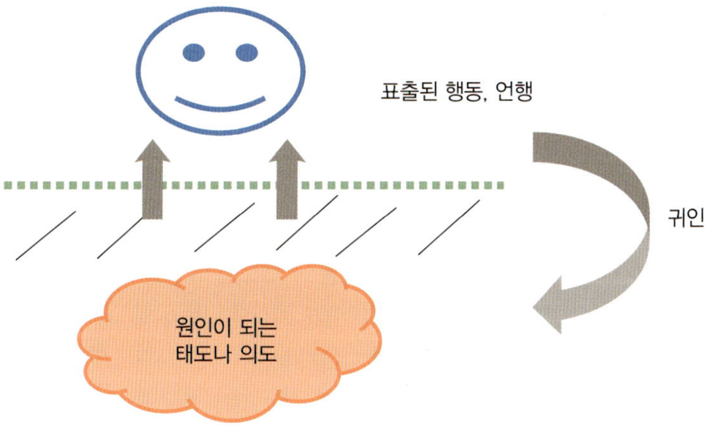

- 귀인은 일상 생활에서 흔히 일어난다. 해외 여행을 하던 도중에 현지인으로부터 불친절을 경험했다면, 그것의 귀인을 '내가 외국인이어서 차별받았다'라고 보는 것과 '현지인 자체의 인간성이 좋지 않아서 그렇다(세상 어디나 이렇게 안 좋은 사람은 있기 마련이다)'라고 생각하는 것에 따라(즉 귀인 방식에 따라) 그 나라 국민에 대한 전반적 태도는 달라지게 된다.

귀인에는 어떤 표출된 행동에 대한 원인을 내적 태도나 인성에서 추론하는 기질적 귀인(dispositional attribution), 행동의 원인을 외부 요인에서 추론하는 상황적 귀인(situational attribution)이 있다.

- 기질적 귀인: 버스를 놓친 이유는 내가 평소 게을렀기 때문이야, 또는 부주의했기 때문이야. 상황적 귀인: 내가 버스를 놓친 이유는 버스 정류장 가는 길이 공사 중으로 혼잡했기 때문이야, 버스 기사가 제 시간보다 더 빨리 출발했기 때문이야.

귀인 이론에 속하는 이론인 자기지각 이론(self-perception theory, Daryl Bem, 1965)에 따르면, 사람들이 자신의 태도를 자신의 행위로부터 추론(귀인)하는 중요한 이유는 비논리적으로 생각하는 경향이 있기 때문이다. 예를 들어 자신이 좋아하는 것(태도)에 가깝게 접근하기(행동) 때문에, 무언가가 접근하는 것(행동)을 내가 좋아한다(태도)는 그릇된 결론을 내리는 경향이 있다(예: 즐거우니까 노래를 부른다 vs 노래를 부르니 내가 즐거운가 보다).

그림 17-6 태도와 행동의 인과관계

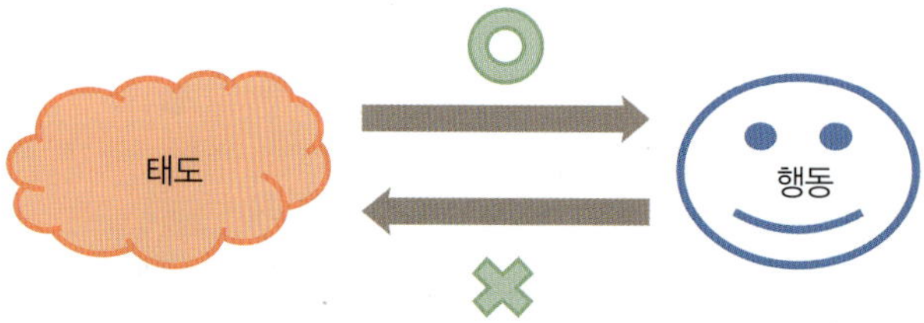

* '태도 → 행동'은 논리적이지만, '행동 → 태도'는 비논리적인 경우가 많다.

- 다음의 주장이 비논리적인 이유를 생각해보자: '극도로 게으른 사람은 가난할 가능성이 매우 높다'(태도 → 행동)로부터 "가난한 사람들은 극도로 게으르다"(행동 → 태도)는 주장을 어떤 사람이 펼친다면 이러한 주장은 과연 논리적인가? 또 다른 예로, '지혜로운 사람은 나이가 들수록 더 지혜가 쌓인다'로부터 '늙은 사람일수록 더 지혜롭다'라는 주장은 논리적인가?

한편 사람들은 일반적으로 자신의 행동에 대하여 타당하게 변명할 수 있는 이유를 찾음과 동시에, 개인적 자유와 긍정적 자존심을 지킬 수 있는 이유를 모색한다. 즉 사람들은 일차적으로 자신의 외부에서 그들의 행동을 설명하려 하지만, 만약 그들의 행동을 타당하게 설명할 수 있는 외부적 원인을 찾지 못하면 그때 가서야 내적 원인을 찾는다.

- 학점 C를 받은 수강생은 일차적으로 외부에서 원인을 찾는다(예: 교수가 잘못 가르쳤다, 시험문제가 실력측정에 부적합했다, 시험 전날 친구 때문에 과음하였다). 내부에서 원인(예: 수업을 열심히 듣지 않았다, 시험 준비에 소홀했다, 능력이 부족했다)을 먼저 찾으려 하는 경우는 흔치 않다.
- 어떤 설명을 듣고 이를 이해하지 못했다고 하자. 이러한 것의 원인을 자기 자신('내 지식이나 이해력이 부족해서 이해를 못했다'), 상대방('설명하는 사람이 조리 있게 설명하지 못했다') 중 어디에 두는가에 따라 상대방에 대한 태도는 달라진다.

인지부조화 이론과 자기지각 이론은 사람의 태도변화를 설명하는 데 있어서 차이가 있다. 사람들이 과거에 부정했던 입장(예: 경로석은 어떠한 경우에도 젊은 사람이 앉으면 안 된다)을 나중에 찬성(예: 경로석은 나이 든 사람들만 독점해서는 안 된다)하는 책임을 지게 되었을 때(또는 변호하게 될 때) 발생하는 태도변화를 설명하는 데 있어서 차이가 있다.

1 인지부조화 이론에 의한 설명

자신의 원래 태도와 상반된 행위를 하는 경우, 특히 정당한 근거 없이 그렇게 한 경우(예: 경로석에 젊은 자신이 앉았다), 그는 인지부조화에 따른 불쾌한 내적 감정을 경험하게 되고 이러한 부조화의 불쾌한 기분 해소를 위해 이미 행한 행위(경로석에 앉은 행위)에 일치하도록 기존 태도를 변화시켜 재정립한다는 것이다(예: 경로석에 젊은 사람이 앉는 것은 그리 비난할 일은 아니다).

2 자기지각 이론에 의한 설명

자신이 행한 행동에 대한 충분한 외부적 정당성의 근거를 찾지 못할 경우, 사람은 자신의 내적 태도가 원래 그러했기 때문에 그러한 행위를 하게 된 것으로 생각한다. 즉 사람들은 불쾌한 긴장을 해소하기 위해 자신의 표출 행동을 합리화하기보다는 자신의 기존 태도로부터 행위가 그렇게 나타난 이유를 찾는 것이다(예: 나는 원래부터 경로석에 젊은 사람이 앉는 것을 그렇게까지 비난할 일은 아니라고 생각했다).

6. 조합 이론(combinatory approaches): 태도는 여러 생각의 조각들이 조합되어 이뤄진다.

조합 이론은 대상에 대한 신념(belief)이 태도의 근간이 된다고 보고 있다. 즉 어떤 대상(사람, 사물, 이슈 등)에 대한 개인의 태도(또는 전체적 인상)는 그 대상에 대한 조각 정보들이 결합되고 통합되어 결정된다. 따라서 조합 이론은 정보들이 '어떻게 결합되고 통합되는지'에 대해 관심을 가진다.

조합 이론에는 세 가지 이론(① 신념변화에 대한 확률적 접근, ② 행위추론 이론, ③ 정보통합 이론)이 있다. 여기서는 행위추론 이론(②)을 중심으로 소개한다.

행위추론 이론에서는 대부분 인간행위는 개인의 신념과 태도를 통해 예측하고 설명할 수 있다고 보고 있다(Fishbein and Ajzen, 1975). 이를 위해 신념, 태도, 행위 간의 관계를 수학적 방법을 통해 구체화시켰다. 특히 이 이론에서는 행위를 예측하는 최적 요소는 행위(B)를 향한 행위의도(I)임을 구체화시켰다. 즉 표출되는 사람의 행위(B)의 직접적 결정 원인은 그 행위를 수행하려는 의도(I)로 보고 있다. 이러한 개인의도(I)는 행위에 대한 개인의 태도(A_B)와 행위 수행에서 느끼는 주관적 규범(SN)의 두 가지 요소를 통해 파악된다고 보고 있다. 본 항에서는 개인의 태도(A_B)에 대해 좀 더 설명한다.

- 표출되는 사람의 행위(B)의 직접적 결정 원인은 그 행위를 수행하려는 의도(I)이다. 하지만 이러한 개인의도(I)는 면밀히 파악할 수 없다. 다만 다음의 두 가지를 알게 되면 의도를 어느 정도 예측할 수 있다. 첫째는 행위에 대한 태도(A_B)다. 이것은 행위하는 데 느껴지는 기존의 익숙한 긍정적, 부정적 감정이다. 둘째는 주관적 규범(SN)이다. 행위 수행에서 느끼는 사회적 압력이다. 여기에는 다른 사람 생각과의 일치성(소망, NB), 다른 사람 생각에 순종하려는 동기(순응, MC)가 포함된다. 요약하면 행위 의도(I)는 행위에 대한 태도(A_B), 주관적 규범(SN = NB + MC)의 결합된 영향을 받는다.

1) 행위추론 이론(the theory of reasoned action)에서의 태도(A_B)

이 이론에 따르면, 태도는 개인의 태도 대상물에 대한 정보의 결과이다. 선택대안(예: 제품, 브랜드, 점포, 기업, 사람 등)은 여러 속성을 가지는데, 각 대안에 대한 태도는 속성에 대한 소비자 신념(b)과 그 신념의 중요성(e)에 의해 결정된다. 이 조합은 다음 방정식으로 표시된다.

$$A_B = \Sigma bi * ei$$

- A_B: 행위에 대한 태도
- b_i: 행위 결과에 대해 가지는 신념(대상이 그 속성을 가지고 있을 것이라는 주관적 가능성)
- e_i: 중요성의 평가(그 속성에 대한 평가)
- i: 신념의 개수

행위에 대한 태도(A_B)는 행위 결과의 주관적 가능성에 대한 신념(b)과 중요성(e)을 곱하고, 이를 총합하면 예측할 수 있다고 보고 있다.

대상의 속성 모두를 고려하지는 않는다. 즉 어떤 대상의 태도는 평가에서 두드러지게 떠오르는 속성의 신념만(salient beliefs, 현저한 신념) 기반이 된다. Fishbein and Ajzen(1975)은 태도 대상이 여러 개의 신념을 가졌을지라도 비교적 적은 수(5~9개)의 현저한 신념만이 특정 순간의 태도 결정에 작용한다고 보았다. 물론 시간적 여유, 큰 동기가 주어진다면 더 많은 신념의 개수가 고려된다.

- 소비자들은 일반적으로 신용카드를 선택할 때 할인혜택, 적립포인트, 회사지명도 등을 현저한 속성으로 생각한다(i = 3). 이 경우 어떤 소비자가 "△△카드는 할인혜택이 크고 적립포인트를 많이 주지만, 지명도는 떨어진다."고 신념(b)을 가질 수 있다. 동시에 그 소비자는 "할인혜택, 적립포인트는 내게 중요하지만, 남에게 보이는 지명도는 덜 중요하다."라고 각 속성에 대한 중요성 평가(e)를 할 수 있다. 이 소비자는 각 속성에 대한 신념과 그 속성에 대한 평가를 종합적으로 고려하여 "나는 ◎◎카드, ♡♡카드, △△카드 중에서 △△카드를 제일 좋아한다."는 태도(A_B)를 가지게 된다.

스마트폰의 구매상황을 예로 들어 설명하면 다음과 같다. 어떤 소비자가 스마트폰 구매에서 중요시하는 제품속성(현저한 속성), 각 속성의 중요도 그리고 상표대안에 대한 속성평가치(0점−10점)는 [표 17-2]와 같다. 이 경우, 소비자는 상표평가치의 값이 가장 높은 갤럭시를 구매할 가능성이 크다.

표 17-2 상표평가치

스마트폰 종류	제품속성(bi)			상표평가치
	가격 합리성	화질 선명도	브랜드 명성	Σbi * ei
비중(ei)	0.5	0.3	0.2	
샤오미	10	6	2	7.2(=5+1.8+0.4)
갤럭시	8	8	6	7.6(=4+2.4+1.2)
아이폰	2	10	10	6.0(=1+3+2)

언급한 내용은 흔히 다속성 태도모형이라고도 한다. 고관여 상황에서는 적극적 정보처리를 하기에 계층효과 모형을 따른다. 즉 적극적 정보처리를 하기에 소비자가 광고를 보면 '생각'이라는 인지적 반응을 계층적으로 먼저 보인다. 이러한 고관여 상황에서의 태도 형성 및 변화 모형으로 대표적인 것이 다속성 태도모형이다.

2) 다속성 태도모형에 근거한 태도변화

조합 이론에서는 신념의 단편 조각들이 태도의 인지적 토대가 된다고 보고 있다. 따라서 태도를 변화시키기 위해서는 태도의 근간이 되는 정보(신념(b), 중요성(e))를 다르게 해야 한다. 구체적으로 ① 신념의 내용을 변화시키거나, ② 기존 신념을 제거하거나, ③ 새로운 신념을 도입하는 방법이 있다.

- 찌개에 들어가는 각종 재료들이 조합되어서 찌개 맛을 내게 된다. 찌개 맛을 변화시키려면, 다음의 세 가지 방법이 있다: (1) 기존에 들어가던 재료의 질과 양을 바꾼다, (2) 기존에 들어가던 재료를 제거한다, (3) 새로운 재료를 집어넣는다 등.

태도변화는 마케팅 커뮤니케이션에서 가장 중요시되는 주제이기에 방법에 대해 좀 더 상술한다.

(1) 신념(b) 및 중요성(e)의 내용을 변화시킨다

여기에는 다양한 방법이 존재한다. 첫째, 소비자가 중시 여기는 속성의 실질적 개선을 통해 가치를 향상시킨다. 예를 들어, 자동차의 속도를 중요시 여긴다면 실제적으로 엔진을 개선한다; 안전성을 중요시 여긴다면 차체 강판 또는 브레이크의 개선을 통해 소비자들에게 좋은 태도를 가지게 한다.

둘째, 속성 값의 이미지를 변화시킨다. 소비자들이 중시 여기는 속성들에 대해, 자기 제품이 그 가치를 실제 가지고 있는 것처럼 느끼게 호소하는 것이다. 또는 과거에 비해 개선되었다고 느끼게끔 만드는 것이다. 실질적 개선이 쉽지 않다면 이미지 노력을 통해 가상적으로라도 소비자들이 그렇게 느끼게끔 만드는 것이다.

이러한 이미지 차원의 노력에는 자사 제품에 대한 인식개선 노력뿐 아니라, 경쟁사 제품에 대한 인식의 악화 노력도 포함된다. 즉 내가 꼭 잘해서 올라가는 것이 아니라, 남이 나보다 더 못하다는 것을 강조해서 나를 올리는 것이다.

셋째, 소비자들이 제품속성에 대해 부여하는 중요도(e) 값을 변화시키는 것이다. 예를 들어 [표 17-2]에서 브랜드 명성의 중요도 인식을 0.2에서 0.9로 높이게 되면 아이폰으로 태도가 가장 좋게 바뀔 것이다.

(2) 고려되던 신념을 제거한다

어떤 속성이 제품들 간에 거의 유사하다면, 소비자는 더 이상 그 속성이 현저하다고 느끼지 않는다.

- 휴대폰의 초기 시장에서는 '통화품질'이 현저한 속성이었고, 따라서 이를 강조하는 광고물이 많았다. 그러나 시간이 흘러 통화품질에서 차별점이 없을 만큼 모든 회사의 휴대폰이 좋아지자, 더 이상 소비자들은 이러한 속성을 고려하지 않게 되었다. 그 결과 '통화품질'에서 회사들이 어떠한 값을 가지는가는 의사결정에 영향을 미치지 않게 되었다.

(3) 새로운 신념을 고려하게 만든다

예전에 고려하지 않았던 제3의 속성을 새롭게 등장시키거나 제기함으로써 새로운 판단 기준을 고려하게 만든다. 공유 자동차, 무인 자동차의 등장은 자동차의 선택 또는 구매기준 자체를 바꿨다.

- 인터넷 뱅킹, 디지털 카메라 등은 기존 제품의 구매기준을 혁신적으로 바꿨다.

기업은 여러 방법 중에서 현재 상황에 가장 잘 할 수 있는 방법을 선택해서 실행한다. 또한 어떤 한 가지 방법만으로는 한계가 있기에 경우에 따라서는 다양한 방법을 입체적으로 동시에 사용하기도 한다.

- 전술한 스마트폰의 경우에는 다음과 같은 방법이 가능하다. 1) 화질의 실체적 개선: 현재 샤오미의 기능이 떨어진다면 이를 실체적으로 개선하는 것이다. 2) 속성들에 대한 고객들의 인식 변화: 실질

적으로 샤오미의 화질은 좋은데, 소비자들이 열악한 것으로 잘못 인식하고 있다면, 실제는 그렇지 않다고 커뮤니케이션 활동을 한다. 3) 경쟁제품의 속성에 대한 소비자 지각을 떨어뜨린다. 4) 고객들의 속성에 부여하는 중요도의 가중치를 자사에 유리한 방향으로 변화시켜 자사 상표의 점수를 높인다(예: 가격합리성의 중요도 인식을 0.5에서 0.8로 높이면 샤오미가 선택될 것이다). 5) 유명 브랜드는 더 이상 스마트폰의 구입에서 고려할 신념요소는 아니라고 광고한다. 6) 기존에 고려하지 않던 아예 새로운 속성을 추가함으로써 고객의 평가방법의 틀 자체를 바꾼다(예: 아이폰은 PC와 앱 기능을 추가함으로써 기존의 휴대폰 구매기준 자체를 바꿨다; 무게, 크기를 획기적으로 줄인 스마트폰, 배터리 충전이 필요 없는 스마트폰, 화면이 접히는 스마트폰 등).

전술한 바와 같이 행위의도(I)에는 주관적 규범(SN)도 영향을 미친다. 따라서 행위자가 중요시 여기는 준거집단에 관련된 구체적 · 규범적 신념(NB)이나, 준거집단에 순응하려는 동기(MC)를 공략해 행위의도를 변화시킬 수 있다. 이를 외적신념(external beliefs)의 변화라고 한다. 예를 들어 갤럭시에 대한 나의 태도(A_B)는 가장 높다. 그런데 주변의 친구들이 모두 아이폰을 사용하고 있고 아이폰 사용하는 사람을 멋진 사람이라고 생각하고 있다면(SN), 이러한 점은 나의 스마트폰 구매의도(I)에 영향을 미친다. 이와 같이 A_B를 직접 공략하기보다는 SN 영역을 공략하는 것도 하나의 방법이 된다.

- 적장을 쏘기 전에 그 적장이 탄 말을 쏴라!
- 어떤 사람의 행동에 변화를 꾀하려면 다음의 방법을 생각해볼 수 있다. 첫째, 인식을 변화시킨다. 둘째, 감정을 변화시킨다. 셋째, 판단과 선택 방식을 변화시킨다. 예를 들어, 빨간색 벽지를 불편해하는 사람에게 빨간색 선글라스를 씌운다(인식 변화). 빨간색을 좋은 감정을 일으키는 물체와 결합함으로써 불편한 감정을 감소시킨다(감정 변화). 빨간색을 선택하면 더 큰 보상이 따른다고 알려준다(선택 변화).

7. 자아설득 이론(self-persuasion approaches): 태도는 자신의 내면에서 거듭 만들어낸 생각들로 형성된다.

어떤 사건이나 이슈로 인해 연유된 마음속의 생각(생각의 씨앗)이 내면에서 생각을 거듭하면 할수록, 이로 인해 특정 대상에 대한 태도는 극단적 방향으로 발전한다. 태도변화는 어떤 단발의 특정 메시지에 의해서가 아니라 (그 다음에 일어나는) 자기 자신의 생각이나 주장 등(이것은 사람마다 다름)에 의해 스스로 내적으로 발효되어 일어난다. 이와 같이 자아설득 이론에 의하면, 설득 효과는 외부 메시지에 의해서라기보다는 자아설득의 결과(즉 자신의 고유한 생각과 발상의 거듭된 결과)라는 것이다. 특히 자신이 스스로 만들어낸 메시지는 매우 설득적이라고 보고 있다.

자아설득 이론과 관련된 내용을 소개하면 다음과 같다.

첫째, 어떤 이슈에 적극적으로 참여하는 것(active participation)이 수동적(소극적)으로 노출되는 것보다 더 많은 태도변화를 일으킨다. 이는 태도변화를 일으키는 데 있어서 사람들을 적극적으로 역할 수행을 시키는 것이 수동적으로 노출시키는 것보다 더 효과적이라는 점을 시사한다. 적극적 참여자는 그들이 능동적으로 말하는 동안에 스스로가 만들어낸 논리에 의해 설득되는 것으로 보인다. 또한 역할수행으로부터 생겨난 긍정적 느낌이 태도와도 연결된 것으로 보인다.

- 중학생 시절 국어시간에 '흥부와 놀부'에 대한 토론이 있었다. 흥부, 놀부의 변론 그룹은 무작위로 배정되었다. 그런데 흥미로운 사실은 놀부를 변호한 쪽은 놀부가 나쁘다는 처음의 생각과 다르게 놀부의 좋은 점을 계속 발견하려 했고, 그 결과 놀부에 대한 좋은 생각을 진짜로 가지게 되었다는 점이다.

이런 관점에서 본다면, 체험마케팅, 시식 및 시음(또는 배드민턴 라켓의 시용), 독후감 모집, 포스터 및 표어 대회, 특정 브랜드에 대한 대학생 광고 공모전 등을 통한 적극적 참여 유도는 어떤 대상에 대해 좀 더 좋은 태도를 가지게 하는 데 도움이 된다.

둘째, 어떤 것에 대한 우리의 태도는 단지 우리 자신의 '그냥 생각(mere thought)'의 결과에 의해서도 변화한다. 우리가 어떤 것에 대해 생각할 때, 우리는 처음 태도가 형성될 때는 전혀 고려하지 않았던 정보를 나중에 스스로 창출하기도 한다. 예를 들어 기본적으로 호감을 가진 사람에 대해서는 그를 생각하면 할수록(곱씹을수록) 더욱더 (그 사람의 부정적 특징들은 무시하게 되고) 긍정적 특징들에만 집중하는 경향이 있다. 참고로 이러한 생각의 꼬리는 자신이 지닌 스키마의 영향을 받는다. 예를 들어 새롭게 소개받은 사람의 용모(또는 학력, 말투)가 마음에 들었다면, 자신이 평소에 중시하는 다른 특성들(예: 성격, 대인관계, 취미 등)에 대해서도 그 사람은 좋게 가졌을 것이라고 마음대로 그 사람을 규정(상상)하면서 더욱 극단적으로 좋아하게 된다(예: 'BTS는 노래도 잘하지만 인성도 좋을 거야.'). 물론 반대의 경우에는 극단적으로 그를 싫어하게 된다.

- 마음에 들지 않는 생각은 '사실이 아닐 것'이라고 생각하는 것이 인간의 속성이다. 사실이 아니라고 규정해 놓으면 그 생각에 대한 반론을 제시하기가 쉬워진다. – Sigmund Freud
- 남들과 어울리지 않고 홀로 지내는 사람들은 극단으로 생각과 감정이 치우칠 가능성이 크다. 이는 자신의 생각과 그 생각의 꼬리물림에 대해 타인의 방해를 받지 않기 때문이다. 또한 타인의 관점, 객관적 관점 등을 통한 교정을 받을 기회를 가지지 못하기 때문이다.

셋째, 설득에 대한 인지반응적 접근(인지반응 이론, cognitive response theory)은 메시지에 노출된 결과로 발생하는 설득은 그러한 메시지에 대한 수용자의 반응들로부터 발생한다는 것이다. 커뮤니케이션을 접하고 발생하는 생각들을 인지적 반응이라고 하는데 이것은 정보처리 활동의 결과물이다. 이러한 인지적 반응은 사람들이 메시지의 수동적 수요자가 아니라 메시지에 대한 인지 반응을 적극적으로 나타내는 능동적 정보처리자라는 것을 강조한다.

메시지 노출에 의해 나타나게 된 인지적 반응의 양과 방향이 태도변화를 결정한다. 즉 인지적 반응이 좋아하는 쪽이라면 설득될 것이고, 그렇지 않으면 저항성이 좀 더 많이 나타날 것이다. 이와 같이 외부에서 들어오는 메시지에 대한 생각(message thoughts), 그리고 이에 대해 자신이 스스로 도출한 생각(own thoughts)들과 같은 인지적 반응의 성향이 긍정 또는 부정적 생각 중 어느 것이 많은지에 따라 긍정 또는 부정적 행동을 한다고 보고 있다. 이와 관련된 몇 가지 연구결과를 소개하면 다음과 같다.

1. 관여도는 인지적 반응의 총수에 영향을 미친다. 메시지에 대한 소비자 관여도가 높을수록(소비자가 광고내용이나 광고된 제품에 관심이 높을수록) 인지적 반응(지지주장이나 반박주장)의 숫자는 증가한다.
2. 메시지 반복의 횟수가 증가할수록 처음에는 지지주장의 수가 증가하지만, 일정 수준을 넘어서면 지지주장의 수가 다시 감소한다. 이는 메시지를 너무 반복할 경우, 사람들은 지루해지거나 반발심이 생겨 그 메시지를 인지적으로 공격하기 때문이다. 연구결과, 반복이 너무 많아지면 반대 주장이 증가하고 우호적 생각이 감소했다. 따라서 적정 수준의 메시지 반복이 중요하다.
3. 기존 신념 체계와 메시지 내용이 부합하면 지지주장이 발생한다. 그렇지만 메시지 내용이 기존 신념체계와 배치된다면 반박주장이 더 많이 발생된다. 따라서 갑자기 괴리가 큰 내용을 말하는 것은 오히려 효과를 보지 못한다.
4. 메시지가 담고 있는 주장이 약할 경우 반박주장이 발생될 가능성이 높다. 반면에 메시지가 논리적으로 강한 주장을 담고 있다면 지지주장이 많이 발생한다.
5. 여러 명의 정보원(광고모델)으로부터 다양한 주장을 듣는 경우가 여타의 경우(예: 한 명의 정보원의 한 개의 주장, 한 명의 정보원의 여러 개의 주장, 여러 명의 정보원의 한 개의 주장 등)에 비해 그 주제에 보다 우호적 생각을 갖게 하는 것으로 밝혀졌다.

자아설득 이론의 핵심은 스스로 머릿속에서 일어난 생각이 외부에서 주어지는 정보보다 설득에 더 큰 영향을 미친다는 것이다. 참고로 사람이 어떤 이슈, 주제, 주장, 대상 등에 관해 어떻게 생각하는지, 어떤 메시지에 대해 더 많이 또는 덜 생각하는지, 어떠한 특정 생각이 떠올려지는지 등은 다양한 변수로부터 영향을 받는다고 보고 있다.

- 대중에게 '정부에 대한 의심의 씨앗'만 심어 놓으면 그것은 저절로 자라서 폭동으로 폭발하기도 한다; 연인 또는 부부 사이에 '불신의 씨앗'이 생기면 그것이 걷잡을 수 없이 자라서 결국 그 둘을 갈라서게 만들기도 한다(예: 셰익스피어의 『오셀로(Othello)』).

8. 정교화 가능성 모델(elaboration likelihood model, ELM): 정보는 그 성격에 따라 두 가지 경로로 흐르는데, 어떤 경로로 흐르는가에 따라 태도변화의 성격은 달라진다.

Petty and Cacioppo(1981)는 기존의 태도 이론들을 광범위하게 검토한 다음, 결론적으로 설득에 관한 기존 이론을 정교화 가능성 모델(elaboration likelihood model, ELM)로 통합했다. 이 모델에 의하면 소비자의 태도 형성은 중심경로(central route)와 주변경로(peripheral route)라는 두 가지 정보처리 경로를 통한다.

1) 정교화 가능성 모델의 개요

소비자가 접하는 정보는 두 가지 경로 중 하나를 통해 흐른다. 그런데 두 가지 중 어디를 향해 흐르는가에 대한 결정은 정교화(elaboration) 수준에 따라 결정된다. 정교화 수준이 높을수록 중심경로를 통한다. 이에 비해 정교화 수준이 낮으면 주변통로를 통해 정보가 받아들여진다. 여기서 정교화란 소비자가 광고에서 제시된 제품정보를 처리하는 노력을 의미한다. 노력을 기울이는 정도(즉 공을 들이는 정도)가 높다는 것은 메시지에 담긴 정보를 깊이 생각하고 신중하게 평가하는 등 정보처리에 상당한 노력과 정성을 기울이는 것이다. 다시 말해 높은 수준의 정

그림 17-7 중심경로(정교화 수준 높음), 주변경로(정교화 수준 낮음)에 대한 개념도

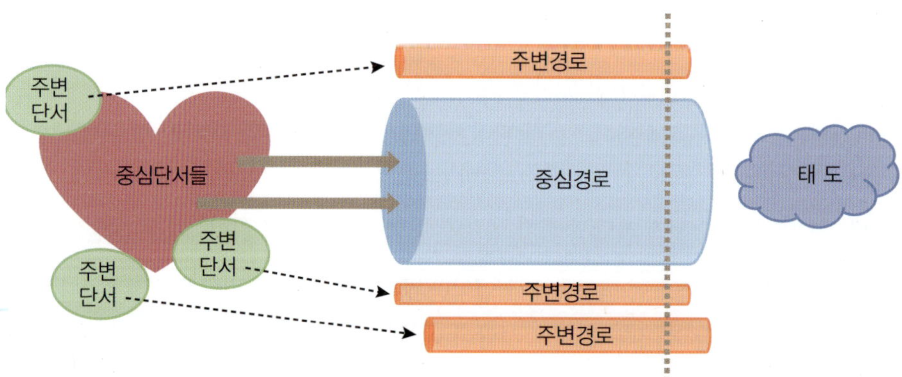

교화란 정보처리자가 광고 메시지를 열심히 생각하고 이를 자신의 기존 신념체계 및 경쟁상표와 상세히 비교하는 등 메시지 처리를 위해 기울이는 노력이 크다는 것이다.

그 결과 중심경로는 어떤 사람이 고려 중인 태도 대상이나 핵심 이슈와 관련 깊은 메시지(중심단서)를 주로 처리한다. 메시지 수용자는 메시지 핵심 주장에 주의를 기울이고 그것을 이해하려 노력하며 신중하게 평가한다. 중심경로에서의 설득은 대상이나 이슈 자체에 대한 신중한 고려에 근거한다.

이에 비해 주변경로는 (핵심 메시지나 상품 그 자체가 아니라) 다양한 주변적 설득 단서(persuasion clue)를 처리하는 경로이다. 배경음악, 장면, 광고모델 등은 이러한 주변 단서가 된다. 주변경로에 의한 접근은 그리 신중한 편은 아니다. 주변경로는 변두리 이슈, 주제와 관련 적은 것들에 의한 설득이 일어나는 것이다.

- 내면화의 경우(9장), 만일 어떤 사람이 정보원(광고모델)에 의해 제공된 정보의 중심 내용 때문에 태도가 변화했다면 이는 중심경로를 통한 설득에 해당한다. 그러나 정보원이 단순히 그 분야의 전문가였기에 태도가 변화했다면 그것은 주변경로에 해당한다. 한편 동일시, 추종은 주로 주변경로에 해당한다.
- 어떤 사람에 대한 평가: 심도 깊은 이야기를 나눠보고, 행동을 직접 관찰하면서 얻은 핵심 정보는 중심경로를 통해서 처리된다. 이에 비해 머리 스타일, 목소리, 옷차림 등의 주변단서는 주변경로를 통해서 처리된다.
- 컴퓨터에 대해 많이 아는 사람은 컴퓨터 광고의 중심 메시지(예: 성능, 품질)로 상표태도를 형성한다. 반면에 이에 대한 정보처리 능력이 부족한 사람은 광고모델, 장면, 음악 등에 의해 설득된다. 정치를 잘 아는 사람은 후보자의 정견 발표 내용을 중심으로 그에 대한 태도를 형성한다. 이에 비해 정치에 대한 식견이 부족한 사람은 후보자의 얼굴, 목소리, 옷차림 등의 주변단서를 중심으로 정보를 처리한다.

2) 중심경로와 주변경로에 대한 흐름 방향의 결정

설득적 메시지에 대한 정교화 수준을 어느 정도로 할당할 것인가의 결정(경로의 결정)에 영향을 미치는 선행 요인으로는 동기, 능력, 그리고 관여도가 있다.

(1) 동기와 능력

사람들은 자신이 받아들이는 모든 메시지를 공들여 생각하도록 동기(motivation)되지 않는다. 물론 메시지를 처리하려는 동기가 충분하더라도 메시지의 정교화가 일어나기에 충분하지 않다. 만약 메시지 이해 능력이 부족하거나 혹은 그 사람이 메시지에 관련된 스키마나 인식의 틀을 가지고 있지 않다면, 설사 충분한 동기가 있더라도 커뮤니케이션 정보처리 과정은 전혀 일어나지 않는다. 정교화가 높게 되려면 메시지의 처리능력(ability)이 수반되어야 한다. 물론 처리능력이 있더라도 동기가 충분하지 않다면 정교화 가능성 역시 높지 않다. 결국 정보처리의 동기나 능력 중 어떤 하나라도 결핍되면 이때 소비자의 태도변화에 영향을 미치는 것은 주 메시지와 관련이 적은 주변적 단서이다.

- 정교화 가능성 모델은 설득 커뮤니케이션의 단순 노출에 의해 지속적인 태도변화를 일으키는 것이 힘들다는 것을 보여준다. 메시지 수용자는 커뮤니케이션 과정에 담겨 있는 정보에 대해 동기와 능력 모두를 가져야 한다. 그리고 제시된 정보는 생각 속에서 반복되고 긴 시간동안 기억될 수 있는 긍정적 인지반응을 이끌어내야 한다.

(2) 관여도

설득 커뮤니케이션이 제시되었을 때 태도변화의 주요 결정요인은 '고려 중인 이슈에 대한 개인적 관련성이 높은가, 낮은가?'에 달려 있다. 높은 관련성이 있다면 이슈의 중심적 내용에 관심을 가지게 되지만, 낮은 관련성에서는 주변적 요인들에 시선이 끌린다. 이와 같이 적극적 또는 소극적 정보처리는 결국 관여도 수준에 따라 결정된다. 즉 관여도 수준에 따라 정보처리 경로는 영향을 받는다.

- 다른 나라 대통령 선거라면 좀 더 호감 가는 외모의 정치가에 좋은 태도를 가질 것이다. 그러나 나 자신의 삶에 밀접한 영향을 미치는 우리나라 대통령 선거라면 외모보다는 정치적 경륜, 공약 등에 대한 핵심 메시지에 좀 더 많은 관심을 가지고 후보들에 대한 태도를 형성할 것이다.

(3) 경로에 따른 태도변화의 차이

설득을 이끈 것이 어떤 경로인가에 따라 태도변화의 지속성은 달라진다. 중심경로를 통해 유도된 태도변화는 주변경로를 통해 유도된 변화보다 더 강하고 지속적인 영향을 가진다. 이에 비해 주변경로에 의한 태도변화는 그 설득단서(예: 보상, 매력적인 광고모델, 상황적 자극 등)가 계속 유효한 상황에서만 지속된다.

- 관여도가 낮은 소비자는 주변 단서에 의존하여 상표태도를 형성할 가능성이 크다. 주변경로에 의한 태도변화는 비교적 약하고, 단기적으로만 지속될 가능성이 크다. 주변단서를 위주로 하는 TV광고에서 소비자 학습이나 설득효과를 얻기 위해서는 광고가 상당히 많이 반복되어야만 한다.

만약 정교화 가능성이 높고, 흡족할 만한 주장을 제시할 수 있다면 중심경로를 이용하는 것이 가장 바람직하다. 이는 비교적 지속적인 태도변화를 일으키기 때문이다. 그렇지만 제시할 수 있는 논거가 약하거나 정교화 가능성이 낮을 때는 주변경로의 공략이 보다 효과적이다. 즉 설득하는 데 있어서 중심경로의 공략에 어려움이 있다면, 주변경로를 통해 시도한다.

- 영화 〈러빙 빈센트〉(Loving Vincent, 2017)의 묘미는 줄거리가 아니라 표현 기법에 있다. 고흐의 그림은 심란하고도 황홀하게 보는 이의 마음을 끌어당기고, 영화는 바로 그런 붓질의 기법을 재현해 '고흐 스타일'을 영화적으로 재현했다. 관객들은 영화를 보면서 '고흐의 시선'을 경험하게 된다.
  – 출처: '그저 주변을 돌아보는 일', 최기숙, 다산연구소, 제481호

3) 정교화 가능성 모델의 평가

정교화 가능성 모델은 태도변화에 있어서 두 가지의 독특한 경로를 제시하고 있다. 중심경로는 논점과 관련된 핵심 주장의 고려를 강조한다. 이에 비해 주변경로는 주요 이슈와는 관련이 적은 주변단서와 관련된다. 중심경로를 통해 변화된 태도는 보다 지속적이다. 반면에 주변경로를 통해서 변화된 태도는 추후 핵심 논점과 관련된 사고가 뒷받침되어 추가적 태도가 형성되지 않는다면 점차 사라지는 경향이 있다.

정교화 가능성 모델은 많은 지지를 받지만 동시에 상당한 비판과 반박 연구들이 있었다. 몇 가지 제시하면 다음과 같다.

1. 중심단서와 주변단서의 구분이 모호하다.
2. 주변단서를 통한 설득도 반드시 단순한 처리절차를 거친다고 볼 수 없다.
3. 중심경로를 거치는 태도변화가 항상 강하고 오래 지속되는 것은 아니다.
4. 중심경로와 주변경로는 대체적 관계가 아니라 상호보완 혹은 상호작용관계가 될 수 있다.

Ⅲ 태도 이론의 마케팅 커뮤니케이션에의 시사점

소비자는 광고물을 보게 되면 이의 내용을 생각하고 메시지에 담긴 주장을 평가한다. 어떤 주장에 대해서는 동의하고 어떤 주장에 대해서는 거부한다. 어떤 메시지에 대해서는 강한 정서적 반응을 보이지만 그렇지 않기도 하다. 이와 같이 다양한 형태의 반응을 보이면서 태도를 새롭게 형성하거나 또한 기존의 태도를 변화시킨다.

사람들의 태도 형성 및 변화에 대해 태도 이론들은 각자의 방식으로 그 이유를 설명하고 있다.

- 조건화와 모델링: "그 사람을 만날 때마다 날씨가 쾌청했고, 좋은 일이 많았다. 왠지 그 사람이 좋아진다."
- 판단 이론: "그 사람을 알기 전에 만났던 사람들은 모두 수준 이하였다. 그래서 그런지 상대적으로 그 사람은 훨씬 월등해보인다."
- 동기 이론: "나는 그 사람을 좋게 느끼고 있었는데, 내 친구들은 그 사람을 싫어한다. 그 사람이 점차 싫어진다."
- 귀인 이론: "그 사람은 항상 옷이 깔끔하고, 얼굴을 단정히 다듬고 다닌다. 아마도 그는 부지런하고 성실한가 보다."
- 조합 이론: "그 사람은 IT기업에 근무하고 있고, 키는 180cm이고, 종교는 없고, 야구 동호회 활동을 한다. 이런 점들을 종합적으로 고려해볼 때 그 사람이 좋게 느껴졌고, 좀 더 친해지고 싶다."
- 자아설득 이론: "좋은 사람이라고 생각했던 그 사람에게 감정이 상하는 말을 들었다. 당시에는 잠시 놀라고 당황했다. 그 후 그때를 생각할수록 더욱 화가 났으며, 그에 대한 강한 분노와 악감정이 커지게 되었다."

마케팅 커뮤니케이션의 궁극적 목적은 자사에 유리하도록 소비자 태도를 형성시키고 또한 그렇게 되도록 기존 태도를 변화시키는 데 있다. 이러한 목적을 달성하려면 태도의 메커니즘을 이해하는 것이 도움이 된다. 살펴본 태도 이론들은 커뮤니케이션의 기획 및 실천에 다음과 같이 도움이 될 것이다.

첫째, 태도 이론은 사람의 태도 형성 및 변화에 대한 폭 넓고 다양한 시각을 제시해준다. 비록 하나의 이론이 태도의 모든 현상을 설명하기에는 부족하지만 사람의 태도를 폭 넓게 이해하는 데 도움이 된다. 이런 점에서 볼 때 태도 이론을 가능한 많이 알고 있는 것이 중요하다.

둘째, 다양한 이론들은 각기 다른 실천적 접근방식을 제시한다. 즉 이론별로 효과적이라고 제시하는 커뮤니케이션 방법은 다르다. 그렇지만 이들 내용 모두는 광고물을 만드는 데 도움되는 정보를 제공한다.

어떠한 태도 이론이 현상을 더 잘 설명하고 예측하는지, 그리고 어떠한 태도 이론에서 제시된 방법이 현실적으로 유용한지에 대해서는 추후 많은 연구가 필요하다. 하나의 이론만 알고 있는 기업보다 다양한 이론을 알고 있는 기업이 소비자 태도를 더 많이 이해하고 태도변화의 유도에 대해 다채로운 방법을 가질 것이다. 커뮤니케이션 담당자는 태도 이론에 관심을 소홀히 해서는 안 된다.

PART 5

IMC에 활용되는 커뮤니케이션 도구

마케팅 커뮤니케이션은 광고 이외에도 여러 수단이 존재한다. 판매촉진, PR 및 홍보, 인적판매, 직접 마케팅, 온라인 마케팅 등이 이에 해당한다. 이들 도구는 광고와 함께 적절히 결합하여 사용하면 '커뮤니케이션 비용을 줄이면서도 더 나은 커뮤니케이션 효과'를 거둘 수 있다. 이러한 결합효과(synergy effects)를 거두기 위해서는 다양한 커뮤니케이션 도구에 대한 이해를 기반으로 상황에 맞게 적절히 조합하여 사용해야 한다.

5부에서는 광고 이외의 커뮤니케이션 도구들을 소개하고 관리방안에 대해 살펴본다. 이들 역시 광고와 마찬가지로 마케팅 및 IMC란 커다란 틀 아래서 일관성, 보완성을 가지고 기획되고 집행되어야 한다.

CHAPTER 18

판매촉진 관리

Ⅰ. 판매촉진의 개념

Ⅱ. 판매촉진의 목표와 부정적 효과

Ⅲ. 판매촉진의 다양한 수단

Ⅳ. 판매촉진의 관리 과정

들어가기 전에

- 마케팅의 목표는 사람들을 열망 속으로 몰아넣는 판매 방법을 발견하는 것이다.
  - Peter Drucker

4장에서 언급한 바와 같이, 마케팅 커뮤니케이션의 대표 수단인 광고는 시장에 광범위하게 정보를 살포하고 브랜드 이미지(brand image)를 심는 데 주로 사용된다. 이에 비해 판매촉진은 단기 매출의 증대를 위해 주로 사용된다. 판매촉진이 커뮤니케이션 믹스에서 차지하는 비중은 지속적으로 증가하고 있다.

마케팅 커뮤니케이션에서 광고나 인적판매만 이용하지 않고 판매촉진을 보완적으로 사용하는 이유는 소비자가 커뮤니케이션에 따른 반응 과정을 거치기 때문이다. 즉 소비자의 구매결정 과정은 우선 브랜드를 인지하고, 그런 다음 긍정적 태도의 형성을 거쳐서, 최종적으로 구매에 이르게 된다. 판매촉진은 특히 후반부 단계에 보다 직접적 영향을 미친다.

I 판매촉진의 개념

판매촉진(sales promotion)은 구매를 자극하는 단기 유인책을 제공함으로써(by offering a short-term incentive to purchase) 소비자의 구매 또는 유통업자의 호의적 행동을 유발하는 것이다. 즉 소비자의 구매 행동, 중간상의 특정 행동을 자극하고 설득하기 위해 사용되는 다양한 활동이다.

- 박차(拍車, spur)는 기수가 말(馬)을 탈 때 구두 뒤축에 다는 톱니바퀴 모양의 쇠로 만든 물건이다. 이것이 말의 배를 차서 좀 더 빨리 달리게 한다. 이와 같이 촉진(促進, promotion, 재촉해서 더 빨리 진행시킨다는 뜻)이란 '매출이란 말(馬)'에 박차를 가하는 것이다.
- 개항기 시절 외국인들이 차린 담배회사들은 양담배 판촉행사의 일환으로 빈 담뱃갑 10개를 모아오면 공짜로 활동사진(영화)을 보여주었는데, 이것이 한국 영화사의 출발점이 되었다고 한다.

다음은 판매촉진에 대한 부연설명이다.

첫째, 판매촉진은 판매를 유도하기 위한 단기 유인책(short-term incentives) 또는 자극(stimulation)이다.

둘째, 광고가 전체 소비자를 대상으로 무차별적으로 수행되는 데 반해, 판매촉진은 개별 고객의 특성을 고려하여 집행된다. 즉 고객마다 각기 다른 전술(tactics)이 사용된다. 예를 들어 가격에 민감한 소비자에게는 가격할인 쿠폰을 제공하지만 당첨을 즐기는 소비자에게는 추첨권을 제공한다. 최근 스마트폰과 판매촉진의 결합이 활발한데 이를 통해 개인별 맞춤화된 판매촉진의 집행이 훨씬 용이해졌다.

셋째, 판매 유도를 위한 유인책 및 자극 수단은 여러 가지가 있다. 그래서 판매촉진은 다양성(variety)과 다재다능성(versatility)을 가진다.

넷째, 판매촉진은 광고에 비해 보다 직접적인 설득이다. 즉각적이고 단기적인 판매의 실현에 도움이 된다. 그래서 보다 신속하고, 보다 큰 시장반응을 얻는 데 주로 사용된다.

다섯째, 판매촉진은 즉시 제품을 구입하도록 설계한 외부적 자극(external stimulation)에 기초하기에 본질적인 제품 혜택(benefit)과 무관한 경우가 많다.

- 2022년, 20년 만에 다시 출시된 포켓몬빵은 품귀 현상을 일으키며 재출시 40일 만에 1000만 개가 판매되었다. 포켓몬빵이 이렇게 인기를 모으는 데는 '띠부씰(떼었다 붙였다 하는 스티커)'로 불리는 스티커가 주효했다. 그런데 '띠부씰'은 빵의 본질적 제품 혜택과는 사실 무관하다.

Ⅱ 판매촉진의 목표와 부정적 효과

기업은 판매촉진을 통해 여러 목표를 달성할 수 있다. 여기서는 판매촉진의 기능과 목표에 대해 소개한다. 판매촉진의 집행에는 긍정뿐만 아니라 부정적 효과도 발생한다. 판매촉진은 이같이 '양날의 검'(double-edged sword)의 성격을 가지는데 이에 대해서도 살펴본다.

1. 판매촉진의 목표(기능)

판매촉진은 소비자, 중간상, 판매원의 행동을 유발하는 유인책 제공과 연관된다. 즉 유인책의 제공을 통해 동기를 부여함으로써 단기 구매 또는 특정 행동을 유발시킨다. 판매촉진의 기능을 소비자, 중간상, 판매원으로 나눠 살펴보자.

1) 소비자에 대한 판매촉진의 목표

소비자를 대상으로 하는 판매촉진의 목표는 다음과 같다.

첫째, 기존 브랜드의 단기 매출을 끌어올린다. 판매촉진을 통해 경쟁사를 누르고 시장점유율의 확대를 꾀할 수 있다. 물질적 또는 심리적 보상은 고객에게 가격인하와 같은 효과를 준다. 한편 시간제한, 수량제한의 판매촉진은 구매압박을 통해 대량구매, 불필요한 물품구매, 필요시점보다 빠른 구매 등의 행동을 유도한다.

- 시간, 공간의 영향을 상대적으로 많이 받는 제품은 판매촉진의 대상이 된다. 예를 들어 계절성 상품의 경우, 판매촉진을 통해 시기별 수요편차를 해소하기도 한다(예: 여름에 진행되는 스키용품 및 난방용품의 판매촉진 행사).

둘째, 신제품의 시험 구매 및 반복 구매를 유도한다. 무료 샘플과 동일 제품의 추가 구매 시 사용할 수 있는 할인쿠폰을 함께 제공하면, 시용과 반복구매를 동시에 유도할 수 있다.

- 우리나라의 경우 담배의 공짜 제공은 제품의 중독성으로 인해 흡연인구를 늘리는 데 일조하였다.

셋째, 경쟁사 고객의 전환이 가능하다. 한정된 숫자의 스마트폰(또는 통신망) 가입자를 두고 치열한 경쟁을 하고 있는 SK텔레콤, KT, LG유플러스는 다양한 판촉 활동을 통해 경쟁사 고객을 자사고객으로 끌어오고 있다.
넷째, 성숙기 제품에 대한 추가 소비를 유발한다. 판매촉진은 성숙기의 침체된 제품수요를 촉진하는 데 유용한 수단이 된다. 또한 일시적 판촉을 통해 재고처분, 브랜드에 대한 환기를 다시 끌어올리기도 한다.
다섯째, 기존 고객의 유지 및 보상을 가능케 한다. 경쟁사의 신상품, 경쟁사 광고 및 판매촉진에 대응한다. 즉 판매촉진은 자사의 기존 고객의 유지 및 방어에 도움이 된다. 예를 들어 경쟁사의 신상품 도입에 대응하는 자사 제품의 가격할인, 보너스팩 등은 경쟁사 공격을 무력화하고 또한 상표전환의 억제에 도움이 된다. 또한 브랜드 충성도(brand loyalty)의 증가에도 기여한다.
여섯째, 광고 및 여타 마케팅 활동을 지원한다. 판매촉진을 통해 광고 주목도를 향상시킬 수 있다. 저관여 상황에서 광고의 주목도는 떨어지는데, 만약 판매촉진을 함께 제공하면 광고 주목도를 끌어올릴 수 있다. 예를 들어 라면 광고에 부가되는 판촉물은 광고물 자체의 주목도를 높인다.

2) 중간상에 대한 판매촉진의 목표

중간상을 대상으로 하는 판매촉진은 자사의 신제품 및 기존 제품에 대한 보다 적극적인 취급, 보다 많은 재고의 비축, 더 좋은 위치에의 제품 진열 등의 호의적 행동을 유도한다.

3) 판매원에 대한 판매촉진의 목표

기존제품 및 신제품에 대한 활동 지원, 동기부여를 통해 판매원 활동을 활성화시킨다. 판매촉진은 이와 같이 다양한 기능을 수행한다.

즉 판매촉진은 제품구매를 촉발하고, 다른 커뮤니케이션 수단들과 함께 사용이 가능하며, 직접적이고 실질적 혜택을 고객에게 제공하며, 상황에 맞는 신축성을 가진다는 장점이 있다. 반면에 판매촉진은 (본질이 아니라) 주변적 성격이 강하고 또한 단기적 수단이기에 광고나 홍보처럼 장기적 효과를 기대하기는 어렵다.

한편 판매촉진의 집행에는 원치 않는 부정적 효과도 수반된다. 이에 대해 좀 더 살펴보면 다음과 같다.

2. 판매촉진의 부정적 효과

첫째, 브랜드 이미지의 하락이 발생할 수 있다. 판매촉진은 브랜드 이미지를 훼손시킬 수 있다. 빈번하게 가격할인을 하거나 추가적 선물을 제공하면 상품 가치가 저하된다.

- 명품으로 여겨지던 제품에 대한 판매촉진은 단기 매출 효과를 거둘지 몰라도 브랜드 이미지가 나빠질 수 있다. 또한 품질에 문제가 있는 게 아닌지 의심 들게도 한다.

둘째, 가격 민감성 을 초래한다. 판매촉진은 가격할인과 동일 효과를 주기에 고객의 가격 민감성을 조성하는 효과가 있다. 즉 판매촉진이 없는 기간에는 제품이 왠지 비싸다는 생각을 들게 만드므로 평상시 제품판매가 부진해진다. 이를 방지하기 위해서는 판촉의 사용과 빈도에 신중을 기해야 한다.

- 백화점에서 30% 할인쿠폰을 통해 7만 원(정상가 10만 원)에 구입한 특정 브랜드의 셔츠를, 이후에 다시 구입할 때 정상가 10만 원에 산다면, 우리는 이를 비싸게 받아들인다. 정상가격으로의 구입은 왠지 손해라는 생각이 들기에 다시 세일할 때까지 기다린다. 판매촉진이 고객들의 가격 민감성을 형성시켜 놨기 때문이다.
- 미국에서 삼성전자의 태블릿 점유율은 애플에 비해 큰 격차로 뒤지고 있었다. 이에 삼성은 공격적 마케팅 전략을 갤럭시탭 S7에 적용하였다. 50% 할인행사와 20만 원 상당의 사은품 증정을 통해 가격 측면의 이점을 제공하고 동시에 자연스럽게 제품홍보의 효과를 거두었다. 그 결과 일시적 판매량 증가 추세를 보였지만 이에 따른 부작용도 많았다. 그 예로 사은품으로 증정한 갤럭시 버즈 라이브의 경쟁력이 하락하였고 소비자들은 계속해서 초기 이벤트와 같은 선물을 기대했다. 상상하지도 못했던 저렴한 가격과 서비스를 받으며 구매했던 경험이 남아 있기에 또 다른 이벤트만을 기다리며 정상가격으로는 굳이 갤럭시탭을 사려 하지 않았다.

셋째, 중간상의 비협조를 유발한다. 판촉에 한번 맛들인 중간상들은 제조업자의 판매촉진 지원 없이는 움직이지 않으려는 수동적, 비협조적 행태를 보일 수 있다.

넷째, 가격 및 유통 질서가 교란된다. 중간상이 판매촉진 기간 동안 제조업체로부터 판촉 혜택을 얻기 위해 지나치게 많은 물건을 구매했을 경우, 나중에 과잉재고 처분을 위해 시장 질서를 교란시킬 수 있다.

다섯째, 임시방편적인 경영형태가 나타난다. 경영자는 기간별로 실적평가를 받기에 판매촉진을 통해서라도 단기 성과를 무리해서 높이고자 한다. 그러나 이렇게 손쉬운 방법만 추구하다 보면, 언젠가는 장기적으로 기업 이익을 해치고 브랜드 이미지에 손상을 끼친다.

요약하면 판매촉진은 일시적이고 단기적인 유인책이다. 이로 인한 긍정 효과도 충분히 있다. 하지만 소비자와의 관계 구축에 미치는 중장기적 영향을 결코 소홀히 해서는 안 된다. 단기적 판매증가 또는 일시적 상표전환의 효과는 실체가 뒷받침되지 못하면 오래가지 못한다.

판매촉진은 브랜드의 포지셔닝을 강화하고, 소비자와의 관계구축에 도움이 되는 방향으로 추진해야 한다. 장기적이고 거시적인 계획(로드맵)을 가지고, 이러한 구도하에서 그에 걸맞은 판매촉진 활동을 적절한 시기에 적절한 수단을 통해 윤리적으로 수행해야 한다.

Ⅲ 판매촉진의 다양한 수단

판매촉진에 사용되는 수단은 매우 다채롭다. 또한 기업의 창의적 발상, 기술 발달로 인해 계속 새로운 것들이 등장하고 있다. 어떠한 방식과 형태이건 판매촉진의 기능에 있어선 공통적이다. 전술한 바와 같이 판매촉진의 대상으로는 소비자, 중간상, 판매원 등이 있다. 대상별 판매촉진의 방법을 소개한다.

1. 소비자 촉진(customer promotion)

소비자를 대상으로 하는 판매촉진 수단은 다음과 같다.

1) 샘플링(견본, sampling)

소비자에게 시험적으로 사용할 소량의 상품을 무료 제공하는 것이다. 샘플링은 시용(試用, trial)의 유발에 효과적이기에 신제품 도입에 주로 사용한다. 샘플링은 단위당 제품가격이 저렴한 제품, 샘플제작 원가가 낮은 제품, 소량 샘플로도 브랜드 특성과 혜택을 충분히 보여줄 수 있는 제품, 사용기간이 짧은 제품, 구매주기가 짧은 제품의 경우에 효과적이다. 슈퍼마켓에서의 신제품 시식코너, 화장품 가게에서 주는 견본품 등이 대표적이다.

샘플링은 수행 장소에 따라 가정에 직접 배달하는 방법, 점포에서 나눠주는 방법, 거리에서 나눠주는 방법, 구매제품의 패키지에 부착하는 방법 등이 있다.

2) 쿠폰(coupon)

표시된 금액만큼 할인하여 제품을 제공하겠다는 일종의 증서이다. 쿠폰 배포는 다양한 경로를 통해 이뤄진다. 신문이나 잡지의 본면에 인쇄하는 방식, 신문에 쿠폰을 따로 삽입하는 방식(찌라시, 散らし에서 유래), 우편 또는 모바일로 전달하는 방식, 포장지에 인쇄하거나 내부에 투입하는 방식, 점포에 비치하는 방식 등이 있다.

- 크로스 쿠폰(cross coupon): 해당 제품이 아니라 이와 연관되어 가까운 미래에 구매가 예상되는 자사의 다른 제품의 쿠폰. 면도날 포장에 자사의 면도용 거품의 쿠폰을 집어넣는 경우가 이에 해당한다.

그림 18-1 다양한 쿠폰의 종류

3) 리베이트(상환, rebates)

제품을 구매했다는 증빙서류(보통은 구매영수증, 리베이트 신청서식, 포장의 시리얼태그 등)를 우편으로 보내면, 제조사가 소비자에게 구매가격의 일정액을 돌려주는 것이다. 미국의 경우는 수표를 집으로 배송해준다. 리베이트는 소비자 입장에서는 조금 불편하지만, 기업에게 가격할인보다 많은 장점이 있다. 정가를 내리지 않으면서도 가격할인 효과를 볼 수 있다. 구매자의 인적 정보, 구매장소 등에 대한 정보를 유통업체를 통하지 않고 수집할 수도 있다.

4) 콘테스트와 추첨

콘테스트(경연, contests)는 제품을 구매한 소비자들에게 상금이나 상품의 획득 기회를 제공하는 것이다. 일반적으로 구매자가 어떤 퀴즈를 풀거나 솜씨 및 재주를 보이도록 하고, 정답 또는 솜씨가 뛰어난 사람을 뽑아 보상을 제공하는 것이다.

한편 추첨(현상경품, sweepstakes)은 순전히 행운에 의해 당첨자가 결정된다. 제품 구입과 상관없이 누구나 참여 가능하다. 이런 특성으로 인해 콘테스트와 추첨은 소비자와의 호의적 거래 관계를 형성하는 첫 단계로 적절하며, 이 과정에서 소비자에 대한 정보를 추가 취득할 수 있다는 장점도 있다.

5) 가격할인(price-off deals)

가격할인은 정규가격에서 일정금액 할인된 금액을 제시하고 이것을 포장이나 표찰에 표시하여 판매하는 것이다. 즉 소매가격을 직접 인하하는 촉진으로써 포장지 위에 할인율이 표시된다. 연구결과, 기존 가격을 명시하지 않고 가격할인을 한다는 사실만 표기한 것보다는, 기존 가격을 명시하고 그로부터 얼마큼 할인되었는지 고객에게 실감시킬 때 더 큰 판매효과가 있는 것으로 나타났다.

그림 18-2 기존 가격을 표시한 할인 효과

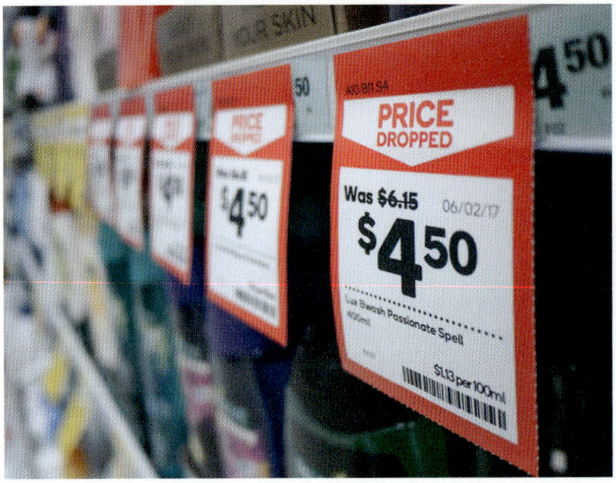

6) 경품(premiums)

자사제품을 구매한 고객에게 추가로 제공하는 인센티브이다. 무료나 저렴한 가격으로 특정 제품을 제공하는 것이다. 냉동만두팩에 붙은 라면, 건전지팩에 붙은 손전등, 우유에 붙은 유산균 음료, 맥주 상자에 붙은 유리잔 등이 여기에 해당한다.

- 글로벌 금융위기 여파가 실물 산업을 강타하면서, 2008년 11월 영국에선 새 차를 판매하기 위해 '한 대 사면 한 대는 공짜(buy one, get one free)'로 주는 '끼워팔기'가 등장했었다. 소비심리 위축을 깨기 위해 차 두 대를 한 대 값만 받고 판매한 것이다.

- "수입차를 사면 제주도 땅 100평을 별장터로 드립니다." 볼보코리아의 딜러(판매회사)인 프리미어 모터스는 서울 강남구에 첫 전시장을 여는 것을 기념으로 차량 구매 고객 선착순 30명을 대상으로 제주도 북제주군 애월읍 소재 목초지 3000평을 1인당 100평씩 별장터로 무상 지급한다고 밝혔다. 프리미엄 모터스는 "고객들에게 제공하는 땅은 아직 개발이 안된 땅으로 현재 평당 가격이 5만원 정도이지만, 앞으로 별장지로 개발되면 평당 30만 원이 넘을 것"이라고 말했다. 이번에 제공하는 땅은 모두 사장 소유의 사유지다. - 출처: 〈△△차 사면 제주땅 100평이 공짜〉, 김종호, 조선일보, 2003년 4월 20일

7) 보너스 팩(bonus packs)

보다 큰 용기의 제품을 정상가격으로 제공함으로써, 동일 가격에 더 많은 양을 고객이 누릴 수 있게 된다. 겉포장에 '20% 용량 추가'란 문구가 있는 대용량 새우깡, 치약, 초콜릿 등이 여기에 해당한다.

8) 거래 스탬프(trading stamp)

구매 횟수에 따라 도장을 찍거나 또는 스티커를 주는 방식이다. 일정 기간 동안에 정해진 횟수를 넘기면 무료 제품 또는 사은품을 준다. 주로 카페, 식당 등에서 사용한다. 고객들은 이러한 혜택을 받기 위해 해당 매장을 좀 더 자주 방문하게 된다.

- 스타벅스는 매년 11월 초부터 12월 말까지 크리스마스 프로모션 음료 및 커피를 일정량 이상 구매하면 다음 해의 다이어리를 선물로 준다. 연말 모임이 많기도 하고 사람들은 겨울철에 커피 매장을 자주 찾으므로 이러한 촉진은 스타벅스 매장을 좀 더 방문하게 만드는 좋은 유인책이다.

9) 연계촉진(tie-in promotions)

2개 이상의 기업이나 2개 이상의 브랜드가 판매력 강화를 위해 상호 간 기업이나 브랜드에 대해 사용할 수 있는 쿠폰, 환불 등의 판매촉진책을 함께 사용하는 것이다. A기업의 쿠폰 사용이나 환불을 B기업에 요구할 수 있도록 A, B기업이 제휴를 맺는 식이다.

10) 도박성 판촉

어떠한 사건이 실현됐을 때(예: 월드컵에서 우리나라 대표팀이 16강 진출을 한다면, 크리스마스 이브에 눈이 온다면 등), 그에 따라 주는 경품, 현금, 더 높은 금리 등을 의미한다.

11) 품질보증제도(product warranties)

상품품질에 보다 민감하게 만드는 촉진수단이다. 기업이 제품 품질을 일정 기간 또는 상품수명의 전 기간에 걸쳐 품질보장하는 방식이다.

◎ 1990년대 말 현대자동차는 미국시장에서 '10년, 10만 마일 품질보증' 프로모션을 획기적으로 실시하였다. 이로 인해 구매가 활성화되었다.

12) 구매시점전시(point of purchase display, POP) 및 실연(demonstration)

상품을 소매점의 앞쪽 진열대에 전시하거나, 또는 판매원이 실연함으로써 흥미를 불러일으켜 상품구매로 연결시키는 방법이다.

13) 캐릭터

아이들은 캐릭터를 좋아하기에 여러 업종에서는 캐릭터를 판촉물로 사용한다. 예를 들어 애니메이션 〈포켓몬스터〉가 선풍적 인기를 끌었을 당시, 버거킹은 포켓몬스터 장난감의 제공을 통해 아이들을 매장으로 유인했다. 특히 캐릭터 전체 세트를 완성할 때까지 추가 구매로 이어지는 경우가 많다.

그림 18-3 패스트푸드점의 캐릭터 판촉물

이 밖에도 단골고객보상(continuity program), 금융서비스, 장려금(patronage rewards), 무료제품(free trials), 특별할인 등의 다양한 방법이 있다.

2. 중간상 촉진(trade promotion)

중간상 판매촉진은 유통경로 구성원(도매상, 소매상)을 대상으로 하는 판촉활동이다. 유통업자가 좀 더 많은 제품을 취급하고, 이를 보다 좋은 위치에 진열하고, 자사제품의 판매에 보다 힘쓰도록 유도하는 데 사용된다. 때로는 미래가 아닌 과거, 즉 전기(前期)에 중간상의 협조에 대한 보상 차원으로 집행하기도 한다. 흔히 사용되는 중간상 판매촉진 방법은 다음과 같다.

1) 구매공제(price-off)

일정기간 동안 자사의 특정상품을 구매하는 중간상에게 구매량의 크기에 따라 일정액을 할인해주는 방법이다. 이를 통해 좀 더 많은 제품을 중간상에게 넘길 수 있다.

2) 광고공제(advertising allowance)

제조업체가 자사상품의 광고에 기여한 중간상(예: '삼성전자 에어컨'을 광고한 하이마트)에게 제공하는 보상을 의미한다. 중간상이 지불한 광고비의 일정 부분을 보조한다.

3) 후원금(push money)

제조업체가 일정량 이상을 구매한 중간상에게 지원금이나 현물을 제공하는 것이다.

4) 전시공제(display allowance)

중간상이 자사 상품을 특별하게 진열하거나 또는 특별코너를 제공해준 대가로 지불하는 보상이다. 빼빼로데이, 밸런타인데이에 슈퍼마켓은 빼빼로, 초콜릿을 특별전시하는데, 이는 전시공제와 연관된다. 한편 선반대 보조(slotting allowance)는 소비자 눈에 잘 띄는 위치의 진열공간을 차지하기 위해 제공되는 지원금을 의미한다.

- 진열대 내 사람 눈높이 상하 30도 안에 위치한 제품은 눈에도 잘 띄고 물건 집기도 편하다. 이에 반해 진열대 맨 윗칸이나 아랫칸은 그냥 지나치기 쉽다. 한편 아이들이 찾는 제품은 아이들 눈높이에 맞추기에 성인보다는 한 칸 더 낮은 칸에 진열하는 것이 유리하다.

5) 기념품 증정(specialty advertising items)

제조업자가 자사의 기업명 및 브랜드가 부착된 펜, 달력, 시계, 성냥, 메모지 등 간단한 홍보용 상품을 중간상에게 무료 제공하는 것이다.

6) 무료상품(free goods)

일정량 이상을 구매하는 중간상에게 제조업자가 무료로 상품이나 사은품을 제공하는 것이다. 규모가 크거나 거래실적이 있는 중간상에게 제공되는데, 일반적으로 한정된 기간에 제공된다.

7) 스피프(spiffs)와 컨테스트(contest)

스피프는 중간상의 판매원에게 판매 단위당 일정금액을 지불하는 것이다. 컨테스트는 판매 성과가 우수한 중간상의 판매원을 선발하여 상금을 지급하거나 여행 경비를 제공하는 것이다.

8) 파견점원

제조업자가 주로 거래규모가 큰 중간상의 가게 앞쪽이나 점포 내에, 자사 상품의 판매 활성화를 위해 파견하는 사원(판매도우미)을 의미한다.

9) 협동광고

자사 제품에 대한 광고를 이를 취급판매하는 중간상과 같이 광고하는 것이다. 예를 들어 '갤럭시노트는 하이마트에서 구입하세요', '빼빼로는 이마트에서' 등과 같이 브랜드, 유통점을 같이 언급하는 것이다.

이 밖에도 상품공제(merchandise allowance), 현금할인, 리베이트(cumulative volume rebate), 재고보호 보장금, 할당 인센티브(quota incentive), 판매원 훈련 프로그램, 전시회(trade shows) 등이 있다.

3. 판매원 촉진(business promotion tools)

기업은 소속 판매원의 동기부여를 위해 또는 판매를 지원하기 위해 여러 지원책, 교육 프로그램, 보상 등을 제공한다. 여기에는 다음과 같은 방법이 있다.

1) 강연회(conventions)

제조업자가 자사 상품에 연관된 고객(잠재고객), 유통업자, 판매원 등 상품과 관련된 사람들을 모아놓고 상품에 관련된 각종 안내, 홍보, 정보 등을 전달하는 것이다.

2) 전시회(trade shows)

잠재고객들에게 상품 관련된 정보를 제공하는 것으로, 특정 산업 및 이와 관련된 산업의 제조업체, 유통업자, 공급자 등이 일정 기간 그들의 상품을 전시하거나 홍보하는 활동을 말한다. 코엑스에서 열리는 전시회, 성항하우징페어 등이 이에 해당한다.

3) 콘테스트(contests)

경연에 참가한 판매원들을 대상으로 판매 기술의 점수 또는 특정 과업의 문제해결능력을 평가하여 상이나 보상을 주는 것이다.

한편 판매경연회(sales contest)는 판매원 및 거래 점포 중에서 최고 성과를 달성한 사람 및 점포에 대해 시상하는 것이다(예: 올해의 보험왕, 자동차 판매왕, 우수 은행지점 등).

- 게임(games): 판매원의 사기 진작을 위한 수단으로 판매원 간의 경쟁을 통해 우승자나 성과가 뛰어

난 판매원들에게 보상을 제공하는 것이다. 판매원들의 판매기술, 판매업무 수행능력 등의 규칙에 의해 경쟁하게 하고, 우승자나 성과가 뛰어난 판매원들에게 상이나 보상을 제공한다.

4) 추첨(sweepstakes)

판매원들의 특정 지식이나 기술을 요구하지 않고, 단지 추첨에 참가한 판매원들 중에서 무작위로 뽑아서 상이나 보상을 제공하는 판촉수단이다.

Ⅳ 판매촉진의 관리 과정

판매촉진의 관리 과정은 다른 커뮤니케이션의 관리 과정과 마찬가지로 시장과 소비자에 대한 이해를 바탕으로 수행되어야 한다. 판매촉진의 일반적인 관리 과정은 다음과 같다.

1. 판매촉진의 목표를 명확히 세운다.
2. 목표달성에 가장 도움이 되는 판매촉진 수단들을 탐색한다.
3. 제품, 기업, 고객, 시장, 거시 환경 등의 특성을 고려하여 최선의 대안을 선택한다.
4. 판매촉진 수단의 구체적 실행계획을 세운다. 실행계획을 수립할 때는 다음 사항들을 검토한다: 어느 정도의 자극을 줄 것인가, 누구를 대상으로 할 것인가, 어떻게 판촉물을 배포할 것인가, 언제부터 얼마 동안 지속할 것인가, 판촉예산은 어느 정도로 할 것인가 등.
5. (계획을 실행에 옮기기 전) 소규모 시장테스트를 해본다. 신제품 개발 과정에서의 시장 시험과 마찬가지로 사전 시장 시험은 실행계획의 문제점을 미리 파악하고 나아가 더 좋은 방법을 찾는 데 도움이 된다. 그렇지만 경쟁사에 제품 노출, 사전테스트 비용의 부담, 판촉 시기의 지연 등과 같은 단점도 있다.
6. 판매촉진 활동을 실행에 옮기고 나면, 그로부터 산출된 결과를 평가하여 개선 사항을 파악하고 이를 차후 활동에 반영한다.

국제마케팅의 경우에는 각 나라의 시장상황 및 소비자 태도를 고려하여 판매촉진 활동을 수행해야 한다.
첫째, 나라마다 선호되는 판촉수단은 다르다. 또한 판촉수단이 시장별로 미치는 효과는 다르다. 여러 요소가 영향을 미치기에 차이가 발생한다(예: 시장의 인프라, 기업 여건, 소비자 태도, 구매패턴, 문화 등).

- 판촉 수단에 대한 소비자 반응은 나라마다 다르다. 미국에서는 쿠폰이 많이 활용되는 편이지만 동양에서는 체면의식 때문에 쿠폰 사용을 꺼리는 편이다.

둘째, 나라마다 판촉에 대한 규제가 다르다. 예를 들어 한국의 경우 바겐세일의 빈도와 기간이 규제되지만 미국은 제한이 없는 편이다.

CHAPTER 19

인적판매 관리

Ⅰ. 인적판매의 의미

Ⅱ. 인적판매의 과정

Ⅲ. 판매원에 대한 관리

Ⅳ. 판매원 사례의 중요성

들어가기 전에

- An ambassador is an honest man sent to lie abroad for the commonwealth.
  - Sir Henry Wotton
- If you would win a man to your cause, first convince him that you are his sincere friend. - Abraham Lincoln

마케팅 및 영업 일선에서 일하는 직원뿐 아니라 기업 구성원 모두는 고객 최우선을 염두에 두고 일해야 한다. 즉 구성원 모두는 마케팅 마인드(판매원 마인드, 소비자 지향 마인드)를 가지고 있어야 한다. 여기서 소개하는 인적판매는 영업 일선의 판매원에 대한 내용이지만 기업 구성원 모두 관심을 가져야 한다.

I 인적판매의 의미

1. 인적판매의 개념 및 유형

인적판매(personal selling)란 판매원이 표적고객(target customer) 또는 유망 고객(가망고객, 잠재고객, prospect)과 대면하여 자사 제품, 서비스를 구입하도록 설득하는 대면 커뮤니케이션 활동을 의미한다.

판매원(salesperson)의 역할은 기업, 제품, 시장의 성격에 따라 상이하다. 또한 판매원이란 명칭으로 동일하게 불려도 직무 성격에 따라 업무는 다르다.

- 단순히 상품 배달만 하는 배달원(deliverer, 예: 음식, 가구, 전자 제품의 배달원), 회사 또는 점포에서 수동적 주문을 받는 주문 수령자(order-taker, 예: 레스토랑의 웨이터, 주문 수납 상담원), 고객과의 관계를 유지하고 질문에 응대하며 고객에게 제품/서비스를 교육시키는 섭외사원(missionary, 예: 정수기 필터 교체원, 가스 보일러 유지 기사), 창의력을 발휘하여 적극적으로 수요를 창출하는 판매원(demand creator, 예: 보험설계사, 산업재의 판매원, 자동차 대리점의 판매원) 등의 유형이 있다.

여기서는 매출 발생에 중요 역할을 하는 수요창출형 판매원(demand creator)을 중심으로 살펴본다. 매출은 기업 생존을 좌우하기에 이에 직결되는 역할을 하는 판매원은 그만큼 중요하다.

2. 인적판매의 유용성

인적판매는 여러 면에서 유용하다. 첫째, 복잡하거나 이해가 쉽지 않은 제품의 경우에는 기능, 사용법, 유지보수에 대한 설명이 요구되기에 판매원의 유용성이 높다. 둘째, 판매원의 설득은 다른 마케팅 커뮤니케이션 수단에 비해 강력하다. 이는 대면 접촉, 개별 욕구에 대한 신속하고 융통성 있는 대응, 장기적 관계로부터 유발되는 신뢰관계 등을 통한 의사소통의 힘이 있기 때문이다. 셋째, 인적판매는 소비자 구매결정 과정 중(정보수집 및 대안 평가의 다음 단계인) 구매결정의 단계에서 특히 효과적이다. 넷째, 고객별 맞춤형 접근이 가능하다. 특히 고객 숫자가 그리 많지 않은 산업재 및 조직구매자(B2B)의 경우에 유용하다.

그렇지만 일일이 고객들과 직접 대면하기에는 다른 커뮤니케이션 도구에 비해 속도가 느리고 접촉비용은 비싼 편이다. 또한 유능한 판매원을 선발, 교육, 유지하는 데 많은 노력이 수반된다는 어려움이 있다. 기업은 이러한 인적판매의 제반 속성과 장단점을 고려하여 운영해야 한다.

3. 인적판매의 커뮤니케이션 특성

인적판매는 대면 설득이기에 양방향 의사소통이다. 따라서 광고, 판매촉진, PR 및 홍보와 달리 판매자와 소비자의 인간적인 면이 개입된다.

- 연구팀이 추정한 고대 검투 경기의 시간은 10분에서 15분 정도다. 재미있는 사실은 고대의 검투 경기에 참가한 검투사들은 상대방을 알아보지 못하도록 얼굴을 가리는 헬멧을 썼다는 점이다. 헬멧 때문에 강화되는 익명성이 싸움을 더 치열하게 만들었다는 주장이다. 수개월 동안 합숙하며 훈련을 해온 검투사들은 서로를 너무나 잘 알고 있기에 헬멧 없이는 서로를 죽이지 못했을 것이란 분석이다.
  – 출처: 『과학이 몰랐던 과학』, 존 플라이슈만 등저, 알음(들린아침)(2004)

판매원의 역할은 업무 성격에 따라 다르지만 모든 판매원은 다음의 역할을 부지불식간에 수행한다.

1. **이미지 창출자(image agent)**: 고객은 자신이 접하는 판매원을 보고 제품뿐 아니라 기업에 대한 평가도 한다. 그래서 판매원은 기업을 대표는 동시에 움직이는 광고판이다.
2. **연락원(liaison agent)**: 고객과 직접 접촉을 통하여 제품 및 서비스를 전달하거나 상담을 한다. 역으로 고객의 불만 및 희망 사항을 기업에 전달한다. 즉 중간 연락책 역할을 한다.
3. **정보원(intelligence agent)**: 판매원은 시장 상황을 민감하게 접하는 최전방 위치에 있다. 고객 기호의 변화, 경쟁사 움직임, 유통의 추세 등과 같은 시장 정보를 민감히 파악할 수 있기에 기업 입장에서는 중요한 정보원천이 된다.

판매는 한마디로 상대방을 설득하여 자신의 목적을 달성하는 행위이다. 우리의 삶은 타인을 설득하거나 또는 설득당하는 것으로 점철되어 있다. 결국 우리 모두는 무언가를 누군가에게 세일즈하는 판매원이다.

- 타인이 인정할 만한 가치 거리가 없거나 또는 자신이 현재 가진 것을 타인이 가치가 있다고 느끼게끔 설득할 능력이 없다면, 우리는 세상에서 살아가기 어려울 것이다. 이는 기업도 마찬가지이다. 판매에 실패한 기업은 결국 시장에서 사라진다.
- 혹시 남들에게 무언가 팔아본 경험이 있는가? 자신의 생각이나 의견을 남들이 받아들이게끔 설득해본 경험이 있는가? 취업을 위해 자신의 가치와 역량을 최대한 좋게 보이게끔 노력한 적은 없는가? 이러한 경험을 절실히 해봤다면 남들에게 무언가를 팔거나, 설득하는 것이 얼마나 힘든지 이해할 것이다.

다음에서는 인적판매의 과정, 판매원의 관리 방법에 대해 차례대로 살펴볼 예정이다. 우선 인적판매의 과정은 개별 판매원(또는 판매팀)이 겪는 판매 과정을 단계별로 나누어 살펴보는 것이다. 한편 판매원 관리는 기업 관점에서 판매원 집단을 관리하는 내용이다.
광고회사의 광고주 담당자(account executive, AE)는 본질적으로 광고주(고객)를 상대하는 판매원(salesperson)이다. 그렇기에 여기서 소개하는 많은 부분의 내용은 AE의 업무 수행과 관련된다.

Ⅱ 인적판매의 과정

"Successful salespeople are born."이란 말이 있다. 그러나 대부분의 판매원은 판매원의 자질이나 개성을 신친적으로 가지고 태어나지 않는다. 후천적 훈련을 통해 그리고 자신의 일에 애착을 가지고 오랜 시간 일하는 사이에 자기도 모르게 그러한 자질과 개성을 가지게 된다.

- 만약 타고난 자질만이 판매원의 성공 여부를 좌우한다면 판매원 기법 및 훈련에 대한 연구는 필요하지 않을 것이다. 그저 자질을 갖고 태어난 판매원 후보를 선별하는 방법만 연구하면 될 것이기 때문이다.

여러 면에서 볼 때 훌륭한 판매원은 그저 타고나는 것이 아니라 훈련을 통해 길러지는 것으로 보는 것이 합당하다. 오늘날의 판매원은 판매관리의 원리를 이해하고 다양한 분석기법을 학습하고 고객관리의 훈련을 받아야만 해낼 수 있는 고도의 전문직이다.

이제 인적판매의 과정(personal selling process)에 대해 살펴보자. 일반적으로 신규 고객에 대한 인적판매는 다음의 절차로 이뤄진다: ① 준비(잠재고객의 색출 및 평가, 접근하기 전의 정보수집) → ② 설득(고객에게 접근, 고객 설득) → ③ 거래(거래의 종결) → ④ 고객관리(판매후 서비스).

그림 19-1 인적판매의 과정

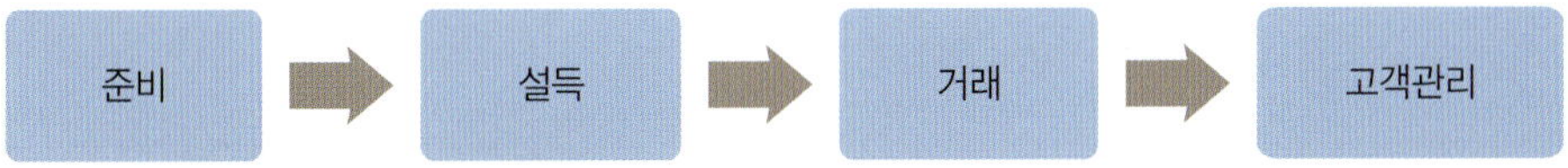

- 인적판매 과정을 한 명의 판매원이 수행하는 경우도 있지만 대부분 팀으로 수행한다. 인적판매 과정 동안에 다양한 일들이 발생하는데 이 모두를 한 사람이 수행하기는 어렵다. 예를 들어, 설득과 협상을 잘하는 사람도 있지만 거래의 종결을 잘하는 사람도 있다. 따라서 각기 다른 개성, 장점을 가진 구성원을 팀으로 결성하는 것이 바람직하다.

1. 준비(preparation) 단계

판매원은 고객과 (최초) 접촉을 하기 전에 철저히 사전준비를 해야 한다. 여기서는 ① 예상되는 고객을 찾아보는 것(prospecting), ② 이러한 잠재고객에 대한 정보수집으로 나누어진다.

1) 잠재고객의 탐색(prospecting)

인적판매의 첫 단계는 물건을 구입할 가능성이 높은 고객을 찾아내는 일, 즉 잠재고객의 색출이다. 경험이 많은 판매원일수록 아무한테나 접근하지 않는다. 구매 가능성이 가장 높은 고객을 선별하고 이들에 집중한다. 판매원의 귀한 시간과 에너지의 낭비를 최소화하기 위함이다.

- 골프장 (또는 골프연습장)에서 골프회원권을 판매하는 영업사원은 그곳에 오는 모든 사람에게 정성을 기울여 접근하지 않는다. 타고 온 자동차, 골프백 상표, 옷 차림새 등을 보고 좀 더 정성을 기울일 만한 고객을 찾는다. 수입차 전시장의 딜러(영업사원)는 전시장을 방문하는 사람들이 타고 온 자동차, 옷 차림새 등을 보고 좀 더 정성을 기울일 고객을 구분하여 응대한다.
- 얼마 전 친구가 씩씩거리면서 자동차를 바꿔야겠다고 말했다. 이유인즉, 여러 명이 점심을 먹고 근처의 찻집으로 이동해 가게 앞에 일렬 주차하였는데, 차를 마시고 나와 보니 차 유리창마다 신형 아우디 전단지가 끼어 있었지만 자기 차에만 끼어 있지 않았다는 것이다. 다른 사람들의 차는 외제차거나 국산고급차였지만 자기차는 국산소형차였고 그래서 전단지마저 자신을 무시했다고 생각했다.
- 텔레마케팅의 경우, 구매가능성이 높은 잠재고객을 우선 선별한 다음에 이들에게 전화 통화를 시도

한다. 벤츠 자동차의 텔레마케터는 현재 렉서스 또는 BMW 자동차의 소유자에게 전화통화를 시도할 것이다. 모닝 자동차의 사용자 목록은 별로 도움되지 않을 것이다.

잠재고객의 색출 방법에는 여러 가지가 있다: 기존 고객에게 물어보거나 소개받는 방법, 유망한 잠재고객이 속한 단체에 가입하여 친분을 쌓는 방법, 공급상/중간상/금융기관/협회 회원들에게 문의하는 방법, 2차 자료(신문, 전화번호부, 간행물, 동창회 명부 등) 등이 있다. 어떠한 방법을 쓰던 간에 관계없이 판매원의 인맥은 큰 재산이 된다. 이 단계에서는 가능한 많은, 그리고 양질의 리스트를 확보하는 것이 중요하다.

- 한 개인에게 영향력을 미치는 주변 사람의 수는 250명 정도이다. 이는 오랜 세월 장례식을 주관한 장의사의 실제 체험에서 나온 수치이다. 평균 250명 정도가 조문을 오고 이를 기준으로 장례용품을 준비한다. 조 지라드(미국의 자동차 판매왕)는 장의사의 말에 힌트를 얻고 영업에서도 이를 활용하였다. – 출처: 『광고대행사 AE가 알아야 할 50계명』, 조건희 저, 늘봄출판사(2008)

광고회사 AE는 아무런 예고 없이 회사를 방문(cold canvassing)하여 직원들 이야기를 들으면서 잠재고객으로 이전될 가능성을 타진하기도 한다.

2) 접근하기 전의 정보 수집(preapproach)

일단 잠재고객 리스트가 확보되었다면 이제 판매원은 이들에 대한 정보를 최대한 많이 수집한다. 이러한 정보의 유용성은 다음과 같다. 첫째, 잠재고객의 구매가능성과 그들의 구매규모를 파악함으로써 향후 접근하는 고객들의 우선순위를 결정할 수 있다. 둘째, 선정된 고객들에게 언제, 어떻게 접근하는 것이 좋을지의 판단에 도움이 된다. 셋째, 고객에게 접근한 다음 그에게 제시할 판매전략, 설득 방법을 미리 구상하는 데 도움이 된다. 고객 정보는 이를 소개해준 정보원천을 통해 얻기도 하고, 2차 자료를 통해 얻기도 한다. 다양한 자료 원천을 활용하여 고객의 욕구, 성격, 취미, 구매 행태, 구매결정에 관여하는 사람들(구매센터, buying center)에 대한 정보를 모아야 한다.

- 영업에 나설 때 중요한 것은 제품 판매에 앞서 고객 문제를 해결해주려는 태도다. 예컨대 신발 회사 경영자는 자신이 상대하는 고객의 신발을 직접 신어 봐야 그들이 요구하기 전에 어떻게 도울지를 파악할 수 있다. – Mark Cuban(미국 방송사 AXS TV 회장)
- 일본 드라마 〈중쇄를 찍자!(重版出来!, 2016)〉에는 만화 출판사의 영업사원이 서점의 협조를 얻기 위해 서점 직원을 설득하는 내용이 나온다. 교훈적 내용이 몇 가지 나오는데, 그중 하나는 만화책의 판매에 서점의 적극적 협조를 끌어내기 위해서는 자신의 출판사 책이 좋다는 점도 강조해야 하지만 그 전에 서점 직원의 성향을 꼼꼼히 이해해 두어야 한다는 점이다.

2. 설득(persuasion) 단계

잠재고객을 만나기 위한 만반의 준비가 되었다면 이제 고객을 직접 만나서 설득한다. 판매원은 고객에게 일단 접근하고, 이들에게 기업의 제품 및 서비스를 설명하고, 고객이 제기하는 반대 의견에 성공적으로 대응해야 한다.

1) 고객에게로의 접근(approach)

고객을 만나서 설득하기 위해서는 일단 고객을 만나야 한다. 사전 약속, 방문할 때의 복장과 용모, 첫인사말, 예의범절 등에 신경을 써야 한다.

잠재고객과의 사전 약속 방법으로는 전화, 이메일, 문자메시지 등을 통해 사전안내를 한 다음에 만날 시간을 정한다. 또는 아는 사람을 통해 약속을 잡기도 한다.

어떤 방법이든 간에 최초 만남이 가장 중요하다. 상대에 대한 예의를 갖추고 동시에 상대방에게 부담을 주어선 안 된다. 또한 고객의 주의를 끌고 흥미를 일으킴으로써(attention & interests) 판매원이 가지고 간 제품에 대한 설명을 좀 더 들어보고 싶은 마음이 생기게 해야 한다.

- 국내 유수 광고대행사의 직원들은 광고주를 방문할 때 복장에 특히 신경 쓴다고 한다(예: 양복 정장은 물론이고, 여름에도 긴팔 와이셔츠를 입는다). 물론 고객에 따라 또는 만나는 상황에 따라 접근 방법이 달라진다. 보험 영업을 하는 A씨는 오래전 고객과의 상담에 반팔 와이셔츠를 입고 갔다가 자세가 덜 되었다며 그 자리에서 면박을 받았다고 한다.
- 삼고초려(三顧草廬): 유능한 참모의 필요성을 절감한 유비는 여러 사람을 통해 남양(南陽)에 은거하는 제갈량(諸葛亮)의 존재를 알게 되었고 관우, 장비와 함께 예물을 싣고 양양(襄陽)에 있는 그의 초가집을 세 번이나 방문한 끝에 그를 군사(軍師)로 모실 수 있었다. 이때 제갈량은 27세, 유비는 47세였다.

접근 방법이 잘못되면 본론(고객 설득 단계)으로 들어가지도 못할 수 있다. 또는 잠재고객에게 좋지 않은 인상을 심어준 상태에서 본론에 들어가기도 한다. 이와 같이 접촉은 그다음 단계인 판매제안에 영향을 미치므로 신중을 기해야 한다.

- 점포에 내방한 고객을 대하는 방식도 고객별로 달리해야 한다. 예를 들어, 어떤 고객은 혼자 고르는 시간을 충분히 가지는 것을 선호한다. 이에 비해 어떤 고객은 처음부터 점원 도움을 받기를 원한다. 유능한 점원일수록 고객을 빠르게 간파하고 그에 맞게 대처한다.

2) 고객 설득(또는 판매제안)

- 커뮤니케이션의 93%는 말의 내용이 아니라 억양이나 말투 같은 비언어적 요소와 표정, 몸짓, 자세

등의 신체 언어를 통해 전달된다. – Albert Mehrabian(심리학자)

고객 설득은 인적판매 과정에서 핵심 단계이다. 여기서는 잠재고객에게 자사 제품을 구매하고 싶은 마음(desire)이 일어나도록 설득한다. 판매원은 자사 제품이 고객 욕구를 어떻게 충족시키는지 그리고 기존 제품이나 경쟁제품에 비해 어떠한 우위점이 있는지를 설득력 있게 제시해야 한다. 관여도가 높을수록 구매 제품이 여러 대안 중 최적이라는 믿음과 감정이 선행되어야 한다. 판매원이 다루는 제품 대부분은 고관여 제품이기에 고객에게 신뢰, 확신, 자부심을 주는 것이 필요하다.

- 스마트폰 구매를 위해 소비자는 보통 여러 점포를 돌아다닌다. 어떤 점포의 점원이 다른 점포들에 비해 친절한 설명과 함께 도움되는 정보를 제시하면 호감을 가지게 되고 구매에 일보전진한다. 그렇지만 만약 가격견적을 뽑았을 때, 자신이 확실히 알고 있던 어떤 항목에 덤터기 씌운 것이 발견되면 그 점원에게 가졌던 신뢰와 호감은 한번에 무너져 내린다. 한편 소비자는 매번 이렇게 많은 시간을 들여 스마트폰 구입을 하고 싶지 않다. 만약 어떤 점포의 종업원에게 신뢰가 형성된다면, 다음 번 구매에도 그를 먼저 찾을 가능성이 높다.

인적판매는 고객에 따라 융통성 있게 신속히 대처할 수 있는 장점이 있기에 제품 설명할 때 이러한 점을 충분히 살려서 고객별 상이한 욕구에 맞게 메시지를 신축성 있게 제시해야 한다.

상품 제시 및 설명(presentation) 과정에서 판매원은 고객의 이견(objections)을 해소해야 하는 경우가 생긴다. 고객이 판매원의 설득에 전적으로 수긍해준다면 좋겠지만, 대부분의 고객은 판매원의 설명과 설득에 문제점은 없는지 비판적으로 그리고 의심의 눈을 가지고 살펴본다. 구매(선택) 실패에 따른 피해는 고스란히 고객의 몫이기에 반대 의견을 갖는 것은 어찌 보면 당연하다. 제품의 성능, 가격, 디자인 등이 생각보다 기대에 미치지 못할 때, 당장 그 제품의 필요성을 느끼지 않을 때 반대 의견이 주로 발생한다. 이러한 이견(objections)에 대한 해결이 미흡하면 고객은 구매를 주저한다. 한편 고객이 판매원의 설득을 그대로 받아들이지 않는 이유에는 이성적뿐 아니라 감성적 부분도 있다는 점을 유념해야 한다(예: 제품은 마음에 드는데 왠지 판매원 태도가 마음에 들지 않아 트집을 잡는 경우).

- 반대 의견의 표면적 이유뿐만 아니라, 내면의 진정한 이유를 파악하는 것이 중요하다. 어떤 경우에도 고객과 논쟁을 벌여 논리적으로 이기려고 해서는 안 된다. 판매원이 논쟁에서 지면 고객을 더 이상 설득시킬 수 없게 된다. 또한 설혹 논쟁을 이긴다 해도 고객의 자존심을 상하게 하기에 판매는 결국 무산된다.

고객의 반대 의견, 반감(정서)을 성공적으로 극복한다면 오히려 고객은 구매에 좀 더 적극적으로 임하게 된다. 반대 의견을 처리하는 데 있어서 중요한 점은 고객의 말을 경청하고 마음을 이해하려는 자세이다.

고객이 제기할 만한 반대 의견은 다양하지만 대부분 예상이 가능하다. 경험 많은 판매원이 중요한 이유이다. 반대 의견의 항목별로 어떻게 대처할 것인가에 대해 미리 예상답안을 준비하는 것도 중요하고, 고객 성향별로 어떠한 대응이 좋은가에 대해 연습하는 것도 바람직하다.

- 세일즈맨 중 48%는 단 한 번 권유하고 포기한다. 두 번 권유하는 사람은 25%, 세 번 권유하는 사람은 15%였다. 세일즈맨 중 12%만이 네 번 이상 권유한다고 응답했는데, 놀랍게도 네 번 이상 권유한 12%의 세일즈맨이 전체 판매량의 80% 이상을 차지한다. – 미국 소매상협회 조사결과
- 일본경제신문에서 잘나가는 영업사원들의 영업화술을 조사한 결과는 다음과 같다. 1위: 무조건 상대방의 이야기를 듣는다. 2위: 업무 외 이야기 80%, 일 이야기 20%로 먼저 자신을 좋아하게 만든다. 3위: 상대방의 연령층에 맞는 말로 이야기한다. 4위: 좋은 점을 찾아서 칭찬한다(단 속 보이는 아부는 금물). – 일본경제신문의 조사결과
- 상대방에게 많이 말하게 할수록, 내가 상대방의 말을 들어주는 시간이 길면 길수록, 상대방은 당신을 좋아하게 됩니다. – 미국 웨슬리 대학 실험결과

3. 거래(transaction) 단계

고객이 어느 정도 설득되었다는 것이 판단되면 이제 판매 과정은 마지막 단계인 거래로 접어들게 된다. 거래의 종결(closing)은 상담 마무리를 의미하며 이는 고객 행동(action)을 이끌어 내는 것이다. 거래의 종결은 판매원의 궁극적 목표이다. 그동안 기울인 모든 과정과 노력은 결국 최종 구매의 성사 여부로 판가름 난다.

제품을 설명하고 종종 반대 의견을 처리하다 보면 고객의 구매욕구가 어떤 기준을 넘어섰다고 판단되는 순간이 온다. 그러면 판매원은 이제 상담 마무리를 시도할 필요가 있다. 마무리 기법(closing technique)을 몇 가지 소개하면 다음과 같다.

1. 고객에게 이제는 설명을 그만 듣고 구매를 결정하라고 권유한다. 설명과 해명을 계속 늘어놓다 보면 이것이 사족이 되어 오히려 구매를 머뭇거리게 만들기도 한다.
2. 고객이 구매하는 것을 전제로 하고 상담을 좀 더 진전된 내용으로 발전시킨다(예: 색상은 어느 것이 더 마음에 드시는지요? 배달은 집으로 하면 되는지요? 설치는 다음 주중으로 하면 되는지요?).
3. 몇 가지 대안을 제시하고 그중 하나를 고르도록 한다(이 물건이 저 물건보다는 훨씬 좋아 보입니다. 이것으로 하시겠습니까?).

4 망설이는 고객을 움직일 만한 결정적 혜택 한 방을 제시한다(지금 구매를 하신다면 10% 추가 할인해 드리겠습니다. 이 선물을 추가로 드리겠습니다).

5 고객이 자사 제품을 지금 구매하지 않으면 잃게 될 손실을 구체적으로 예시한다.

거래 권유 또는 상담 마무리를 하는 시점, 방법의 선택은 신중을 기해야 한다. 섣불리 서두르다가는 오히려 조금이나마 열리던 고객 마음이 한번에 닫힐 수도 있다. 고객의 표정이나 행동, 제기하는 질문의 진척 정도, 말투의 확신 등을 통해 감수성 있게 고객 심리 상태를 파악하고 마무리로 접어들어야 한다.

최종 계약서를 작성할 때 주의할 점은 설득 단계에서 이미 제시하였던 품질, 가격, 상품 인도 등의 제반 조건을 그대로 변함없이 적용해야 한다는 점이다. 어떤 판매원은 계약서를 작성할 때 가서야 그전에 이야기하지 않았던 추가비용의 부담, 제품의 문제점 등을 드러내는 경우가 있다. 좋지 않은 내용일수록 사전에 미리 알려 두어야 한다. 그렇지 않고 계약서를 쓸 때 슬그머니 좋지 않은 내용을 별거 아닌 척 드러내서는 안 된다.

- 고객에게 가능한 도움 되는 정보를 제공하고 현명한 의사결정을 도와주는 것이 바람직하다. 고객은 가끔씩 착각을 하거나 잘못된 판단으로 거래를 하기도 한다. 거래 종결을 위해서는 이러한 고객의 판단착오를 못 본 척하고 진행하는 것이 유리하겠지만, 추후 고객이 이러한 사실을 깨닫게 되면 그 종업원을 다시는 신뢰하지 않을 것이다. 예를 들어, 메뉴판에 월요일만 30% 할인하는 음식이 있음을 보고서 이를 선택하겠다고 종업원에게 말했는데 나중에 계산할 때 보니 그 날이 화요일이란 것을 알았다면, 요일을 착각하고 있다는 것을 알려주지 않았음에 서운함을 느낄 것이다.

한 번의 고객방문으로 거래가 성사된다면 물론 바람직하겠지만 그렇게 쉽게 성사되는 경우는 드물다. 거래가 성사되지 않을 때의 대처 자세 역시 다음번 기회의 문을 열어두기 위해 중요하다. 실망하여 감정적으로 대했다가는 나중에 다시 방문할 기회마저 놓치게 된다.

- 물건을 구매하기 위해 들어온 고객에게 상냥하고 친절하게 대해주던 직원이 고객이 살 마음이 없다는 것을 확인하고는 차갑게 돌아선다면 다음번 판매 기회까지도 놓치는 것이다. 모름지기 만날 때보다 헤어질 때 더 잘해주어야 한다.

4. 고객관리(customer management) 단계

판매 과정은 주문 계약서 완료로 모든 것이 끝나는 게 아니다. 판매 후 서비스 및 후속 관리(follow-up)가 중요하다. 일반적으로 판매원은 주문서를 받으면 긴장의 끈을 놓는다. 물론 판매원의 역할은 거기서 끝날 수 있다(대금 지불 처리, 물건 인도, 고객 사후 관리는 다른 직원이 이어서 하는 경우도 있다). 그렇지만 물건을 구입한 고객은 제품의 배달, 설치의 과정을 겪고 제품을 한참 사용하면서 그 판매원에 대한 평가를 두고두고 하기도 한다. 이러한 고객 입장과 후속 경험을 판매원은 결코 잊어선 안 된다.

판매원은 고객이 주문한 상품을 제대로 배달받았고 또한 불편함 없이 설치 받았는지를 확인해야 한다. 또한 정기적으로 고객과 접촉하여 사용에 불편함은 없는지, 수반되는 서비스는 잘 받고 있는지 등을 점검함으로써 고객이 항상 제품에 대해 만족할 수 있도록 신경 써야 한다. 처음 거래에 만족한 고객은 바로 그 판매원을 통해 또 다른 거래를 하고 싶게 된다. 또한 주변 사람에게도 그 판매원을 추천한다.

- '영업사원의 방문'은 고객의 영업만족률(26.3%p 상승)은 물론 A/S만족률(14.0%p 상승)을 높이고, 종합 평가(19.0%p 상승)도 높이는 효과가 있다. 반면 결함이나 문제점(0.46건 감소), 품질스트레스(0.21건 감소) 등을 훨씬 더 적게 느끼게 만든다. 문제는 고객 6명 중 1명 정도(17.8%) 만이 영업사원의 방문을 받는다는 점이다. – 출처: 〈Marketing insight〉, 2011. 1. 12 보도 자료

Ⅲ 판매원에 대한 관리

기업 매출의 상당 부분을 담당하는 판매원 조직의 관리는 마케팅에서 중요하다.

- 인터넷, 모바일 시대에서는 구시대적 방식이라 평가받았던 '야쿠르트 아줌마'는 방판(방문판매)의 힘을 되살리고 있다. 한국야쿠르트의 2017년 매출은 1조 314억 원인데, 이중 93%를 '야쿠르트 아줌마'들이 올렸다. 한국야쿠르트는 세계 최초의 이동형 냉장카트인 '코코(cold&cool)'를 도입하였다. 대당 가격은 800만 원 가량이기에 1만 3000명의 야쿠르트 아줌마들에게 1000억 원의 큰 금액을 투자해야 했다. 하지만 결과는 대성공이었다. 최근에는 오리온, 롯데 등도 자사 제품을 팔아달라고 의뢰하고 있다. – 출처: 〈전동카트 탄 △△△△ 아줌마의 힘 … ◎◎ · ◇◇◇ "우리 제품도 팔아달라"〉, 김재후, 한국경제신문, 2018년 9월 28일

판매원 관리 과정은 다음과 같다. 판매원의 선발 및 충원에 앞서, 판매원 조직을 통해 이루고자 하는 목적을 설정한다. 그런 다음 목직에 적합한 조직 체계를 구축하고, 이에 필요한 판매원의 수를 결정한다. 또한 이들에 대한 보상체계를 구축한다. 이러한 목표, 조직구조, 판매원 규모, 운영 방식 등에 대한 제반 청사진을 마련한 다음에는 판매원을 선발한다. 특히 우수한 인력의 선발에 많은 시간과 노력을 기울여야 한다. 양질의 판매원을 선발한다면 조직 노력의

상당 부분을 절감할 수 있다. 판매원을 선발한 다음에는 교육 및 훈련을 시키고, 그들을 지휘하고 동기부여하여, 일정 기간 후에는 실적을 평가한다.
이상의 판매원 관리의 주요 내용들, 즉 [목표 – 조직 – 판매원 수 – 보상 – 모집 및 선발 – 교육 및 훈련 – 지휘 및 동기유발 – 평가]에 대해 차례대로 살펴본다.

1. 판매원 관리의 목표

판매원 조직은 기업이 이들로부터 달성하고자 하는 목표가 있기에 존재하는 것이다. 판매원 목표는 마케팅목표의 하위 목표이다. 그렇기에 기업 전반의 목표, 마케팅목표, 마케팅 커뮤니케이션(IMC) 목표 등과 일관성이 있어야 한다. 동시에 광고와 마찬가지로 인적판매의 고유성이 목표에 반영되어야 한다. 동시에 현장 판매원들의 의견을 반영하여 결정한다. 판매원이 참여하여 결정하는 목표일수록 자신의 의견이 반영되었다는 자존감이 들고 동시에 이에 대한 책임감도 느끼게 된다. 판매원 관리의 목표는 가능한 구체적이고(specific), 측정 가능해야 하며(measurable), 정해진 기간 동안 달성할 수 있어야 한다(achievable within a specified time period). 예를 들어 '2022년 9월 1일부터 11월 30일의 3개월 동안 20명의 신규고객을 확보한다.'와 같이 설정할 수 있다.

2. 판매원의 조직

기업의 목표, 전략, 시장 상황에 적합한 판매원 조직을 구축해야 한다. 조직 구조는 모든 활동의 토대가 되고 장기간 영향을 미치므로 초기부터 제대로 형태를 잡아야 한다. 조직 형태의 분류 기준은 다양하지만 여기서는 지역별, 제품별, 시장별 조직에 대해 소개한다.

1) 지역별 조직

판매원이 담당할 지리적 영역을 정해주고 해당 지역에서 기업의 모든 제품을 책임지는 것이다. 지리적 책임한계가 분명하기에 열심히 일하게 되고, 또한 지역이 한정되므로 이동 비용도 적게 든다는 장점이 있다.

2) 제품별 조직

기업의 제품 중에서 특정 제품의 판매만을 책임지도록 하는 것이다. 제품이 복잡하거나, 한 사람이 다양한 제품 모두를 취급하기 어렵거나, 제품 간의 관련성이 적거나, 제품에 따른 유통경로가 다른 경우에 이러한 조직형태가 많이 활용된다.
여기서는 자기가 전담한 제품에 대한 전문 지식을 갖추게 된다는 장점이 있다. 그러나 기업의 여러 제품을 구입하는 고객(예: 한 제약회사로부터 다양한 약품을 구입하는 약국)의 경우에는 동일 기업의 판매원이 중복 방문한다는 불편함이 있다. 따라서 제품팀 간의 업무조정을 통한 중복 노력의 최소화가 필요하다.

3) 시장(고객)별 조직

판매원 각자가 담당할 시장 및 고객(예: 소매점포, 대형슈퍼마켓, 전문점, 자판기; 약국, 개인 병원, 종합병원)을 정해주고, 그 시장 또는 고객에게 기업의 모든 제품을 판매하도록 하는 것이다. 장점은 자신이 담당하는 시장 및 고객에 대한 풍부한 지식이 있기에 신제품, 광고캠페인, 판매촉진 방법 등을 해당 고객의 욕구에 더 적합하게 개발한다는 점이다.

그러나 동일 지리 영역의 상이한 범주의 고객에게 각기 다른 판매원이 방문해야 한다는 번거로움이 있고 그만큼 비용도 발생한다. 이런 점에서 볼 때, 시장별 조직은 세분시장별로 원하는 바가 매우 다르고 그러한 시장이 지역별로 따로 몰려서 존재할 때 사용하기 적절하다.

한편 여러 종류의 제품을 널리 흩어져 있는 상이한 성격의 고객에게 판매하는 경우에는 위의 방식을 섞은 혼합형 조직형태가 사용되기도 한다.

3. 판매원 규모의 결정

판매원 목표, 조직 형태가 결정되면, 그러한 목표달성과 조직구조에 적합한 판매원의 규모를 결정한다. 판매원의 수가 많을수록 판매량은 증대하지만 동시에 판매 관리비용도 늘어난다. 기업은 비용대비 효과 차원에서 최적의 판매원 규모를 산정해야 한다.

판매원의 수를 정하는 데 많이 사용되는 방법은 작업량(workload)을 기준으로 하는 것이다. 이 방법의 기본 개념은 목표달성에 필요한 총작업량을 먼저 추산하고, 판매원 한 사람이 할 수 있는 작업량을 산정한 다음에, 자료를 기초로 필요 판매원의 수를 계산하는 것이다.

- 목표달성에 소요되는 작업량이 1일 1,000시간으로 추산되고, 한 사람이 하루에 할 수 있는 작업량이 평균적으로 10시간이라면, 1000/10 즉 100명의 사람이 필요하다.

이 방법은 소요 인원의 규모를 파악하는 데 도움이 된다. 기업은 이러한 기초 자료를 토대로 기업 여건, 시장 상황(경쟁밀도, 고객의 요구 사항의 복잡성 및 난이도), 판매원의 능력 차이 등을 고려하여 자사에 적합한 인원을 최종 산출한다.

4. 판매원의 보상

판매원은 기업과 고객 사이를 연결하는 중간다리 역할을 한다. 그런데 기업, 고객이 기대하는 바와 요구하는 사항은 종종 다른 경우가 많다. 중간 입장의 판매원은 이를 조화롭게 조율하지만 때로는 곤란한 상황에 처하기도 한다. 그래서 판매원은 육체적으로도 힘들지만 감정적으로도 힘들다. 판매원이 기업 매출에 공헌하는 바가 크고 동시에 그들의 역할이 힘들다는 점을 고려해볼 때, 그들에 대한 적절한 보상은 중요하다. 보상 체계는 판매원의 직무태도 및 업무성과에 영향을 미치고 이는 결국 기업 성과와 연결된다.

보상 방법은 크게 금전적 보상(예: 연봉 인상, 보너스 지급)과 비금전적 보상(예: 승진, 더 많은 재량권 부여, 공개적 칭찬 등)으로 구분된다. 금전적 보상은 다시 고정급, 성과급, 그리고 혼합형으로 나눌 수 있다. 고정급은 심리적 안정을 제공하지만, 할당량 이외의 성과를 고려하지 못한다는 단점이 있다. 반면에 성과급은 판매원이 성과를 낸 만큼 보상을 하기에 더 많은 노력을 유발한다는 장점이 있지만 수입이 매번 불확실하다. 또한 판매와 직결되지 않은 업무에 대해 자발적 협조를 이끌어내기 어렵다는 단점도 있다. 고정급과 성과급에 따라 행동이 달라진다는 것은 택시 기사의 입장(예: 고정월급제 vs 수익에 따른 성과급제)에서 생각해보면 쉽게 이해될 것이다.

- 보상은 행동의 방향과 강도에 영향을 미친다. 만약 축구팀 구단에서 골을 넣는 선수에게만 보너스를 지급하고 해당 성과만 다음 해의 연봉에 반영한다면 어느 누구도 골대 근처에서 패스하지 않을 것이다. 무리해서라도 자신이 직접 슈팅할 것이다. 팀 공헌도에 대한 합당한 평가와 보상체제의 개선이 없다면 선수들에게 개인 플레이를 자제하고 동료에게 슛 찬스를 양보하라는 윤리 교육을 아무리 많이 해도 소용없다. 보상체제로 인해 발생한 문제는 결국 보상체제의 개선을 통해서만 해결할 수 있다.

기업의 건전성은 건전한 보상체제와 밀접한 관계가 있다. 보상의 기틀을 올바로 마련한다는 것은 그래서 매우 중요하다. 팀 전체를 위한 개인플레이의 자제, 장기 결실을 위한 단기적 불편함의 감수 등에는 이에 합당한 처우와 정신적 보상이 뒤따라야 한다. 보상의 기틀은 무엇보다도 최우선으로 구축되어야 하고 이를 통해 조직문화를 건실히 조성해 나가야 한다.

5. 모집 및 선발

판매원이 수행할 목표가 결정되고, 조직구조, 판매원의 수, 보수 등이 어느 정도 결정되었다면, 이제 기업은 이러한 틀에 적합한 판매원을 모집하고 선발해야 한다. 아무리 판매원 조직에 대한 좋은 청사진을 마련했더라도, 이를 직접 수행할 판매원이 확보되지 못한다면 계획은 아무런 의미가 없다. 우수한 판매원의 확보는 판매원 관리에서 핵심이다.

- 이처럼 굶주리고 병든 군졸들을 데리고, 적을 공격하기에는 백 가지로 생각해도 계책이 없으니, 통분하고 또 통분합니다. – 출처: 『칼의 노래』, 김훈 저, 생각의나무(2003)

선발 기준을 설정하고 지원자를 모집한 다음에는 이들에 대한 엄격한 심사 절차를 거친다. 채용 기준은 기업, 제품, 시장의 특성을 반영하여 마련한다. 또한 판매원에게 일반적으로 요구되는 자질 여부에 대해서도 평가한다.

- Cox와 Stevens(2001)는 시장 상황에 맞춘 네 가지 판매원 유형을 제시한다. 신기술이 처음 등장한 초기의 탄생 단계에서는 미래를 향한 꿈과 희망을 파는 판매원, 고속성장 단계에서는 기술력으로 무장하고 예기치 못한 고객들의 건의 및 요구 사항을 처리해주는 판매원, 점진적 성장을 거쳐 성숙단계에 이르러서는 고객들과 인간적 유대를 끈끈하게 맺어 고객을 지속적으로 관리하여 지속적 수익을 창조하는 판매원, 시장 과포화 단계에서는 대규모 체인망으로 더 많은 서비스와 감동을 선사하는 판매원을 기용하라는 것이다.

판매원의 선발 기간은 길어야 한두 달 걸리겠지만, 판매원이 기업에 영향을 미치는 기간은 몇십 년에 걸쳐서 나타난다. 오랫동안 좋은 성과를 거둘 수 있는 판매원, 기업에 좋은 기운을 불어넣는 판매원을 선발하는 것은 너무도 중요한 과업이다. 결국 인사(人事)가 만사(萬事)이다.

6. 교육 및 훈련

양질의 판매원을 선발하였어도 이들에 대한 교육과 훈련을 소홀히 해서는 안 된다. 우선 판매원들은 자신이 판매할 제품, 자신이 속한 조직, 자신이 상대할 시장(고객, 경쟁사, 신기술, 환경요소 등)에 대해 잘 알고 있어야 한다.
물론 판매원으로서 가져야 할 기본 지식과 태도(새로운 고객을 발굴하는 방법, 고객이 무엇을 원하는지 또는 원하지 않는지를 파악하는 방법, 설득력 있는 커뮤니케이션, 상담에 대한 마무리, 고객의 유지방법 등)에 대해서도 최신 이론, 실제 사례를 습득해야 한다. 이러한 교육은 신입 판매원뿐 아니라 기존의 판매원에게도 필요하다. 교육 효과는 바로 나타나지 않는 경우가 많다. 그러나 교육에 대해 관심을 가진 경영자, 지속적으로 교육에 투자하는 기업일수록 결국엔 성과가 좋게 나타난다.

- 25년 전 하버드 대학에서 초등 교사 50명을 대상으로 실험을 했다. 25명에게는 그들이 가르칠 학생들이 낙제생이며, 가족은 교육열이 높지 않다고 했다. 나머지 25명에게는 "당신들이 맡은 아이들은 훌륭해요. 그들은 우등생입니다. 그들의 가족은 교육열이 대단합니다"라고 말했다. 학기 말에 전자의 학생들은 대략 25~30점 정도 점수가 떨어진 반면, 후자는 50점 상승했다. 사실 두 표본 사이

에는 차이가 전혀 없었다. 그러나 교사들이 높은 기대치를 갖고 있을 때 학생들은 정말로 그렇게 실행했다('피그말리온 효과'에 대한 유명한 실험) – 출처: 『리더를 말하다』, 워렌 베니스 저, 양영철 역, 황금부엉이(2006)

적응적 판매(adaptive selling)는 고객 상황과 고객 경험에 대한 이해와 공유를 토대로 판매원 자신의 행동을 이에 맞게끔 수정하는 것이다. 이러한 방식은 고객 욕구를 만족시켜주면서 높은 가치를 전달할 수 있다. 과거에 비해 서비스 접점에서 고객의 서비스 민감도가 높아지는 오늘날 상황을 고려해볼 때, 고객에게 맞춤화된 판매행동의 중요성이 증대하고 있다. 고객을 이해하고 고객 욕구에 맞춘 배려적 행동이 필요하다.

- 연구결과, 고객에게 진심 어린 서비스를 하는 판매원이 단순히 돈만 좇는 판매원보다 더 많은 수입을 얻는 것으로 나타났다.
- 인간의 상대는 돈이 아니라 인간이다. – Alexander Pushkin(러시아의 시인이자 소설가)

7. 지휘 및 동기유발

중소기업의 어려운 점 중 하나는 신입 직원에게 필요한 교육을 시키고 수많은 현장경험을 통해 양질의 판매원으로 만들고 나면, 이들이 얼마 후 대기업으로 빠져나가는 것이라고 한다. 이런 점에서 볼 때, 판매원의 선발에 못지않게 중요한 것은 판매원을 조직에 남아 있게 하는 것이다. 지휘와 동기유발은 판매원의 성과를 향상하는 데도 도움이 되지만 그들이 조직에 계속 머무르도록 하는 데도 관련된다.

한편 지휘와 보상체계와의 관계에 대해 간략히 언급하면, 고정급은 철저한 관리감독이 요구되지만, 성과급은 성과에 따라 보수가 결정되기에 관리감독은 느슨해도 된다. 그러나 어떤 경우에도 관리감독의 과다 또는 과소는 좋지 않다. 적절한 수준이 중요하다. 한편 지휘 방식도 중요하지만 리더의 특성도 판매원의 성과에 많은 영향을 미친다.

판매원을 지휘하는 것은 판매원의 역량과 시간을 가장 생산적으로 사용하도록 하는 것과 연관된다. 물론 판매원 나름대로 자신만의 방식이 있겠지만, 기업은 이들의 행동을 돕기 위한 자료를 제공해야 한다.

- 판매원들의 시간 활용에 대한 몇 가지 지침: 판매량, 성장가능성, 이익 등에 따라 등급으로 나누고, 각 등급에 해당하는 고객들을 몇 번 방문해야 하는지에 대한 지침; 업무시간의 몇 %를 신규 고객을 찾는 데 쓰고 몇 %는 기존 고객의 유지에 써야 하는지에 대한 지침; 업무 중 실제로 판매(selling)에 쓰이는 시간의 비율은 어느 정도여야 하고, 다른 일(여행, 식사, 사무처리, 고객을 만나기 위해서 기다림)에 쓰이는 시간의 비율은 어느 정도여야 하는지에 대한 지침.

기업은 판매원들을 지휘감독할 뿐만 아니라 끊임없이 동기를 유발해주어야 한다. 동기유발의 방법은 흔히 보상을 생각할 수 있지만, 이것 이외에도 다양한 방법이 많으므로 적절한 시기에 적절한 방법을 채택하여 실시하는 것이 중요하다. 양질의 판매원을 선발해도 동기유발이 충분하지 않다면 이들로부터 최대 역량을 끄집어내기는 어렵다.

- 말(馬)이 어떤 일을 하게 하는 조련사는 위대한 조련사가 아니다. 위대한 조련사는 말이 어떤 일을 하고 싶어 하게 만든다. - 만티 로버트(Monty Roberts, 영국 엘리자베스 여왕의 말 조련사)

8. 판매원에 대한 평가

평가는 보상 수준을 정하는 데 도움되는 자료를 제공한다. 또한 평가를 통해 판매원의 역량을 측정하고 그들의 문제점과 개선방안을 파악할 수 있으며, 조직관리 차원의 문제점이 무엇인지를 확인하는 데도 도움이 된다. 평가는 결국 과거에 발생한 활동을 측정하여 이를 토대로 좀 더 향상된 미래를 위해 현재 시점에 취할 조치를 강구하는 데 필요하다.

피평가자 입장에서 평가는 항상 달가운 것은 아니다. 기업 관리자는 평가를 통해 판매원의 잘못을 규명하려 하기보다는 긍정적 관점에서 판매원의 업무를 향상하는 데 어떻게 하면 도움을 줄 것인가를 목적으로 해야 한다.

평가는 공정하게 이뤄져야 한다. 그러기 위해서는 우선 평가에 필요한 자료를 확보해야 한다. 흔히 사용되는 평가자료로는 판매 보고서(sales reports), 상급관리자의 관찰, 고객으로부터의 피드백, 고객설문조사 등이 있다. 이러한 자료를 평가할 때는 자료 자체만 보지 말고 활동 당시의 맥락(context)도 충분히 고려해야 한다. 시장상황에 대한 고려 없이 표출된 수치 자료만 가지고 평가한다면, 판매원들이 평가결과에 수긍하지 않을 수 있다.

평가에서 유념할 또 다른 점은 기업의 평가기준을 미리 판매원들에게 알리는 것이다. 그리고 평가가 시행될 때는 어떻게 진행되는지를 투명하게 보여주는 것이다. 예정에 없던 평가 항목을 나중에 추가하거나 주관적 평가 항목을 합리적이지 않게 평가한다면, 심각한 조직 불신과 불만, 조직 이탈을 초래한다.

Ⅳ 판매원 사례의 중요성

최선의 마케팅 방법은 책, 논문, 교육을 통해서도 배울 수 있다. 그러나 세상 경험이 많고 물정에 밝은(streetwise) 실무자(street smarts)로부터 나온 내용도 귀담아들을 만하다. 특히 판매

기법은 사무실이 아닌 현장에서의 직접 경험이 바탕이 되어야 한다. 인류학자라고 하면 보통 아프리카의 부족들, 도시 빈민 등과 함께 생활하면서 그들의 행동을 연구하는 사람을 생각하게 된다. 그런데 현장에서 발로 뛰지 않고 연구실에 앉아서 추측과 짐작에만 의존해서 연구를 하는 학자들도 있는데 이를 안락의자 인류학자(armchair anthropologist)라고 한다. 기업에서도 마찬가지로 사무실 책상 앞에서만 고객을 이해하고 마케팅 계획을 세우며 판매원을 관리하는 마케팅 관리자들이 있다.

그림 19-2 **청의정**

* 창덕궁에는 왕이 직접 농사를 짓던 곳(청의정, 淸義亭)이 있다. 넓지 않은 땅이지만, 임금은 농사일을 직접 해보면서 백성의 마음을 헤아릴 수 있었다고 한다.

물론 대부분의 의사결정에 필요한 정보는 2차자료를 통해 얻을 수 있지만 현장이 아니면 절대로 파악할 수 없는 소비자 욕구와 행동도 있기 마련이고, 판매기법도 있는 법이다. 따라서 마케팅 관리자 특히 인적판매를 수행하거나 이를 관리하는 사람들은 현장 경험을 중시해야 한다. 현장을 둘러보지 않고 내린 탁상공론은 때로는 어이없는 결과를 초래하기도 한다.

경험 없이 책만 보고 얻은 지식은 결코 발로 뛰고 몸으로 겪으면서 얻은 지식을 이기기 어렵다. 이런 점에서 모범 우수 판매원의 사례, 인적판매의 운영에 성공한 기업 등의 베스트프랙티스(best practice, 업무처리 모범규준)는 살아있는 교재라고 할 수 있다.

- 세일즈 신(神)이 된 비결: 일본에서 세일즈 신이라고 불리는 하라이치 헤이(原一平)가 은퇴 후 기자회견을 가졌다. 영업을 잘하는 비결을 묻자 그는 "저는 그저 남보다 많이 걷고 뛰었을 뿐입니다." 라고 말하며 양말을 벗어 발톱이 뭉개지고 굳은 살이 두껍게 붙은 발을 보여주었다. 그는 덧붙여 "세일즈를 하고 있지 않을 때는 세일즈에 대한 이야기를 했습니다. 그리고 세일즈에 대한 이야기를 하고 있지 않을 때는 세일즈에 대한 생각을 하고 있었습니다."라고 언급했다.

CHAPTER 20

대중 관계와 홍보

들어가기 전에

여기서는 전통적 촉진 믹스의 하나인 대중 관계(PR) 및 홍보에 대해 다룬다.

I 대중 관계(PR)의 개념

대중 관계(public relations, PR)는 기업이 사회와의 바람직한 관계 정립을 위해 벌이는 여러 활동들로 정의된다. 즉 다양한 이해관계자와의 호의적(goodwill) 관계를 구축하기 위해 수행하는 마케팅 커뮤니케이션을 총칭한다.

- 이해관계자(stakeholders): 기업 활동으로부터 직간접 영향을 받는 사람 또는 조직이다. 기업 활동으로 인해 이익(또는 손해)을 보거나, 권리를 침해당하는 개인이나 집단이다. ① 1차적 이해관계자(primary stakeholders): 기업이 시장에 제품이나 서비스를 공급하기 위한 1차적 목적을 수행하는 과정에서 직접적 영향을 주고받는 집단이다. 종업원, 주주, 공급업자, 유통업자, 채권자, 소비자 등이 해당된다. ② 2차적 이해관계자(secondary stakeholders): 기업의 기본적 활동이나 의사결정에 직간접 영향을 미치거나 또는 기업 활동으로부터 영향을 받는 일반 대중 및 집단이다. 지역사회, 정부, 사회운동단체, 언론매체, 기업지원 집단(협회, 연구소 등), 공중 등이 해당된다.

PR은 기업 이미지 고양 및 매출 증대에 도움이 된다는 인식이 점차 높아지고 있다. 그래서 기업은 PR 전문가를 고용하기도 하고, PR 활동을 체계적이면서도 적극적으로 수행하고 있다. PR은 잘만 활용하면 엄청난 힘을 발휘하는 커뮤니케이션 수단이다.

1. 대중 관계(PR)의 집행 과정

대중 관계(PR)의 계획수립과 실행 과정은 경영 및 마케팅의 일반 관리 과정과 유사하다. 우선 현재 대중이 가지고 있는 태도와 시장의 현황 파악으로부터 시작한다. 현 상태에 대한 정보를 기반으로 PR계획을 수립하고, 이에 걸맞게 구체적인 'PR프로그램'을 개발한다. 그리고 이를 실행한 다음, 최종적으로 PR프로그램의 효과 측정을 한다.

- 'PR프로그램'에 포함되는 내용은 광고의 경우와 유사하다. 즉 표적청중의 결정, 커뮤니케이션 목표의 설정, 메시지 작성, 매체 선정 등의 내용이 포함된다.

2. 위기상황에서 대중 관계의 역할

1) 위기관리(crisis management)에서 PR의 중요성

- 1982년 미국에서 타이레놀 약병에 독극물이 투입되는 범죄가 발생했다. 8명이 사망한 '존슨앤존슨 타이레놀 사건'은 기업의 매출에 엄청난 타격을 주었다. 당시 기업의 성공적 극복에 PR은 큰 역할을 했다. 이는 PR의 중요성을 보여준 대표적 사례이다.

소비자들은 과거에 비해 구매를 계획하는 제품 및 서비스에 대한 적극적 정보탐색을 한다(예: 소비자 평점, 댓글, 관련 기사, 온라인 커뮤니티의 의견 등). 또한 제품 안전에 관련된 문제가 발생할 경우 그에 대한 언론보도에도 관심을 가진다. IT 기술, SNS로 인해 기업 정보는 빠르게 확산된다. 특히 부정적 여론은 매출, 주식가치, 기업 이미지 등에 타격을 주기에 기업은 발 빠르게 대응해야 한다.

- 연구결과, 소비자들은 부정적 정보를 긍정적 정보보다 신뢰하는 것으로 나타났다. 또한 소비자들은 부정적 정보에 보다 가중치를 둔다. 이와 같이 부정적 (구전)정보는 의사결정에 더 많은 영향을 미친다.

2) 위기 상황에서 유념할 점

기업이 어떤 잘못을 저질렀을 경우, 이에 적절히 대처한다면 충격 최소화뿐 아니라 이미지 개선에도 도움이 된다. 그렇지만 부적절하게 대응한다면 문제해결은 고사하고 잘못된 대응 자체로 인해 문제는 더욱 악화된다. 위기 상황에서의 주요 의사결정과 대안은 다음과 같다.

1. 어떻게 대처할 것인가(잘못에 대한 시인 여부와 방식): 잘못의 솔직한 인정, 침묵, 소극적 부정, 적극적 부정.
2. 언제 사과하는가(사과의 발표 시점): 즉각적, 시간이 조금 지나서, 시간 끌 때까지 끌고 난 다음에.
3. 누가 사과하는가(사과의 주체): 최고책임자, 홍보담당자, 현장책임자 등.
4. 어떤 매체를 활용하는가: 기자회견, 신문사에 사과문 공지, SNS에 사과문 공지 등.

Ⅱ 대중 관계(PR)에 사용되는 도구

PR을 위해 기업이 동원할 수 있는 커뮤니케이션 도구로는 기본적으로 기업광고(5장 참조)가 있다. 기업광고 이외에도 홍보, 스포츠마케팅, 행사와 경험, 스폰서십 마케팅 등이 있는데 이를 아래에서 소개한다.

그림 20-1 PR에 사용되는 여러 도구

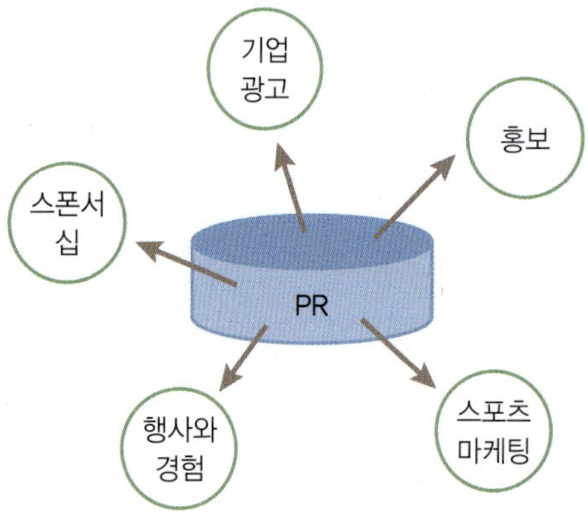

1. 홍보

1) 개념 및 특성

홍보(publicity)란 대중 매체에 뉴스 형식으로 기업, 최고경영자, 조직구성원, 제품, 브랜드와 연관되는 정보를 전달하는 것이다. 기업의 경영활동 또는 제품 관련 정보는 종종 매체를 통해 기사화되는데, 뉴스 매체에서 다루는 기사는 광고보다 신뢰도가 높은 편이다. 또한 신속한 구전효과를 가진다는 이점도 있다. 'Earned media' 역시 홍보와 연관된다(11장 참조).

- 비타민 C의 효능에 대한 신문 기사는 비타민 C 제품 전반의 매출에 긍정적 영향을 미쳤다. 또한 아스피린의 숨겨진 효능의 새로운 발견에 대한 신문 기사는 아스피린 제품의 매출에 영향을 미쳤다. 반면에 소고기가 건강에 좋지 않다는 신문 기사는 소고기 소비량을 급격하게 떨어뜨렸다.
- 2021년 3월 질병관리청장이 "백신 접종 후 이상 반응이 나타나면 타이레놀을 복용하라"며 구체적인 상품명을 명시한 후 국내 타이레놀 유통량이 급증했다. 반면 타이레놀과 동일한 아세트아미노펜 성

분으로 만들어진 국내 제약사의 해열제 유통량의 변화는 미미했다. 이는 가장 큰 공신력을 갖는 정부 기관이 '타이레놀'을 직접 명시해 발표했기 때문이다. 질병청이 좀 더 신중하게 발표했다 하는 아쉬움이 남는다.

2) 홍보의 어려움

홍보는 광고와 달리 기사화되는 시기 및 내용을 기업이 원하는 대로 통제하기 어렵다. 또한 부정적 정보의 기사 효과는 크지만 이를 틀어막기는 어렵다. 기업 매출 및 이미지에 장기간 영향을 미쳤던 홍보 사례는 적지 않다(예: 대한항공과 땅콩, 남양유업의 갑질 사건 등).

- 화웨이 스마트폰이 도둑에게조차 외면받는 굴욕을 당했다. 페루의 핸드폰 판매점에 도둑이 들어 매장의 신형 스마트폰을 싹쓸이했지만 화웨이 제품만은 그대로 남겨 놓았다. – 출처: 〈[여기는 남미] 中 스마트폰의 굴욕 … 도둑도 외면하는 △△△ 제품〉, 손영식, 나우뉴스, 2019년 5월 30일
- 어떤 기업 또는 조직에 불리한 기사가 인터넷에 등장하면, 해당 기업의 홍보팀은 이러한 내용이 잘 보이지 않게끔 다양한 노력을 기울인다. 예를 들어 다른 주제의 내용을 집중적으로 언론에 뿌린다. 이럴 경우, 별로 좋지 않은 내용을 담은 기사는 순위에서 밀리거나 또는 다른 기사에 가려지기에 쉽게 찾기 어렵다.
- 정부에서 활동하는 홍보 또는 PR 전문가를 스핀닥터(spin doctor, 또는 spinster, spinmeister)라고 한다. 스핀(spin)은 '돌린다, 비튼다'는 뜻으로 스핀닥터란 '유리한 사실은 부각하고 나쁜 사실은 숨기는 등 정보를 비틀어 여론을 원하는 대로 유리하게 이끄는 전문가'라는 의미이다. 같은 뜻으로 스핀스터라고도 부른다.

3) 홍보의 관리 과정

홍보의 유용성 때문에 기업은 홍보 활동을 체계적으로 하려고 한다. 홍보를 할 때도 광고와 마찬가지로 목표를 세우고, 전달하고 싶은 메시지를 개발하고, 그 메시지를 전달할 수단을 고르고, 이를 집행한 다음, 그 결과를 홍보 목표에 비추어 평가한다.

기업에게 유리한 기사거리를 주요 뉴스매체에서 취급해준다면, 기업은 비용을 들이지 않고 수억 원어치 광고를 한 것과 동일 효과를 거둘 수 있다. 예를 들어, 〈녹십자에서 간염백신 개발의 세계적 성공〉이란 기사는 광고 못지않게 녹십자의 기술력에 대한 인식을 심어줄 수 있다.

- LG전자는 2013년 10월 미국 인디애나 주에서 최신 스마트폰 G2를 운송하던 트럭이 통째로 도난당했다. 켄터키 주에 위치한 이동통신사로 향하던 중이었는데 운전기사가 잠시 화장실에 다녀온 사이, 스마트폰 2만 2,500대(판매가로 157억 원)가 실린 차량이 감쪽같이 사라진 것이다. 안타까운 일이기는 하지만 업계에선 미국 시장을 공략하는 LG전자에게 오히려 홍보 효과를 톡톡히 보는 '전화위

복(轉禍爲福)'의 계기가 될 것이라 하였다. 즉 도난 사건이 전 세계 언론에 소개되면서, 소비자들 사이에서 "아니 G2가 얼마나 좋길래?"라면서 주목받았다는 것이다. 더욱이 LG전자 측은 이미 보험을 들어둔 상태여서, 금전적 피해는 미미하다고 한다.

기사화되기 위해서는 뉴스 가치(news values)가 인정되어야 한다.

- 개가 사람을 물면 뉴스가 아니다. 그러나 사람이 개를 물면 그것은 뉴스가 된다. – 19세기 후반 뉴욕의 [SUN]지에서 유래한 말

언론 보도(press release, 뉴스거리를 만들어서 매스컴을 타게 함), 최고경영자의 대외 활동(예: 기자회견(press conference), 강연, 인터뷰, 책 발간, 사회봉사 활동 등), 행사(예: 창립기념 행사, 전시회), 인쇄물 및 영상물(예: 회사소개 책자의 발간, 회사 소개용 각종 시청각 자료) 등이 홍보에서 주로 활용된다.

2. 스포츠마케팅

1) 스포츠마케팅의 개념 및 유형

스포츠를 중심으로 전개하는 마케팅 커뮤니케이션 활동을 의미한다. 기업은 현금, 물품 혹은 서비스를 운동 선수, 팀, 스포츠 연맹, 스포츠 행사 등에 지원함으로써 마케팅 커뮤니케이션의 목표를 달성한다(스포츠 스폰서십, sports sponsorship). 스포츠마케팅에는 스포츠를 이용한 마케팅(marketing with sports)인 스포츠 스폰서십뿐 아니라, 스포츠 경기 자체를 마케팅하는 것(marketing of sports)도 포함된다.

그림 20-2 스폰서십 활동을 활발히 하는 코카콜라

- 스포츠를 이용한 마케팅(marketing with sports): KT, LG그룹, 인터파크, 코카콜라 등은 2018 평창 동계 올림픽의 공식 후원사였다. 현대차 그룹은 한국 양궁업계의 30년 넘는 후원사이다.

- 스포츠 경기 자체를 마케팅하는 것(marketing of sports): 2016 리우데자네이루 하계 올림픽 폐막식에서 선보였던 2020 도쿄 하계 올림픽 홍보 영상은 일본적 요소 + 스포츠 + 애니메이션 + 음악까지 완벽하다는 평가를 받았다.

2) 스포츠마케팅의 유용성

스포츠마케팅은 프로선수, 스포츠팀, 경기 연맹 등에게 보다 많은 재정을 확보하기 위한 수단이 되지만, 동시에 기업에게는 스포츠를 이용해 광고 또는 홍보 활동을 보조해주는 강력한 마케팅 커뮤니케이션 도구가 된다.

인기 스포츠 종목, 인기 스포츠 스타는 기업의 인지도 확산뿐 아니라 좋은 이미지의 구축에도 도움이 된다. 소비자들이 특정 종목과 스타를 볼 때마다 이와 연관된 브랜드를 자연스럽게 떠올려주길 바란다. 예를 들어 김연아 또는 피겨스케이팅 경기를 봤을 때, 김연아가 모델로 활동했던 매일우유, 삼성에어컨, KB금융그룹, 현대자동차 등이 자연스럽게 떠올려진다면 이는 성공한 것이다.

글로벌 기업일수록 스포츠마케팅을 많이 활용하는데 이는 스포츠가 국경을 초월하는 힘이 있기 때문이다. 스포츠가 일상생활에서 높은 비중을 차지하고 있고 또한 매체 발달로 인해 스포츠마케팅의 활용도는 더욱 높아지고 있다.

3) 스포츠마케팅의 관리

스포츠마케팅은 해당 제품과의 적합성이 있어야 한다. 또한 표적고객과 스포츠 종목 간 연관성이 있어야 한다. 이러한 관련성이 좋을수록 표적고객에 대한 접촉효과도 크고 이들에게 미치는 효과도 크다.

- 뉴트리션 및 체중 관리 제품을 제공하는 허벌라이프는 건강하고 활동적인 삶(healthy and active life)의 이미지를 추구한다. 타 브랜드와의 차별화 전략으로 스포츠를 적극 활용하는데, 세계 최고의 축구선수인 파리 생제르맹 FC의 리오넬 메시(Lionel Messi)의 '잠깐! 오늘도 쉐이크 하셨어요?(Have You Had Your Shake Today?)' 캠페인을 통해서, 식사대용식품인 '뉴트리셔널 쉐이크 믹스(포뮬라 1)'를 전 세계에 알리고 있다.

4) 앰부시 마케팅(ambush marketing)

앰부시 마케팅은 스포츠마케팅과 연관된다. 앰부시(ambush)는 '매복'을 뜻하는데, 앰부시 마케팅이란 공식 스폰서의 권리가 없음에도 불구하고 해당 이벤트에 참여하는 것처럼 광고나 홍보를 함으로써 마케팅 효과를 얻는 일종의 하이에나 마케팅이다. 물론 법적, 도덕적 허용범위 내에서 고객 주목과 호감을 얻는 하나의 차별적 커뮤니케이션 아이디어라고도 볼 수 있다.

- 2002 한일월드컵 통신부문 공식 후원업체는 'KTF'(현 KT)였다. 'KTF'는 사명이 포함된 'Korea Team Fighting'을 슬로건으로 사용했다. 한편 공식 후원 자격이 없던 'SKT'는 'KTF'에 대항하여 '붉은 악마'와 함께 거리응원을 주도했고, 당시 'Be the Reds'라는 슬로건을 사용하며 공격적 마케팅을 전개했다. 대다수 국민은 '대~한민국(5번 박수)' 구호와 '붉은 악마'의 응원에 동참했다. 그에 따라 'SKT = 2002 한일 월드컵 공식 후원업체'로 착각하는 사람들이 많았다.

올림픽, 월드컵에서 대회 공식 로고나 마크, 휘장 등은 공식 후원사(파트너)만 사용할 수 있다. 이러한 이유로 공식 후원사가 아닌 업체들은 갖가지 수단을 동원하여 올림픽이나 월드컵과 관련된 듯한 마케팅 활동을 펼친다. 중계방송의 TV광고를 구입하거나, 공식 스폰서인 것처럼 착각하게 하기 위해 개별 선수나 팀의 스폰서가 되는 방법을 쓴다.

3. 행사와 경험(events and experience)

기업, 기관, 단체 등이 뚜렷한 목적을 가지고 특정 기간 및 장소에서 특정 집단을 대상으로 메시지를 직접 전달하기 위해 실시하는 행사와 경험이 있다.

- 경험(experience): 제주 귤 따기 체험, 식품공장에서의 요리경험, 공장견학 프로그램 등.

행사와 경험은 소비자에게 새로 나온 브랜드를 소개하는 데 활용되기도 한다. 현장성, 공감성, 문화성을 활용해 소비자를 능동적으로 몰입시키는 데 효과적이다. 그렇지만 참여자의 수, 시간, 공간 등이 제한된다는 단점도 있다.

4. 스폰서십 마케팅(sponsorship marketing)

스폰서십 마케팅은 기업이 특정 프로그램 또는 이벤트를 후원하면서 기업명 또는 브랜드를 이벤트나 자선활동에 연계시키는 것이다. 이는 소비자 주목과 관심의 제고를 위한 커뮤니케이션 활동이다. 사람들은 평소 관심이 많았던 이벤트에 협찬한 기업에 대해 호의적 감정을 가지게 된다.

- 대학교의 동아리 행사에 후원한 학교 근처의 식당, 카페, 미용실 등에 대해 학생들은 좀 더 호감을 가지게 된다.

CHAPTER 21

기업의 사회적 책임과 공유가치 창출

Ⅰ. 기업의 사회적 책임

Ⅱ. 공유가치 창출

Ⅲ. 기업의 사회적 책임, 공유가치 창출에 대한 향후 과제 및 전망

들어가기 전에

기업의 사회적 책임, 공유가치 창출은 마케팅 활동에 해당하기에 주로 마케팅 관리 서적에서 다루는 편이다. 그러나 이들 활동 내력은 마케팅 커뮤니케이션의 주요 콘텐츠 소재로 활용되며, 특히 5장에서 소개한 기업광고(기업 이미지 광고)와 밀접하기에 곁들여 살펴본다.

I 기업의 사회적 책임

1. 사회적 책임의 의미

기업은 국가 및 사회의 주요 구성원이다. 또한 기업의 활동 영역은 국가, 경제, 사회 그리고 소비자에게 크고 작은 영향을 미칠 정도로 방대하다. 따라서 기업은 본연의 수익 활동에 따른 경제적, 법적 책임 이외에도 사회적 안녕과 복지와 같은 폭넓은 사회적 책임(corporate social responsibility, CSR)을 자각할 필요가 있다. 특히 현대 사회에 기업은 사회를 위해 경제적 · 법적 · 윤리적 · 자선적 책임(economic/legal/ethical/philanthropic responsibility)을 다할 것을 요구 받는다.

- 기업의 사회적 책임 활동의 사례는 다양하다. 예를 들어, 홈플러스와 굿네이버스가 함께 진행한 Love Parking Campaign, 삼성의 재능 나눔 캠페인, CJ Minewater의 'Barcodrop' 캠페인 등이 있다.

'2021 사회공헌 백서'(한국사회복지협의회)에 따르면 국내 100대 기업은 매출액의 평균 0.11%(2017년은 0.15%)를 사회공헌으로 지출하고 있다. 물론 이러한 사회공헌 금액의 규모와 봉사활동의 시간 자체를 늘리는 것은 바람직하다. 그러나 이와 동시에 어떠한 내용과 자세로 사회적 책임 활동을 할 것인지에 대한 고민 역시 중요하다. 참고로 사회적 책임 활동은 주로 기업의 핵심사업과 인접한 분야에서 많이 수행되는 것으로 확인되고 있다.

기업의 사회적 책임 활동의 수행 여부, 방식 그리고 규모는 경영 성과에도 직간접 영향을 미친다. 예를 들어 브라질 국영 석유기업인 페트로브는 입찰 조건으로 사회적 책임 관련 실적을 요구한다. 한편 스탠다드 앤 푸어스나 무디스 같은 신용평가 회사들도 기업의 사회적 책임을 중요한 신용 평가 기준의 하나로 사용한다.

- 중국의 18세 여학생이 자전거를 타고 가다가 실수로 고급 차량에 흠집을 내고, 이를 사과하기 위해 땡볕에서 차 주인을 한 시간 동안 기다렸다. 그의 이런 정직함에 차 주인은 감동했고, 그가 속한 회

사 사장은 학생의 4년 대학 등록금 전액을 지원하기로 했다고, 중국 허난 일보가 보도했다. - 출처: 〈한 시간 기다려 '흠집' 사과한 여학생에게, 차 주인은 '4년 등록금 지원' 보답〉, 김지아, 조선일보, 2017년 9월 22일

기업의 사회적 책임 활동은 투자자 관계, 소비자 관계(예: 긍정적 브랜드 이미지의 구축) 그리고 종업원 관계(예: 직원들의 자긍심 함양) 등 주요 이해관계자와의 관계에 있어서도 긍정적 영향을 미친다. 기업은 사회적 책임 활동을 통해 시장점유율(share of market)뿐 아니라 소비자 마음속의 점유율(share of heart)을 증대시킬 수 있다(Kotler and Keller, 2012).

- 한 시간 동안 행복하고 싶다면 낮잠을 자라. 하루 동안 행복하고 싶다면 낚시를 가라. 일 년 동안 행복하고 싶다면 유산을 물려받아라. 평생을 행복하고 싶다면 다른 사람들을 도와라. - 중국 속담
- 한 인간의 가치는 그가 '무엇을 받을 수 있느냐'가 아니라 '무엇을 줄 수 있느냐'로 판단된다. 사람이 그 사회에서 얼마나 가치 있는가는 그 사람의 감정과 사고와 행동이 타인에게 어느 정도 도움이 되는가에 달려 있다. - Albert Einstein
- 개에게 뼈를 던져주는 것은 자선이 아니다. 내가 개와 똑같이 배가 고플 때 뼈를 개와 나누어 먹는 것이 자선이다. - Jack London(미국 단편작가)
- 우리의 북극성은 돈이 아니다. 이윤은 우리가 날기 위해 필요한 연료일 뿐. 개인도 회사도 돈이 목표가 되면 행복해질 수 없다. 고객을 만족시키면 이익은 절로 따라온다. 고객을 나눔과 베풂의 수혜자로 여기면 당연지사 기업도 잘될 것이다. 기업이 더 큰 성공을 원한다면 그것을 원하는 만큼 고객의 성공을 도와주어야 한다. - 신창재(교보생명보험 회장)
- 형태가 있는 것은 없어지기 쉽지만, 형태가 없는 것은 없어지기 어렵다. 스스로 자기 재물을 사용해 버리는 것은 형태를 사용하는 것이고, 재물을 남에게 나누어주는 것은 정신적으로 사용하는 것이다. 물질로서 물질적인 향락을 누린다면 닳아 없어질 수밖에 없지만, 형태 없는 것으로 정신적인 향락을 누린다면 변하거나 없어질 이유가 없다. - 다산 정약용
- 이제 기업의 사회적 책임 활동은 '하면 좋은 일'이 아닌 비즈니스에서 '반드시 해야만 하는 일'이 되었다. - Philip Kotler

2. 기업의 사회적 책임 활동 유형

사회적 책임 활동은 사회적으로 중요성이 확산됨에 따라 점차 다양한 성격과 방식으로 확대·발전하여고 있다. 이렇게 파생·발전된 유형 중에서 몇 가지를 소개한다.

1) 공익연계 마케팅

사회적 책임 활동은 기업 이미지를 고양시킨다는 장점이 있다. 그러나 사회적 책임 활동에 드는 재무적 비용은 기업에 부담이 된다. 특히 대부분의 사회적 책임 활동은 자선 및 공익단체에 대한 일방적 지원으로 진행되는 점에서 기업 부담은 가중된다. 또한 사회적 책임 활동으로 인한 기업 이미지 효과는 단기적으로 나타나기보다는 장기간에 걸쳐 나타나기에 효과의 불확실성도 존재한다.

이러한 점을 타파하기 위해 1980년대 이후, 일방적 사회적 공헌 활동으로부터 탈피하여 소비자, 사회뿐 아니라 기업에도 이익이 되는 사회적 책임 활동을 지향하기 시작했다. 여기서 등장한 것이 바로 공익연계 마케팅(대의 마케팅, 코즈 마케팅, cause-related marketing)이다. 공익연계 마케팅은 특정 상품이나 서비스 판매를 통해 얻은 수익 일부를 기부를 통해 사회에 환원하는 방식이다. 기업의 이익 창출과 공익 활동이 결합된 형태로 소비자 구매를 기업의 기부 활동과 연결시킴으로써 소비자에게 명분을 주어 구매를 촉진하는 기법이다. 이는 사회적 책임과 영리 활동을 밀접히 연계시킨 개념이다.

공익연계 마케팅은 환경, 보건, 빈곤 등과 같은 사회적 이슈, 즉 '대의명분(cause)'을 기업의 이익 추구에도 도움되게 활용하는 것이다. 소비자는 사회문제를 해결하려는 기업 노력에 호의적 반응을 보이고, 동시에 기업의 선한 이미지는 소비자의 제품선택에도 영향을 미친다. 결국 이를 통해 기업은 사회적 이슈를 해결한다는 긍정적 이미지를 얻음과 동시에 구매유도를 통한 매출증대도 꾀할 수 있다.

- 1983년 아멕스(Amex) 카드의 '자유의 여신상 보수기금 마련 캠페인'은 공익연계 마케팅의 초기 형태였다. 당시 아멕스 카드는 고객이 자사 카드를 이용할 때마다 1￠를 자유의 여신상 보수기금으로 기부할 것을 약속했다. 이것이 대대적인 성공을 거두어 아멕스 카드의 사용률은 약 28% 증가했고, 보수기금으로 총 179만 달러를 모금할 수 있었다. 우리나라에도 사용액의 일정부분을 공익에 환원하는 신용카드 상품이 있다(예: 신한 아이러브 독도 신용카드). 이는 사회적 가치를 중시 여기는 고객들의 제품 선호도를 높일 뿐 아니라, 이를 사용하지 않는 소비자에게도 기업에 대한 좋은 이미지를 주는 데 효과적이다.
- 탐스 슈즈의 'Shoe Drop'은 소비자가 신발 제품을 구매하면, 이와 동일 제품을 제3세계 빈민층에게 무상으로 기증했다. CJ의 생수(미네워터) Barcodrop, 제품매출과 연동하여 아프리카 물 부족 국가에 식수를 기증했다.

공익연계 마케팅은 사회적 책임 활동에 마케팅을 연계한 개념으로, 공익을 바탕으로 기업과 소비자가 파트너십을 형성하고 이를 통해 상호 이익을 추구한다는 측면에서 순수한 의미의 사회적 책임 활동과 구별된다. 공익연계 마케팅은 재무적 부담을 절감하면서 기업과 브랜드의 이미지 및 인지도를 증대시키고 동시에 판매를 촉진할 수 있다. 또한 지원받는 공익단체는 기금 마련을 하기에 적극적으로 기업의 사회적 공헌 활동을 장려하고 홍보한다.

공익연계 마케팅은 부정적 측면도 존재한다. 예를 들어 기업 의도의 순수성이 높게 지각되면 공익연계 마케팅의 긍정적 효과는 크지만 반대로 경제적 이익 목적이 부각되면 역효과가 나타난다. 또한 공익연계 마케팅은 기업의 돈벌이 수단에 불과하다는 소비자들의 냉소주의가 적용될 수 있기에 부정적 영향이 일부 존재한다. 공익연계 마케팅의 효과에 대해서는 다양한 연구들이 진행되어 왔다.

- 기부 금액을 제시할 때, 가격이 낮은 제품의 경우에는 절대 금액인 달러($)로 기부 금액을 제시하는 것(절대금액 프레이밍)이 효과적이다. 반면에 가격이 높은 제품의 경우 퍼센트(%)로 기부 금액을 제시하는 것(비율 프레이밍)이 효과적이다.
- 수혜자의 숫자가 특정한 한 명으로 지정되는 경우가 막연한 다수인 경우보다 긍정적이다.
- 여성이 남성보다 공익연계 마케팅 메시지에 호의적 반응을 보인다.
- 공익연계 마케팅의 효과는 제품 특성에 따라 달라진다. 소비자가 쾌락적 제품을 구매하면서 받는 죄책감을 정당화하기 위해 공익연계 마케팅 제품을 사는 것을 더 선호하기 때문에 공익연계 마케팅은 실용적 제품보다 쾌락적 제품에서 효과가 높게 나타난다.

공익연계 마케팅은 사회적 책임 활동과 기업 사업을 연관시켜 수익을 창출한다는 점에서 후술하는 CSV의 성격을 일부 가지고 있다. 그렇지만 새로운 사업가치를 창출하는 성격이 그리 크지 않다는 점에서 CSV와 차이가 있다. 이런 점에서 보면, 공익연계 마케팅은 CSR, CSV의 중간 영역에 해당한다고 볼 수 있다.

2) 고객참여형 캠페인

고객참여형 캠페인은 기업이 고객에게 사회봉사에 참여할 기회를 제공하는 것이다. 고객이 직접 참여한다는 장점도 있지만, 이러한 체험을 통해 기업에 대한 좋은 이미지를 갖게 된다는 장점도 있다.

- 디즈니는 고객이 사회봉사에 참여하면 디즈니 무료입장권을 제공하는 방식으로 고객의 자발적 사회봉사를 유도했다. 흥미로운 점은 사회봉사에 참여했던 고객들은 디즈니의 충성고객 또는 열렬 후원자가 된다는 점이다.

3. 윤리적 기업(윤리적 마케팅, 윤리적 광고)

1) 윤리적 마케팅 활동의 중요성

사회적 책임의 정의에는 사회를 위한 윤리적 책임(ethical responsibility)을 다하는 것이 포함된다. 마케팅 책에 소개되는 내용은 대부분 '마케팅을 잘하는 방법'에 초점이 맞춰져 있다. 그렇지만 우리가 잊어서 안 되는 것 중 하나는 경쟁사보다 한 푼이라도 더 벌기 위해 마케팅을 배우기보다는 기업 활동의 기반이 되는 고객, 사회, 국가를 위해 '마케팅을 올바로 하는 방법'을 배우는 것이다.

- 작고 사소한 일은 '이익'이라는 기준으로 옳고 그름을 가르면 된다. 하지만 중요한 일은 단순한 이해득실로 의사결정을 내려서는 안 된다. 크고 중요한 일은 이해관계를 떠나 '무엇이 올바른가?'라는 기준으로 결정을 내려야 한다. 이 기준에 따라서 극단적으로 말해 회사가 망해도 괜찮고, 개인이 죽어도 괜찮다. 그만큼 올바른 일을 하는 것이 큰일이라고 생각한다. – 마쓰시타 고노스케(松下幸之助, 파나소닉 창업자)
- 우리가 정직하게 행동할 때마다 보이지 않는 손이 우리를 커다란 성공으로 이끈다. 하지만 우리가 악의 없는 거짓말을 하더라도 강력한 요인이 우리를 실패로 내몬다. – Joseph Sugarman(작가이자 기업 CEO)

기업의 윤리성에 대한 사회 인식과 평판은 기업의 제품을 선택하는 데에도 영향을 미친다.

- 실력 있는 연예인일지라도 평소 생활에서 비윤리성이 발견되면(예: 음주운전, 폭행, 마약, 도박, 갑질, 채무불이행 등), 대중은 더 이상 그를 사랑하지 않게 된다.
- 천하의 한없이 못난 짓은 모두 돈을 버리지 못하는 데 따라 일어나고, 천하의 끝없이 좋은 일은 모두 돈을 버리는 데 따라 이루어진다. – 명나라 풍유룡
- 사람들은 재물을 크게 욕심내지만, 재물보다 더욱 큰 것을 욕심내는 경우에는 재물을 버리고 취하지 않기도 한다. – 다산 정약용
- The glory of great men should always be measured by the means they have used to acquire it. – Francois de La Rochefoucauld

2) 윤리적 마케팅 활동의 현실적 어려움

스포츠 경기에서 선수들이 반칙하는 이유는 그것이 더 편하고 쉽기 때문이다. 한편 상대편 선수들이 반칙하고 심판이 공정하지 못하면, 혼자서만 올곧게 플레이하기란 여간 어려운 일이 아니다. 기업도 마찬가지이다. 정도(正道)를 지키기보다는 새치기하거나 규칙을 어기는 것이

쉽게 이익을 취하는 방법이다. 한편 동일 업계에 속한 기업 대부분이 윤리를 준수한다면 어떤 특정 기업이 이를 깨뜨리고 비윤리적 활동을 하기란 쉽지 않다(참조: 'Broken Windows' - Wilson and Kelling, 1982). 그러나 대부분이 윤리성을 저버린다면, 어떤 한 기업만이 윤리 경영을 고수하기는 쉽지 않다.

- 점심시간 구내식당에 갈 때, 모두 천천히 걸으면 걸어간 순서대로 먹을 수 있다. 그런데 몇몇 사람들이 조금이라도 빨리 먹기 위해 뛰기 시작하면 모두가 뛰게 된다. 조그만 식당에서 모든 사람이 작은 소리로 얘기하면 모두 편하게 이야기하면서 식사할 수 있다. 그러나 소음이 크다면 모든 사람의 목소리가 똑같이 커지게 된다.

기업이 편하게 이익을 취하는 부적절한 방법은 무척 다양하다.

- 결함 또는 하자 있는 제품을 소비자 모르게 팔기도 하고, 정상 범위를 넘어서는 과도한 가격을 책정하기도 하며, 매출 증대를 위해 소비자에게 허위 또는 마음을 불편하게 만드는 커뮤니케이션 활동을 벌인다. 허술한 서비스를 제공하기도 하고, 고압적 자세로 소비자를 대하기도 한다. 기업 내부의 마케팅 종사자에 대해선 열악한 업무환경, 부적절한 보상, 부당한 판매 지시 등을 행한다. 경쟁업체에 대해선 정당하지 않은 방법으로 경쟁우위를 추구한다. 공급업체, 유통업체 등에 대해서는 부당한 납품가격, 불리한 대금결제방법, 물건 떠넘기기, 일정 압박을 강요한다. 지역주민의 생활을 불편하게 하거나 또는 공해물질의 배출을 통해 환경을 오염시킨다. 정부에 로비하여 이익을 취한다. 불공정한 담합을 통해 이익을 얻는다.
- 기업의 최고 목표인 이익은 '나쁜 이익'과 '좋은 이익'으로 구분된다. 고객과의 관계를 희생해가며 얻은 이익은 나쁜 이익이다. 성장에 어려움을 겪는 기업의 대부분은 좋은 이익과 나쁜 이익의 차이를 구분하지 못한다. 좋은 이익을 내는 기업의 고객은 친구나 동료들에게 매우 적극적으로 회사의 제품과 서비스를 추천한다. - Frederick F. Reichheld(베인앤 & 컴퍼니 로열티 프랙티스 대표)

기업이 올바른 이익을 얻는 방법은 단순하고 명쾌하다. 소비자가 가치 있게 생각하는 것을 저렴하게 제공하는 것이다. 이러한 과정에서 자원을 가장 효율적으로 활용하고, 관련 집단과 정당하게 거래하고, 거래로부터 소비자 및 사회 모두가 혜택을 보게 한다. 이러한 생각은 쉽지만 정작 실천은 어렵다. 그래서 기업들은 반칙을 한다.

윤리적 마인드가 강한 경영자가 기업 및 사회에도 도움이 되지만, 현실에서 이러한 윤리적 경영자의 생존은 쉽지 않다. 물론 문화 및 국가에 따라 다르겠지만, 사실 정직하게 일하고, 수익에 대한 욕심을 줄이고, 이익을 사회에 환원하겠다는 등의 생각을 가진 경영자들은 그러한 이상을 좇다가 낭패 보는 경우가 적지 않다. 현실은 영화 〈제리 맥과이어〉(1996)처럼 해피엔딩으로 끝나는 것이 아니다.

3) 윤리적 기업이 되기 위한 방안

- 미국 유나이티드 항공은 2017년 4월, 자사 직원들을 태우기 위해 이미 탑승한 승객인 베트남계 미국인 의사 데이비드 다오(69)를 강제로 끌어내려 큰 비난을 받았다. 사건 발생 직후 오스카 무노즈 CEO는 사과문을 내놓긴 했지만, 직원을 두둔하며 "승객이 호전적이었다"고 말해 외려 거센 비판에 부닥쳤다. 또한 그 후에도 "이 사건으로 직원을 해고하는 일은 없을 것"이라고 밝힘으로써 대중들의 비난을 받았다. - 출처: 〈"아무도 해고하지 않겠다" 유나이티드 항공 이번엔 또 … 〉, 임주리, 중앙일보, 2017년 4월 19일

윤리적 기업이 되기 위해서는 적지 않은 노력이 필요하다. 다음은 이와 관련된 몇 가지 사항이다.
첫째, 기업경영은 결국 사람이 하는 것이다. 최고경영자를 비롯한 구성원 모두가 올바른 마인드를 가지고 있어야 한다. 그러한 마음 자세가 되어 있지 않다면 윤리적 기업으로의 지속성은 오래가지 못한다. 기업 문화로 정착되어야 한다. 이를 위해 평상시 올바른 생각을 많이 하고, 좋은 말을 자주 하고, 선한 행동을 습관화해야 한다. 특히 최고경영자의 의식과 철학은 기업 내부 구성원에게 강력한 영향을 미친다. 최고경영자의 활동 및 언행은 대외적으로도 대중의 눈에 많이 띄기에 최고경영자의 윤리성은 윤리적 경영의 핵심이 된다.
둘째, 교육이 중요하다. 기업 사례를 활용하여 윤리 경영을 현실적으로 이해시키는 것도 가능하다.

- 라탄 타타(Ratan Tata, 타타그룹 회장), 평생을 독신으로 산 그는 일벌레다. 그에게서 "오늘은 피곤하니 내일 합시다"란 말을 들어본 적이 없다고 직원들은 말한다. 그는 왜 열심히 일할까? "저도 자주 스스로 묻곤 합니다. 그 이유는 '도전' 때문이 아닌가 생각합니다. 제가 가진 희망이 있다면, 그것은 인도인들의 삶의 질을 높이는 것입니다. 단순히 돈을 버는 게 목적이 아니라 돈이 없는 곳에 부를 창출해 이로 인한 행복을 보는 것입니다." 요컨대 그의 기업활동 목적은 '부를 창출해 국민들이 행복을 느끼게 하는 것'이다. 그의 인생관과 경영철학, 삶의 목적, 애국심, 돈에 대한 생각 등이 응축된 이 한마디는 그가 혼자 잘 먹고 잘살기 위해 기업을 하는 것이 아님을 명백히 보여준다. - 출처: 〈펑크난 차바퀴, 소매걷고 땀흘리며 운전사와 함께 바꾼 회장님〉, 오화석, 조선일보, 2013년 3월 9일

셋째, 장기 안목을 가지고 마케팅을 행해야 한다. 단기적 경제적 손실의 감수가 먼 훗날 보다 큰 이익으로 돌아오기도 한다.
넷째, 지속성 있게 윤리경영을 실천해야 한다. 기업을 운영하다 보면 어떤 때는 윤리적 활동을 할 여유가 있지만 그렇게 하기 힘든 경우도 있다. 상황에 따라 소신과 행동이 달라지는 기업이라면 기업에 대한 신뢰감은 무너진다.
다섯째, 전체에 미치는 영향을 생각하면서 기업을 운영해야 한다. 때로 기업의 수익 활동이 사

회적 가치를 훼손하는 경우도 있다. 이를 방지하기 위해서는 좀 더 넓게 세상을 바라볼 수 있어야 한다.

- 스타벅스는 사회적 책임과 성장을 동시에 추구하는 기업 철학을 기반으로, 커피를 윤리적으로 구매하는 단계부터 한 잔의 음료로 나가기까지 고객행복, 고용창출, 동반성장, 환경보호 등 기업의 사회적 책임 완수를 통한 지역사회 공헌 활동에 노력하고 있다.

4) 마케팅 커뮤니케이션에서의 윤리에 대한 고려

- 브랜드 평판 관리에 실패한 기업은 거짓 광고를 일삼지만, 가장 강력한 광고는 진실만을 담고 있다.
  – Mark Constantine(LUSH CEO 겸 공동설립자)
- 좋은 상품은 정직한 광고로 판매할 수 있다. 만일 상품이 좋지 않다고 생각한다면 그 상품을 광고해서는 안 된다. 거짓말을 하거나 속임수를 쓴다면 고객에게 해를 입히는 것이고 자신의 죄를 무겁게 하는 것이며 나아가 광고계 전체에 대한 대중의 분노를 사는 것이 된다. – David Ogilvy

Ⅱ 공유가치 창출

1. 공유가치 창출의 개념

공유가치 창출(creating shared value, CSV)이란 전통적인 사회적 책임(CSR)과 구별되는 개념이다. 수익 창출 활동을 통해 얻은 자금 여력을 바탕으로 해서 사회공헌 활동을 하는 것(CSR)이 아니라, 기업 활동 그 자체가 사회적 가치 창출과 동시에 기업의 경제적 수익 추구가 가능한 방향으로 이루어지는 행위(CSV)를 의미한다. 이는 기업 경쟁력과 주변 공동체 번영이 상호 의존적이라는 인식에 기반을 두고 있다.

기존의 CSR은 사회나 소비자 요구를 수용하거나 기업 이윤을 기반으로 자발적으로 사회 공헌하는 형태로 시행되어 왔다. 그 결과 좋은 기업평판, 지역사회의 인정, 사원들의 자긍심을 얻었다. 하지만 경영환경이 어려워지고 기업 이윤이 축소되면, CSR의 지속적 수행은 어렵다. 반면에 CSV는 어려운 사회문제를 해결하자는 대전제는 CSR과 유사하지만, 비즈니스 목적도 함께 추진하는 점에서 CSR과 구분된다. CSV는 기업과 사회 모두에게 명확한 가치를 제공하는 비즈니스 활동이다. 특히 CSV는 사회가 당면한 어려운 문제의 해결, 취약계층을 지향한다는 포괄적 성격을 가지기에 기존의 협소한 성격을 지닌 대의 연계 마케팅과도 구별된다.

- CSV 사례: 제3국가의 빈곤한 지역의 주민들에게 경제교육과 대리점 구축을 지원함으로써 상권을 형성하도록 돕고 그 과정에서 빈곤과 기아 문제를 해결하도록 하면서 동시에 기업에는 새로운 시장을 창출한다. 낙후지역의 축산업자들에게 낙농 기술, 축산 인프라 구축 등을 지원함으로써 낙후지역의 소득과 어린이 교육 문제 등을 해결하고, 동시에 기업은 생산성을 높여 원가를 절감하고 높은 품질로 시장점유율을 높인다.

2. 공유가치 창출의 실천

CSV는 사회문제나 어려운 계층의 문제를 해결하면서 동시에 기업의 비즈니스 기회를 창출한다. CSV는 문제해결과 건강한 성장이라는 특성을 가진다. 이처럼 이윤을 추구하는 과정에서 사회문제도 해결한다는 CSV는 개념적으로는 매우 매력적이지만, 현실적으로 실행은 그리 쉽지 않다.

- 공유가치 창출에 대한 사회적 관심을 이해하고 있고 현재 여러 산업에서 진행되는 공유가치 창출 활동에 대해 관심 있게 지켜보고 있지만, 현재 신용카드 산업에서 어떠한 공유가치의 창출이 가능한지에 대해서는 좀 더 고민이 필요하다. 지금 당장 구체적 방안이 마련된 것은 없지만 이를 위해 다각적으로 노력하고 있다. - 국내 최대 점유율을 가진 신용카드 회사 임원과의 면담으로부터

CSV 실천을 위해서는 적지 않은 창의력이 요구되고 또한 정교한 계획이 필요하다. 따라서 이를 성공적으로 실천한 기업의 사례 축적은 이를 고민하는 기업에 많은 도움이 된다.

- 2013년, 매출액이 약 16조 5천억 원에 달하는 멕시코 시멘트 제조 회사 CEMEX는 시멘트 수요 감소로 인한 경영 위기를 저소득층의 주거 문제해결 관점에서 접근했다. 시멘트 수요가 큰 저소득층이 더 저렴하게 건축자재를 공급받을 수 있도록 하면서, 재정적 어려움 해결을 위해 무담보 금융 대출을 연계해 줌으로써 안정적인 주택 신축 수요를 창출하는 공유가치를 실현한 바 있다. 즉 멕시코 인구의 과반수가 저소득층인 현실에서 심각한 주택문제를 해결하면서 시멘트 수요를 안정적으로 창출한 것이다. 한편 인도 축산농가에 교육과 인프라를 지원하고, 안정적으로 제품 원료를 공급받은 네슬레 또한 지역의 낙후된 산업구조와 저소득 문제, 교육 문제를 해결하면서 보다 양질의 우유를 저렴한 가격에 구입하여 경쟁력을 높인 공유가치 창출의 좋은 사례라 할 수 있다.

공유가치 창출은 기업이 일정부분 책임을 져야 할 지역사회의 경제 및 사회문제를 개선하면서 동시에 비즈니스의 핵심 경쟁력을 강화하는 일련의 기업 정책 및 경영 활동이다. 기업이 자사를 포함하여 자사와 연관된 모든 경제 주체에게 기여하는 방식으로 이뤄지는 일련의 경영활동이다. 제분 및 제빵업체가 저소득층에게 빵을 무료로 또는 저렴하게 제공하는 것이 CSR이라

면, 저소득층에게 제빵 기술을 교육시켜 자립시키거나 또는 고용기회를 제공함으로써 기업과 사회의 문제를 동시에 해결하는 것이 CSV이다.

- CSV 개념을 처음 제시한 마이클 포터와 마크 크레이머는 공정무역을 통해 CSR과 CSV의 사례를 설명한다. 가난한 농부가 재배한 농작물에 제값을 쳐주는 공정무역은 CSR 관점에서 빈곤을 해결하는 선행이라는 의미를 가지지만, 이는 현재의 파이를 재분배하는 것에 그친다는 한계가 있다. 반면 CSV는 농법을 개선하고 농부를 위해 지역 협력과 지원 체계를 구축하는 방법으로 접근한다. 농부들이 더 효율적이며 지속 가능한 방법으로 작물을 재배해 수확량과 품질을 개선하도록 도움으로써 농가 소득에도 보탬이 되며, 동시에 작물을 사용하는 기업 자체에도 도움이 된다.
- 은행, 병원, 교육기관, 군대를 대상으로 서비스 업종에서 적용할 수 있는 CSR, CSV 활동에 대해 생각해보길 권한다. 또한 자동차 제조업, 스마트폰 제조업을 대상으로 시도할 수 있는 CSR, CSV 활동에 대해서도 상상해보기를 권한다.
- CSR과 CSV의 극명한 차이는 '가치의 공통 창출'에 있다. CSR은 선행을 통해 사회에 기업 이윤을 환원하기 때문에 기업의 수익 추구와는 무관한 경우가 많다. 그러나 CSV는 다르다. '기업의 비즈니스 기회와 지역사회의 니즈가 만나는 곳에 사업적 가치를 창출해 경제적, 사회적 이익을 모두 추구하는 것'이다. 다시 말하면, CSV는 CSR보다 진화한 개념이며 '기업과 지역사회가 상생하는 개념'이라 할 수 있다. – Michael E. Porter

CSR은 기업이 가지는 시민의식과 자선활동을 주된 동기로 가지며 기업의 가치사슬상 존재하는 사회문제와 이와 관련된 이해관계자의 이슈에 대응하는 활동이다. 그렇지만 CSR을 위한 예산은 한정적이기에 그 활동은 제한적이며 때로는 대중 여론에 대응하는 형식도 수동적이다. 반면에 CSV는 기업의 이윤극대화를 위한 전략적 틀에서 사회적, 환경적 가치를 통합하는 개념이다. 비용 또는 자선활동으로 제한적으로 인식되는 CSR과 다르게 CSV는 기업의 사회 및 경제적 효용을 동시에 증가시킨다는 점에서 경쟁 우위를 위한 기회로도 인식되고 있다. [표 21-1]은 두 개념의 공통점 및 차이점을 요약하고 있다.

표 21-1 CSR과 CSV의 비교분석

	CSR	CSV
활동에 따른 기대 효과 (공통점: 사회문제의 해결)	기업 이미지의 고양, 사회문제의 해결	기업의 경영활동 자체가 사회적 가치 창출이며 기업에 대한 경제적 수익 원천
과업을 수행하는 관점 (공통점: 이익을 사회와 공유)	이미 획득한 이익의 일부를 좋은 일에 사용(수익창출 활동의 결과물을 가지고 사회공헌 활동을 수행)	처음부터 경제적 가치와 사회적 가치를 동시에 창출하는 방법을 고민(Look through a CSV lens)
기존 또는 신규사업과의 연관성 (공통점: 기업평판 및 경쟁력 향상에 도움이 됨)	기업평판 향상이 주목적, 사업 자체와는 제한된 연관성을 가짐	사회적 요구나 문제를 혁신해 생산성 향상과 연계, 기업의 수익성과 경쟁력 향상을 추구하기에 이것 자체가 핵심 활동이 되기도 함

CSV를 위해서는 기업 본연의 전략을 재창조해야 한다. 기업이 공유가치를 창출하기 위해서는 다음의 세 가지 방법을 고려해볼 수 있다: 제품과 시장에 대한 재구상(by reconceiving products and markets), 가치사슬의 생산성 재정의(by redefining productivity in the value chain), 지역 클러스터 구축(by enabling local cluster development). 물론 이러한 행동의 바탕에는 '기업 본연의 경영활동(예: 농수산 가공식품의 생산 및 유통)을 함에 있어서, 어떻게 하면 사회적 책임(예: 원산지 농어민의 복지 및 이윤 확대)을 창의적으로 접목할 것인가'의 내용이 들어가 있어야 한다.

- 코카콜라의 '5by20': '2020년까지 100개국, 5백만 명의 여성 사업가를 양성'하는 사회투자 프로젝트이다. 여성 사업가를 양성하여 이들이 코카콜라를 공급하는 소규모점포(Micro Distribution Center, MDC)를 운영하도록 돕는다. 코카콜라는 이 프로젝트에 들어가는 투입 금액, 일차적 산출물(참여자 수, 교육 회수), 성과(여성의 수익증대, 지역사회 고용 창출, 여성의 변화된 모습)를 투명하게 공개하고 있다. 이를 통해 코카콜라는 지역사회에 긍정적 변화를 가져올 뿐 아니라 사회공헌 비용의 투자가치를 증대할 수 있다.

Ⅲ 기업의 사회적 책임, 공유가치 창출에 대한 향후 과제 및 전망

기업의 사회적 책임이 원활히 수행되기 위해서는 몇 가지 고려할 점이 있다.

첫째, 기업이 사회적 책임을 원활히 그리고 자발적으로 할 수 있도록 도와주는 제도적 장치의 마련이 필요하다. 기업의 사회적 책임 활동은 기업에 경영 외적인 부담을 준다. 또한 기업이 이러한 활동을 자발적으로 하려 해도 불필요하거나 거추장스러운 제약이 있는 것도 현실이다. 따라서 법적 · 세제적 · 행정적 · 경제적 · 사회적, 문화적 여건을 제공함으로써 기업 활동을 지원할 필요가 있다. 이를 위해 국가, 사회, 정부, 소비자, 기업은 원활하게 의사소통하고 함께 고민할 필요가 있다.

둘째, 사회적 책임 활동의 다양화가 요구된다. 사회에서 기업의 힘을 필요로 하는 데는 다양하다. 그렇지만 현재 기업의 사회적 책임 활동은 몇 가지 상투적 활동으로 국한되어 있다. 기업마다의 활동 내용은 거의 대동소이하며, 모방도 많다. 따라서 신제품 개발 및 새로운 광고를 제작할 때와 같은 참신한 발상, 혁신적 마케팅 노력이 요구된다.

셋째, 때로는 사회적 책임을 위한 활동이 오히려 사회와 환경에 더 많은 해를 끼치는 경우도 있다. 이러한 점을 방지하기 위해서는 단기적이고 협소한 시각에서 사회적 책임을 생각하지 말고, 장기적이면서도 폭넓은 시각에서 기획하고 집행해야 한다.

- 자동차에 바이오 연료를 사용하는 것은 화석연료를 사용하는 것보다 환경에 더 해롭다는 연구 결과가 나왔다. 영국 일간 더타임스(2010년 3월 1일)는 야자유를 바이오 연료로 사용할 경우 화석연료를 사용하는 것보다 이산화탄소 배출량을 35% 증가시키는 결과를 가져온다고 지적했다. 천연산림을 벌채해 야자나무 농장을 만드는 과정에서 산림이 저장하고 있는 이산화탄소가 다량 배출되기 때문이다. 만약 야자나무 재배농장을 조성하기 위해 열대우림을 불태울 경우, 이때 배출된 이산화탄소를 야자나무 숲이 재흡수하는 데는 무려 840년이나 걸린다고 보고서는 지적했다. 더타임스는 이를 근거로 이산화탄소 배출을 줄이기 위해 바이오 연료 사용 의무를 강화하는 유럽 각국의 정책은 재고돼야 한다고 지적했다. – 출처: 〈"바이오연료가 환경에 더 해롭다"〉, 김홍수, 조선일보, 2010년 3월 3일

넷째, 마음이 바뀌어야 행동도 바뀐다. 상투적이고 단편적인 행동에서 나아가려면 최고경영자, 구성원 모두의 마음자세를 바꾸는 것이 최우선적이다.

- 자기 주변의 사람들(예: 가족, 친척, 친구, 직장 동료 등), 또는 자신과의 이해관계가 있는 사람/조직(예: 자사의 고객, 자사와 거래하는 유통업자 및 공급업자, 주주, 공무원 등)에게 선행을 베푸는 것은 그것이 가까운 미래에 자신에게 좋게 되돌아올 것이란 것을 알기 때문이다. 그렇지만 자신과 아무 이해관계도 없고, 앞으로 또 볼일이 없다고 생각되는 사람들에게 어떠한 대가도 바라지 않고 선행을 베푼다는 것은 정말 쉽지 않다. 특히 영리나 영욕을 추구하는 기업인, 정치가 등에게 이러한 점을 바라는 것은 그들의 생리상 어려운 일이기도 하다.

기업의 사회적 책임 활동은 이해득실을 따지기에 앞서 사회의 중요 구성원인 기업이 당연히 해야 할 활동이다. 특히 사회 전반에 영향력을 많이 미치는 대기업, 고위층일수록 이에 대한 책임을 크게 가져야 한다.

- '공부할 시간이 없다고 말하는 자는, 시간이 있어도 공부를 하지 않는다'(謂學不暇者, 雖暇亦不能學 – '淮南子').

마찬가지로 사회적 책임 활동에 기여할 여유 자본이 없다고 투덜거리는 기업은 정작 여유 자본이 생겨도 사회적 책임 활동을 기피할 것이다.

- 세월호 침몰 사고로 아들(17)을 잃은 A(45)씨는 유품을 정리하다 문득 휴대전화가 떠올랐다. 1년 전 고등학교에 진학한 아들의 성화에 못 이겨 사준 최신 스마트폰이었다. 휴대전화를 해약하기 위해 안산시 소재의 대리점을 찾았다. A씨는 세월호 참사 사정을 얘기하면 간단히 해약 처리될 줄 알았다. 그런데 대리점측은 아들의 휴대전화 통신비용과 위약금 등을 모두 합해 61만 원을 내라고 했다. 2년 약정에 해당하는 모든 비용을 미성년자였던 아들을 대신해 내라는 것이었다. A씨는 설마 죽은 아들에게 위약금까지 물릴 것이라고는 생각지도 못했다. 불의의 사고로 아들을 잃은 것도 억울한 마당에 이동통신사의 영업행위가 도를 넘는 것 같아 서글퍼지기까지 했다. 아들이 사용한 통신비는 지불하겠지만 남은 1년 치 약정금까지 내야 한다는 말에 더는 대꾸하고 싶지 않았다. – 출처: 〈'죽은 아들에게 위약금이라니…' 한숨 뿐인 유가족들〉, 조선일보, 2014년 4월 30일
- 이스라엘 법원은 2014년 5월, 이스라엘의 벤처 창업 환경을 적극적으로 조성해 '창조경제의 아버지'라 불렸던 에후드 올메르트(69세) 전 총리를 부동산 개발사업과 관련해 50여만 세켈(약 1억 5천만 원)을 받은 혐의로 징역 6년 형을 선고했다. 판사는 "뇌물을 받는 공무원은 반역자와 동등하다"면서 "올메르트 전 총리는 공인인데다 똑똑한 사람이니 엄벌에 처해야 함이 마땅하다"고 밝혔다.
- "선함도 없고 악함도 없는 것은 성인이다. 선함은 많지만 악함이 적은 것은 어진 사람이다. 선함은 적고 악함은 많은 것은 보통 사람이고, 악함만 있고 선함이라고는 없는 것은 소인이다. 이들은 우연히 선한 일을 할 때도 또한 반드시 의도하는 바가 있다."(鄭珉, 한문학). 독자들은 기업이 성인, 어진 이, 보통 사람, 소인 중 어디에 주로 속한다고 생각하는가? 어진 이의 경지에 이른 기업이 많다면 정

> 말 좋은 사회가 되겠지만, 유감스럽게도 대부분의 기업은 보통 사람, 또는 소인에 해당하지 않을까 생각된다. 사람도 어진 이가 되기 어렵지만, 영리목적의 기업이 어진 이가 되는 것은 더욱 어렵다.

어떤 활동이건 활동 주체와 객체 모두에게 유용하고 즐거운 결과를 가져다 준다면 그 행동은 지속성을 가지게 된다. 기업의 사회적 책임, 공유가치 창출도 마찬가지이다. 기업과 사회 모두가 서로 윈윈하는 활동이라면 그 활동은 지속성을 가질 것이다. 따라서 이러한 활동의 개발에 대한 꾸준한 연구와 실천이 요구된다. 물론 마케팅 커뮤니케이션도 이러한 활동의 가속화에 도움이 된다.

참고문헌

여기서는 이 책의 집필에 도움이 된 대표적 문헌들을 제시하겠다. 물론 참고를 많이 한 문헌들만을 중심으로 정리했기에 여전히 빠져 있는 것이 적지 않다. 이 책은 여러 문헌, 조사보고서, 실제 광고물, 실무자와의 인터뷰, 저자의 개인적 경험 등 그 모든 것들을 재료로 활용했다. 다시 말해 그동안 저자가 살면서 읽고 경험한 모 든 것들, 그리고 남들로부터 들은 얘기가 모두 참고문헌이다.

[국내문헌]

김종배(2016), 마케팅, 법문사

김종배(2018), 2030 젊은이에게 전하고픈 삶의 법칙들, 무역경영사

안광호 · 이유재 · 유창조(2014), 광고관리, 3판, 학현사

윤석철(1991), 프린시피아 매네지멘타, 경문사

장대련(1991), "마케팅을 새로 본다." 동방기획 사보, 28호~42호 연재물

장대련 · 한민희(2000), AD 광고론, 2판, 학현사

조건희(2008), 광고대행사 AE가 알아야 할 50계명, 늘봄 출판

간행물: 리더스다이제스트, 광고회사의 사보들(삼희기획, 동방기획, 오리콤 등)

[해외문헌]

Aaker, D. A. (1998), Developing Business Strategies(5th ed.), NY: John Wiley & Sons Inc.

Aaker, D. A. and Myers, J. G. (1987), Advertising Management(3rd ed.), NY: Prentice Hall Inc.

Batra, R., Myers, J. G. and Aaker, D. (1995), Advertising Management(5th ed.), Prentice–Hall.

Cooper, R. G. (2001), Winning at New Products: Accelerating from Idea to Launch(3rd ed.), Addison–Wesley Publishing Co.

Cox, J. and Stevens, H. (2001), Selling The Wheel: Choosing The Best Way To Sell For You, Your Company, Your Customers, Simon & Schuster Publishing.

Crawford, M. and Benedetto, A. D. (2010), New Products Management(10th ed.), New York: McGraw–Hill.

Dessler, G. (1985), Management Fundamentals: Modern Principles and Practices(4th ed), Reston, VA: Prentice–Hall Co.

Hovland, C. I., Janis, I. L. and Kelley, J. J.(1953), Communication and Persuasion, Yale University Press.

Kotler, P. and Keller, K. L. (2009), Marketing Management(13th ed.), NJ: Prentice–Hall Inc.

Miller, N., Maruyama, G., Beaber, R. J. and Valone, K. (1976), "Speed of Speech and Persuasion," Journal of Personality and Social Psychology, 34, 615 – 625.

Norton, R. W.(1978), "Foundation of a Communicator Style Construct," Human Communication Research(4), 99–112.

Ogilvy, D. (1963), Confessions of an Advertising Man, Southbank Publishing.

Petty, R. and Cacioppo, J. (1981), Attitudes and Persuasion: Classic and Contemporary Approaches(50177 77, DE 29, 44, 1994), WCB Publishers.

Poppe, F. E. (1987), 50 Rules to Keep a Client Happy(광고주를 행복하게 하는 50가지 법칙, 김종배 번역, 도서출판 정보여행, 1992), Harper & Row.

Urban, G. L. and Hauser, J. R. (1993), Design and Marketing of New Products(2nd ed.), NJ: Prentice–Hall Inc.

찾아보기

ㄱ

ㅂ

ㅅ

ㅈ